# 전쟁과 사회

우리에게 한국전쟁은 무엇이었나?

김동춘 지음

돌베개

# 전쟁과 사회
— 우리에게 한국전쟁은 무엇이었나?

김동춘 지음

2000년  6월 20일 초판 1쇄 발행
2006년 11월 30일 개정판  1쇄 발행
2023년  4월 17일 개정판 12쇄 발행

펴낸이 한철희 | 펴낸곳 주식회사 돌베개 | 등록 1979년 8월 25일 제406-2003-000018호
주소 (10881) 경기도 파주시 회동길 77-20 (문발동)
전화 (031) 955-5020 | 팩스 (031) 955-5050
홈페이지 www.dolbegae.co.kr | 전자우편  book@dolbegae.co.kr

책임편집 김희진 | 편집 이경아·윤미향·김희동·서민경 | 교정 윤진희
표지디자인 박정은 | 본문디자인 박정영·이은정 | 인쇄·제본 상지사 P&B

ISBN  89-7199-249-2 03330
책값은 뒤표지에 있습니다.

이 도서의 국립중앙도서관 출판시도서목록(CIP)은 e-CIP 홈페이지
(http://www.nl.go.kr/cip.php)에서 이용하실 수 있습니다.(CIP제어번호: CIP2006002382)

# 전쟁과 사회

# 1. 또다른 전쟁

백마고지 기념탑. 전쟁의 기념은 국가의 공식 기억이다.

용산에 위치한 전쟁기념관. 평화가 아닌 전쟁을 기념하는 특이한 장소.

1995년 한국전쟁 참전 45주년을 맞아 미국 워싱턴 링컨기념관 앞에 세워진 한국전쟁참전 기념공원.

미 B-29 편대의 선두기로부터 폭탄이 투하되고 있다. 공군 19폭격대의 150번째 출격. 미 공군의 무차별적인 폭격은 아군과 민간인들이 가장 두려워했던 것이었다.

1945년 10월 20일 서울에서 열린 연합군 환영식에서 환영사를 발표하는 이승만. 이승만의 오른편
에 앉아 있는 사람은 하지 장군이다.

1951년 평양에서 열린 세계여성연맹(International Women's Federation) 대표단 환영식에 참석한
박정애, 허정숙, 김일성, 박헌영(왼쪽부터).

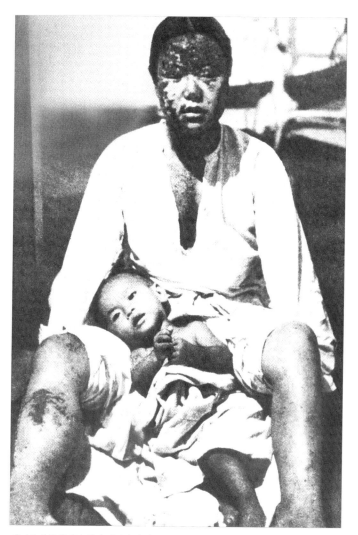

네이팜탄에 부상한 북의 여인과 아기.

한 미군이 죽은 노인을 내려다보고 있다. 국제전적이면서도 한반도의 민중을 희생양으로 삼을 수밖에 없는 한국전쟁의 성격을 상징적으로 보여 주는 듯하다.

## 2. 피란

미군이 경기도 양평군 지평리의 이장과 그 부인을 태워 나가고 있다. 그는 마을을 두고 피란 떠나기를 한사코 거절했다고 한다.

남쪽으로 내려가다 잠시 걸음을 멈춘 피란민들이 북으로 향하는 지원군을 바라보고 있다. 1950년 7월 29일.

피란민 행렬. 1950년 9월 6일 경북 왜관 다부동. 남부여대한 피란민들 중 다수는 미군 폭격의 희생물이 되었다.

전쟁 직후 미국인 등 외국인들 공수작전. 일본 규슈의 이타주키 기지에 처음으로 도착한 미국 피란민들. 본문 151~152, 197쪽 참조.

일본 후쿠오카에 정박한 라인홀트 호에서 내리는 환자들. 이 함정은 600명의 피란민을 후송했다.

중공군의 춘계대공세로 서울 시민들은 세번째로 피란짐을 꾸려 한강을 건너야 했다. 1951년 5월 29일. 본문 171~172쪽 참조.

중공군의 대공세로 피란을 떠나는 시민들. 1951년 4월 29일 서울.

1948년 8월 15일 중앙청에서 거행된 대한민국 정부수립식에 참석한 맥아더 장군과 이승만 대통령. 미국과 유엔대표단도 참석하였다. 맥아더 장군은 이때 처음으로 한국을 방문하였다.

1950년 3·1절 기념식에 참석한 이승만 정부의 요인들. 서울 동대문운동장. 왼쪽부터 임영신, 윤치영, 이범석, 신익희. 윤치영과 이범석 사이로 보이는 이가 장택상.

## 3. 점령

북측에서 뿌린 귀순 권유 삐라. 전쟁은 적군 군인의 사기를 떨어뜨리고 일반 민중의 마음을 사로잡기 위한 전쟁이기도 했다.

인민군 점령하의 서울.

반전 플래카드를 들고 시가지 행진을 하고 있는 유엔군 포로. 1950년 8월 인민군 점령
하의 서울.

장갑차를 탄 미군의 서울 진입.

1950년 6월 28일 인민군의 서울 입성.

징집명령을 받은 남한 사람이 아버지에게 작별 인사를 하고 있다. 1950년 9월 23일.

신분증 검사. 양민증, 도민증은 전쟁 중에는 적이 아님을 입증해 주는 생명 보증서였다.

9.28서울수복 후 중앙청에서 기도하는 맥아디, 이승만 부부 및 군 요인들. 미국과 한국은 기독교 정신 아래 한몸이었다.

1951년 2월 프랑스군 진지를 방문해 장병들을 격려하고 있는 맥아더 장군과 리지웨이 중장.

서울 수복 후 종로 한옥마을에서 인민군을 수색하고 있는 유엔군. 1950년 9월.

유엔군이 서울을 수복하면서 인민군 및 공산 혐의자를 색출하여 연행하고 있다. 1950년 9월 26일.

평양을 점령한 국방군 군인들이 말에 올라 탄 채 죄수를 이송하고 있다. 자전거를 탄 이의 왼팔에 두른 완장이 그가 반공주의자임을 알려 준다.

포로로 잡힌 인민군 여군에 대한 심문 장면. 1950년 7월 하순.

1950년 10월 18일 부역 용의자로 미군에게 억류된 여성과 아이들. 이들은 자신에게 다가올 운명을 예감하고 있었다.

전남 담양 면사무소 창고에 수용된 부역 혐의자들. 1951년 12월.

전쟁이 끝나갈 때쯤 모든 건물이 완전히 파괴된 원산의 모습. 원산은 861일 동안 미군 점령하에 있었다.

대구의 병참 기지에서 동네 남자들이 징집되어 훈련을 시작하는 모습을 지켜보는 여인들. 1950년 여름.

미국 노퍽(Norfolk) 소재 맥아더 기념관을 지키고 선 맥아더 동상. 그에 대한 기념 문제는 최근 한국인들 사이에 격렬한 논쟁거리가 되고 있다.

## 4. 학살

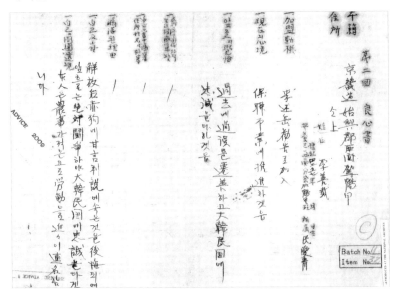

국민보도연맹가입신청서.

후퇴하는 경찰에 희생당한 좌익 사상범 용의자의 어머니가 자식의 시체 앞에서 망연 자실 통곡하고 있다. 전남 광양 1948년 10월.

1950년 7월 초 대전형무소 정치범 처형. 트럭에서 정치범들을 끌어내리고 있다. 수송차량 적재함에 '논산읍'이라는 표지가 선명하다.

같은 현장. 확인사살 후까지 용케 살아남은 사형수. 곧 다시 처형되었다.

1951년 4월 한국 육군 헌병에 의한 대구 부역자 처형 직전 찍은 사진.

같은 때, 같은 장소 처형 당시의 모습. 한국 헌병 핼멧이 선명히 보인다.

1950년 4월 14일 서울 근교 좌익사범 처형 현장.

학살 현장 수습. 1950년 9월 29일 전주.

후퇴하는 인민군에 의해 학살된 가족을 찾고 있는 유족들. 1950년 10월 10일 함흥. 본문 312쪽 참조.

인민군에 의해 학살당한 후 암매장당한 시신들을 끌어올리고 있다. 이곳에는 482구의 시신이 묻혀 있었다. 1950년 11월 13일 함흥 덕산 광산.

공비토벌 작전 중 체포된 게릴라들. 1952년 1월 14일 전주.

포승줄에 묶인 인민군 포로들. 1950년 9월경.

순천 지역에서 활동하던 빨치산들이 체포되어 군용 트럭에 연행되어 가는 모습.

교도소 수감자들을 싣고 처형장을 향해 가는 트럭. 1950년 7월경 금강 부근. 공주형무소 수형자들일 가능성이 있다.

국립경찰 발대식. 1946년경.

한국전쟁 당시
왜 죽어야 하는지도 모른 채
억울하게 스러져 간 남북한의 모든 이름 없는
영령들 앞에 이 책을 바칩니다.

## 개정판을 펴내며

『전쟁과 사회』가 출간된 지 벌써 6년이 지났다. 애초부터 이 책이 원래 특별히 새로운 자료에 기반을 둔 것은 아니었지만, 그 나마 사용된 자료나 주장들도 이제 조금 낡은 것이 되었다. 책의 전체 내용을 통해서 확인할 수 있듯이 이 책은 한국전쟁에 관한 본격 역사 서술이라기보다는 '6·25 담론'과 과도하게 정치화되고 도그마화된 우리 사회의 한국전쟁 해석에 대한 비판이었으며, 현대 한국 정치사회를 재생산해 온 원형으로서 한국전쟁의 과정에 대한 사회과학적 문제제기였다. 한편 그것은 한국 피해 대중들의 '억압된 앎'을 집약하여 공식화된 '앎'에 도전함과 동시에, 전쟁에 대한 재해석을 통해 현재의 정치사회 현실을 다시 읽자는 제안이기도 했다.

애초에 두 권으로 기획된 『전쟁과 사회』의 둘째 권은 아직 시작도 못 되었다. 이 책의 2부인 '피란'은 한국의 국가권력, 그리고 정치집단의 국민에 대한 구조적 무책임성의 구조를 밝히려 했고, '점령'은 분단 혹은 만성적 안보위기하에서의 한국 민주주의와 시민사회의 위축을, 그리고 '학살'은 구조화된 국가폭력, 약자 배제의 체제를 밝히려 한 것이었지만 이러한 사회과학적 문제의식은 다음 작업으로 연결되지 못한

채 아직도 필자의 머릿속에서만 맴돌고 있다.[1]

초판은 논거나 자료에 비해 문제의식이 앞선 나머지 내용구성에서 허술한 구석이 많았으며 또한 한국전쟁 50주년이었던 2000년 6월 25일에 맞추어 출간하기 위해 각주와 참고문헌 인용을 꼼꼼히 처리하지 못한 결함을 갖고 있었는데, 그러한 내용상의 결함을 확인하고도 수정하지 못한 채 지금까지 왔다. 완벽한 수정을 위해서는 완전히 새로운 자료·방법론에 입각해 책을 새롭게 집필해야 하지만 그것은 후일로 미룰 수밖에 없는 실정이다. 그래서 우선 애초의 내용은 그대로 살리되 눈에 띄는 결함들을 수정하여 다시 출간하게 되었다.

이 책이 기존의 한국전쟁 연구서들과 가장 다른 점은 전쟁기 민간인 학살 문제를 전면에 부각시키고 그것이 어떻게 이후 한국의 만성적 국가폭력과 인권 침해로 연결되는지 지적하고 있다는 점이다. 사실 이 책이 출간되기 직전에 이미 필자는 학살 문제를 공론화하기 위한 활동을 시작하였다. 한국전쟁 발발 50주년이었던 2000년 6월 이후 '한국전쟁 전후 민간인 학살 진상규명 범국민위원회' 조직 작업 등의 사회운동에 참여하였던 것이다. 그러다 보니 학술연구는 상대적으로 뒷전으로 미루게 되었다. 2000년 이후 필자는 한국전쟁 시기 민간인 학살, 그리고 한국전쟁 과거청산 문제 등과 관련된 논문 세 편을 2003년 이후 국제학회에 발표하였고, 그 성과를 영문 학술지에 세 편 정도 발표했지만, 애초의 작업 이상으로 특별히 새로운 내용을 담고 있지는 못했다.[2] 꼼꼼한 독자들이라면 짐작했겠지만 이 책에서는 한국 사회와 관련된 여러 가지 역사적·사회과학적 쟁점들만 잔뜩 제기한 후 그중 필자가 더 천착해야 할 것들을 암시해 두는 데 그쳤다. 그 쟁점들을 여전히 나의 머리 한 구석에 담아 두고는 있지만, 그것은 아마도 필자가 평생 작업해도 답하기 어려운 엄청난 숙제일지 모른다.

이 책이 출간된 2000년 이후 지금까지 한국전쟁 일반에 관한 연구 성과가 많이 쏟아져 나왔다. 그 동안 한국전쟁 관련 자료도 많이 발굴되었으며, 국제정치적 관점에서 한국전쟁을 바라보려는 국내·외 논저들이 많이 생산되었다. 특히 1980년대부터 이 문제에 관심을 기울여 온 젊은 연구자들이 대작을 쏟아내기 시작했다. 박명림은 이 분야에서 가장 많은 성과를 쌓은 대표적인 연구자이지만 그 밖에도 김계동, 박태균, 정병준 등의 한국전쟁 관련 통사적 연구가 가장 주목할 만하다.[3] 그중에서도 정병준의 최근 연구는 역사연구의 모범을 보여 줄 정도로 탄탄한 사료구성과 치밀한 분석을 구사하여 한국 역사학계의 수준을 한 단계 높인 것으로 평가받을 만하다. 필자는 2000년 당시의 시점에서만 하더라도 한국의 젊은 역사연구자들이 한국 현대사의 최대의 난제인 한국전쟁을 피하려 한다는 인상을 갖고 있었는데, 그러한 불만은 이제 해소되었다. 기광서, 김명섭, 도진순, 이완범, 정용욱 등 해방전후사에 관한 연구업적이 많은 연구자들이 한국전쟁을 본격적으로 다루기 시작했기 때문이다.[4] 한편 한국전 사료 취급 문제 혹은 노근리양민학살 문제 등과 관련하여 방선주가 몇 편의 논문을 발표했다.[5] 한편 이들 외에도 유영익, 이채진, 양영조, 전상인, 최형식 등이 이 주제와 관련된 저서 혹은 논문들을 생산해 냈고,[6] 한국전쟁 연구를 풍성하게 하는데 크게 기여하였으며 박명림, 이완범 등이 연구사를 충실하게 정리하였다.[7] 또 이 기간 일본에서는 와다 하루키和田春樹[8]가 기존 저서를 보완하여 증보판을 출간했다.

필자의 작업과 직접 연관된 한국전쟁기 민간인 학살 사건에 대해 많은 연구논문과 구술청취, 인류학적 조사, 각 지역의 사례 연구들이 쏟아져 나온 것도 2000년 이후의 가장 큰 변화 중의 하나였다. 이렇듯 한국전쟁을 사회사·지역사·생활사, 혹은 인류학의 측면에서 접근하려는 시도는 21세기에 들어선 이후 한국전쟁 연구에서 가장 주목할 만한 변화라고 봐도 과언이 아닐 것이다. 민간인 학살 관련 연구로는 노근리양민학살사건 관련 국내외 학자·기자·활동가들에 의해 집필된 일련의 논문과 보고서들, 김기진의 학살 관련 자료집, 김영택의 함평사건 관련 저작, 김득중의 박사학위논문이 주목할 만하고, 인류학적인 연구로는 이미 오래전에 영어로 작성된 논문을 새롭게 번역한 것이긴 하지만 윤택림의 연구도 주목할 만하다. 권귀숙, 김귀옥, 김득중, 김영택, 염미경, 박찬승, 윤형숙, 표인주 등의 작업도 이러한 범주에 속한다고 볼 수 있다.[9] 한국뿐만 아니라 미국에서도 참전자들의 구술기록 출간은 1990년대 이후 일종의 유행이 되었다.[10]

21세기에 들어선 이후 한국전쟁에 대한 냉전적 시각은 크게 후퇴하였다. 인구 구성에서 전쟁세대가 차지하는 비중이 그만큼 줄어들었고, 그만큼 우리 사회가 전쟁의 상처에서 많이 벗어났다는 증거일 것이다. 남북화해가 진척되는 속도만큼 남한 내에서 한국전쟁을 둘러싼 시각의 격차는 줄어들 것이다. 그러나 다른 편에서는 한국전쟁을 '통일전쟁'이라고 지칭했다는 이유로 강정구 교수가 구속·해고된 사건이나 인천에서 일부 단체가 맥아더 동상을 철거하려 시도하다가 발생한 충돌 등에서 볼 수 있듯이 한국전쟁을 둘러싼 해석은 여전히 다루기 어려운 민감한 사안이고 또 현재진행형인 정치 사안이다.[11] 한국전쟁의 발발 원인, 진행 과정, 그것의 성격과 해석을 둘러싼 논란은 앞으로도 계속될 것이고, 새로운 자료가 발굴될 때마다 새로운 각도에서 논의가 전개될 것이다. 그리고 최종적으로는 남북한 간의 화해와 통일로 나아가는 과정에서 가장 심각하게 제기될 것이다.

비록 과거의 반공주의 시각에서는 크게 벗어났다고 하지만 한국에서 한국전쟁을 보는 전반적 시각은 1990년대 이후 오히려 전반적으로 보수화되었다고 볼 수 있으며 왕성한 활동을 펼치고 있는 소장 연구자들의 경우도 어느 정도 그런 흐름 속에 있다. 즉 한국전쟁을 바라봄에 있어서 호전적 반공반북의 전제를 갖기보다는 민족화합·평화·인권의 가치를 중심에 두는 경향이 커지기는 했지만, 전쟁 연구를 순수학술적 영역으로 제한하려는 경향이 강해졌다. 대다수의 연구자들이 수정주의와 전통주의를 넘어서야 한다는 것을 크게 강조하고는 있지만 실제 연구 내용은 브루스 커밍스Bruce Cumings를 과도하게 의식하면서 그에 대한 암묵적 비판으로 일관하고 있거나 대체로 미국의 자유주의 혹은 주류적을 옹호하는 쪽으로 기울어져 있다.[12] 물론 이는 구소련·중국 측의 전쟁 발발 배후 개입을 확인할 수 있는 새로운 자료의 발굴 때문이라고 볼 수 있지만, 1990년대 이후 신자유주의와 미국의 패권주의 강화와도 무관할 수 없다. 우리는 한국전쟁의 실질적인 주관자였던 미국의 한국전쟁 개입 과정, 특히 전쟁 발발 전후 미 정보기관의 활동 등 핵심적인 자료들이 거의 공개되어 있지 않고 있다는 점을 잊어서는 안 된다.[13] 다시 말해 공개된 자료의 현저한 비대칭성을 참작해 본다면, 1990년대 이후 한국 연구자들이 객관성을 내세우면서도 실제로는 1989년 사회주의 붕괴와 그후 미국의 신패권주의 시대의 현실정치적 역학관계, 1990년대 이후 신자유주의, 신보수주의 정치 분위기에 적응하고 있을 뿐이라는 비판으로부터 자유로울 수 없다.

21세기 이후 국내 한국전쟁 연구는 영역별로 보자면 기원·발발·국제정치 맥락에 초점을 두는 연구에서 한국 정치사회의 내재적 과정, 기억의 정치 등에 무게중심을 두는 쪽으로 이행해 가고 있다. 그리고 접근방법에서는 수정주의에서 신전통주의로 그리고 양자를 결합하거나 넘어서는 새로운 지평으로 옮아 가고 있다.

한국전쟁은 지리적으로는 한반도에서 발생했지만 그 배경과 원인,

발발과 경과, 마무리 이 모든 과정은 철저하게 국제적이었다. 모든 전쟁이 그러하지만 한국전쟁은 다른 어떤 전쟁보다도 철두철미하게 정치적인 성격을 갖고 있다. 여기서의 정치란 바로 국내정치와 국제정치의 복합적인 교직이며, 1950년 당시 북한 김일성 정권과 남한 이승만 정권의 정치적 선택 역시 당시의 국제정치 맥락에서만 제대로 이해될 수 있다. 그래서 한국전쟁을 제대로 설명하고 이해하기 위해서는 우선 1945년 이후 미·소의 대결과 냉전체제 형성기의 국제정치, 미국의 국내정치, 소련과 중국의 상호관계, 북한의 국내정치 등에 대한 종합적 이해가 전제가 되어야 하고, 다국적 자료를 소화할 수 있는 상당한 능력이 요구된다. 이 점에서 미국을 중심으로 한 국제정치학적인 한국전쟁 연구와 한국 내의 한국전쟁 연구는 아직 평행선을 그리면서 개별적으로 진행되어 왔고, 양자를 모두 소화하는 한국 내 연구역량은 아직 형성 단계에 있다고 봐도 과언이 아니다.[14]

사실 필자는 한국전쟁이 이처럼 필자의 역량을 벗어나는 어려운 주제라는 점을 애초부터 알고 있었기 때문에 사실 국제정치학적 논의는 괄호 안에 넣어 버리고 전쟁 발발 후 국내 정치사회 문제에 초점을 맞추었다. 그러나 이 책에서 필자가 다룬 피난·점령·학살이라는 전쟁의 정치사회학을 되새겨 볼수록 한반도에서 엄청난 비극을 초래한 국제정치 변수들을 무시하고는 그 어느 것도 완벽하게 설명할 수는 없다는 사실을 인정하지 않을 수 없었다. 2003년 이라크전쟁 발발 당시 필자는 미국에서 연구년을 보냈는데, 이라크전쟁은 한국전쟁의 국제정치학을 다시 생각하게 만든 중요한 계기였다. 당시의 경험을 정리해 『미국의 엔진: 전쟁과 시장』이라는 저서를 준비하면서 필자는 미국의 기밀문서가 아닌 미국의 정치와 사회를 통해서, 특히 테러와의 전쟁이라는 명분하에 이라크전쟁을 개시하는 과정을 통해서 한국전쟁을 거꾸로 추적하였다. 또 한국전쟁을 계기로 한 매카시즘과 미국 내 군산복합체 및 냉전 문화 형성의 역사를 보면서 그 국제전으로서의 성격을 진정으로 이해하게 되었다.[15] 왜 미국이나 서방의 연구자들이 한국전쟁을 다루면서도 대부분의 분석을 1945년 이후 미 트루먼 행정부의 '국내' 정치, 그리고 유럽과 미국, 소련과 중국의 관계에 지면을 할애했는지 다시금 분명하게 이해한 것이다. 한국전쟁은 베트남전쟁, 걸프전쟁, 이라크전쟁이 그러하듯이 실제로는 '미국의 전쟁'이자 세계전쟁이었고, 이 점에서 '한국전쟁'이라는 명칭도 아직은 잠정적일 수밖에 없다.[16]

'미국의 전쟁'은 언제나 국제전이었고, 미국은 한 나라의 전쟁에 개입하면서도 언제나 세계정치라는 장기판의 수를 둔다. 오늘날 미국의 이라크 침략이 이라크가 아닌 중동 전체, 그리고 유럽과 중국의 도전을 견제하는 포석이기도 한 것처럼, 1950년 전쟁 발발 직후의 겉보기에는 "내키기 않았던" 미국의 한반도 개입도 사실상 유럽 및 자유진영의 신뢰를 의식한 행동이었기 때문이다.[17] 따라서 오늘날 이스라엘의 레바논 침공을 미국의 이스라엘 지원사와 부시 행정부의 테러와의 전쟁 개념을 무시한 채 이스라엘의 침공으로만 본다면 문제의 핵심을 놓칠 수 있는 것처럼 1945년 이후 세계정치의 실질적 주관자였던 미국의 38선 획정과 대한민국 정부수립 개입, 그리고 1949년 철군이라는 정치적 선택 과정을 무시하고 1950년 북한의 침략, 그리고 소련의 배후 사주 문제만 논한다면 문제의 실제 내용과 핵심은 놓치는 것이다.

필자는 미국 연구를 통해서 반세기 전에 미국이 개입했던 한국전쟁을 베트남전쟁, 라틴 아메리카에서 발생한 수많은 저강도 전쟁, 걸프전쟁, 이라크전쟁으로 이어지는 이른바 자유의 '십자군 전쟁'의 전사前史로 이해할 수 있게 되었다. 그리고 북한이 시작한 것처럼 보이고, 미국의 의도가 개입되지 않았다고 알려진 한국전쟁이 어떻게 전후 미국의 정치경제와 국제 전략을 바꾸고, 결국 이후 냉전시기의 세계질서까지도 바꾸어 놓았는지 실체적으로 이해할 수 있게 되었다.[18] 『미국의 엔진: 전쟁과 시장』에서 여러 번 지적했듯이 한국전쟁은 미국에게는 "베트남전쟁 이전의 전쟁"이며, 만약 한국전쟁이 없었다면 베트남전쟁이 그러한 방식으로 발생하지 않았을 것이고, 베트남전쟁이 다르게 전개되었다면 오늘의 미국과 세계도 다른 상황에 놓여 있을지 모른다. 만약 노근리양민학살사건, 11사단사건, 국민보도연맹사건 등 한국전쟁 시기 민간인 학살 사실이 국제적으로 보도·폭로되었거나 한국전쟁의 비극적 교훈이 전후의 미국인들을 포함한 전 세계 사람들에게 확실히 인식되었다면, 베트남전쟁의 비극은 없었을 것이다. 미국이 이라크에서 수만 명의 무고한 희생자를 내는 침략 전쟁을 감행하고도 해방이니 자유니 하는 언술로 포장하는 일도 없었을 것이다. 오늘날의 이라크전쟁, 이스라엘과 레바논의 갈등 등 모든 미국이 개입한 전쟁과 그것의 지구정치적 함의를 읽기 위해서는 한국전쟁을 다시 읽을 필요가 있다. 한반도의 분단과 갈등, 그리고 한미관계의 긴장을 둘러싼 최근의 갈등, 북한의 핵개발 시도 등 모든 한반도 문제는 한국전쟁이라는 프리즘을 통해서 이해할 수 있다. 뿐만 아니라 이 전쟁은 미국의 세계전략과 전쟁정책을 이해할 수 있는 시금석이기도 하다.

'자유'를 얻은 댓가로 300만의 희생과 60년 동안의 적대와 분단을 겪고 있는 한국전쟁 피해자 남북 코리언의 관점에서 한국전쟁을 바라보는 것과, 그것을 미국인·일본인의 관점에서 보는 것에는 심대한 차이가 있을 수밖에 없다. 필자는 적어도 한국전쟁기 전후의 한미관계, 전쟁 초기 이승만 정권의 무책임한 피란, 전쟁 초기 대량의 민간인 학살 문제를 외면하는 모든 한국전쟁 연구는 불완전한 것일 수밖에 없다고 생각한다. 언제나 기억과 기록은 승리자의 것이기에 대부분의 한국전쟁 자료는 여전히 미국에 있고 대부분의 기록과 연구는 미국인들이 쓴 것들이다. 그러나 살아 있는 전쟁 피해의 기록과 자취들은 바로 한반도 남북에 생생하게 현존하고 있으며, 또다시 한반도에서 전쟁이 발생한다면 그 대부분의 피해를 감당해야 하는 것은 바로 이들 코리언들이다. 따라서 한국전쟁의 발발과 진행 과정을 정확하게 설명하고 이해해야 하는 것은 여전히 남북 코리언들의 몫이다. 결국 이 책을 포함하여 남북한 평화체제 구축이나 통일이 이루어지기 이전까지 한국전쟁 연구는 모두가 잠정적일 수밖에 없다.

자유로운 연구가 불가능한 북한의 한국전쟁론에 대해서는 별로 거론할 가치가 없을 것이다. 하지만 지금 시점에서 볼 때 남한의 한국전쟁 연구나 담론 역시 한국전쟁의 발발과 경과를 설명하는 데 여전히 다음의 중요한 전제들을 간과하는 경향이 있다.

첫째는 1950년 당시 미국과 소련 간의 힘의 현저한 불균형 관계다. 우리는 은연중 미·소가 국제정치에서 대등한 영향력을 가진 나라라는 전제하에 문제에 접근한다. 이것은 소련과 국제공산주의의 위협을 과장했던 미국발 냉전적 사고의 영향이며 잘못된 가정이다. 비록 소련이 한국전쟁 발발 직전인 1949년 8월에 핵을 개발해서 미국을 깜짝 놀라게 했다고 하지만, 당시 소련은 이제 경제적으로는 막 개발도상국가의 지위에서 벗어났을 뿐이었다. 제2차세계대전 후 사상 최대의 호황을 구가하면서 경제력에서 유일한 패권적 지위를 갖는 미국과 비교 상대도 되지 않았던 것이다. 군사력 역시 핵무기 보유에서도 그러했거니와 장거리포를 적재할 함대도 충분치 않았다. 게다가 소련은 제2차세계대전으로 인구의 10%를 잃는 등 피해를 가장 심각하게 입은 나라였는 데 비해 미국은 거의 피해를 입지 않았다. 즉 1950년 시점에서 소련은 전쟁 수행을 감행할 정도의 조건을 갖추지 못했으며, 자신과 군사 경제적으로 도저히 상대가 되지 않는 미국의 심기를 건드리는 행동을 할 수 있는 상황이 아니었다. 미국 역시 이 점을 잘 알고 있었기 때문에 사실상 한 몸으로 간주된 소련과 북한이 한국을 침략하는 일은 없을 것이라고 낙관했다. 또 바로 이 점 때문에 미국 정치권은 북한이 38선을 넘을 가능성에 대해 별로 두려워하지 않았을 뿐더러 CIA, 주한연락부Korean Liaison Office, KLO 등 수 많은 월북 정보요원의 수많은 정보를 접하고도 그것을 무시할 수 있었고,[19] 1950년 6월 25일 북한의 공격을 접하고서도 그것을 '전쟁'이라기보다는 '도적질' 정도로 생각할 수 있었다. 미국의 개입을 전쟁 개시가 아니라 경찰행동이라고 명명했던 것도 마찬가지 이유 때문이었다.[20] 미국의 이러한 태도에는 중요한 진실이 있다.

그래서 북한의 침공을 공산주의 진영의 자유세계 위협이라고 대대적으로 선전한 것은 사실상 레토릭에 가까운 것이지 객관적 혹은 주관적 위기를 표현한 것은 아니었다. 미국의 한반도 개입 역시 맞수가 되지 않는 북한과 싸우려는 것이 아니라 자신이 세운 나라를 지켜 주지 않을 경우 잃을지도 모르는 미국의 국제적 위신 때문이었다.[21]

이렇게 본다면 북한의 기습을 강조하는 기존 주장들은 당시 이러한 미·소 간의 현저한 힘의 불균형이라는 국제정치 역학을 도외시한 채 소련의 힘과 위협, 북한의 군사력을 과대평가한 것이다. 북한군은 남한을 기습했을지 모르나 '소련' 혹은 세계 공산주의 정치 세력은 미국에 대해 기습하지 않았고, 할 수도 없었다. 또 한국군과 국민들은 그것을 기습으로 받아들였다고 하더라도 미 군부와 정치권은 기습으로 생각하지 않았다. 가령 미국 측이 만일에 대비하여 남한에 거주하던 자국민 피난 대책을 철저하게 수립한 것만 보더라도, 한국전쟁은 미국에게 충분히 예고된 사태였다. 즉 당시의 국제정치적 역학으로 볼 때 한국전쟁은 그 날짜까지 알고 있었던 미극동군 혹은 정보참모부G-2에게는 기습이 아니었으며, 충격적 사건도 아니었다.[22] 이 책에서 강조한 것처럼 이 북의 침공을 받아 극도의 혼란 상태에 빠진 한국군과 침착했던 남한 내 미군사고문단United States Military Advisory Group to the Republic of Korea, KMAG 첩 보요원들 혹은 이승만의 태도의 차이는 여기에서 기인한 것이다.

둘째는 여러 학자들이 지적한 것처럼 당시 미국의 국무성이나 국방 부의 관심은 유럽에 있었고, 아시아 중에서도 한국보다는 타이완에 있 었다. 트루먼Harry Shippe Truman과 애치슨Edward Goodrich Acheson의 생각도 그 러했지만 한국에 대한 미국의 직접적 이해는 그렇게 결정적이지 않았 다. 이 점에서 1950년 한국전쟁 직전 미국 정부의 남한에 대한 태도는 애매한 점이 있었고, 맥아더Douglas MacArthur의 한국방위 약속 등에도 불 구하고 그것이 이승만을 매우 불안하게 만든 것은 사실이다. 미국은 국 제사회에서 약속을 지키기 위해 자신이 세운 남한이 공산화되는 것을 막아야 할 이유는 분명히 있었지만, 자국의 군사적·경제적 이해를 위 해 남한의 안보를 책임져야 한다는 생각을 갖지는 않았고,[23] 또 남한의 붕괴 위기에 대비하여 한국군을 적극 지원하거나 한반도에서 내전 발 생 시 개입하겠다는 의사를 분명히 밝힌 적도 없다.[24] 한국전쟁 이전이 나 발발 직후 미국은 북한의 남침을 알고도 경고하지 않았으며, 발발 직 후에도 소련, 중국과 협상을 통해 전쟁을 종식시킬 수 있었지만 그렇게 하지 않았다. 이것은 미국이 남한 주도의 한반도 통일과 그것을 통한 미국의 적극적 이익 확보보다는 자신의 체면 유지와 현상 유지를 원하 고 있었으며, 북한의 남침을 격퇴하는 것 이상으로 소련의 심기를 건드 릴 행동을 하려하지 않았다는 것을 의미한다. 즉 군사적으로는 이해할 수 없는 일들이 국내외 '정치적으로는' 명백한 이유를 갖고 있었으며, 이것이 당시의 한국군 지휘관 심지어는 맥아더까지도 당황케 만들었던 '전쟁의 정치'였다.[25] 한국 내에서 한국전쟁을 둘러싼 해석 중에서 좌파의 미국의 남침유도론이나 우파의 혈맹론, 맥아더 영웅론은 모두 미국이 남한에 대해 강한 이해를 갖고 있었다는 잘못된 전제에 서 있으며, 약소국인 남한의 입장에서 세상을 이해하려다 생긴 오류이다.

1949년 여름 주한미군의 철군은 이러한 한국에 대한 소극적인 관심, 혹은 미국의 예산감축, 혹은 극우파의 트루먼 공격 등 미국 내 정치의 역학에 의한 것이며, 적극적으로 남침을 유도한 것이라고는 볼 수 없지만, 동시에 남한을 포기한다는 의미도 아니었다. 과거나 현재나 동아시아에서 미국은 중국의 위협으로부터 타이완을 방어하는 것이 훨씬 중요한 과제였으며, 한국은 오직 아시아의 파트너인 일본을 지키기 위한 목적에서만 중요했다. 1949년 미군 철군 이후 주한 미군사고문단의 역할은 주로 이승만의 무력을 통한 통일 시도, 즉 월북 모험을 막는 데 있었지 남침을 저지하기 위해서 존재한 것은 아니었다.[26] 당시 미국은 한반도에서 적극적 이해를 추구하는 방법(남한 주도의 한반도 통일)보다는 소극적 이해(남한의 공산화를 막는 것)를 추구하는 것에 만족하였으며, 일단 전쟁 발발 이후에는 한반도에서 발생한 분쟁을 어떻게 세계적인 차원에서 소련 공산주의를 제압하고 어떻게 이 분쟁을 미국 패권 강화에 활용할 것인가에 무게중심을 두었다. 미국에게 한국은 장기판의 졸이었지 장수는 아니었으며, 이러한 미국의 정치적 고려는 '군인' 맥아더가 참담한 심정으로 실토하였듯이 모든 참전자, 특히 남북한 사람들의 엄청난 피를 요구했다.[27]

셋째, 한국전쟁은 외양으로 보면 이데올로기 전쟁이지만 내재적으로 본다면 식민지 40여 년 동안의 굴욕적 체험과 외세에 의한 분단으로 남북한 한국인들이 갖게 된 분노와 열망의 표현이다. 당시 남북한은 어떤 희생을 치르더라도 서로를 끌어당겨 한몸이 되려는 강력한 힘을 가진 두 개의 지남철과 같은 존재였다. 즉 두 정권은 양자 사이를 가로막은 장벽만 없다면 상대를 무너뜨려 자신의 품으로 집어넣으려는 강력한 열망을 갖고 있었다. 이승만 역시 할 수만 있다면 북한을 점령하여 자유주의 통일국가를 건설할 열망을 갖고 있었고 미국인들에게 남한에 무기를 지원하도록 설득하는 데 열심이었다.[28] 이렇게 보면 일각에서 주장하듯이 한국전쟁의 내적인 배경은 농지개혁 등을 둘러싼 계급적인 갈등에 있다기보다는 일제 40년 억압으로부터 완전한 해방(통일된 국가건설)을 이루고자 하는 민중과 정치가들의 열망이었다고 볼 수 있다. 북한은 남한을 미국의 식민지로 보았고 남한은 북한 정권을 소련의 꼭두각시로 보았다는 점을 보더라도 전쟁 발발 직전 그들의 호전적 전쟁담론은 사회주의/자유주의 이데올로기보다는 오히려 민족주의에 기초하고 있었다. 따라서 공산주의 침략으로만 보는 것은 기본적으로 냉전적 시각, 즉 미국의 시각을 표현한 것이며, 오늘날 이슬람 청년들의 대미투쟁을 모두 '테러'로 부르는 미국과 영국의 공식 입장과 마찬가지로 상당한 문제점을 갖고 있다.

다시 말해 한국전쟁의 모든 것은 민족주의를 빼고서는 설명할 수 없다. 이승만의 북진통일론이나 김일성의 남침 감행은 모두 민족의 이름으로 이루어졌고, 그만큼 집단학살의 과정은 잔인하고 피해도 컸다.[29] 전쟁 직전 김일성과 이승만 모두 미국과 소련의 미온적인 태도를 자기 식대로 해석하고 자신의 정치적 의지에 활용하기 위해 움직였다. 또 미국이 졸고 있다고 잘못 파악한 김일성의 남침 역시 민족주의의 맹목적 열정 탓이라고 볼 수 있다. 이렇게 보면 한국전쟁은 분명히 남북한 권력자들이 무력으로 상대편을 흡수하려했던 시도였으며, 김일성과 이승만을 단순히 소련과 미국의 꼭두각시라고 할 수는 없다. 그들은 미국과 소련이 짜 놓은 장기 판 위에서 가장 적극적으로 상황을 변화시키려 했던 행위자였으며, 1949년 미군의 철군은 바로 두 행위자의 노선변화,

즉 내전 돌입을 부추긴 사건이었다. 그러나 장기판 위 두 졸의 행동은 장기판 한 구석의 판세를 변화시키는 데조차도 한계가 있었고 반면에 그들의 행동을 적절히 활용한 대형ᄎᄆ들은 그것을 빌미로 삼아서 전체 판을 변화시킬 수 있었다. 곧 한반도의 전쟁에서 이기고 지는 것보다는 한반도의 분쟁을 이용하여 자국의 이익을 극대화하려는 것이 그들의 주요 관심사였다. 한반도는 그들의 이익을 증대시킬 좋은 재료였고 남북한의 모든 코리언과 전쟁에 투입된 병사들은 사실상 두 국가의 이익을 위해 희생된 불쌍한 존재들이었다.

전쟁은 정치가들의 잘못된 판단과 수많은 우연한 요인에 의해 의도하지 않은 방향으로 발전하기도 한다. 오늘날 이슬람 진영에서 발생한 테러를 이분법적·종교적 세계관을 가진 부시 행정부가 제대로 이해할 수 없듯이, 당시의 미국인들은 신생 독립국의 민족주의를 제대로 이해하지 못했으며 공산주의 진영을 하나의 단일한 실체로 잘못 이해하였다. 그래서 오늘 부시행정부의 '테러와의 전쟁'처럼 미 지배층의 인식과 판단의 오류가 때때로 잘못된 대응을 낳았던 것도 사실이다. 하지만 그렇다고 해도 미국 엘리트들은 자국의 국가 이해, 자국의 패권을 추구하는 거시적인 목표를 매우 분명하게 인지하고 있었으며 장기적으로 그것을 관철시키는 방향으로 정책을 폈다. 곧 미국 정보당국과 정치가들을 전지전능한 존재로 볼 수는 없지만, 어처구니없는 실수와 판단착오를 반복한 존재로 볼 수도 없다는 말이다.

미국 옹호론자들이 주장하는바 미국의 한국전쟁 개입이 "의도하지 않은" 결과를 가져왔다는 점을 인정하더라도, 전쟁 발발 후 자신이 원했던 정책적 과제를 기다렸다는 듯 추진했던 트루먼과 미 국무부의 선택들이나 한국전쟁이 1950년대 이후 결과론적으로는 모든 것이 미국의 이익, 특히 보수세력과 군산복합체의 입지 강화에 부합하는 쪽으로 귀결된 것을 우연이라며 그렇게 가볍게 넘겨 버릴 수 있을까?[30] 전쟁 발발 직전 미국이 북한군 동향을 손바닥 들여다보듯이 보면서도 침략을 방치한 것은 과연 의도적 방치였는지, 내부 정치 역할에 의한 어쩔 수 없는 방치였는지, 북한은 미국이 상대가 안 된다는 무시의 표현이었는지는 여전히 알 수 없다. 미 국립문서기록보관청National Archives and Records Administration, NARA에 쌓여 있는 아직 기밀 해제되지 않은 엄청난 분량의 한국전쟁 자료들이 공개될 때 한국전쟁의 진실은 밝혀질 것이다.

1950년 당시나 지금이나 한반도에서 전쟁이 절대로 발생해서는 안 된다는 것, 전쟁의 방식으로 문제해결을 추구해서는 안 된다는 것이 당사자인 코리언들에게는 절체절명의 명제이지만, 한반도에서 전쟁이 발생하면 또다시 주역이 될 미국, 일본, 중국에게는 그 다지 심각한 과제가 아닐 수 있다. 자기 땅, 자기 집 근처에서 사랑하는 가족과 친척의 시체가 나뒹굴고, 동포의 핏자국이 길거리와 건물을 도배하고, 팔다리가 잘린 사람들의 고통스러운 신음소리가 귓전을 때리고, 엄마 잃은 아이들의 목이 쉰 울음이 목격자의 간장을 녹이는 일을 겪어 보지 못한 미국 사람들은 아직도 이라크전쟁, 걸프전쟁, 베트남전쟁, 한국전쟁의 비극을 딴 나라 이야기로만 받아들이고 있으며, 정치가와 기업가들은 그것을 통해 자신이 얻었던 이익을 계산하고 있다. 그것이 1950년대 이후 지금까지 바로 미국 정치 엘리트들이 공산주의 혹은 테러 세력의 위협을 과장하면서 전쟁 준비를 그치지 않고, 자신과는 상대도 되지 않는 작은 나라의 정치 과정에 개입하는 이유이기도 하다. 하지만 당사자인 한국인들이 그러한 미국과 강대국의 전쟁 놀음을 지지하고, 장기판이 졸이 되고도 '자유'를 얻었다고 기뻐하고, 우리 민족구성원의 생명을 좌우할 전시 지휘권을 여전히 미국 군대에게 맡겨야 한다고 주장하는 것은 도대체 어떻게 이해해야 할까?

사실 미국·중국에는 한국전쟁과 관련 수많은 영웅담이 있지만, 한국에는 모든 국민들이 기억하고 있는 전쟁 영웅담이 없다. 설사 있다고 하더라도 그것은 동족상잔의 전쟁에서 진정한 영웅담이 될 수도 없고 되어서도 안 된다. 한국에는 지난 반세기 동안 오직 수많은 학살담만이 유언비어로 떠돌고 있다. 그래서 학살담을 끄집어 내는 필자의 심정이 편치는 않다. 그러나 한반도가 또다시 장기판의 졸이 되어 또 다른 학살담의 진원지가 되지 않으려면 학살담을 통해 한국전쟁의 진상을 알리고, 학살이라는 지렛대로 지난 20세기 한반도와 미국의 역사를 다시 바라보는 방법밖에는 없다. 한국의 대다수 연구자들이나 국민들은 아직 전쟁 발발 당시 한국을 "세계의 공동묘지"로 보고 우리의 운명을 "늙은 갈보"와 같다고 외쳤던 함석헌의 안목을 이해하지 못한 채 그 주장의 미국식 버전인 윌리엄 스툭William Stueck의 한국 '희생양론'만 새로운 이론인 양 주목한다.[31] 한국전쟁 경험의 남북 코리언화, 한국전쟁 기억의 국제화, 한국전쟁 교훈의 인류화·보편화의 길은 아직 멀었다.


2006년 10월
김동춘

## 책머리에(초판 서문)

6·25, 즉 한국전쟁이 발발한 지 50년이 되었다. 여전히 우리는 한국전쟁을 20세기에 한반도에서 발생한 가장 중요한 사건으로 드는 데 주저하지 않는다. 전쟁을 겪은 세대에게 물어 보면 하나같이 전쟁이 자기 평생에 가장 고통스러웠던 경험이었다고 대답한다. 그러나 너무 많은 세월이 흘러 한국전쟁은 이제 아주 먼 옛날의 이야기가 되었다. 전쟁을 체험한 세대 중 살아 있는 이들도 얼마 남지 않았다. 이 밝고 화려한 21세기 문명사회에서 어두운 흑백사진 속의 전쟁 모습은 잊고 싶은 기억일 뿐이다.

그런데 정치적으로 본다면 우리에게 한국전쟁은 여전히 현재진행형이다. 미국과 북한 간의 휴전체제가 군건히 존속하고 있고 남북한 간의 군사적·정치적 적대관계는 의연히 유지되고 있으며, 미군은 아직도 한반도에 주둔하고 있다. 남북한은 국가 예산의 30%가 넘는 막대한 군비를 지출하고 있으며, 청년기의 남성들은 인생의 가장 활동적인 나이를 군대에서 보내고 있다. 전쟁통에 가족과 사랑하는 사람을 잃어버린 사람들의 상처는 아직 치유되지 않았다.

전쟁 전후 남북으로 흩어진 이산가족들은 50년 동안 통한의 세월을 보냈으며 가족구성원이 살아 있다는 것을 확인하고서도 서로 만나지 못하고 있다. 죽은 줄 알았던 국군포로가 50년 동안 북한에서 살아남았다가 남한으로 탈출하는 일도 있다. 북한은 이 전쟁을 여전히 조국해방전쟁이라 하고, 남한은 북한의 침략전쟁이라고 말한다.

이런 상황에서 만약 휴전선에서 또다시 충돌이 발생한다면 1950년에 그러했듯이 북한 측은 미제국주의의 '앞잡이'를 없애자고 소리칠 것이고, 남한 측은 공산 침략자를 처단하자고 외칠 것이다. 남북정상회담이 이루어지는 등 남북관계가 크게 진전되고 있으나 1999년의 서해교전과 같은 사태가 다시 발생하면 전쟁으로 비화될 가능성도 없지 않다.

"한국을 도와주러 온" 미군의 총격을 당하고 기적적으로 살아남았으나 "사상범으로 몰릴까 봐" 50년 동안 입을 꾹 다물고 살아온 충북 영동의 노근리 노인들에게 전쟁은 여전히 과거의 일이 아니다. 필자가 현장조사를 위해 방문했던 전북 남원의 한 마을에서는 1950년 11월 8일 퇴각하는 인민군을 잠재워 주었다는 이유로 주민 86명이 아침밥도 다 먹기 전에 동네 앞 논바닥에 끌려나가 "국민의 생명과 재산을 보호한다"는 국군에게 집단학살을 당했다.

피학살자의 가족을 비롯해 기적적으로 살아난 사람들은 빨갱이로 몰릴까 봐 그 사건을 단 한번도 마음 편하게 공개한 적이 없었다. 중앙정부나 지방자치단제, 그리고 '양심'과 '직필'을 내세우는 유수의 언론들, 그 어디에서도 이러한 엄청난 사건을 다루려고 적극적으로 노력한 적이 없었다. 지난 2월의 어느 날, 이 동네 경로당에 앉아 있던 무표정한 노인들을 보면서 필자는 역사의 시계가 50년 동안 멈추어 선 느낌을 받았다. 그들은 분노할 능력도 기억을 되새김질할 능력도 상실한 것처럼 보였다. 그 동네에서는 '그날 이후' 아무 일도 일어나지 않았다. 잔인한 망각의 세월이었다.

오랫동안 필자는 한군전쟁에 대해 나름대로 잘 알고 있다고 생각해 왔고, 그것이 남북한의 고착화된 분단과 정치질서, 기성세대의 의식과 행동에 심대한 영향을 미쳤다는 전제를 갖고 연구활동을 해 왔다. 그러나 현대 한국 사회의 지배질서와 시민사회, 노동운동 등을 이해하기 위해 부심하던 중 한국전쟁을 다시 정리하지 않고서는 오늘의 한국 자본주의 정치·경제·사회 질서를 제대로 정리할 수 없을 것이라는 생각을 새롭게 갖기 시작하였다. 특히 박사학위 논문을 책으로 엮어 내는 작업을 하던 1994년 초반에 이러한 생각은 더욱 구체화되었다.

당시 필자는 재개발·철거 현장에서의 폭력이나 노사분규 현장에서의 구사대 폭력, 사용자들의 '빨갱이 시비' 등을 연구자의 관점에서 접근하면서, 그것이 사회학 교과서에 나타난 단순한 사회 갈등social conflict이 아니라 전쟁war과 같다는 느낌을 받았다. 특히 각종 공안사건과 고문 등의 인권 침해 사례, 『조선일보』와 『한국논단』에서 제기한 색깔시비 등을 보면서 국가 혹은 극우세력의 폭력적 성격과 그에 대한 민중들의 지금까지의 적응행동을 새롭게 이해하지 않으면 오늘의 한국 사회를 제대로 파악할 수 없다는 확신을 갖게 되었다.

결국 필자는 폭력을 단순한 방법이나 수단으로 보기보다는 냉전 자본주의적 성격을 갖는 한국의 사회관계와 재산소유관계, 즉 경제질서와 그것을 보장하는 정치적 역학관계와 서로 뗄 수 없는 연관성을 갖는 것으로 보아야 하지 않을까 하는 생각을 갖게 되었다.

사회에 만연된 폭력, 그것은 과거의 사실이 아니라 바로 현재진행형이며 한국 사회의 지배질서 그 자체라는 생각이 자꾸 구체화되면서, 필자가 연구자가 되기 이전에 듣고보았던 일들이 하나의 틀로서 정리되었다. 특히 1980년 5·18광주민주화운동 당시 특전사 군인들의 '미친 행동'을 보며, "일제 때 순사들도 6·25 때 공산당도 저렇지는 않았다"

고 말하던 현장 노인들의 절규는 사실상 한국전쟁 당시 적을 대하던 군인들의 행동과 5·18광주민주화운동 당시 진압군의 행동이 다르지 않았음을 새삼 확인시켜 주었다. 5·18광주민주화운동 당시 학살은 바로 한국전쟁의 재연이었던 것이다. 출소 장기수들이 증언하는 1970년대 정치범에 대한 살인적인 전향공작 역시 '전쟁의 지속'으로 다시 해석되었으며 1980년대 초의 '녹화사업'과 고문, 살해 모두가 오직 전쟁 중에 있는 국가에서나 볼 수 있는 현상으로 다시 정리되었다.

그런데 필자의 무의식적인 과거 행동 속에는 이미 한국전쟁을 직·간접으로 겪은 한국인들이 갖는 본능적인 공포감과 순응주의가 철저히 내면화되어 있다는 새로운 사실을 발견하였다. 돌이켜보면 대학 신입생 시절 시위하는 광경을 보았을 때, 마음 한구석에 '북한과 대치하고 있는 마당에 대학생들이 정권을 비판하는 시위를 해도 되는가' 하는 걱정과 두려움이 먼저 들었던 것은, 필자가 십수년 동안 받았던 철저한 반복·주입식의 전쟁교육과 반공교육 영향이었을 것이다.

우연히 시위에 가담하였다가 경찰서에 붙들려 갔을 때 필자는 본능적으로 우리 집에 혹시 사상적 혐의를 받을 만한 사람이 없는지 생각했다. 평소에 어른들로부터 "우리 집안은 우익 집안"이라는 얘기를 들은 기억과, 아버지도 우익청년단 활동을 했다는 기억은 필자를 크게 안심시켰으며, 행동에 자신감을 부여해 주었다. 그런데 이처럼 필자가 대학 초년 시절 단순한 반정부 데모에 기웃거릴 무렵부터 집안의 정치적 이력을 의식하였으며, 경찰서에 가서도 제일 먼저 그러한 생각을 떠올렸다는 것은 좌익에 대한 공포가 마음 속에 얼마나 깊숙히 자리잡고 있었는지를 말해 준다.

사실 전쟁의 공포는 대학 시절 내내 계속되었다. 엄혹한 유신 말기에 한국 현대사, 특히 당시로서는 거의 금기시되어 있던 해방 3년의 역사를 공부하면서 필자는 큰 충격을 받았다. 과거의 자료와 서적들을 통해 이데올로기의 대립으로 서로 죽고 죽이는 과정을 접하면서 '내가 해방 정국 당시에 살았다면 어떻게 행동했을까', '내가 전쟁 시 청년이었다면 어떻게 행동했을까' 하는 고뇌가 엄습하기도 했다. 당시 일부 학생들에게 널리 읽혔던 남로당 간부 박갑동의 수기나 이병주의 『지리산』 같은 소설들은 많은 고민거리들을 안겨 주었다. 심지어 제5공화국 초기의 살벌한 군부통치하에서 필자는 거의 매일 잡혀가서 사상심사를 받는 악몽에 시달리기도 했다.

그 동안 사회과학자로서 서구의 이론들만 주로 공부하다 보니 필자 자신이 바로 한국전쟁의 지긋지긋한 기억이 일상을 옥죄는 상황에서 살았다는 사실을 망각한 것이다.

이러한 반성들은 군사적인 것과 사회경제적인 현상을 분리해서 사고해 온 한국의 기존 사회과학과 그러한 패러다임에 입각한 한국 사회 연구에 대한 회의로 연결되었다. 군사적으로 볼 때 한반도에서는 여전히 휴전체제가 평화체제로 바뀌지 않고 있으며 전쟁은 계속되고 있다는 극히 평범하고 상식적인 사실을 그동안 필자가 심각하게 고려하지 않았다는 점을 자각하게 되었다. 이러한 문제의식은 그 동안 필자가 겪어 온 과정, 그리고 군사적인 조건과 결부시키지 않고 이해해 온 정치적 지배질서와 사회적 갈등, 사회 통제 등을 전쟁의 연장, 전쟁의 지속으로 이해할 수 있지 않은가 하는 생각으로 가닥이 잡혔다.

사실 필자를 포함한 대다수의 사회과학자들은 한국전쟁의 사실들을 제대로 알지 못하고 있으며 또 그것이 오늘의 한국사회에 어떻게 영향을 미치는지 생각조차 해 보지 않은 채 한국 정치, 한국 경제, 한국 외교, 그리고 한국 사회가 이렇다저렇다 말해 온 것이다. 20세기의 가장 치열한 전쟁을 치른 우리가 한국전쟁의 경험을 사실 재구성은 물론 이론적으로도 정리하지 못했다는 것은 부끄러운 일이다.

결국 사회운동이 약화되고, 노동자의 정치사회적 세력화가 계속 지지부진한 1990년대 중반 들어서 필자는 한국전쟁을 재발견한 셈이다. 앞에서 언급한 것처럼 이제는 연구지기 되어 직접경험과 간접경험을 하나의 틀로서 재해석하였으며, 이론적 관심 영역인 현대 시민사회의 형성과 노동자의 정치세력화 문제를 한국전쟁과 그후 정착된 1950년대의 지배질서와 연관시키는 쪽으로 이론적 관심을 확대하였다.

이것은 한국의 국가폭력과 한국 자본주의의 정치경제 질서를 결합시키기 위한 일련의 연구작업으로 연결되었다. 1991년 무렵에 정리한 「사상범 통제의 한국적 특성」과 1994년에 집필한 「한국 자본주의와 지배질서」(모두 졸저 『분단과 한국사회』에 수록됨)에서는 국가안보, 노동통제, 가족주의가 현대 한국 자본주의를 유지하는 세 기둥으로서 어떻게 서로 얽혀 있는지 분석하였다. 1997년의 「국가폭력과 사회계약」(『경제와 사회』, 1997년 겨울)과 1998년의 「노동·복지체제로 본 한국 자본주의의 성격」(『역사비평』, 1998년 여름)은 흔히 사회관계, 혹은 문화나 의식의 영역으로 간주되는 현상들이 어떻게 남북한의 군사적 적대 혹은 반공주의 지배체제와 연관되어 있는지 밝히면서 한국의 정치·경제·사회체제를 하나의 틀로서 이해하기 위한 글들이다. 그것은 바로 한국전쟁을 거치면서 구축된 군사주의 질서가 오늘의 경제질서와 사회 기본 논리에 여전히 침투되어 있다는 생각에 기초하고 있다.

결국 필자는 한국전쟁을 이해하지 않고서는 오늘의 한국 정치, 한국 경제, 한국 사회, 한국의 법과 사회심리, 이데올로기 등 모든 것을 제대로 이해할 수 없다는 다소 상식적이지만 확실한 결론에 도달하였다. 그리하여 1995년 무렵부터 본격적으로 '한국전쟁이 한국 사회에 미친 영향'을 정리하려는 연구계획을 세우고 자료를 수집하였다.

'전쟁은 정치의 연장'이라는 카를 폰 클라우제비츠Karl von Clausewitz의 유명한 명제, 재산 소유관계의 성격이 도덕적 질서 및 국가의 이념과 연관되어 있다는 점을 지적한 에밀 뒤르켕Émil Durkeim의 이론, '주권 개념의 성립과 국가의 지배질서는 곧 전쟁의 흔적이며 사회체제는 곧 전쟁의 연장'이라는 미셸 푸코Michel Foulcault의 주장들은 필자의 생각을 굳히는 데 도움을 주었다. 결국 한국전쟁에 관한 지식의 편린들이나 연구자가 되기 전에 사실상의 전쟁체제인 3·4·5공화국 군사독재하의 정치사회를 젊은 시절에 체험하면서 형성되었던 필자의 생각들은 이러한 이론들의 도움으로 구체화될 수 있었다.

그러나 앞에서 지적한 것처럼 필자가 이들 앞선 이론들을 학습했기 때문에 한국전쟁 연구를 시작한 것은 아니다. 5·18광주민주화운동 당시 진압군의 민간인 학살 사실을 그 이튿날 서울에서 접한 바 있으며 그 이전인 1970년대의 '사상범 전향 공작', 재개발 용역회사의 청부폭력 등을 이미 알고 있었고, 그러한 현상들과 기존 이론들과의 괴리를 늘 불편하게 생각했기 때문에 군사적인 것과 사회적인 것을 연결시킨 이들 이론들을 보다 실감 있게 받아들일 수 있었다.

그런데 한국전쟁이 어떻게 한국 정치사회에 내재화, 일상화되었는가를 분석하려는 필자의 작업은 곧바로 장벽에 부딪혔다. 바로 한국전쟁에 관한 '사실'fact 자체가 충분히 조사·정리되어 있지 않다는 점 때문이었다. 모든 한국 사람이 가장 잘 알고 있으며 누구나 그것에 대해 한마디는 할 수 있다고 여겨지는 한국전쟁이 학문적으로는 전혀 체계화되어 있지 않았다.

애초 필자의 계획대로 한국 전쟁이 한국사회에 미친 영향을 분석하기 위해서는 우선 한국전쟁 그 자체에 대한 사실들이 충분히 정리되어 있어야 하는데, '전투로서의 전쟁'은 수십, 수백 권의 책으로 정리되어 있고 또 수십 권의 회고록으로 집약되어 있지만, 전쟁 과정에서 발생한 정치사회적 사실들은 거의가 정리·분석되어 있지 않으며 참전 군인들의 회고록에는 완전히 생략되어 있다는 놀라운 사실을 발견하였다. 한국전쟁에 관한 연구논문의 대부분은 오로지 전쟁의 발발 원인과 책임 규명, 특히 소련과 북한의 침략성을 부각시키는 데 과도하게 집중되어 있었고, 그 나머지 영역은 거의 황무지나 마찬가지였다. 이데올로기가 객관적인 학술연구를 얼마나 황폐화시킬 수 있는지 보여 준 대표적 사례였다.

그리하여 필자는 궤도를 수정하지 않을 수 없었다. 우선 필자의 문제의식과 연결될 수 있는 한국전쟁기에 발생한 몇 가지 사실들을 정리할 필요성을 느끼게 되었다. 따라서 전쟁의 영향을 분석하려는 애초의 시도는 전쟁 그 자체에 대한 연구로 방향이 수정되었다.

원래 필자는 한국전쟁 자체에 대해서 한 권의 편역서 『한국현대사연구 1』(이성과현실, 1988)를 출간한 것 외에는 본격적인 연구논문을 쓰거나 체계적으로 자료를 수집한 적이 없었기 때문에 새롭게 한국전쟁 그 자체를 연구한다는 것은 전공의 영역을 벗어난 외도였다. 그러나 한국전쟁기에 발생한 정치사회적 사실들을 우선적으로 재구성하지 않고서는 전쟁이 한국 사회에 미친 영향을 말하는 것은 불가능하였다고 판단했으므로, 무모하다는 점을 의식하면서도 연구 방향을 수정하지 않을 수 없었다.

그리하여 대학에 자리잡은 1997년경부터 자료를 수집하고 틈틈이 정리하기 시작하였다. 학기 중에는 거의 작업을 할 수 없었기 때문에 방학이 되어야 약간씩 끄적거릴 수 있었고, 본격적으로 집필에 들어간 것은 1998년 후반 이후였다. 관련 자료를 충분히 섭렵할 시간적인 여유도 없었고, 관련자 인터뷰도 제대로 할 여유가 없었기 때문에 전쟁 50

주년이 되는 올 여름에 맞추어 출간하는 것은 무리라는 생각을 몇 번이나 했다. 그러나 많은 주변 사람들이 부족하더라도 일단 출간하라고 계속 권유하여 결국 출간을 결심하게 되었다. 나중의 역사학자들에게 본격적인 연구의 과제를 맡기되, 문제를 먼저 던지고 보자는 생각에 만용임을 알면서도 출간을 결심한 것이다.

중요한 체험자들이나 기존 전문 연구자들의 시각으로 보면 이 작업은 허점투성이일 것이다. 그러나 필자는 비판과 질책, 혹은 이데올로기를 무기로 하는 공격을 예상하면서도 '다른 목소리'를 제기할 필요성 때문에 일단 출간을 결심하였다.

늘상 그러했지만 필자는 이 작업을 진행하면서 이성적이고 냉정한 연구자로서의 균형감각을 견지할 수 없었다. 슬픔과 분노가 사회과학적 추론을 압도하였으며, 누군가에 의해 반드시 시작되어야 한다는 내면의 목소리가 필자를 밀어붙였다. 전쟁통에 억울하게 죽은 사람들이 꿈에서도 나타나, 자다가 벌떡 일어나기도 했다.

앞서 말한 전북 남원의 학살 현장에서 만난 노인들의 얼굴이 눈앞에 어른거렸으며, 전쟁 시 국군으로 참전했다가 부상당하고 지금까지 국가로부터 어떤 보상도 받지 못한 경북 울진의 한 노인의 힘없는 목소리가 귓전을 맴돌았다. 연구자로서 객관성과 진실을 끝까지 추구하려는 생각을 포기하지는 않았지만, 굴곡으로 얼룩진 한국 현대사를 연구하는 데는 역시 '냉정함'이 견지될 수 없었다.

이 작업을 수행하는 과정에서 많은 분들이 도움을 주었다. 도움말을 준 각지의 피학살 유족들을 비롯하여 임대식, 우대형, 이지영, 오유석, 김준 등이 자료수집에 도움을 주었으며, 동료 정해구 교수는 초고를 읽어 보고 많은 지적을 해 주었다. 성공회대학교의 한성훈, 최윤정 두 학생은 자료수집과 정리, 초고의 수정과 교열 과정에서 큰 도움을 주었다. 음으로 양으로 격려해 준 모든 이들에게 감사드린다. 이후에 사실 파악의 오류가 발견되면 곧 수정하여 반영하겠다. 독자와 관련자들의 많은 관심과 질책을 바란다.

끝으로 이 책의 출간을 권유한 돌베개출판사의 한철희 사장님과 내용을 다듬어주고 책으로 모양을 갖추도록 해 준 편집부 김수영 씨에게도 감사드린다.

2000년 6월
김동춘

# 1부

# 또 다른 전쟁

# 1
# 한국전쟁을 보는 시각

## 전쟁 발발을 기념하는 국가

미국에서는 한국전쟁을 '잊혀진 전쟁' Forgotten War이라고 부르는데, 그
것은 참전국인 미국에서도 한국전쟁에 대한 각종 기록, 연구논문, 문학
작품, 영상물이 제2차세계대전은 물론 그 이후의 베트남전쟁과는 비교
도 안 될 만큼 드물기 때문이다.[1] 그런데 어떤 점에서 한국전쟁은 당사
자인 오늘의 남한 사람들에게도 '잊혀진 전쟁'이다. 한국전쟁 관련 연
구성과나 연구자는 매우 드물고, 기념물은 오히려 미국보다도 적으며
군인 유해 발굴 사업은 이제 시작 단계이기 때문이다. 탈냉전 이후 한
국전쟁은 이제 전면적으로 재조명되어야 하지만, 아직 그 작업은 본격
적으로 시작되지 않았다.

　　이러한 한국전쟁을 북측은 '조국해방전쟁'이라고 불러온 데 반해,
남한에서는 '6·25사변', '6·25동란' 혹은 '6·25전쟁' 등으로 불러왔다.
북한은 그것이 미국을 격퇴하고 통일을 이루기 위한 전쟁이었다고 보
는 데 반해, 남한은 소련의 지원을 받은 북한 공산당이 1950년 6월 25일
불법 '남침'하여 민족 전체를 고통에 빠뜨린 사건이었다고 보는 셈이

다. '조국해방전쟁'이라는 용어도 정치적 입장이 노골적으로 드러난 용어이기 때문에 적절치 않지만 '6·25'라는 용어는 전쟁의 전체상과 핵심을 묵살하고 오직 한쪽 측면, 즉 발발의 측면만 부각시킨 정치적 용어이므로 부적절하기는 마찬가지다. 외국의 모든 공식 문서나 학술논문에서는 이 전쟁을 '한국전쟁'Korean War이라 부르고 있는데, 전쟁 당사자인 남북 코리언의 관점에서 보면 그것은 전쟁을 타자화시키는 용어이기 때문에 사실 다소 거부감이 든다. 남북 양측이 화해와 통일로 나아가는 길에 또 한번 논란이 되겠지만, 이 책에서는 더 적절하고 객관적용어가 만들어지기 전까지는 우선 '한국전쟁'이라고 부르기로 한다.[2]

그런데 왜 유독 남한에서는 그 전쟁을 '6·25'라 부르는가? 외국인들과 달리 이 전쟁이 '남의 일'이 아니기 때문인가? 일찍이 프리드리히 니체Friedrich Nietzsche는 우리가 어떤 것을 칭하는 방식은 실제 그것이 어떤 것인가보다 더 중요하다고 했다.[3] 즉 한국전쟁을 어떻게 부르는가 하는 것은 한국전쟁의 진실보다 더 중요할 수 있다. 즉 '6·25'라는 이름에는 그 전쟁에 대한 공식적 기억, 정치적 의미부여, 그리고 남한 시민에 대한 역사교육의 방향이 담겨 있다. '6·25'라는 명칭에는 1950년 6월 25일 북한이 '평화로운' 남한을 '기습적으로' 공격했다는 점, 그리고 전쟁이 낳은 모든 불행과 고통은 전쟁을 도발한 국제공산주의와 그들의 지원을 받은 북한의 책임이라는 의미가 담겨 있다. '6·25'라는 개념 규정은 모든 남한 사람들이 너무도 잘 알고 있는 "상기하자 6·25, 무찌르자 공산당"이라는 구호를 연상케 하는데, 거기에는 전쟁의 발발, 즉 개전의 책임자가 누구인가, 어떤 세력과 이념집단 때문에 우리가 그러한 민족적 비극을 겪었는가를 두고두고 되새김질하자는 문제의식이 강하게 깔려 있다. 그 결과 온 대한민국은 지난 50여 년 동안 개전일자인 6·25를 기념하고 있으며, 서울의 한복판 용산에는 평화기념관이 아닌

웅장한 '전쟁기념관'이 세워져 있다.

그리하여 남한 사람들은 개전일자는 너무나 잘 알아도 휴전일자는 알지 못한다. '6·25'라는 이름이 전쟁의 모든 것을 설명하는 한 1953년 7월 27일, 즉 휴전일이 잊혀지는 것은 너무도 당연하다. 휴전은 평화로 가는 길이 아니라, 끝을 보았어야 할 전쟁의 '내키지 않는 중단'이었을 따름이다. 그런데 전쟁을 치른 세계 어느 나라에도 개전일을 기념하면서 그 성격을 규정하는 예는 없다. 수년 전부터 남한 일각에서는 남북한 간에 평화를 구축하자는 문제의식 속에서 개전일이 아닌 휴전일을 기념하자는 의견도 제기되었다. 그러나 이러한 목소리는 6·25를 상기하는 것이 국가안보와 사회질서 유지의 가장 중요한 기둥이라고 생각하는 남한의 권력자들에게는 '위험한' 주장이다. 결국 한국전쟁을 '6·25'라 부르는 남한의 공식적인 역사인식을 통해 우리는 한국전쟁에 관한 모든 기록과 연구, 기억과 회고, 국민교육, 기념행사, 포상 등이 어떻게 이루어져 왔을지 짐작할 수 있다.

겉으로는 모든 남한 사람들이 "6·25와 같은 동족상잔의 비극은 다시는 일어나서는 안 된다"고 말한다. 그러나 1999년 서해교전 당시 확인된 것처럼 남북한 사이에 긴장이 발생하기만 하면 한국의 주류 언론과 지식인들은 이성을 잃는다. 설사 군사적 충돌이 상호파멸의 비극을 가져올지라도, 긴장이 고조되면 "북한을 응징해야 한다"는 호전적인 주장이 시민사회를 압도한다. "적이 먼저 도발했으니 우리만 당할 수는 없다"는 것이다. 실로 무서운 일이다. 한국전쟁 당시 중국인민지원군(이하 '중공군'으로 줄임)을 제압하기 위해 남북한 모든 코리언들에게 처참한 비극을 가져올 수도 있는 원폭 사용까지 고려했던 맥아더가 여전히 한국전쟁의 영웅으로 칭송되고, 이 중요하고 심각한 문제를 남한 정부와 한마디 상의도 하지 않은 미국에게 항의하기는커녕 맥아더의 계획에 묵시적으로 동의한 이승만이 건국의 영웅으로 추앙되고 있는 것 역시 마찬가지다.[4] 이는 '초가삼간 다 타도 빈대 죽는 것만 시원하다'는 한국 속담을 연상케 한다. 그것은 북한 공산주의를 분쇄하고 중국의 지원을 막을 수 있다면 우리 민족이 원폭의 피해자가 되고 "장기판의 졸"이 되어도 좋다는 "광신적인 반공주의"[5] 아래에서나 통용될 수 있는 이야기이다. 냉전질서 아래의 남한에서는 거시적인 차원에서 왜 전쟁이 일어났는지를 따져 보는 일은 없었고, 왜 한반도가 제2차세계대전 중 일본의 히로시마廣島나 나치하 독일 드레스덴Dresden 이상으로 초토화 상태에 놓이게 되었는지, 왜 그렇게 엄청난 규모의 인명 피해와 동족 간 살육이라는 참극이 발생했는지에 대한 진지한 성찰도 없었으며, '북한책임론'이라는 공식적 시각을 의심하거나 비판하는 주장은 불경스럽고 위험한 것으로 몰려 왔다.

한국전쟁에 관한 산더미 같은 기록과 증언들, 홍보물들은 모두 남북한의 호전적 대결을 강조하며, 그 적대관계는 북한의 '침략 야욕' 때문이라는 전제 위에 서 있다. 김대중 정부 이후 남북화해가 조성되고 냉전적 사고가 허물어지기 시작하였으나, 아직 남한 사람들 상당수는 남북한 간에 군사적 긴장이 발생하면 모두 지난 1953년 휴전을 극력 반대하던 데모대의 일원이 되어 버린다. 특히 극우세력과 보수언론은 지난 1994년 북한 핵위기 때처럼 미국이 강경한 자세를 취해 자신들을 포함하는 한민족 모두를 또다시 비극에 빠뜨릴지도 모르는 준전쟁 상황에 돌입해도 미국의 강경한 대북정책에 박수를 칠 뿐이다.

한국전쟁을 '6·25'라고 규정하면서 북한의 침략을 지속적으로 환기시키는 남한 지배층은 남북한 간의 적대를 완전히 끝장내고 평화질서를 구축하는 데 기여한 것이 아니라, 오히려 긴장과 전쟁 분위기를 지속시키려 해 온 미국 냉전정책의 충실한 하수인이었다. 이러한 상황에서 '벌거벗은 임금님'을 본 어린아이의 눈으로 한국전쟁의 추악한 측면, 즉 그 전쟁이 강대국 헤게모니를 강화시킨다는 역설적 측면을 본 시각들은 위험한 것이기도 했다. 한국전쟁이 발발했을 당시에 처칠Winston S. Churchill은 다음과 같이 말했다.

> 여기서〔한국전쟁을 지칭함〕한국은 〔미국의〕고려의 대상이 아니다. 내가 일흔네 살이 먹도록 그런 엠병할 나라에 대해 들어 보지 못하였다. 그것의 중요성은 미국의 재무장을 가져온다는 사실에 있다.[6]

한편 한국전쟁 전후 미군사고문단의 일원으로 한국군 창설에 깊이 개입하였으며 여순사건의 진압 및 제주4·3사건에도 깊이 개입했다는 의혹을 받고 있는 하우스먼Jim Hausman은, 자신의 회고록에서 한반도 분단 및 전쟁에 대한 미국의 책임을 교묘히 피해가면서도 능청스럽게 한국전쟁의 끔찍함에 대해 관찰자 위치에 서 있는 듯 다음과 같이 발언하고 있다.

> 동족 간에 전쟁이 일어나다니. 누가 누구를 죽이고 누가 누구를 상대로 총질을 한다는 말인가. 지금 돌이켜보면 이러한 탄식이 6·25 아침 한반도를 분노케 해야 할 것 같지만 어떤 6·25 증언이나 증언자의 말에도 이런 표현은 좀처럼 찾을 수 없다. 잔인한 전쟁이었다.[7]

누구도 '동족상잔'을 탄식한 사람이 없었다는 말은 사실과 다르다. 1948년 남한의 단독정부 수립 당시에도 상당수 정치세력은 선거에 참여하지 않았으며, 남북한 민족구성원 대다수는 사실상 전쟁을 원하지 않았다. 남북한 양 분단정권의 수립이 가져올 비극적 결과를 매우 걱정하면서 단독정부 수립을 위한 선거를 거부하고 남북협상에 나섰던 반反 이승만 파의 항일독립운동가 김구는 그 대표적인 인물이었다. 그는 분단정권의 수립은 필연적으로 "동족상잔의 길로 나아갈 것이다"라고 예언히면서 남북한에서의 분단정권 수립에 반대하였다.[8] 물론 김구를 비롯한 상해임시정부 출신의 한독당 세력과 다수 중도파의 통일운동에 대해서는 통일전선전략을 추구했던 북한에 이용만 당했다는 비판도 있지만, "동포 간의 증오와 투쟁은 망조다"라고 온 국민을 향해서 부르짖었던 그의 예언은 비장하고도 정확했다.

> 만일에 우리 동포들이 양 극단의 길로만 돌진한다면 앞으로 남북의 동포는 국제적 압력과 도발로 인하여 본의 아니게 동족상잔의 비참한 내전이 발생할 위험이 없지 않으며 재무장한 일군이 또다시 바다를 건너서 세력을 펴게 될지도 모른다.[9]

그는 남북한 단독정부의 수립이 동족상잔을 가져올 수밖에 없는 필연성을 지적하였으며, 특히 이승만의 단독정부 수립과 대북 호전성은 결국 일본의 재무장과 부흥을 초래할 것이라고 경고하였다. 남북한의 전쟁은 한민족 전체에게는 비극이 되겠지만 일본·미국 등 주변국에게는 처칠이 지적한 것처럼 '기회'가 될 수도 있다는, 섬뜩하지만 정확한 예언이었다. 결국 그는 알 수 없는 세력에 의해 1949년 6월 29일 피살되었으며, 그 1년 후 전쟁이 발생하여 온 국토는 피로 물들었다.

그러나 1953년 휴전 이후 남한에서 김구와 같은 민족주의 세력, 중간파 정치세력이 사라지자, 해방정국의 모든 정치적 갈등과 한국전쟁으로 인한 비극의 책임은 오직 세계공산주의 그리고 북한과 김일성에게만 있다는 식으로 정리되었다. 이후 남한에서는 미국이 만들어 낸 냉전적 시각만이 통용되었으며 한국전쟁의 거시적 배경에 대한 논의는 물론 한국전쟁이 남북한의 평범한 민족구성원들에게 안겨 준 엄청난 고통과 비극, 그 비극의 진정한 원인과 정치적 책임 규명에 대해서는 공개적인 논의조차 금기시되었다. 남한에서는 한국전쟁에 관한 한 민족적 관점은 물론, 피해 대중인 민중의 관점, 그리고 인권, 평화, 더 나아가 여성의 관점이 완전히 배제된 채 오로지 국가주의 관점, 반공주의 관점만이 허용되어 왔다. 사실상의 폭력인 이 '지식의 전제專制'는 50년이 지난 지금도 여전히 지속되고 있다. 남한에서 한국전쟁에 관한 연구가 극히 빈곤한 것도 일차적으로는 이 때문이다.

정도 차이는 있지만 북한 역시 다르지 않다. 과거 북한의 김일성 정권은 그릇된 상황 판단으로 전쟁을 개시하고 결국 분단을 더욱 고착화한 책임을 져야 하지만, 남한 국방군의 선제공격에 대한 '방어'로서 하는 수 없이 전쟁에 돌입했다고 선전해 왔다. 책임이 미국과 남한에게 있다는 점을 과도하게 강조하고 집착하는 태도를 보면 북이 남측과 마찬가지로 한국전쟁을 체제유지를 위한 정치선전물로 이용해 왔음을 알수 있다. 북한의 극히 호전적이고 강경한 대미노선은 한국전쟁 당시 미국의 '융단폭격'에 당한 쓰라린 체험을 반영하는 것이기는 하나, 미국에 대한 증오를 체제유지와 정권연장의 자원으로 활용하기 위한 것이기도 하다.

'조국해방전쟁'이라는 북한의 공식적인 전쟁 성격 규정, 또 '미제국주의'와 이승만의 '반역적' 행동에만 초점을 두는 북한의 시각은 겉보기에 '민족'과 '인민'을 강조하는 듯하지만, 실제로는 전쟁 중에 억울한 죽음을 당한 민간인들, 지금까지 전쟁의 후유증으로 심각한 고통을 겪으면서 살아온 남북한 인민들, 수백만의 이산가족들, 군에 징집되었다가 정신적·육체적 피해를 입은 남북한 말단 병사들의 비참한 처지를 고려하지 않는 것이다. 비교적 최근에 출간된 북한의 한국전쟁 관련 서적 『력사가 본 조선전쟁』(사회과학출판사, 1993)에서도 종전의 입장은 반복되고 있다. '조국해방'이라는 국가주의·민족주의 논리에는 진정한 남북회해와 평화를 위한 전망이 설 자리가 없으며, 또 사회주의 혹은 민족해방의 이데올로기도 알지 못한 채 죽어간 무지렁이 '인민'들의 고통이 모두 미국과 이승만의 음모에 의한 것으로만 조명되고 있다.

당시 미국은 북한의 남침에 대한 자국의 응수를 '경찰행동'police action이라고 규정하면서 그것을 전쟁이라고 보지도 않았고, 지금까지도 한국전쟁의 진실을 밝혀 내는 작업을 의도적으로 방기하거나 묵살해 왔다. 또한 각각 '6·25/조국해방전쟁'이라고 규정해 온 남북한의 전쟁 인식은 20세기 중반, 즉 냉전 초기 수준에 그대로 머물러 있다.[10] 또 이러한 인식의 답보 상황은 남북 간 분단, 그 적대감의 깊이에 비례한다. 한반도에서는 칼 슈미트Carl Schmitt가 말한 "행위로서의 전쟁"은 종료되었으나 "상태로서의 전쟁"은 끝나지 않았다.[11] 전투는 끝났으나 전쟁은 진행 중인 것이다.[12] 그것은 남북한의 강고한 분단과 적대, 막대한 군비 지출, 그리고 전쟁의 내재화, 즉 남북한 군사형 사회military society의 지속에서 확인할 수 있다. 물론 휴전 상황은 잠정적인 전쟁의 중단일 뿐 일종의 '전쟁 상태'이기 때문에 이러한 대립적인 인식이 그대로 유지되는 것이 당연할 수도 있다. 그러나 국제적으로 냉전이 해체된 마당에 미국과 남북한 당사자가 한국전쟁에 대한 전통적 시각을 고수한다면 진정한 화해의 논리적 명분이 없으며, 설사 정치적 타협에 의해 화해가 이루어지더라도 심각한 역사인식의 충돌을 낳을 가능성이 높다. 지난 2000년 6월 15일, 분단 이후 최초로 남북정상회담이라는 획기적인 사건이 벌어졌지만 미국은 이에 극히 냉소적이었으며, 반공주의와 반미주의 이념을 철저하게 학습해 온 남북의 '국민'들은 '적' 또는 전쟁범죄자와 화합하고 교류하는 일을 어떻게 이해할 것인가 당혹해했다.

　한 치도 양보하지 않으려는 남북한의 한국전쟁 인식차가 좁혀지지 않는 한 진정한 평화와 통일의 길은 멀 수밖에 없다. 소련 및 동구 사회주의 붕괴 이후 북한 사회주의가 자생적으로 발전해 갈 가능성이 거의 없다는 사실이 판명된 지금, 이제 남한이 남북한 교류의 주도적인 역할을 하고 있다. 그런데 남한의 정치세력과 지식인들이 미국의 냉전적 시각만을 고집하거나 남측의 공식적 전쟁 해석을 건드리지 않은 채 그 물질적 성공을 자랑하며 통일의 주도권을 쥔다면, 결코 북한 주민들의 마음에서 우러나는 지지와 동의를 이끌어 내지는 못할 것이다. 또 그러한 조건에서는 설사 통일이 되더라도 의식 속에서는 내적인 분단이 오랫동안 지속될 수밖에 없다.


## 압제하는 앎과 예속된 앎

'6·25'라는 규정과 더불어 한국전쟁 당시 우익 인사들의 공산주의 체험도 전쟁에 관한 공식적이고 집단적인 기억으로 탈바꿈해 반공주의의 확대·강화에 기여해 왔다. 남한의 공식적 한국전쟁 인식을 대변하고 있는 모윤숙은 인민군 치하의 서울과 남한을 '암흑천지' 혹은 '지옥'으로 묘사하였고, 공산주의와 공산당은 하늘 아래 함께 살 수 없는 '원수'라고 말하였다.

　억압, 사기, 약탈, 감시, 강제노동, 명분이 서지 않는 소위 의용군 모집, 학살 이러한 참극이 어디 있겠으며 이러한 암흑이 어디 있을 것인가? 〔……〕 금번의 남침사건을 계기로 하여 남한 국민이 체득한 바는 더 말할 것도 없이 볼셰비키들의 무서운 야수성과 폭력성과 기만성일 것이다. 이리하여 우리가 말할 수 있는 것은 공산주의는 가치판단의 동일한 평면에서 생각할 수 있는 수많은 정치사상 중의 한 가지가 아니고, 그것은 가치판단의 영역 외에 존재하는 인간의 영원한 적이라 할 수 있다.[13]

　　이러한 언술들은 분명히 모윤숙 자신이 전쟁 발발 직후 인민군 치하에서 겪은 부인할 수 없는 고통에서 나온 것이다. 그런데 문제는 모윤숙처럼 남한의 핵심 엘리트 집단에 속해 있던 인사들의 '인민군 치하' 체험이 휴전 이후 국민의 '공식 체험'으로 '신화화'되었다는 데 있다. 그것은 바로 '공산주의=인류의 영원한 적'이라는 도식이다. 그러나 모윤숙은 '대한민국 건국의 공로자', '이승만의 최측근'이자 친일 경력이 있는 대표적인 지식인이었기 때문에 북한 당국이 '적'으로 분류하여 처형하려던 사람이다. 이러한 사실들은 개인들의 전쟁 체험이 국가의 기억으로 '공식화'되는 과정에서는 전혀 언급되지 않는다. 이것은 미국에서 진주만 피습이나 9·11테러가 애국주의를 조장한 계기가 된 것처럼 체험과 기억이 어떻게 정치화되는지 보여 주는 좋은 예이다.

　　한국전쟁 후 남한에서는 전쟁 자체에서 온 피해와 고통, 그리고 북한 인민군의 남침으로 인한 직접 피해에 대해서는 자유롭게 말할 수 있었으나, 미군과 국군이 준 피해는 감히 언급조차 할 수 없었다. 설사 사사롭게 발설은 할 수 있었다 하더라도 공개될 수는 없었다. "미군과 한국군도 못할 짓을 많이 했다"는 전쟁기 체험은 오랜 세월 동안 유언비어로만 돌아다녔다. 그것은 공공연한 비밀이었다. 이렇듯 유언비어로 돌아다니는 민중들의 전쟁 체험 및 기억들은 바로 미셸 푸코가 말한 '예속된 앎'이다. 이 '예속된 앎'은 지배적 앎과 마찬가지로 전투에 대한 기억을 다른 방식으로 해석한 것이다.[14] 그런데 그 전쟁 이후 남한에서 우익의 지배가 공고화되자 '예속된 앎'은 이제 '불온한 생각'으로 간주되었으며, 이웃과 자식에게도 감히 발설하지 못하는 엄청난 비밀이 되었다. 심지어는 피해자들조차 자신도 체험한 사실을 의식적으로 부인하거나 망각하려고 몸부림쳤다.

이것은 모두 남한의 지배질서가 비공식적인 경험과 기억을 폭력적으로 억눌러 왔기 때문이다. 남북 두 국가는 오직 전쟁을 자신의 방식대로 해석하며 자신들의 공식적인 해석과는 배치되는 여타의 해석을 불법화하고, 다른 의견을 갖는 사람들을 가혹하게 탄압하였다. 그래서 한국전쟁에 관한 기억과 지식은 각 체제의 기둥인 동시에, 체제의 존립을 보장하는 성역聖域으로 간주되었다. 남한은 한국전쟁에 관한 한 이설異說, 특히 북한의 책임을 희석시키거나 미국의 책임을 지적하면 마치 조선시대의 사문난적斯文亂賊과 같이 취급하였다. 이 신화를 건드리려 시도했던 일부 학자들은 반공세력의 집중공격을 받아 공직에서 사퇴하기도 했다. 1998년 당시 최장집 교수가 대통령자문정책기획위원회 위원장으로 취임하자 한국의 극우신문인 『조선일보』가 그의 사상검증을 시도하였는데, 주로 문제 삼은 것은 그의 한국전쟁 관련 논문이었다. 그것은 중세의 마녀사냥, 1950년대 초 미국에서 나타난 매카시즘McCarthyism과 아주 비슷했다. 이러한 예에서 볼 수 있듯이 지금까지 남한 사회에서 극우반공주의라는 '압제하는 앎'은 공직자를 추방할 수 있고, 멀쩡한 사람을 생매장할 수도 있는 지식폭력이었다.

한국에서 한국전쟁에 대한 공식 해석이 터부시되어 온 것은 일본에서 천황제와 제국주의 침략의 역사가 건드릴 수 없는 영역으로 간주되어 온 것과 아주 비슷하다. 일본의 비판적 지식인들조차 감히 천황제 문제는 건드리지 않는 것이 상식이다. 이 두 국가에서 각각 한국전쟁과 천황제 문제에 대한 다른 견해가 거론되지 못하고 공식 해석이 도그마화된 이유는 바로 그것들이 국가 혹은 사회질서를 유지하는 가장 핵심적인 근거이기 때문이고, 공식적·지배적인 담론을 공개적으로 비판하거나 그것을 의심하는 것은 정치적 박해와 사회적 매장을 각오해야 하는 위험한 일이기 때문이다.

그런데 모윤숙이 경험한 한국전쟁 중 인민군의 서울 점령 상황을 당시 서울에 거주하였던 서울대학교 교수 김성칠은 전혀 다른 각도에서 보고 느꼈다는 사실을 주목할 필요가 있다. 김성칠은 남한을 탓하면서도 북한의 점령정책에 대단히 비판적이었던 인물이지만, 점령 시 인민군과 북한 당국의 정책들을 모윤숙과는 다르게 묘사했다. 그는 전쟁의 성격부터 달리 해석한다.

> 남의 장단에 놀아서 동포끼리 서로 살육을 시작한 걸 생각하면 더욱 가슴이 어두워진다. 〔……〕 동기로 본다면 인민공화국이나 대한민국이나 조금도 다를 바 없을 것이다. 그들은 피차에 서로 남침과 북벌을 위하여 그 가냘픈 주먹을 들먹이고 있지 아니하였는가. 인민공화국에서의 끊임없는 남침의 기획과 선전은 이미 천하가 다 아는 사실이고 또 이미 실천을 통하여 분명히 되고 말았으니 더 말할 것도 없으려니와, 대한민국의 요로에 있는 분들이 항상 북벌을 주장하고 또 더러는 우리의 손목을 붙들고 말리는 사람만 없다면 우리는 1주일 안으로 평양을 석권할 수 있다고 호언장담을 되풀이하던 일이 아직도 기억에 새롭다.[15]

김성칠은 1945년 이후 많은 지식인들의 월북 행렬 속에서도 남한을 선택한 자유주의적 지식인이었지만, 그의 시각은 모윤숙과 이렇게 달랐다. 모윤숙이 남한을 미국을 비롯한 자본주의 세계의 일원으로 보고, 북한을 국제공산주의 세력의 한 흐름으로 보는 전형적인 냉전적 사고를 견지했다면, 김성칠은 한국전쟁이 미·소 간 냉전적 대립의 연장이고, 한반도는 그 희생양이라고 봄으로써 민족적 시각을 놓치지 않는다. 그는 한국전쟁이 자본주의와 공산주의의 대결이 아니라 강대국이 자기 이익을 추구한 결과이며, 강대국이 부추긴 남북한 간 적대의 산물이라 보고 있다. 그리고 북한 김일성 세력의 선제공격을 용인할 수 없지만 남한의 이승만 세력 역시 단순한 '피해자'는 아니라고 보았다. 즉 이승만은 미국의 감시와 통제만 없었다면, 또 자체의 군사력만 있었다면 통일이라는 목표를 내걸고 북한을 공격할 의도를 가졌던 한국전쟁의 주역임을 강조하고 있다. 사실 1950년 6월 25일 이후 몇 달 동안 김성칠이 일기에 적어 놓은 생각들은 당시 지식인은 물론 보통 사람들 사이에서도 널리 펴져 있던 것이었다. 그런데 언제부터인가 이러한 해석은 남한에서 완전히 사라졌고, 김성칠의 일기도 냉전의 서슬이 누그러진 1990년대에 와서야 공개될 수 있었다.

김성칠의 일기는 중요한 역사 자료이다. 만약 김성칠이 전쟁 중에 사망하지 않았다면, 그는 남한 사회에서 살아남기 위해 이러한 기록을 지금까지 공개하지 않았거나 스스로 폐기했을지도 모른다. 그는 유교적 가치관과 자유주의적인 가치에 경도된 사람이었기에 사상적으로 공산주의자가 되기는 어려웠다. 하지만 오히려 그러한 입장에 서 있던 학자로서 전쟁을 해석하고, 인민군 점령과 국군 통치의 체험을 골고루 서술하였기 때문에 더욱더 신뢰할 만하다. 그런데 김성칠의 일기에서 우리가 놓칠 수 없는 사실이 또 하나 있다. 그것은 일종의 내전인 한국전쟁 중 특히 전선이 이동하면서 국가 혹은 지배세력이 계속 바뀌는 과정에서 자신과 가족의 생존을 위해 양 국가에 '충성'하는 사람들의 일그러진 모습이다. 즉 김성칠은 특정 이념을 견지하지 않은 평범한 남한 주민들의 적응행동을 잘 그려 내고 있다. 그것은 바로 전쟁이라는 극도의 위기 속에서 나타나는 민중의 기회주의이다. 즉 보통의 서울 시민들은 전쟁의 고통을 몸으로 겪었으며 그 속에서 살아남으려 몸부림쳤지만, 앞서의 모윤숙처럼 자신의 체험을 해석하고 있지는 않다.

필자가 확인한 바로는 국군에 징집되었던 사람들은 물론 전쟁을 겪은 대다수의 민중들 역시 김성칠과 비슷한 생각을 갖고 있었다. 필자는 여러 해 동안 학생들에게 조부모 세대의 전쟁 체험을 들은 다음 「우리 가족이 겪은 한국전쟁」이라는 보고서를 써 오게 했는데, 여기서도 그러한 사실이 확인되었다. 대다수 구술자들은 약간 조심스러워 하면서도 전쟁의 책임을 전적으로 북한에게만 돌리지는 않았다. 그리고 공식 자료나 회고록 등에서도 많이 언급된 것처럼 당시의 한국 민중들은 생존을 위해 대한민국과 인민공화국 양쪽에 충성할 수밖에 없었음을 솔직하게 인정하고 있다. 그들은 살아남기 위해 미국·한국·북한 국기 등 여러 나라의 국기를 고루 지니고 있어야만 했다. 최근 이라크 사람들이 종파 간 갈등에서 살아남기 위해 수니파 – 시아파 신분증을 모두 휴대하는 것도 그와 같은 행동이다. 어쨌든 그들은 전쟁을 단지 북한의 침략으로만 기억하지는 않았다.[16]

모윤숙의 체험은 그녀에게는 부인할 수 없는 생생한 '현실'이었을 테고 반공주의의 광풍 속에서 다소 격한 감정적 표현으로 나타나기도 했겠지만, 그것은 전쟁을 겪은 모든 남한 사람들의 일반적인 체험은 아니었다. 즉 한국전쟁에 관한 공식화된 기억에는 특정 세력의 입장이나 이해관계를 전 국민의 것으로 일반화하려는 '이데올로기의 효과'가 분명히 개입해 있다. 그런데 이러한 이데올로기, 즉 '압제하는 앎'은 지난 50여 년 동안 특정 세력에게 엄청난 특권을 허용해 주었으며, 자신의 체험과 공식적인 전쟁 인식이 다른데도 감히 말할 수 없어 침묵하는 사람들에게 이루 말할 수 없는 고통과 한을 안겨 주었다. '6·25'라는 전쟁에 대한 남한 지배층의 독점적 해석과 공식적 낙인은 단지 역사해석에서의 독점을 떠나 그 자체가 중요한 '지식권력', 권력 재생산의 정신적 자원이다. '괴뢰집단', '공산폭도'라는 개념과 이들이 '기습'하여 전쟁이 일어났다는 공식 해석은 남한의 지배층에게는 마르지 않는 샘이었다.

물론 적어도 남한의 70대 이상의 사람들 대부분은 한국전쟁을 직접 몸으로 겪었으므로 그에 대해 잘 알고 있다고 말한다. 또 체험에 기초한 지식만큼 강력한 힘을 발휘하는 것도 없을 것이다. 아직도 전쟁 체험자가 다수 생존해 이 사회의 주류세력을 형성하고 있으며, 체험에 기초한 그들의 인식은 '건드릴 수 없는' 진실로 자리잡고 있다. 그러나 체험이 해석되는 과정은 그리 단순하지 않다는 점을 분명히 해야 한다. 전쟁이 비참한 것임은 누구나 공감하는 바이지만, "왜 그러한 비참함이 초래되었는가"라는 논리적 해석의 과정은 기성의 권력구조와 지배담론의 틀 내에서 이루어지기 때문이다. 바로 체험이 공식적인 해석, 나아가 정치세력의 지배이데올로기로 구체화되는 과정에서 과장 및 왜곡이 이루어지고 신화가 만들어진다.

김일성 연구가인 이기봉은 "독사에 물려 본 사람만이 독사의 무서움을 알 수 있다. [……] 따라서 전쟁의 비극을 겪어 본 사람만이 전쟁의 공포와 비참함을 알 수 있다"라고 체험의 중요성을 지적하면서 "6·25는 살육과 파괴와 공포의 도가니였다"고 강조한다.[17] 한편 그는 "냉전의 기원을 미국에서 찾고 있는 서방학계의 이른바 수정주의 학파의 침투와 민주화에 편승한 좌경용공세력의 공공연한 발호로 말미암아, 이 절대 다수의 국민들 가운데 일부의 6·25와 현대사 인식체계가 흔들리고 있다"는 결론을 내렸다. 그는 개인적 고통을 "대한민국이 말살될 뻔한 체험"으로 공식화하고 있으며 그러한 해석에 대한 도전을 "침투"와 "음모"로 본다.

그러나 1950년 7월, 70시간 동안 진행된 미군의 '인간사냥'으로 아들과 딸을 포함한 일가 열한 명을 잃고 통한의 세월을 살아온 충북 영동 노근리양민학살사건의 피해자 정은용의 말은 전혀 다르다. 그는 국민에게 하고 싶은 말을 묻는 기자에게 "외국군을 한반도에 끌어들여 일어난 비극으로 누구에게나 일어날 수 있었던 일이었습니다. 비록 50년의 세월이 흘렀지만 진상을 똑바로 밝혀 다시는 한반도에 외국군을 끌어들이고 동족이 총부리를 겨누는 일이 없기를 간절히 희망합니다"[18]라고 답변하였다. 정은용의 체험과 이기봉의 체험은 전혀 다르고, 따라서 양자의 전쟁 해석은 화해할 수 없을 정도로 대립적이다. 수정주의 역사 해석이 극우세력의 현대사 인식을 흔드는 것이 아니라, '사상범'으로 몰릴까 봐 그동안 입도 뻥긋 못 하다가 이제야 입을 연 정은용의 체험과 증언, 해석이 이기봉의 '6·25' 해석을 흔드는 것이다.

　　체험은 자신이 경험한 범위를 넘어설 수 없다는 결정적인 한계를 갖고 있다. 인민군 점령 당시 서울에 남아 있었던 소설가 이범선은 "아무리 우리가 동란 현장에 있었다고 해도 결국은 자기 가슴 면적만큼의 사실밖에는 확실히 증언할 수 없다. 다들 어디엔가 숨어서 지냈고 거리엘 마음대로 다니지 못했으니까 말이다"[19]라고 전쟁 체험의 한계를 강조한 바 있다. 전투에 참전했던 군인은 후방의 일을 알지 못하며, 인민군 침략 직후 서울에서 남으로 피란 간 사람들은 인민군이 점령한 서울에서 있었던 일을 알지 못한다. 인민군 점령지에 있었던 사람들은 피란지 부산에서 미육군 소속 방첩대Counter Intelligence Corps, CIC 이하 '방첩대'로 줄임, 육군본부 정보국 특별조사과Secret Intelligence Service, SIS 이하 '특무대'로 줄임, 헌병, 해병대 등이 공포에 질린 주민들에게 어떤 존재였는지 모른다. 교통과 통신이 불편했고 정보가 엄격히 통제된 당시에 미군과 접촉하지 않았던 남한 주민 대부분은 미군이 코리언들에게 무슨 일을 어떻게 했는지 모른다. 벙커에 머물러 있던 군 지휘부는 말단 사병들이 적군포로나 국민들에게 어떻게 했는지 알지 못한다. 전선에 있던 야전군 사령관은 '잔비殘匪 토벌'을 임무로 했던 지리산 자락의 11사단 병사들이 거창·산청·함평·남원 등지에서 주민들에게 무슨 일을 했는지 모른다. 전쟁포로가 되어 보지 않았던 사람들은 수용소의 일을 알지 못하며, 한국군에 입대한 사람은 북한의 인민군이 징집한 의용군의 실정을 모른다. 전쟁을 체험한 세대는 동시대에 살았다는 이유만으로 모두 자신이 한국전쟁을 잘 알고 있다고 말한다. 그러나 그 시대를 살았던 코리언들, 특히 고위직에 있었거나 지프를 타고 다니면서 전쟁을 지휘한 사람들이 말단 사병이나 주민들이 겪은 전쟁에 대해 아는 바는 극히 일부에 불과하다.

물론 동일한 지위와 처지에 있었던 사람이라고 하더라도 시기별로, 처했던 상황별로 체험의 내용은 다르다. 예를 들면 전쟁 중 지방 좌익의 활동을 보고서 공산주의에 대해 느끼고 판단하게 된 사람과 인민군의 점령정책을 겪고 나서 좌익에 대해 나름대로 판단하게 된 사람의 공산주의 일반에 대한 인식은 서로 다를 것이다. 점령 초기에 인민군을 경험한 사람과, 미군의 위협을 받으면서 북으로 후퇴하던 시점에 인민군과 좌익의 행동을 체험한 사람들이 김일성 정권과 인민군 치하 남한을 보는 관점도 다를 수밖에 없다.

그런데 이 모든 경험의 공통점은 상황과 지위에 상관없이 삶과 죽음의 경계를 넘나드는 공포와 위기 속에서 획득된 것이라는 점이다. 그러한 처절한 위기 상황에서 겪은 체험이기 때문에 그것은 더욱 강렬하고 절대적이고 비타협적이다. 이 강렬하고 절대적인 체험이 승리한 측의 공식적인 지배이데올로기와 부합되는 한 다른 체험들을 '압제'한다. 이 앎의 압제가 곧 '권력'이고 '물질적 현실'이다.

대한민국의 공식적인 전쟁 해석을 뒷받침하는 회고록·증언·역사서는 지나칠 정도로 많다. 여기에 서술된 한국전쟁사에는 오직 국군이 인민군·중공군과의 전투에서 승리한 역사, 인민군과 좌익의 '만행' 사실들만이 기록되어 있고, 반대편 사실들인 국군과 경찰의 민간인 학살, 그들이 민간인에게 끼친 피해, 그리고 전쟁으로 인해 우리 대다수 사람들이 잃어버린 것들은 전혀 언급되어 있지 않다. 그것들을 집필한 사람들은 하나같이 한국전쟁으로 엄청난 기득권을 얻게 된 사람들이다. 한국전쟁 전에 불과 20대 후반에서 30대 초반 나이에 중령·대령이었던 사람은 3년간의 전쟁이 끝나자 장군이 되었고, 이후 30~40년 동안 장관, 국회의원, 기업체 사장 등 대한민국의 중요한 지위를 두루 거치면서 전쟁 영웅으로 대접받으며 살아왔다. 앞에서 언급한 모윤숙 역시 인민군 점령 당시 많은 고통을 받았으며 죽음의 문턱에까지 갔으나 결국 미국이 개입해 서울이 수복된 후 개인적으로는 새로운 삶을 얻었으니, 그녀가 북한 치하를 지옥으로 묘사하고 미국을 구세주로 여기는 것은 어쩌면 당연하다 할 수 있다. 군 고위지휘관 출신들은 말로는 한국전쟁의 비극성을 강조하면서도 말단 병사들과 그 가족들의 고통을 제대로 알지 못하는 경우가 많고, 실제 전쟁으로 인해 자신들이 얻은 것들에 대해서는 고백하지 않는 경우가 많다.

그러나 대다수 이름 없는 민중들은 전쟁으로 너무나 많은 것을 잃었다. 국군을 도와주었는데 인민군을 도와준 것으로 오인되어 평생을 감옥에서 보낸 김복련 할머니의 비극[20]은 개인의 불운이라고 치부하기에는 너무도 기가 막힌 일이다. 국군과 경찰, 미군에 의해 희생당한 수많은 이들의 가족은 당한 것도 서러운데 '빨갱이' 가족으로 낙인찍혀 연좌제가 남아 있던 1980년대 초반까지 온갖 불이익을 받으며 살았다. 국군으로 참전했다가 상사에 의해 이유 없이 즉결처형당한 사람들의 가족, 전쟁 통에 상처를 입었지만 제대로 보상도 받지 못한 채 평생 고생해 온 이름 없는 국군병사들도 부지기수이다. 이들은 지금까지 입을 열지 않았다. 자신의 체험이 '공식적 기억'과 배치되고, 자신의 체험을 말하는 것이 박해와 큰 불이익을 가져오리라는 점을 알고 있기 때문이다. 이를 '압제받는 체험', '부인된 기억'이라 말할 수 있다. 그들의 주장과 담론은 사적인 영역에 머물러 있다. 그저 전쟁이 다시 일어나서는 안 된다는 휴머니즘에 입각한 추상적인 전쟁 비판론만이 승리자와 패배자의 공통된 견해라고 할까? 이들 보통 사람들에게 남북한 국가는 모두 자신의 삶과 동떨어진 채 저 멀리 있는 권력이었다.

압제받는 체험은 단순히 앎의 영역에만 존재하는 것이 아니라 '고통받는 몸'the body in pain에 체현되어 살아 숨쉰다.[21] 경찰의 총상으로 아래턱이 날아간 제주4·3사건 피해자 '무명천 할머니'[22]의 고통받은 삶은 전쟁에 대한 대한민국 공식 해석의 한계를 웅변하고 있다. 미군의 총격으로 온몸이 망가진 노근리 할머니들의 '상처받은 몸'은 바로 '압제하는 앎'의 폐해와 전쟁으로 권력과 부를 차지한 이들의 '영웅주의적 전쟁담'의 과장과 일면성을 폭로하는 살아 있는 역사자료이다. 지금까지 한국에서는 자유민주주의로 포장된 반공주의의 거룩함을 증명하기 위해 이들의 '고통받는 몸'은 감추어져야 했고 무시되어야 했다. 어쩌다가 그러한 '죽은 몸', '고통받는 몸'이 드러나는 경우에도 그들은 반공국가 건설이라는 '위대한 사업'을 이루기 위한 과정에서 불가피하게 나타난 '극소수의 희생자'라고 설명된다. 그러나 한국전쟁의 진실에 도달하기 위해 이제 우리는 '예속된 앎', '압제된 앎'을 부활시켜야 한다. 지난 반세기 이상 침묵해 온 '희생자'와 그 가족들의 말문을 열게 하고 감춰 온 상처를 드러내도록 해야 한다. 이는 한국전쟁을 재해석하기 위한 출발점이다.

## 전통주의와 수정주의

1980년대 이후 소련과 북한의 공산화 전략하에 한국전쟁이 발발했다고 보았던 이른바 전통주의 학설traditional school이 비판되면서 미국의 책임을 강조하는 커밍스 등의 수정주의 학설revisionist school이 인기를 끌게 되었다. 그리고 1990년대 들어서는 이 두 학설의 한계를 넘어서자는 '제3의 인식'이 주창되었다.[23] 즉 1990년대 소련 공산주의 붕괴 이후 구소련 자료가 공개되자 스툭, 박명림, 하루키 같은 연구자들이 전통적인 '소련·북한책임론'의 틀에서 벗어나 한국전쟁을 국제정치의 틀 속에서 조명하고, 한국전쟁의 기원과 배경을 소련과 중국의 혁명노선 및 세계혁명, 동북아 국제정치의 맥락에서 새롭게 접근하고자 했다.[24] 그것은 분명 한국전쟁 연구의 새로운 지평을 개척한 일로 높이 평가할 수 있다. 그러나 박명림의 연구는 북한과 소련의 적극적인 역할을 강조한 나머지 오히려 미국을 수동적인 존재로 놓음으로써 당시 국제정치에서 미국이 차지했던 압도적 힘의 우위, 그리고 미국의 적극적인 전쟁 개입과 그 의도를 오히려 무시하고 있으며, 하루키의 작업은 중국 혹은 동아시아 혁명의 연장으로서 북한의 남침을 이해함으로써 한국전쟁 인식의 지평을 넓혀 주고 있으나, 전쟁 발발과 진행 과정에서 남북 코리언들의 주체적 개입은 과소평가되고 있다. 최근 미국에서는 한국전쟁이 미국의 냉전 정치경제에 미친 영향, 특히 흑인 참전자들의 구술기록 등을 중심으로 미국 내의 냉전 정치질서나 시민권 형성에 미친 영향 등에 주목하고 있다.[25]

지금까지 남한에서는 한국전쟁을 '6·25'로 부르는 공식적인 시각과 발발의 배경 규명이 한국전쟁 연구의 전부라는 암묵적인 전제가 본격적으로 도전받은 적은 없었다. 1960년대 이후 미국의 학계에서 제기된 수정주의와 그 영향을 받은 1980년대 한국의 현대사 연구를 비롯한 비판적 사회과학은 이러한 공식적인 담론이나 대중들의 한국전쟁 인식에 거의 영향을 주지 못했다.[26] 극우반공주의가 지배해 온 한국에서 '수정주의적' 시각이 학술논문이 아닌 대중적인 언술이나 정치가들의 담론의 형태로 언론 등 공론의 장에 제기되어 냉전적 시각(전통주의)을 반박하는 것은 사실상 불가능했다. 과거에나 현재나 남한의 공론장에서는 오직 전통주의적 해석의 일방적인 군림과 정당화만이 존재해 왔다. 오히려 1980년대 말 사회주의권의 붕괴와 북한의 경제 위기, 그리고 남북한 체제경쟁에서 남한이 확실하게 승리했다는 사실이 공인되고 일부 구소련 자료가 공개되면서 이러한 냉전적 사고는 신전통주의라는 이름으로 오히려 새롭게 강화되기도 했다.[27]

그러나 전통주의/수정주의 대립구도는 전쟁 당사자이자 최대 피해자인 코리언의 주체적 인식의 산물이 아니었다. 정확히 말하자면 전통주의와 수정주의의 대립은 미국의 외교정책을 보는 전통적 시각과 그것에 대한 수정주의 시각의 대립에서 출발한다.[28] 커밍스의 기념비적 연구 역시 한국전쟁 당시 미국의 정책과 노선에 대한 비판에서 출발하고 있다. 그의 문제의식은 미국의 역사와 정치를 비판적으로 이해하려는 미국 학자의 입장에서는 매우 정당한 출발점이다. 그러나 전쟁으로 가장 큰 피해를 입고, 아직도 통일을 이루지 못한 채 분단 상황에서 고통받고 있는 코리언의 입장은 다르다. 보통의 코리언들에게 중요한 것은 '누가 시작했는가'보다 '왜 시작되었는가'이며, '왜 시작되었는가'보다 더 중요한 것은 실제 전쟁 중 무슨 일이 있었으며, 전쟁을 통해 누가 무엇을 얻었는가, 지금 코리언에게, 전쟁 당사자인 미국과 중국인들에게, 그리고 동아시아 평화를 원하는 모든 사람들에게 그것은 어떤 의미를 갖는가, 어떤 교훈을 이끌어 낼 수 있는가일 것이다.

그런데 앞의 이기봉의 주장에 잘 집약된 것처럼 수정주의를 '빨갱이' 또는 친북노선으로 몰아붙이는 극우반공주의 체제하에서 이러한 질문은 자유롭게 제기되지 못하였으며, 문민정부가 들어서고 남북정상회담이 개최되고 남북교류가 활성화된 지금 시점에서도 이 상황은 크게 변하지 않았다. 사실 지금까지도 한국전쟁 관련 문헌자료는 남북한보다 오히려 미국에 더 많다. 남한의 사회과학자나 역사학자들이 한국전쟁을 대상으로 삼아 충분한 학문적 성과를 내지 못했던 것은 한국 아카데미즘의 취약성에 기인한다기보다는 학문적인 문제제기를 이데올로기 잣대로 평가해 온 반공이데올로기의 장벽 때문이라고 해도 과언이 아닐 것이다. 1945년 이후의 현대사가 남북 코리언의 의지대로 움직이지 않았듯, 한국전쟁에 대해서도 남북한은 스스로의 눈으로 바라보고 그 의미를 평가할 조건과 기회를 얻은 적이 한번도 없었다. 사실 지금까지 남한 사람들에게 수정주의는 물론 전통주의적 시각도 사치였다. 남한에서는 그저 무조건적인 반공주의, 미국 찬양과 그것에 대한 반사적 비판이라는 이데올로기적 '전쟁'만이 존재해 왔기 때문이다. 이렇게 본다면 한반도에서 한국전쟁에 대한 진정한 토론과 연구는 이제 시작 단계에 있다고 해도 과언이 아니다.

지난 50여 년 동안 수많은 남한 학자들은 북한이 주장하는 북침론을 반박하고 남침을 입증하기 위해 영어, 중국어, 러시아어로 씌어진 비밀 문건과 자료들을 찾아다녔다. 그들이 쏟아 부은 이 애처로운 정열과 노력의 궤적들은 비극적인 한국 현대사의 또 다른 한 장면이다. 그 정도 시간과 정열의 3분의 1이라도 한국전쟁 참전 군인들의 인터뷰를 제대로 정리하는 데 쏟았거나, 전쟁 과정에서 발생했던 정치·사회 관련 자료를 발굴하는 데 바쳤더라면 한국전쟁 연구는 훨씬 풍부해졌을 것이다. 자료들은 한반도 내에 지천으로 널려 있었지만 그것에 대해 누구도 관심과 주의를 기울이지 않았다. 미·소 강대국의 입김 속에서 자기 운명의 주인이 되지 못했던 코리언에게는 한국전쟁을 코리언화하는 작업이 가장 시급하다.

이미 많은 연구자들이 지적한 것이지만, '6·25'라는 공식 명칭은 우선 전쟁과 전쟁 이전의 상황을 단절적으로 분리하고 전쟁을 '군사 사건'으로만 부각시킨다. 즉 1950년 6·25 이전에는 전쟁을 피할 수도 있는 평화로운 질서가 유지되고 있었는데, 6월 25일 인민군의 남침으로 그 질서가 깨어졌으며, 3년 동안 전쟁이라는 비정상적인 상황이 지속되었고, 휴전으로 인해 평화로운 상황은 아니라 하더라도 어느 정도 정상적인 상황이 조성되었다는 것이다. 따라서 '6·25' 혹은 '6·25사변'이라는 규정 속에는 한국전쟁이 소련의 사주를 받은 김일성의 '악마적인 의도'가 '수동적'인 남한을 침략한 돌발적인 사건이며, 그 이후의 전투 상황은 바로 이 '악의 세력'을 절멸하기 위한 자유세력과 공산세력 간의 '군사적' 대립이었다고 보는 시각이 깔려 있다.

이러한 인식은 남북한의 군사적인 대결과 군사행동의 주동자로서 북한의 죄악을 부각시킴으로써, 한국전쟁이 사실상 1945년 8·15해방 이후, 아니 일제 식민지 이후 지속되어 온 국민국가 건설의 방향을 둘러싼 갈등과 대립의 연장이었으며, 한반도에서 미·소의 분할점령으로 구체화된 세계적인 냉전구조의 귀결이자, 미국의 대소·대공산 진영 전진기지 구축의 귀결이라는 사실을 은폐한다. 그리고 전쟁이 발발한 후 비상사태하 남한의 국가와 군대가 국민들을 어떻게 다루었으며, 그것이 휴전 이후 남북한 사회체제를 어떻게 구조화했는가 하는 점 역시 묻혀버린다.

전쟁과 그 정치적 측면, 곧 전쟁과 정치적·계급적 갈등, 전쟁과 정책을 분리시키는 이러한 태도는 일본의 공식적인 역사인식, 특히 대미

對美인식에서도 드러난다. 일본은 미국의 원폭 투하에 대해 평화롭던 나가사키長崎와 히로시마에 미국이 원폭을 투하하여 일본과 인류를 비극으로 몰아갔다고 주장한다.[29] 이것이 일본의 우파세력과 정부 당국이 주장하는 해석이며, 과거 일본의 많은 평화운동은 이러한 시각에 기초해 진행되었다. 그러나 이러한 인식은 일본이 원폭 투하 수십 년 전부터 한국과 중국 및 동아시아 여러 민족을 침략한 제국주의 국가였으며, 그 과정에서 난징대학살, 코리언에 대한 억압과 착취, 한국 여성에 대한 종군위안부 동원 등 야만적인 행동을 저질렀다는 사실을 은폐하고 있다. 일본 제국주의 침략이라는 역사적 사실과 침략 말기에 시작된 미국과의 태평양전쟁이 정확하게 분리되어 있는 것이다. 그리하여 일본의 전후 세대는 태평양전쟁에 대해서는 배워서 잘 알지만, 전쟁에 이르는 과정, 곧 전쟁의 전사前史로서 일본 제국주의의 파시즘적 본질, 그리고 한국과 중국 침략의 역사에 대해서는 거의 알지 못하며, 또 전자와 후자를 분리해 사고한다.

일본이 난징대학살이나 종군위안부 동원 등 자신의 치부를 공식적으로 인정하지 않듯이, 미국과 한국 정부도 한국전쟁에 관한 많은 부분을 아직 공식적으로 인정하지 않고 있다. 심지어 6월 25일 아침 육군본부 정보과의 일직장교로서 비공개된 많은 사실들을 알고 있는 김종필조차 "아직은 말할 때가 아니다"라고 발뺌하고 있다. 한국전쟁에 관한 한 감추어진 일, 알려지지 않은 일들이 너무도 많다. 물론 역사상 국가가 스스로 전쟁 책임을 인정한 예는 극히 드문데,[30] 그것은 찰스 틸리 Charles Tilly가 말했듯이 국가가 '조직된 범죄' organized crime를 일으켰음을 스스로 인정하는 꼴이 될 위험 때문일 것이다. 그러나 객관성과 진실을 찾아갈 때, 이 성역을 건드리지 않고서는 특정 사건과 그 배경을 제대로 파악하기 어렵다. 천황제와 식민지배를 모르고 현대 일본 정치·사회의 진면목을 알 수 없듯이, 한국전쟁에 대한 공개 논의를 억제한 상태에서는 현대 남북한 정치와 사회를 제대로 이해할 수 없다. 정치사회적으로 보더라도 터부를 설정해 놓은 국가나 사회는 건강하지 않으며, 이 성역을 고의적으로 피해 가는 어떠한 사회이론도 불완전할 수밖에 없다.

이러한 공식 담론의 압박은 실제로 한국전쟁 연구에 심각한 결함을 가져 왔다. 한국전쟁 대신에 '6·25'라고 부르는 남한 사회의 공식 해석이나, 발발과 책임 규명에만 초점을 맞추어 온 그간의 한국전쟁 연구에서는 1945년 이후의 정치갈등이 결국 폭력적 대결과 유격투쟁 그리고 전면전으로 발전한 과정, 남북한 분단정권의 수립과 두 정권의 적대, 전쟁 발발 직전 38선에서의 잦은 충돌, 김일성 못지않은 이승만의 호전성, 전쟁 중 미국과 유엔의 관계, 전쟁 중 미국과 한국군에 의해 저질러진 학살, 특히 미국의 세균전 실시 논란, 전쟁 후 미·일의 경제적 부흥 등에 대한 모든 내용이 소홀히 취급되거나 무시될 수밖에 없다.

이렇게 되다 보니, 믿기 어렵겠지만 6월 25일, 즉 북한이 침략한 당일 한국에서 발생한 많은 의심쩍은 사실들이 아직까지도 역사적으로 재구성되어 있지 않다. 이것은 박명림이 지적했듯 한국전쟁 연구사가 보여 준 최대의 아이러니이다.[31] 그뿐 아니라 한국전쟁을 전후로 미국이 한반도정책에서 유지했던 기본 노선, 그리고 미국 정치가들이 북한의 남침 위협에 대하여 사전에 충분히 알고 있었음에도 대북 경고는 물론 여타의 적절한 대비를 하지 않고 각종 정보보고를 묵살한 이유에 대해서도 여전히 큰 의혹이 있다.[32]

즉 왜 미국은 1949년 군을 모두 철수했다가 북한이 남침을 하자 그렇게 전격적으로 한반도에 다시 들어왔는지, 왜 이승만 정부는 속수무책으로 전쟁을 맞이할 수밖에 없었는지, 과연 미국과 소련 그리고 남북한은 전쟁을 피할 방법이 없었는지, 왜 북한은 전면전이라는 방법을 선택하였는지, 당시 남북한 주민들은 이 전쟁을 어떻게 바라보고 있었는지, 전쟁 중 전선이 이동하는 남북한 사회에서는 어떤 일이 있었는지, 국제정치나 국내정치의 측면에서 이 전쟁 최대의 정치적 승자와 패자는 누구였는지, 미국의 한반노 개입이 이후 한미관계, 세계 냉전질서 그리고 동아시아에서 미국의 지구적 패권 구축에 어떤 영향을 미쳤는지에 대해서는 제대로 질문조차 할 수 없었고, 이 모든 사안을 둘러싼 연구는 이제 시작 단계에 있다.

지금까지 한국에서도 많은 한국전쟁 관련 논문·저서·회고록이 쏟아져 나왔지만 이런 점에서는 놀라울 정도로 천편일률적이었다. 1999년 들어 전쟁 당시 영동 노근리에서 발생한 미군에 의한 학살 사건이 공론화되었을 때, 많은 사람들은 "한국전쟁은 다시 씌어져야 할 것"이라고 말하였다. 이 말은 냉전 시기 미국과 남한 당국이 공식적으로 제기한 질문과 그에 답하는 식이었던 기존의 모든 한국전쟁 연구가 전쟁의 한쪽 측면만 부각시켜 왔음을 지적한 것이다.

결국 한국전쟁에 대한 공식화된 인식, 즉 미국의 공식 입장과 주류 학계 그리고 지금까지 대한민국의 지배층을 구성해 온 이들의 논리와 체험에 기반을 둔 전쟁 해석은 전쟁 발발과 개전의 책임 주체에 대해서는 일정한 설득력이 있을지 모르나, 전쟁의 거시적 배경과 실제 진행 과정, 전쟁의 역사적 의미, 즉 '정치'의 연장으로서 전쟁의 측면에 대한 객관적 사실들을 거의 은폐하고 있다. 기존 국내외의 한국전쟁 연구는 이 전쟁의 당사자이자 최대 피해자인 남북한 정치와 사회에 미친 영향은 물론 여전히 '군비경쟁체제' 아래 있는 현대 남북한 정치와 사회를 한국전쟁의 연장으로 이해하지 않는 경향이 있다. 전쟁을 겪은 보통의 코리언들도 한국전쟁을 과거의 사실로만 기억하려 한다. 필자의 연구는 이러한 접근방식에 대한 회의에서 출발한다.

한국전쟁을 과거의 사실로만 이해할 경우 우리는 남북한의 평화와 통일 문제에 제대로 접근할 수 없으며, 21세기 동북아 평화를 모색할 때도 제대로 교훈을 얻을 수 없다. 한국전쟁을 현재진행형으로 보지 않을 경우 한반도에서 전쟁이 발생한 배경과 당시 전쟁을 방지할 수는 없었는지에 대해서 제대로 이해할 수 없음은 물론이고 앞으로 전쟁을 방지하기 위해, 나아가 동아시아에서 항구적인 평화를 구축하기 위해 무엇이 필요한지, 미국의 동아시아 전략은 어떤 성격을 갖는지, 중국의 재무장과 경제부흥은 어떤 의미를 지니는지, 북한의 핵 개발은 왜 어떻게 억제되어야 하는지, 또 그러기 위해서 무엇이 선행되어야 하는지에 대해서 별다른 교훈과 전망을 얻을 수 없다. 결국 이 글은 지금까지의 한국전쟁 연구의 한계를 넘어서서 한국전쟁이 전면적으로 새로 씌어져야 한다는 문제의식에서 출발한다.

# 2

# 왜 다시 한국전쟁인가?

앞에서 언급한 것처럼 당사자인 남한에서 대다수 한국전쟁 연구들은 연구목적과 패러다임이 대동소이했다. 대부분 '누가 먼저 총을 쏘았는가? 왜 전쟁이 발생하게 되었는가?'라는 질문을 던지고 그에 대답하는 것이었다. 이에 반해 외국의 학자들은 국제정치적으로 한국전쟁은 어떤 성격을 지니고 있으며, 세계 냉전질서 형성과 동아시아 질서 재편에 어떤 영향을 미쳤나 하는 데 초점을 두고 있었다.

그러나 필자는 '전쟁 중 어떤 일이 일어났는가?', '그러한 일들이 왜 일어났는가?', '그러한 일들은 전쟁 후 한국 정치사회에 어떻게 반복재생산되었는가?'라는 질문을 던진다. 그것은 전투가 아닌 '정치 현상'으로서 전쟁의 성격을 규명하기 위한 질문이다. "전쟁 중 한반도에서 어떤 일이 일어났는가?"라는 질문은 전투에 참전하지 않았던 코리언 대다수가 겪은 가장 중요한 정치적 삶의 체험들에 주목하자는 것이다. 그리고 그러한 일들이 왜 일어났는가에 대한 규명 역시 총을 먼저 쏜 주체, 즉 전쟁을 먼저 시작한 주체의 책임 규명과는 전혀 다른 문제의식에 기초해 있다. 그것은 클라우제비츠가 주장한 "전쟁은 다른 수단에 의한 정치다"라는 공리를 충실하게 적용하여 '전투'가 아닌 '조직된 지배계급 혹은 사회세력이 권력을 추구하는 한 수단으로서 행사하는 조직적이고 광범위한 폭력violence'[33]으로서 '전쟁'에 주목하는 것이다.

남북한 간의 전쟁은 동시에 국가와 국민 간의 관계 변화와 국민 또는 '인민'의 처지 변화, 국가와 외세의 관계 변화 등 다양한 정치적 변화를 수반하였다. 여기서 필자가 주목하는 것은 바로 전쟁 중 대한민국 정부와 이승만이 피란을 가는 방식, 전쟁 수행을 위한 국민동원, (잠재적) 적에게 협력한 자들을 처벌하는 방식, 북한의 남한 점령과 남한의 수복 과정에서 민중들이 겪은 체험, 그리고 전쟁 수행 과정에서 미군과 한국군이 저지른 비무장 민간인에 대한 학살들이다.

전쟁 중에 발생한 이러한 일들은 우선 '전쟁 상황 일반'에서 기인한 것일 수도 있고, 내전civil war과 국제전international war의 성격을 동시에 갖는 한국전쟁의 독특한 성격이나 이승만 정권의 특수한 정치적 성격에서 기인한 것일 수도 있다. 전쟁을 정치의 연장으로 보는 앞의 두 질문은 곧바로 세번째 질문, 즉 '전쟁 중 발생한 일들이 이후 한국 정치나 사회에서 어떻게 반복재생산되는가?'라는 질문과 맞닿아 있다. 이러한 질문들은 한국전쟁이 단지 50년이 지난 과거에 불과한 것이 아니라, 현대 한국의 정치와 사회를 이해하는 시금석이라는 가정에서 출발하고 있다. 그것은 클라우제비츠의 공식을 거꾸로 뒤집은 푸코의 주장, 즉 "정치는 전쟁의 연장이다. 국가권력 혹은 지배방식은 전쟁 과정에서 만들어진 정치·사회질서가 반복재생산되는 것이다. 모든 사회에는 전쟁의 흔적이 남아 있다"[34]는 공리를 적용한 것이다. 이것은 한국전쟁을 '현재화'시키는 작업이다.

이 연구는 한국전쟁의 전개 과정 중 그동안 소홀히 취급해 왔던 몇 가지 중요 현상들을 새롭게 주목해 사실들을 재구성하고, 그것을 통해 전쟁의 성격을 재조명하려는 데 일차적인 목적이 있다. 필자는 50년 동안 '압제하는 앎' 속에서 '흩어진 기억'들을 재조립하여 부활시키는 작업, 바로 '압제하는 앎'에 억눌려 있었던 '예속된 앎', 즉 푸코가 말한 "국부적이고 불연속적이고 폄하되고 합법성을 인정받지 못했던 앎들에 활기를 불어넣는"[35] 작업을 시작하려 한다. 필자는 전쟁 영웅들이 자랑스럽게 이야기하는 한국전쟁에 관한 신화를 의문시하고, '무지하고 위험한 자'로 분류되어 온 깊은 주름살의 민초들이 비통한 심정을 누르면서 간직해 온 부인할 수 없는 체험과 그들의 고통받아 온 육체, 그리고 1990년대 이후 전국 각지에서 속속 발굴되고 있는 피학살자의 뼛조각들을 수습함으로써 역사를 재구성하려 한다.

이렇듯 억눌려 온 기억들인 '예속된 앎'의 해방이 없이는 진정한 의사소통도, 화합도, 사회적 연대도, 정치참여도, 사회적 공동체성의 확보도 불가능하다. '예속된 앎'의 해방은 분명히 성역을 건드리는 작업이 될 터인데, 겉보기에는 위험하고 파괴적인 것처럼 보이지만, 사실 그보다 건설적인 것은 없을 것이다. 이른바 좋은 사회라는 것은 바로 극히 소수의 사람들도 제 기억과 체험을 억압할 필요가 없고, 자유롭게 제 말을 할 수 있는 사회이다. 한국전쟁 당시 희생된 수많은 원혼들이 아직도 한반도 천지를 떠돈다. '한 맺힌' 사람들이 눈을 감지 못하고 살아 있는 한, 그리고 그들이 결국 한을 품은 채 죽어가야만 하는 한, 더불어 살아가고 있는 우리 역시 진정으로 자유롭지 못할 것이다.[36] 그들의 혼을 달래지 않고서는 남북한 사회가 제자리를 잡을 수 없다. 필자는 바로 이런 '앎의 해방'과 '원혼 달래기' 차원에서 한국전쟁 연구가 시작되어야 한다는 문제의식을 갖고 있다.

그러나 앞에서도 언급하였지만, 이 작업은 애초 예정에 없던 것이었다. 원래 필자는 한국전쟁이 오늘의 한국 사회에 미친 영향을 사회학적으로 접근하는 데 관심이 있었다.[37] 그런데 전쟁의 영향을 살피기 위해서는 전쟁에 관한 객관적 사실을 먼저 알아야 했다. 이 과정에서 '전투'가 아닌 '전쟁'의 정치사회적 과정, '정책으로서의 전쟁' 자체는 거의 연구되지 않았다는 믿기 어려운 사실을 발견하게 되었다. 그리하여 이 주제에 문외한이지만 무리하게 '전쟁 자체'를 살피는 작업에 착수했다. 전부터 한국전쟁을 잘 살펴보면 분단 이후 한국 정치와 사회의 특성들을 상당 부분 해명할 수 있으리라 생각해 왔으나, 이 작업을 하면서 '전투'가 아닌 '정치', '국가폭력'으로서의 한국전쟁이 그 이후 한국의 국가와 정치, 사회를 구조화한 중요한 출발점임을 새삼 확인하게 되었다.

일찍이 커밍스는 제주4·3사건이야말로 현대 한국 정치의 현미경이라고 말했지만,[38] 필자는 한국전쟁의 이면, 즉 전쟁 중 국가와 국민의 관계, 군대와 사회의 관계야말로 이후 5·16쿠데타와 군사정권의 성립, 남북한의 긴장, 한미관계, 현대 한국의 시민사회, 인권 현실 등을 이해할 수 있는 현미경이라고 생각한다. 해방정국에 비등하던 토지개혁 요구와 통일국가 수립 요구 등 당시 남한 사회의 구조적 성격과 미국의 한반도 개입, 국민국가 수립운동의 성격 등이 제주4·3사건에 총체적으로 응축되어 있다면, 한국전쟁 당시 전쟁터 후방에서 진행된 모든 사건들 속에 미국과 한국, 이승만과 국민, 분단체제하 남한 지배질서와 정치의 특성, 계급갈등과 그 표출 방식, 민중들의 행동과 의식 등이 집약되어 있을 것이다.

그러므로 이 연구는 한국전쟁 이면의 역사를 재조립함으로써 한국전쟁이 이승만과 한국의 지배층, 그리고 민중들에게 각각 어떤 것이었으며, 전쟁 발발과 더불어 '존재를 과시한' 한국의 국가는 어떤 모습이었으며, 주권자인 남한의 국민은 실제로는 어떠한 존재였는지를 밝히는 데 초점을 둔다.[39] 그러나 이러한 관심 역시 전쟁 중에 형성된 국가와 민중의 관계, 군사주의로 집약되는 지배체제의 성격, 전쟁하에서 국민의 자격과 지위 등을 검토하려는 더 큰 목적 아래 놓는다. 이렇게 본다면 한국전쟁을 재구성한다는 것은 곧 그것의 연장이라고 볼 수 있는 휴전 이후 현대 한국 정치와 사회의 성격을 밝히는 일이 될 것이다.

　모든 사회과학 연구에는 연구자의 이론적·실천적 관심과 선행하는 전제와 가치판단이 개입되게 마련인데, 필자의 이 연구 역시 순수한 학문적 동기에서 출발한 것은 아니다. 한국전쟁에 대해 어떤 시각을 갖는가 하는 것은 단순히 학술적인 입장을 떠나 대단히 중요한 정치적인 무게를 가지며 남북한 분단체제를 어떻게 청산할 것인가에 대한 입장 역시 남북한 평화통일국가 수립과 관련된 정치적 태도를 보여 주기 때문이다. 물론 현실 사회주의가 붕괴하고 국제적 냉전질서가 해체된 1990년대 이후에는 자유와 평등, 민족해방, 계급해방 등의 근대적 가치들의 의미도 전과 같지 않으므로 한국전쟁 역시 민족이나 계급 개념만으로는 제대로 접근하기 어렵다. 특히 자본의 세계화와 신자유주의의 물결이 거세어지면서 지난 20세기에 추구했던 것과는 다른 새로운 삶의 방식과 대안적 정치공동체가 거론되고 있다. 그러한 모색 과정에서 가장 핵심적으로 논의되는 것이 국민국가라는 프로젝트이다. 한국전쟁이 결국 단일한 국민국가 수립을 목표로 하는 정치세력에 의해 시작되었다고 보면 우리는 '전쟁의 주체들인 남북한 지배세력이 만들려고 했던 국가란 무엇인가? 그것이 인간의 자유롭고 민주적인 삶의 보장과 어떻게 관련되어 있는가?'라는 질문과 '왜 당시 이승만과 김일성은 그러한 희생을 치르고서라도 통일된 국가를 건설하려 했는가?'라는 질문을 던지지 않을 수 없다.

　현대 한국의 정신적 지도자 중 한 사람인 함석헌은 한국전쟁의 비극을 겪은 직후 이미 그것을 좌우의 충돌로 보지 않고 국가주의의 충돌로 본 매우 드문 선각자였다.

자유주의나 공산주의나 그 체제, 이데올로기에는 차이가 있어도 개인을 그 노예로 삼는 국가주의인 데서는 다름이 없다. 모든 권력은 필연적으로 자기보다 강한 대적을 불러일으키고야 만다. 그러므로 국가주의가 있는 한 평화는 있을 수 없다. 38선의 비극은 멸망해 가는 국가주의의 고민이다. 남북 분열의 책임은 국가주의에 있다.[40]

이러한 문제의식은 세계화된 경제질서 속에서 국가 혹은 주권의 개념을 의심하는 오늘의 후기근대주의late-modernism 시각과 통하며, 국가주의를 넘어서서 항구적인 평화체제 구축을 모색하는 평화주의 시각과도 통한다. 필자가 후기근대주의의 사고에 전적으로 동의하는 것은 아니지만 한국전쟁을 단순히 좌우대립, 민족해방, 계급갈등의 틀로만 보아서는 안 되며, 근대성modernity 그 자체 혹은 그 내용으로서 후발국의 자본주의와 국민국가 형성 과정에서 파생된 모순과 긴장의 한 표현이라는 점을 고려해야 한다고 생각한다. 북한이 먼저 시작한 한국전쟁은 무력을 사용한 통일된 국민국가 건립의 시도였으며, 그것은 제국주의에서 벗어난 세계의 다른 모든 지역에서도 유사한 방식으로 나타난 탈식민·근대화 프로젝트의 일환이었다.

따라서 한국전쟁을 국가 대 국가, 민족 내 대립되는 세력 간의 갈등으로만 볼 수는 없고, 특히 국가라는 정치 단위를 의심 없이 전제해서는 그 진면목에 도달할 수 없을 것이다. 즉 한국전쟁은 이제 근대의 문제의식, 곧 국가주의의 틀에서 벗어나 인간의 기본적 생존권과 평화의 관점, 그리고 탈냉전 이후 탈냉전 정치공동체 건설의 전망 속에서 새롭게 접근되어야 한다. 물론 민중은 인간다운 삶을 소망하고 전쟁을 원하지 않기 때문에 인권과 평화의 관점과 민중의 관점은 배치되지 않을 것이다. 따라서 필자가 취하는 민중적 관점과 탈국가주의적 관점도 배치되는 것은 아니다. 물론 이러한 접근법이 현재 한반도 남북에 엄존하고 있는 민족 문제와 계급 문제, 정치적 민주화, 빈곤 문제 등을 무시하고서 제기될 수는 없을 것이다. 그러나 전쟁 발발 50년이 지난 오늘 남북한에 잠복해 있는 '소수의 목소리', '예속된 앎', '고통받는 육체'를 통해서 이러한 큰 문제들을 다시 생각해 보고, 그것에 바탕해 한국전쟁을 재구성할 필요가 있다.

# 3
# 전쟁·국가·정치

## 정치의 연장과 과정으로서의 전쟁

일찍이 클라우제비츠는 "전쟁은 우리의 적대자로 하여금 우리의 뜻을 완벽하게 이행하도록 강요하는 폭력행위다"라고 말했다.[41] 그는 "전쟁은 단순히 정치적 행위일 뿐만 아니라, 진정한 의미의 정치적 수단이고, 정치적 의도를 따르는 것"이라는 점을 강조하였다. 전쟁, 특히 문명국가 간의 전쟁은 분명히 권력의 또 다른 행사이고 정책의 실천이다. 그런데 권력의 획득과 자원 분배로서의 정치는 경제 및 사회 상황에 기반을 두고 있다. 정치활동은 곧 자원의 분배이자 이익의 조정이며, 정치적 역학은 이해의 균열이나 경제적·사회적 세력의 분포에 좌우된다. 이렇게 본다면 현대사회에서 군사적인 것의 핵심은 정치적인 것이며, 군사적인 것과 정치경제적인 것은 직접 연관된다고 볼 수 있다.

그런데 현대사회에서 전쟁이나 군사주의militarism는 산업주의industrialism 혹은 자본주의capitalism와 무관한 것으로 이해된다. 물론 전쟁은 자본주의가 발전하기 훨씬 이전부터 존재해 왔다. 그러나 세계자본주의 질서 속에서 국가 간의 전쟁이나 내전은 일국 내에서의 정치갈등이나 초국가적 차원에서 자본의 이윤추구를 보증하기 위한 국가 간 각축에서 발생하였다. 근대국가는 바로 자본주의 질서를 보증하는 물리적이고 법적인 상부구조라고 볼 수 있으며, 국가의 가장 주요한 활동은 자본축적을 뒷받침하는 것이다. 안보national security는 경제적 이익과 밀접히 관련되어 있고, 지난 냉전 시기 미국의 안보논리는 곧 미국의 정치경제적 이익을 달리 표현한 것이었다.[42]

자본주의는 출발부터 세계자본주의 혹은 열국체계inter-state system로 존재하였는데, 이러한 국가 사이의 갈등과 적대관계는 자본주의 질서의 산물이다. 한국전쟁 역시 현상적으로 단순한 남북한 간의 군사적인 충돌인 것처럼 보여도 그 배경에는 군사적 동기가 아닌 정치적 동기, 즉 전쟁 이전 남북한에서 벌어졌던 정치적 갈등과 계급 간의 대립, 크게는 미국과 소련, 중국의 국제정치적 이해관계가 깔려 있었다.

열국 간 군사적 대립 속에서 전투원 혹은 민간인으로 살아가야 하는 사람들의 정치사회적 지위를 알기 위해서는 군사작전에서의 정치적·정책적 선택과 군대와 사회의 관계, 국민동원의 체제와 방식, 국가의 처벌과 감시 과정 등을 이해해야 한다. 모든 사회구성원, 세력과 조직, 정치적으로 유의미한 구성들을 활용하고 조직하는 것은 정치조직이며,[43] 모든 군사적 행동은 정치적 고려에서 출발하기 때문이다. 전쟁을 정치사회적 현상으로 이해한다면 우리는 이 단순하고 상식적인 진리에서부터 출발할 수 있다. 전쟁 혹은 준전쟁 상황 속에 있는 국가 내에서는 구성원의 합의와 토론에 기초한 계약contract보다는 강압적 원리가 사회통제의 기본 원칙으로 자리잡게 된다.

세계자본주의 질서 속에서 어느 정도라도 민주적 제도와 원칙을 도입한 국가 간의 전쟁은 특정 국가나 세력, 정치지도자의 단순한 '침략적 동기'만으로 추동되지는 않는다. 이 경우 전쟁은 발발 동기에서나 수행 과정에서 분명한 명분과 대의에 기초해야 하며, 그 전쟁이 불가피하며 도덕적 목표가 있음을 확신시킬 수 있어야 한다. 또한 전쟁은 국내·국제정치의 역학관계 속에서 특정 국가와 세력의 정책적 선택의 결과이므로, 그 성격을 알기 위해서는 전쟁을 개시하거나 방어하는 측의 주장이나 논리가 아니라 실제 전쟁의 수행 과정과 '결과'를 통해 판단해야 한다. 따라서 전쟁의 성격을 밝히기 위해서는 각축하는 양 국가가 전쟁에 돌입하는 상황 맥락, 국가 혹은 지배계급이 전쟁을 수행하는 방식, 국가가 전쟁을 수행하기 위해 인적·물적 자원을 동원하고 사회조직이나 국민을 통제하는 방식, 외국 군대의 지원을 얻는 과정, 적 지역을 점령하거나 포로를 체포했을 때 그들을 다루는 방식, 아군과 적을 분류하는 방식, 전쟁을 정당화하는 방식 등을 알아야만 한다.

'왜 전쟁이 발생했으며'(기원), '누가 먼저 총을 쏘았는가'(발발)라는 질문 역시 전쟁의 성격 규명을 위해 매우 중요한 것이기는 하나, 이 질문은 '전쟁이 어떻게 전개되었으며', '전쟁 수행을 위해 국가는 무엇을 하였는가', '전쟁 중에 군인과 국민들은 어떻게 행동하였는가', '전쟁 후 국가는 어떻게 되었고 누가 권력을 얻었는가'라는 질문으로 보완되지 않고서는 아주 불충분한 대답이 될 것이다. 결국 정치행위는 그 동기는 물론 과정과 결과로 평가받아야 하며, 특히 민중들에게는 전자보다 후자가 더 중요한 경우가 많다.[44]

따라서 필자는 한국전쟁의 전모를 알기 위해서는 당시 교전 당사자들이 자신을 '과시하는 과정'에 주목해야 한다고 본다. 그것은 단순한 군사적 측면이 아닌 전투와 작전을 관장하는 정치에 주목해야 함을 의미한다. 국가의 정치적 민주주의의 수준, 법과 제도의 정비, 지배 엘리트의 구성과 그들의 이데올로기, 정당성의 기초, 국민의 정치참여 수준 등 국가 내의 정치 과정은 모두 전쟁의 수행 과정으로 곧바로 연결될 것이다.[45] 따라서 당시 현명한 정치가나 학자라면 1950년 6월 25일 전면전이 발생하기 이전에 장차 전쟁이 발생한다면 어떠한 일들이 일어날 것인지 어느 정도 예상할 수 있었을 것이고, 당시 남한 내 소수의 지식인들이나 정치가들은 실제 그러한 신난을 하고서 크게 우려한 바 있다.

커밍스는 1950년 6월 25일 이후의 한국전쟁은 시작이 아니라 1945년 이후 국가 건설을 둘러싼 정치적 갈등과 농민혁명의 객관적 요청의 결말이었다고 지적했고,[46] 존 메릴John R. Merrill은 한국전쟁 발발 이전까지 남북한에서는 정치폭력과 좌우대립에 의해 10만 명의 사상자가 발생하였다고 지적하였다.[47] 이와 같은 수정주의 학설이 1990년대 이후 북한의 개전에 대한 소련과 중국의 개입을 밝혀 주는 러시아·중국 측의 자료가 속속 발굴되면서 많은 비판을 받고 있다 하더라도, 한국전쟁을 미·소의 분할점령 및 한국전쟁 발생 이전의 사회갈등과 정치갈등의 연장 혹은 종착점으로 보자는 그들의 문제제기는 여전히 유효하다. 그것은 이들의 질문이나 문제의식이 단순히 한국전쟁의 배경을 규명하는 데뿐만 아니라, 전쟁 성격의 해명, 나아가 한국의 정치와 사회에 한국전쟁이 미친 영향을 이해하는 데도 유용하기 때문이다. 결국 한국전쟁은 1945년 8월 이후 전개되었던 정치갈등의 대단원인 동시에 1953년 이후 한국의 국가, 즉 한국 정치사회의 출발점이 되고, 미국과 소련의 이후 반세기 동안의 냉전적 대결체제의 기원이 된다고 볼 수 있다.

이미 많은 선행 연구가 충분히 지적하고 있지만 필자는 넓은 의미의 한국전쟁은 1950년 6월 25일 이전에 이미 시작되었으며, 1953년 7월 29일 이후에도 종결되지 않았다는 가설을 갖고서 출발한다. 말하자면 어느 날 갑자기 북한이 기습 전쟁을 감행하여 평화롭던 남한 사회를 비극으로 몰아갔다는 남한의 공식 해석은, 6·25 이전의 정치사회 갈등과 이승만 정권의 호전적 대북자세는 물론 전쟁 이후 한국 정치사회가 새롭게 구조화되고, 군부세력이 북한의 위협을 명분으로 등장해 30여 년 동안 권력의 단맛을 누렸으며, 군부 엘리트들이 전쟁 영웅이 되어 큰 특권을 누려 왔다는 사회적 사실들social facts을 은폐한다. 정치, 즉 사회적 역학관계와 사회적 갈등의 한 표현으로 한국전쟁을 바라보지 않으려는 태도는 한국전쟁을 사회학의 연구대상에서 제외하였으며, 오직 군사학과 국제정치학의 연구대상으로만 만들었다. 하지만 전쟁의 지속성과 전쟁 이후 사회구조의 반복적 재생산에 초점을 둔다면 한국전쟁은 한국 정치사회학의 가장 중요한 연구대상이 될 수밖에 없으며, 이러한 접근을 통해서만이 우리는 한국전쟁에 대해 좀더 풍부한 인식을 얻을 수 있을 것이다.

따라서 지금까지 남한과 같이 준전쟁 상황 속에 놓여 있었던 국가, 그리고 전쟁을 겪은 국가 및 전쟁을 준비하는 국가 등 전시체제 국가의 지배방식과 사회구조, 행위자의 행동을 밝히기 위해서는 먼저 '정치로서의 전쟁', 혹은 미국의 매카시즘처럼 대외적인 전쟁을 명분으로 한 대내적 통제 과정 그 자체를 살펴보아야 한다. 이 경우 전쟁은 정치와 사회를 이해하기 위한 단순한 외적인 변수에 그치는 것이 아니라 정치와 사회의 조직과 운영 방식의 일부일 것이다.

그런데 서구의 주류 사회과학은 전쟁을 연구대상, 혹은 변수로 설정하지 않으려는 경향이 있다. 그것은 오늘의 사회과학이 어느 정도의 안정과 평화를 이룬 19세기 이후의 서구 사회,[48] 특히 자기 영토 내에서 외국군과 전투를 벌인 경험이 없는 미국 사회를 모델로 하기 때문일 것이다. 또한 존 네틀John P. Nettl이 강조한 것처럼, 중앙집권적 왕조국가의 전통이 약한 자유주의 영국이 근대화의 선두에 있었으며, 영국에 이어 20세기 패권국가가 된 미국 역시 국가성stateness이 대단히 미약한 국가였기 때문일 것이다. 자유주의 사회과학은 사회구성원 간의 제도화된 경쟁과 갈등, 그 산물로서의 정치제도와 국가의 등장을 설명하고 있는데, 이것은 근대국가가 산업화뿐만 아니라 전쟁의 산물이라는 점을 간과하고 있다.[49]

한국의 근대국가와 근대사회를 이해하는 데 가장 주목해야 할 점은, 한반도에서 분단국가의 수립을 조건지은 미·소의 38선 분할점령과 점령군에 의해 추진된 남북한 단독정부, 미국 혹은 소련과의 군사·정치·경제적 관계, 적대적 단독정부 수립의 불가피한 귀결로서 3년간의 한국전쟁이다. 현대 남한의 법과 제도, 정당체계, 정부조직, 국가와 국민의 관계, 시민사회는 미·소가 한반도에 개입한 이후 발생한 한반도의 내전 그리고 그 귀결로서의 한국전쟁을 원점으로 해서 발전했다고 해도 과언이 아니다. 냉전 시절 남북한 양 국가는 구성원들의 자발적인 동의나 계약보다 미국과 소련이라는 강대국과의 관계 속에서 정치적 정당성을 확보하고, 그것을 지속적으로 보장받기 위해 모든 외교정책을 수립하였으며, 안보위기와 군사적 대립을 내부 사회통제의 자원으로 활용한 대표적인 병영국가garrison state였다고 할 수 있다. 1·2차세계대전을 경험하고 동의보다는 억압을 앞세운 식민지배기구의 과대성장국가overdeveloped state로 나아간 자본주의 세계체제하의 주변부 신생국가들은, 서구 자유주의 사회이론에서 제시한 것처럼 경제가 정치를, 정치가 군사를, 사회가 국가를 만들어 내는 국가 및 사회 형성의 코스를 따르지 않고 군사가 정치를, 정치가 경제를, 국가가 시민사회를 결정하는 국가/시민사회 형성 모델에 오히려 가깝다. 남북한 역시 예외는 아니었다.

따지고 보면 일제강점기에 국가로 기능했던 조선총독부 역시 1930년대 중일전쟁과 태평양전쟁을 시작한 이후에는 전형적인 군사파시즘 국가의 양상을 지니게 되었다. 그렇게 본다면 결국 오늘날 한국의 국가와 사회는 멀리는 일제강점기 조선총독부체제와 미군정, 그리고 한국전쟁 기간 동안 형성된 전쟁 수행의 체제에 기원을 둔다고 볼 수도 있다. 따라서 한국의 국가기구와 지배방식, 국가와 시민사회의 관계, 민중들의 행동양식에는 전쟁 과정에서 구조화된 군사적·정치적 실천들이 가장 결정적인 영향을 미쳤을 것으로 보인다. 따라서 필자는 한국전쟁 당시 무장한 군인들 간의 '전투'만이 존재했던 것은 아니며, 실제로는 비무장 정치세력에 의한 정치행위들이 후방에서 진행되었고, 그것은 전투 수행 이상으로 중요했다는 점을 강조하고 싶다.

물론 1950년 6월 25일 이후 진행된 전투 상황은 군사력의 물리적인 충돌 상황이며, 대규모 군사작전과 국민동원, 동원을 위한 통제가 전면적으로 실시되었다는 점에서 평화 시의 정치적 갈등과는 분명 성격이 다르다. 그러나 전쟁과 '전쟁이 아닌 상황'을 단절시키는 사고는, 한국전쟁이 특정 정치세력에 의해 주도되었으며, 남북한, 미국, 중국의 군 최고지휘관이 아닌 정치가들이 전쟁의 실질적 책임자라는 점을 무시하고 있다. 전쟁이 발발하더라도 군의 통수권은 군대에 있는 것이 아니라 대통령에게 있으며, 정치가로서 대통령과 의회는 오직 군사작전의 필요에 의해 명령을 내리는 것이 아니라 자신의 정치적 입지를 고려하면서 전쟁을 수행한다. 전쟁 상황에서 직업 정치가와 군사 전문가 사이에는 팽팽한 긴장감이 도는 경우가 많은데, 한국전쟁 당시 맥아더와 트루먼의 대립관계가 대표적이었다. 교전 상대와의 심각한 감정적 적대 상황에서도 정치적 목적이 군사적인 목표 설정과 군사행동의 처음과 끝을 결정하는 것은 분명하다.[50] 한국전쟁은 이시도어 스톤Isidor F. Stone이 지적한 것처럼 "전쟁은 다른 수단에 의한 정치"라는 클라우제비츠의 명제가 가장 잘 적용되는 사례이다.[51]

## 국가 건설과 계급정치로서의 전쟁

틸리는 "국가는 전쟁을 만들고, 전쟁은 국가를 만든다"고 했다.[52] 즉 전쟁이란 궁극적으로 국민국가 형성 작업의 연장이며, 전쟁 과정에서 국민국가는 제 모습을 갖추게 된다. 전쟁은 전통적인 질서를 파괴하고, 그것을 근대적 질서로 대체하는 역할을 한다.[53] 이와 마찬가지로 제3세계의 경우도 근대국가의 형성 과정에서 전쟁을 수반하였으며 국제관계는 국내정치와 그 정당성 창출의 원천이 되었다.[54] 국가 형성state-building은 곧 국민 형성nation-building의 과정이다. 유사 이래로 전쟁은 부족·인종·민족·국가 간에 발생하였는데, 유럽의 경우 1500년 무렵에 독립된 정치 단위가 500개를 상회하였으나, 수세기 동안 갈등과 전쟁을 거친 뒤 1900년에는 20개 정도로 줄어들었다.[55] 비교적 단일한 민족으로 구성된 왕조국가의 전통이 있는 동북아시아에서도 국가 간의 전쟁이 끊이지 않았으나, 중국이라는 거대 국가가 문화적 중심으로 자리잡고 있었던 탓에 봉건질서가 붕괴되는 과정에서 유럽처럼 열국들 간의 피비린내 나는 전쟁을 겪지 않았다. 중국이나 조선에서도 근대화 직전에는 민란 형태의 내전이 발생하였으나 그것이 새로운 국가 건설을 향한 전쟁으로까지 발전하지는 않았다.

문명개화가 식민지화를 의미했던 동아시아의 근대화 과정에서 국가 간의 전쟁은 존재하지 않았지만, 국가 형성과 민족 형성을 향한 전쟁은 일본제국주의에 대항한 민족해방투쟁의 양상으로 존재하였다. 중국의 내전, 일본 패망 이후 한반도에서의 정치갈등과 정치폭력은 국가 형성의 와중에 발생한 일종의 혁명전쟁이었다. 한국전쟁 발발 이전 남북한에서 두 개의 국가가 수립된 사실을 강조하는 기존의 한국전쟁 연구들은 이 전쟁을 국가 간의 전쟁, 즉 국제법의 협약에 의해 용인된 경계선을 넘는 침략전쟁으로 보는 경향이 있다. 그러나 분단국가 수립 과정에서나 수립 후 남북한 양 국가는 국가 존립의 정당성을 통일, 즉 자신의 체제를 전 한반도로 확대하는 데 두었다.[56] 전쟁의 발발은 남북 양측, 특히 북한 측이 협상에 의한 통일국가 수립이 불가능하다고 판단해 또 다른 통일의 대안으로 선택한 결과였다.[57] 이승만 자신이 계속 공언한 바와 같이 남한 역시 군사력만 있었다면 북진통일을 감행하였을 것이다. 무력통일을 선호한 점에서 남북한의 차이는 없었다. 즉 통일된 국민국가가 존재하지 않았던 당시 한반도에서 한국전쟁은, 남북한 정권 모두에게 민족통일을 위한 전쟁, 즉 일제강점기 이후 계속되었던 국가 형성을 둘러싼 정치세력 간 투쟁의 연장으로서 내전의 성격을 지니고 있었다. 그러므로 한국전쟁을 북한의 침략전쟁으로만 보기는 어렵다.

그런데 이 전쟁을 어디까지 대한민국과 조선민주주의인민공화국 수립 후의 국가 대 국가의 전쟁으로 볼 수 있는가, 또한 어디까지 통일국가 건설을 둘러싸고 각축하는 정치세력 간의 내전이라 할 수 있는가. 어느 정도 김일성과 이승만은 근대국가의 국민적 지도자로서 자격을 갖추고 있었는가, 과연 남북한 단독정부 수립으로 '우연히' 남한 혹은 북한의 '시민'이 되어 버린 남북한 주민들이 어느 정도로 양 국가에 대하여 충성심과 소속감을 갖고 있었는가, 김일성과 이승만은 과연 그 전쟁을 국가 대 국가의 전쟁으로 이해하였는가, 북한의 인민군과 주민들 그리고 남한의 국군과 주민들이 이 전쟁을 국가 대 국가의 전쟁으로 이해하였는가, 미국과 소련, 중국이 이 전쟁을 각각 어떻게 이해하였는가에 대해서는 더 연구해야 할 영역이 많다. 결국 이 모든 질문의 의미는 한국전쟁이 적대하는 두 국가 간 전쟁의 측면 외에, 베트남전쟁이 그러하였듯 탈식민 이후 독립국가 건설을 향한 전쟁, 즉 '스스로 국가임을 선포한' 정치세력들 간의 내전으로서의 성격도 갖고 있었음을 인정해야 한다는 것이다.

전쟁이 어떻게 국가를 만들어 가는가를 보기 위해서는 앞서 강조한 것처럼 전쟁의 '정치적 과정'을 살펴보아야 한다. 전쟁 후 국가권력이 강화되어 중앙집권적이고 전제적인 권력이 정착되는 방식, 군대가 시민사회를 압도하고 군인의 총과 칼이 민간인에 대한 통제기구로 변하는 과정, 그리고 국민의 자격과 기준 혹은 시민권citizenship의 구체적인 내용 등은 모두 전쟁 과정에서 구체화된 것이다. 따라서 한국전쟁 과정을 주목하면 바로 전쟁 이후 수립된 국가의 성격을 파악할 수 있다.

그런데 여기서 전쟁을 통해 이루어지는 국가 건설이 반드시 노르베르트 엘리아스Norbert Elias가 말한 '문명화 과정' 혹은 역사의 진보를 의미하지는 않는다는 데 주의해야 한다. 물론 국민과 국가의 수립은 봉건적 신분질서의 해체, 자유로운 개인에 기초한 근대적 정치 단위와 제도의 형성을 의미하므로 그 자체는 '문명화 과정'임에 틀림없다.[58] 그러나 국민과 국가 형성 과정에서는 억압과 폭력, 인간의 원시적 적대감이 표출되고, 그 자체가 비인간화, 명령과 통제, 도덕적인 혼란과 무질서를 가져올 수도 있다. 유럽과 미국에서도 그러했지만 주권sovereignty의 수립은 오랜 투쟁과 피비린내 나는 전쟁과 살육의 귀결이었음을 기억해야 한다.

여기서 우리는 '한국전쟁은 어떤 전쟁이었나'라는 질문을 '한국전쟁은 남북에 각각 어떤 국가, 어떤 사회를 건설했는가'라는 질문과 결합해야 할 것이다. 또한 한국전쟁이 위기에 처한 이승만 정부와 대한민국을 '구출'하여 그 권력을 반석 위에 올려 놓은 것으로 평가할 수도 있지만, 대한민국의 '성공'이 장기적으로 억압과 통제를 위주로 하는 군사형 사회, 국가예산의 30% 이상을 군비로 지출하는 경제, 그리고 외국군이 상시 주둔하고 그들이 국군의 작전권을 소유한 외세 의존 상태를 야기했다는 측면을 함께 보아야 한다. 즉 한국의 분단국가는 전쟁으로 인해 반석 위에 서게 되었지만, 그 성공은 끊임없는 정치적 불안정과 도덕적 혼미, 폭력과 갈등을 낳게 되었다. 사회주의 붕괴 이후 북한의 몰락과 남한의 성공을 주목하는 남한 우익세력의 입장에서 보면, 이 모든 결점에도 불구하고 이승만이 대한민국을 지키고 키워 낸 것 자체는 여전히 크게 찬양하여야 할 위대한 업적일 수 있다. 하지만 전쟁 수행 과정에서 국가가 국민에게 짊어지운 상처와 고통은 그대로 남아 지난 반세기는 물론 21세기 한반도의 진로에까지 여전히 큰 영향을 미칠 것이다. 이런 점에서 전쟁이 남한이라는 국가를 전면적으로 재구조화하는 계기였다는 관점에 서서 한국전쟁에 접근해야 할 것이다.

그런데 근대국가 건설이란 곧 누가 국가의 지배집단이 되는가 하는 문제이다. 따라서 국가 건설기의 전쟁이 내전의 측면을 갖는 한 그것은 사회세력 간의 전쟁, 즉 계급전쟁이다. 근대화로서의 전쟁은 곧 봉건 지배계급과 근대 부르주아계급 간의 전쟁이고, 혁명 상황 그 자체가 일종의 전쟁이다. 한편 혁명의 '뒤풀이'로 전쟁이 발생하는 경우도 흔하다. 그것은 혁명이 초래하는 세력 균형의 파괴가 전쟁을 촉발하기 때문이다.[59] 특히 혁명이라는 급진적 변혁이 가져오는 계급 간 역학의 변화에 민중들의 기대와 열정, 승리감 등이 채색될 경우 무모한 전쟁으로 나아갈 수도 있다. 상승하는 기대는 새로운 국가 건설의 동력이 될 수도 있지만 동시에 그 정당성과 대의의 실현에 방해가 되는 세력과 전쟁을 불사하는 군사 모험주의로 나아갈 수도 있기 때문이다.

이러한 이유 때문에 혁명으로 촉발된 내전은 세력들 간의 적대 수준을 높이고, 통제되지 않는 증오와 폭력을 낳을 가능성이 높다. 혁명은 본래 절차적 민주주의 원칙을 따르지 않는다. 그것은 통상적인 권력투쟁처럼 게임의 규칙에 따라 진행되는 것이 아니라 게임의 규칙을 만드는 과정이다. 따라서 계급투쟁의 가장 극적인 표현으로서의 혁명 혹은

혁명적 노선은 계급 간의 질서 있는 대립이 아니라, 무력을 사용해서라
도 상대방을 굴복시키고 완전히 무장해제시키려는 적나라한 폭력의 행
사로 나타난다. 그런데 이러한 성격의 혁명 과정에서는 혁명을 거부하
는 현상유지세력의 강력한 저항이 존재하게 마련이고, 혁명세력과 반
혁명세력 간의 갈등은 통제되지 않는 범위로 확장된다. 즉 초기에는 큰
대의와 명분으로 출발한 혁명이 진행 과정에서 반드시 선의의 희생자
를 낳게 되고, 결국 민중들의 원초적인 계급적 분노가 개개인들의 사적
인 분노와 혼합되어 걷잡을 수 없는 혼란 상황이 조성될 수 있다.

　1945년 8월 15일 해방이 되었을 때, 한반도에서는 이러한 혁명적 상
황이 조성되었다. 그것은 일본의 식민지배가 단순히 이민족에 의한 코
리언의 지배가 아니라, 한편으로 대다수 한국 농민을 가혹하게 수탈하
고 봉건적 지배계급을 재편했으며, 근대적 부르주아 및 신흥 국가관료
를 적극적으로 육성했기 때문이었다. 식민권력의 후퇴가 곧 식민지 정
치·사회질서가 만들어 놓은 권력, 계급의 소멸을 의미하는 것은 아니
었기 때문에, 새로운 근대국가 건설의 과제는 정치적으로는 친일 경력
이 있는 지배 엘리트를 청산하는 문제였고, 그것은 일제강점기에 억압
받았던 피지배계층이 자신의 권리와 이익을 찾기 위한 과정이었다. 요
컨대 8·15해방 후의 상황은 식민잔재의 청산과 지주−소작 관계의 청
산이라는 민족혁명과 계급혁명의 과제가 중첩되었던 일종의 '혁명기'
였다. 따라서 식민잔재의 청산이란 곧 주권자인 국민 형성 과정인 동시
에 비국민 및 비인민적인 세력과 요소에 대한 청산을 요구하는 일이었
다. 따라서 자연발생적인 권력투쟁과 계급갈등은 이미 8·15해방 직후
부터 분출되어 나왔고, 한국전쟁은 그 갈등이 전면전이라는 형태로 발
전한 것이라고 볼 수 있다.

　한편 한국에서의 국가 건설은 구체적으로 전후 미국이 주도하는 지

구정치geo-politics의 산물이었으며,[60] 일본·독일과 마찬가지로 미국의 점령하에서 진행된 외생적 과정이었다고 볼 수 있다. 그런데 일본이나 독일과는 달리 한반도는 식민 경험을 거쳤기 때문에, 국가 건설 과정에서 38선 이남에 진주한 미 점령군은 철저한 민주화, 즉 봉건세력 혹은 파시즘세력을 제거하는 데에 초점을 두지 않고 현상 유지, 즉 식민지배질서의 재편성을 통해 반공의 전진기지를 구축하려 하였다.[61] 즉 '폭력기구의 합법적인 독점체'로서의 국가 수립은 일차적으로 일제강점기에 구축된 군대와 경찰력을 유지·재편성하는 작업에서부터 출발하였으며, 국가를 운영할 지배집단의 조직적 육성은 좌파와 민족주의 정치세력을 제거하는 일련의 작업으로 연결되었다. 미군정의 이러한 초기 작업은 헌법, 선거제도, 사법부와 입법부의 설치 등 국가권력의 재생산을 위한 제도와 규칙의 수립으로 완성되었다. 대한민국의 모든 국가기구는 사실상 미군정에 의해 수립되었으며, 그것은 소련군정에 의해 육성된 조선민주주의인민공화국과 첨예하게 충돌하였다.

1948년 5·10선거 이후 정부가 수립된 뒤에도 대한민국은 아직 국가의 하부구조infrastructure가 제대로 갖추어지지 않은 '반쪽 국가' 혹은 온전한 의미의 주권을 소유하지 못한 국가였는데,[62] 스스로의 군사적 주권과 경제적 기반을 갖추지 못한 이 반쪽 국가는 끊임없는 정당성 부재의 위기에 직면하였다. 그리고 이 '절반의 국가'가 나머지 절반인 북한과 전쟁에 돌입하였다는 말은, 이 전쟁이 양 국가를 세운 실질적 주역인 '미국과 소련의 전쟁'이었음을 의미한다.[63] 앞서 말한 전쟁의 '과정', '다른 수단의 정치'로서 한국전쟁은 이승만과 대한민국의 국가권력 행사이기 이전에 미국의 '정치'이자 미국의 냉전정책이었던 것이고, 한국전쟁은 곧 '미국의 전쟁'이었다. 이처럼 한국의 국가 형성과 한국전쟁을, 미국이 주도하는 냉전체제하의 반공블럭 구축의 일환으로, 또 38선 이남에서 계속되었던 계급갈등의 연장으로 볼 때 우리는 한국전쟁 중 일어난 모든 사건들을 제대로 이해할 수 있다.

결국 한국전쟁은 일제 식민지배의 극복을 통한 근대국가 수립의 국면에서 미·소에 의한 분할점령과 냉전질서의 영향으로 인해 국내의 정치적·계급적 갈등이 전쟁으로 폭발된 것이라고 볼 수 있다. 전쟁 초기 이승만의 태도, 정부의 피란 모습, 민간인 학살 문제 등 모든 전쟁 과정이 이러한 조건 속에서 발생한 것이다.

# 4

# 피란·점령·학살

필자는 '좁은 범위'에서의 한국전쟁이 1950년 6월 25일에서 1953년 7월 27일까지 진행된 것으로 보지만, 넓은 범위에서의 한국전쟁은 1948년 초순 단독정부 수립을 반대한 '2·7구국투쟁'과 제주4·3사건, 여순사건 등에서 발생한 경찰 및 우익단체들과 민중들 사이의 폭력적인 충돌, 그리고 1948년 겨울 이후 좌익이 주도한 유격투쟁에서 시작된 것으로 본다. 그리고 이처럼 한국전쟁이라는 용어를 넓은 의미로 사용할 경우에는 1950년 6월 25일부터 1953년 7월 27일 휴전까지를 '전면전 시기'라고 따로 지칭하고자 한다. 그리고 전면전 발발 전후 시기의 차이를 부각시킬 경우는 그냥 6·25라는 용어를 사용하기로 한다. 여기서 한번 더 강조하고 싶은 것은 필자가 전면전 시기와 그 이전의 '넓은 범위의 전쟁 시기'를 단절해서 보지 않는다는 점이다.

한국전쟁 과정이나 상태에 대해서는 앞에서 언급한 것처럼 피란·점령·학살의 세 영역을 주로 다룰 것이다. 2부 '피란'에서는 주로 국가, 이승만과 지배층, 민중들이 각각 전쟁을 어떻게 맞이하였으며, 어떻게 대처했는지 살펴봄으로써 한국전쟁의 성격과 전쟁 속에서 국가와 국민은 어떤 상태에 있었는지 살펴보려 한다. 3부 '점령'에서는 북한 인민군의 남한 점령과 동원 과정을 살펴보되, 8·15 이후 남북한에서의 혁명과 반혁명, 국가 건설을 둘러싼 정치적 갈등이 어떻게 전쟁과 연관되어 있는지에 초점을 둔다. 특히 여기서는 북한의 점령과 남한 수복의 정치석 측면을 비교해 본다. 4부 '학살'에서는 국가가 '적'과 전투를 수행하는 과정에서 '적'으로 돌변하거나 '적'의 잠재적 지지세력이 될 수 있는 주민들을 어떻게 취급하였는지, 그리고 전쟁이 민중에게는 어떤 의미였는지 살펴본다.

이 모든 과정을 관통하는 가장 핵심적인 개념은 외세·국가·계급·국민이다. 그리고 전쟁을 거쳐 구축된 분단국가에서 국가와 국민은 어떤 성격을 갖고 있는지, 그러한 개념 규정 과정에서 한국전쟁이라는 집단체험이 어떻게 작용하였는지 주목하고자 한다. 이렇게 볼 때 한국전쟁은 미국의 한반도 개입의 역사이자 남한 국가 탄생사이며, 남한 국민 형성사이고 남한에서 사회운동과 계급갈등의 강압적 소멸사이다. 국가와 국민의 형성사는 과거 전쟁이 그러하였듯이 수백만의 인명을 살상하고, 전 동포를 고통에 빠뜨리며 수백만의 이산가족을 남긴 대가로 확립된 것이다. 그러나 전쟁이 국가의 형성사인 이상 그것은 부정적 측면만 갖는 것은 아니며, 낡은 질서를 일거에 없앰으로써 새로운 정치·사회질서를 구축하는 과정이기도 한데, 한국전쟁도 예외는 아니다.[64]

주지하다시피 한국전쟁에 관한 군사작전 자료는 비교적 풍부하나 이면의 정치사회 관련 자료는 대단히 희귀하다. 많은 의혹을 불러일으키는 학살 관련 자료, 세균전 관련 자료 등도 공개되지 않았으며, 특히 상당히 많은 내용을 담고 있을 것으로 추정되는 미중앙정보국Central Intelligence Agency, CIA, 미 정보참모부G-2, 방첩대 관련 자료들이 거의 공개되지 않았다. 이승만 대통령의 담화문과 군대의 작전기록 등을 제외하고 한국 정부의 공식 자료는 거의 없다고 해도 과언이 아니다. 따라서 전쟁 중 국내정치를 살피기 위해서는 국가기구의 구성원이었던 군인·경찰·장관 등의 증언을 통해 퍼즐 맞추기식으로 국가의 활동을 구성할 수밖에 없었다. 그러나 이들의 증언 역시 자신에게 불리한 부분을 거의 은폐하고 있으므로 자료로서의 신빙성도 대단히 의문스럽다. 그러나 필자는 이들 자료에서 나타난 모순과 불일치 등에 주목하면서 사실들을 재구성하기 위해 노력하였다.

미군사고문단의 보고서, 미극동군사령부의 정보보고서, 주한미대사의 보고서, 방첩대의 보고서 등 미국 측 자료도 일부 검토했으나 본격적이고 체계적인 분석 작업은 하지 못했다. 민간인 학살 자료는 기존 언론에서 정리한 자료와 각 지역 유족회에서 발간한 자료, 필자가 현지 조사를 통해 얻은 자료 등을 주로 참고하였다. 1990년대 말 이후 경남, 경북, 전북 등의 현장을 다니면서 생존자들 및 유족들과 면담을 하기도 했으나 매우 부분적일 따름이고, 차후에 역사 연구자나 정부 측에서 본격적인 작업을 다시 시작해야 할 것이다. 앞에서도 언급하였지만 이 작업을 의식하면서 성공회대학교의 '한국사회연구' 수업에 참여한 학생들에게 「우리 가족이 겪은 한국전쟁」이라는 보고서를 제출하도록 했는데, 제출된 보고서 중에서 자료적 가치가 있는 것을 뽑아 활용하기도 하였다. 전반적으로 이 작업은 실증자료를 기초로 한 엄밀한 역사 연구라기보다는 정치사회학적 문제제기 성격을 갖고 있으므로 새로운 자료의 발굴보다는 기성의 자료를 재해석하는 데 중점을 두었다. 따라서 새롭게 자료를 발굴하거나 기성 자료를 본격적으로 검토하는 작업은 추후의 과제로 미룰 수밖에 없었다.

한편 필자는 인용될 수 있는 학술 외적인 자료의 도움도 많이 받았다. 특히 전쟁 과정에서 드러나는 사회와 인간의 모습을 다룬 최인훈, 박완서, 염상섭, 조정래, 이병주, 이문구, 윤흥길, 현기영, 한승원 등의 소설과 고은, 리영희 등 전쟁 체험자들의 에세이에서 많은 영감을 얻었다. 부모님과 주변 어른들에게 들은 전쟁 이야기 역시 한국전쟁의 상을 형성하는 데 밑받침이 되어 이 글에 스며들어 있다. 그리고 본격적인 연구논문으로 집약되지는 않았지만, 대학 시절부터 시작된 한국현대사에 대한 필자의 관심과 독서도 이 작업에 고스란히 반영되었다.

# 2부

# 피란

# 1

# 피란, 전쟁의 미시정치

한국전쟁 당시 '피란'은 '6·25' 이전 38선 이북에 거주했던 사람들에게는 '월남'으로 공식화되었으며, 38선 이남에 살았던 사람들에게는 '공산주의를 피하기 위한 행동'으로 정식화되었다. 대한민국 역사에서 또 하나의 '건국신화'를 만들어 낸 피란은 '국민의 자격'을 인정받을 수 있는 가장 중요한 징표이자, 북한의 침략성을 만천하에 알리고 대한민국의 '정통성'을 입증해 준 성스러운 '엑소더스'Exodus의 기억으로 자리 잡아 왔다.

즉 남한의 공식 기억에서 북한이 개시한 '6·25'는 어느 날 갑작스럽게 닥쳐왔으며, 이 북한군의 침략을 맞이하여 서울의 이승만 정부와 '충성스러운' 국민은 '모두' 피란을 간 것으로 되어 있다. 한국전쟁을 겪지 않은 전후 세대에게 선남선녀가 남부여대男負女戴한 피란 행렬을 보여 주는 사진들은 한국의 현대사 교과서 그 자체이다. 설사 서울이 갑자기 점령되어 불가피하게 피란을 못 간 사람이 있었다 하더라도 그들은 할 수만 있다면 피란을 갔어야 했고, 전쟁 후 충분히 피란 갈 여유가 있었는데도 가지 않은 사람은 기회주의자이거나 빨갱이로 의심받을 만한 사람이라는 것이다.[1]

실제로 9·28서울수복 직후에는 피란 여부가 '반공'의 표지가 되었는데, 피란을 가지 않은 자는 '반역'의 대열에 얼쩡거린 자로 지목되어 온갖 고초를 겪었으며, '서자' 혹은 '이등 국민' 취급을 당하면서 의심과 감시의 눈초리를 피할 수 없었다. 그리하여 피란 가지 않았던 사람들도 자신이 피란을 '안 간 것'이 아니라 '못 갔다'는 사실을 강조하곤 한다.

북한이 전쟁을 시작한 목적은 그 구체적 결과가 어떠하든 1948년 9월 이후 북한에서 실시했던 '인민의 지배'를 남한 전역에 확대하려는 것이었다고 본다면, 우리는 전쟁 발발 직후 남한 주민 중 "누가, 어떻게 피란을 갔는가"라는 질문을 던지면서 한국전쟁의 정치사회학적 의미를 탐구해 볼 수 있다. 특히 이승만을 비롯한 최고권력자, 고위관료와 정치가, 군인과 경찰 같은 국가기관 종사자들이 이 난리 국면에서 어떠한 행동을 취했는가를 살펴보면서 우리는 신생 대한민국의 지배질서와 당시 국가와 국민의 관계를 확인할 수 있다. 농민들은 농사철인 6월 말에서 7월 초순경 삶의 터전에서 생업을 도모할 수밖에 없었다 하더라도, 한 국가가 다른 국가에 의해 정복당할 때는 그 지배집단과 국가기관 종사자가 가장 먼저 처벌대상이 되므로, 이들은 '국가의 존립'을 위해 일차적으로 피란을 가야 할 존재였다.

그러나 문제는 이승만과 대한민국의 핵심적인 지배 엘리트들이 피란을 가는 '방식'이다. 그들이 피란 갔던 시기와 그 과정에서 국가기관의 책임자로서 보여 준 행동방식, 그들의 존립기반인 국민들에 대한 자세 등이 어떻게 나타났는가 하는 점이 중요하다. 우리는 전쟁 발발 후 이승만과 당시 핵심 권력층의 '피란방식'을 살펴봄으로써, 왜 그러한 방식의 대응이 나타났는지를 우선 이해하고, 나아가 한국전쟁의 구체적인 성격과 전쟁 상황에서 국가와 국민의 관계, 민중들의 처지 등을 파악할 수 있다.

사실 적에 의한 점령을 앞에 둔 시기 혹은 정치적 혼란기의 피란은 생과 사의 갈림길에서 내리는 결단이자, 다스리는 자가 바뀌면 자신이 목숨을 부지하기 어렵다고 판단하는 사람만이 감행하는 행동이다. 특히 피란의 고통은 너무나 크고 피란길에서의 위험 역시 만만찮기 때문에 웬만한 사람이 아니고서 가족 단위의 피란을 감행한다는 것은 엄청난 모험이다. 그렇기 때문에 피란 행동은 전쟁 이후 남한 사람들의 정치적 행동을 이해하는 데 가장 중요한 열쇠가 된다. 결국 한국전쟁기의 피란은 일회적인 사건으로 그치지 않고, 만성적인 정치사회 현상으로 구조화되어 한국 사회를 '피난사회'로 만들었으며, 이는 단순한 개인의 행동에 그치지 않고 이후 휴전 상태하의 모든 구성원의 구조화된 행동으로 확대되었다고 생각된다.[2]

피난사회에서는 모두 떠날 준비를 하고, 모두가 피란지에서 만난 사람처럼 서로를 대하며, 권력자와 민중들 모두 어떤 질서와 규칙 속에 살아가기보다는 당장의 이익 추구와 목숨 보존에 여념이 없다. 버스에 먼저 타기 위해 밀치면서 다투고, 차를 앞질러 가기 위해 경적을 요란하게 울려 대며 상대방 차를 향해 상소리를 내뱉는 오늘날 남한 사람들의 행동은 서울발 마지막 열차를 타기 위해 아우성치거나, 1·4후퇴 당시 흥남부두를 떠나는 배에 필사적으로 매달리던 50년 전 피란민들의 행동과 과연 얼마나 다를까?

결국 1950년 6월 25일 북한 인민군이 남하하여 38선 이남 지역을 점령하고, 또 유엔군의 기치를 내건 미군과 국군이 38선 이북 지역을 점령하였다가 후퇴하는 과정을 반복하는 사실상의 내전기에 국가의 3대 요소인 주권·국민·영토는 서로 일치하지 않게 되었다. 따라서 미국이 개입하여 군사적 주권이 미군에게 이양되는 국면에서 드러나는 국가 곧 최고권력자 이승만의 행동, 당시 국가와 국민의 관계, 그리고 당시 민중들의 위기 극복을 위한 행동방식 등은 모두 오늘날 일종의 피난사회인 한국 사회의 기원을 이루고 있다고 볼 수 있다. 이를 통해 우리는 한국전쟁을 지나간 '역사'가 아니라 '현재진행형인 사건'으로, 그리고 1950년 이후에도 지속되는 '지배질서'로 재조명할 수 있을 것이다.

# 2
# 전쟁 발발 당시의 표정

## 한국군과 이승만: 허를 찔린 군대, 침착한 이승만

1950년 6월 25일 새벽 4시경 38선 전역에서 북한 인민군이 공격을 개시하였다. 어떤 전쟁도 예기치 않은 일격인 경우는 없다고 하지만, 처음 이 전쟁의 개시는 '양치기 소년'의 외침처럼 만성화되어 있던 남북한 사이의 수많은 교전 가운데 하나로 여겨졌다.

그런데 아무리 '예상된' 전쟁이었지만 적의 군대가 국가 수뇌부가 있는 곳에서 40km 정도밖에 떨어지지 않은 위치에서 공격을 시작하였고, 아군이 효과적으로 방어하지 못한다면 일시에 엄청난 피해와 비극적인 사태가 발생할 수 있었기 때문에, 전면적인 전쟁의 발발은 남한의 지배층에게는 매우 충격적인 사건이었다. 만약 이 전면전에서 대한민국이 무너지고 이승만이 체포된다면 그는 김일성에 의해 처형될 것이고, 살아남더라도 망명객이 되어 또다시 미국으로 건너갈 수밖에 없었다. 설사 미국의 지원을 받아 전쟁에 승리하거나 휴전에 돌입한다 하더라도 초기 전쟁 피해의 책임 논란에 휘말리거나 국민들의 심판을 받아 권력에서 쫓겨날 수도 있으며, 후대에 길이길이 비판받는 인물로 남게 될 가능성도 있었다. 전쟁에서 북한이 승리하게 되면 대한민국의 기둥인 모든 군부·정치가·관리·경찰 들은 1945년 이후 38선 이북, 또 1948년 10월 여수·순천 지역이 "반란군에 점령당했을 때"[3] 경찰 혹은 우익들이 당했던 것처럼 '적' 혹은 '반동분자'로 몰려 처형당하거나 큰 고통을 당할 상황이었다. 그렇다면 당시 이승만과 대한민국의 핵심 권력은 6월 25일 아침에 일어나 전쟁 발발 소식을 접하고 어떤 반응을 보였을까? 특히 최고권력자 이승만은 자신의 목숨과 권력의 상실, 혹은 국가 붕괴에까지 이를 수 있는 이 사태 앞에서 어떤 반응을 보였을까?

그런데 1950년 6월 25일 대한민국은 전혀 대비하지 않고 있었다. 6월 24일 저녁 군 수뇌부에서는 육군장교클럽 개관식을 기념하는 성대한 파티가 열렸다. 그리고 국군 전 장병에 대해 '외출·외박과 휴가'가 실시되었다. 이 연회에는 국방부와 육군본부의 군 수뇌, 미군사고문단, 서울 근교의 지휘관들이 초청되었다. 파티는 밤 10시 정도에 마무리되었으나 1차로 만족하지 못하는 한국의 음주문화로 인해 연이어 새벽까지 2차, 3차 술 파티가 이어졌다. 한편 군은 4월부터 계속 발효해 온 각종 작전명령과 비상경계령을 24일 새벽 0시를 기해 완전히 해제하고, 각 사단에 부대장의 재량에 따라 주말에 휴가나 외출을 허가해도 좋다는 구두명령을 하달하였다.[4] 그 결과 일선부대를 제외한 후방부대에서는 대략 2분의 1에서 3분의 1 정도의 장병들이 휴가나 외출 명목으로 부대를 빠져 나왔다. 채병덕 당시 육군참모총장도 새벽까지 술을 마셔 아침에도 술이 깨지 않은 상태였으며, 결국 한국군은 숙취 상태에서 전쟁을 맞았다.[5] 평소에 "북한은 절대로 침략하지 않는다"고 큰소리를 쳤던 미군사고문단과 그들의 말을 금과옥조처럼 믿었던 한국군 수뇌부는 허를 찔린 것처럼 보였다.

전쟁 전 남북한 간의 군사적인 균형은 이미 완전히 깨져 있었다. 지상군의 경우 한국군은 16만 정도에 불과했으나 북한군은 18만 정도에 달했고,[6] 공군의 경우 한국군은 연락기 14대, 연습기 10대만을 소유하고 있었으나 북한군은 야크기를 포함하여 211대의 전투기를 갖추고 있었으며, 한국군은 전차가 없었지만 북한군은 196대를 보유하고 있었다.[7] 자주포의 경우 북한군은 176문을 보유하고 있었으나 한국군은 전혀 보유하고 있지 않았다.[8] 이러한 절대적인 전력의 열세 속에서도 한국군 내부에서는 이해할 수 없는 일들이 일어났다.

그해 4월부터 군의 모든 장비를 수리하기 시작했으며, 6월 25일 당일 후방의 모든 차량이 부평의 병기창에 수리 차 나가 있었다.[9] 일선부대의 적정敵情보고가 계속되었으나 군 수뇌부에서 묵살하였는데, 특히 3월에서 5월 사이의 공비 토벌 과정에서 전면전이 시작될 것이라는 정보를 입수하였으나 육군본부에서는 이를 무시했다. 그리고 '6·25' 발발 불과 2주 전에 중앙 요직을 포함한 사단장과 연대장급의 대규모 인사이동이 있었으며, 6월 13일에서 20일 사이에는 전후방부대의 대규모 교체가 있었다. 이 때문에 지휘관들은 적정이나 지형은커녕 부하들의 신상조차 파악할 여유가 없었다. 특히 요충지에서 병력을 빼내는 일도 발생하였다. 온양에 있는 제2사단 25연대를 제1사단으로 예속시켰고, 사단 예비부대로 서울에 있는 제3연대를 6월 15일부로 경비사령부에 예속시켰다. 전술상 서울이 직선상에 있고 단거리이므로 만약 인민군이 공격해 온다면 주요 병력이 의정부 쪽으로 올 것임을 충분히 예상할 수 있으나, 이런 불가사의한 명령이 하달된 것이다.[10] 의정부 동쪽의 제6사단에서도 6월 20일 무렵 서울 주둔 제2연대와 홍천 주둔 제8연대를 맞바꾸어 이동 중 남침을 당해 전력을 발휘할 수 없었다.[11] 당시 한국군은 단순히 전쟁을 준비하지 않은 것이 아니라, 손에서 무기를 버리고 가슴을 헤치고서 상대보고 공격하라고 신호를 보내는 듯했다.

당시 육군본부의 일직장교였던 김종필은 25일 새벽 3시 이후 문산과 포천에서 북한군이 침공하고 있다는 사실을 접하였고,[12] 채병덕 육군참모총장은 새벽 6시경 전군에 비상명령을 내렸다. 그런데 이때 대통령 역시 전군에 비상명령을 내리고 본부 장교들에게 즉시 육군본부로 집합하라는 명령을 내렸다고 되어 있어, 이후 살펴볼 대통령에 대한 공식 보고시간과 시차가 있다. 외무부에서는 새벽 4시에 미국 호놀룰루의 공사관으로 '전면 남침' 사실을 타전하였다. 당시 야전군 사단장이었던 유재흥은 새벽 6시경 육군본부 상황실에 도착하여 이것이 '국지전이 아닌 전면전'이라는 사실을 이미 확인하였다. 결국 새벽 6시경 군 고위층과 미국은 그것이 과거 여러 차례 발생했던 군사 충돌이 아닌 전면전이라는 점을 명확하게 확인할 수 있었다. 당시 국방부장관이었던 신성모는 "각 군은 각기 양식에 따라 행동하라"고 말했는데, 이는 전투명령 체계가 완전히 무너진 상황에서 속수무책이었던 군 수뇌부의 태도를 그대로 드러낸 대표적인 명령이었다. 이러한 상황에서 통제되고 '정견이 분명한 명령 수수'는 이루어지지 않았다.[13]

이승만은 전쟁 발발에 아무런 준비도 하지 않은 채였고 그럴 의지도 없었다. 이승만 측으로서는 자신이 그렇게 수차 요구했는데도 그의 북침을 우려한 미국이 무기를 지원하지 않았기 때문이라고 말할 수도 있으나, 사실 방어 준비는 미국의 원조 없이도 충분히 할 수 있었다. 그러나 이승만과 한국군은 최소한의 노력조차 하지 않았다.[14] 한편 일개 미국 육군 대위인 하우스먼이 상시로 경무대를 출입할 자격을 갖추고 모든 사안에서 이승만에게 곧바로 영향을 미치고,[15] 한국군의 정보수집과 적정판단, 작전수행과 군사훈련 등이 거의 전적으로 미군사고문단의 영향하에 있었던 당시의 정황을 염두에 둔다면, 이것은 사실 미국이 북의 남침에 대비하지 않은 것이었다고 볼 수 있다.

25, 26일 내내 육군본부는 뒤죽박죽이었다.[16] 육군본부의 공식 기록에 의하면 27일 새벽 5시에 긴급참모회의가 열려 "비전투원인 정부나 국회는 후퇴하여도 국군만은 최후까지 수도를 사수하자"고 결의하였다고 한다. 그러나 새벽 6시 의정부 탈환기도가 실패로 돌아가자 그날 오후 육군본부는 시흥으로, 해군본부는 대전으로, 공군본부는 수원으로 후퇴하였다.

이승만은 한편 전면전이 개시된 지 여섯 시간 정도가 지난 10시 30분경 전쟁 발발 사실을 보고받았다고 한다.[17] 그러나 전쟁 발발이 이승만에게 정확히 언제 보고되었는지는 불투명하다.[18] 주한미대사나 미군 사고문단은 물론 한국군 야전군 사단장이나 군 수뇌부가 이미 알고 있는 전쟁 발발 소식을 군의 최고통수권자인 이승만이 여섯 시간 후에나 알게 되었다는 사실은 상식적으로 이해되지 않는다. 긴급각료회의는 전쟁이 발발한 지 열 시간이 지난 오후 2시에나 열렸다고 하며, 이 자리에서는 도쿄의 맥아더 사령부에 연락하는 일, 미 공군의 지원을 요청하는 일, 등화관제燈火管制를 실시하는 일만 결정되었다고 한다.[19] 이승만 역시 당시 상황을 과거 반복되던 북한의 38선 침공 가운데 하나로 이해했거나, "전면 남침이라기보다는 이주하와 김삼룡을 내놓으라는 시험적인 움직임 같다"는 채병덕 참모총장의 보고와 전황을 지나치게 낙관적으로 본 신성모 장관의 말을 듣고 상황을 대수롭지 않게 생각했을 수도 있다. 대체로 경무대는 "그 자식들 장난치다 그만두겠지" 하는 분위기였다고 한다.[20]

중요한 것은 이승만이 아무런 준비 없이 전쟁을 맞았으며, 자기 목숨이 위태롭고 국가가 붕괴할 수도 있는 이 절체절명의 위기 앞에서 놀라거나 당황하지 않았다는 점이다.[21] 당시 경무대 비서였던 민복기는 대통령의 표정이 심각하기는 했지만 당황하는 것 같지는 않았다고 기억하고 있다. 임병직 외무부장관 역시 "공비를 막아서 제각기 임무를 다하라"는 정도의 지시를 내렸다고 기억한다.[22] 또한 이승만은 신성모를 통해 11시 30분경 무초John J. Muccio 주한미대사를 만났다. 이승만은 긴장했으나 침착한 태도로, "이 상황은 아무에게도 놀라운 것이 아니다. 나는 오래 전부터 이와 같은 사태를 경고해 왔다"고 말하며 "여성이나 아이들도 나와서 막대기나 돌멩이를 갖고서라도 싸워야 한다"고 상당한 자신감을 보였다고 한다.[23] 26일 들어 북한군의 계속적인 남하가 확인된 뒤에도 이승만은 각료 인선을 고민할 정도로 여유가 있었다.[24] 단지 민복기의 증언에 따르면 이날 밤 이승만은 맥아더에게 전화를 걸어 준엄하게 항의했다고 한다. 이승만은 "당신네가 좀더 관심과 성의를 보였다면 이런 사태까지는 이르지 않았을 것 아닌가. 어서 한국을 구해야 할 것 아니오."[25] "당신네들이 우리를 빨리 도와주지 않으면 한국에 있는 미국인들을 다 죽이겠다고 전하라"[26]고 말했다 한다. 국군과 국민이 어떻게 해야 할 것인가에 대하여 이승만과 각료들은 전쟁 발발 이틀이 지나도록 아무런 언급도 하지 않았다. 오히려 이승만은 미국인 부녀자들을 철수시킬 것을 무초 대사에게 건의하여 그를 감격시키기도 했다.[27] 주변 사람들의 증언에 따르면 이승만은 외부 원조요청, 즉대미 교섭에 바빠서 다른 일을 돌아볼 경황이 없었다는 것이다.[28]

결국 25일 당일 한국군은 허를 찔려 허둥대고 있었지만, 이승만은 놀라울 정도로 침착하였다. 그러나 불리한 전황이 계속 보고되던 26일 경부터 극도로 긴장된 모습을 보이면서 당황한 태도를 취하기 시작하였다.[29] 사실 26일 이전까지도 이승만이, 독자적인 정책 판단과 정견이 없었던 신성모 장관이나 채병덕 총장의 낙관적인 보고를 신뢰했다고 보기는 어렵다. 그렇다면 일선에서 극도로 허둥대면서 전선에 투입된 야전군 사령관들과 이승만 및 그의 측근이 전쟁 소식을 접한 후 보인 극히 대조적인 모습은 무엇 때문일까? 과연 신성모와 채병덕의 낙관론이 전황에 대한 무지에서 기인한 것인가?

우선 여러 자료를 종합해 보면 미국이 북한군의 전쟁 준비, 심지어 개전일자까지 알고 있었음은 분명해 보인다. 우선 미군사고문단의 정보부처G-2, 미 24군단 산하의 정보참모부G-2, 맥아더의 부관인 윌로우비Charles Willoughby가 독자적으로 설치한 정보부KLO, 미공군 소속 방첩대 등의 정보기구는 남한의 정치 동향, 38선 이북 소련과 북한의 군사·정치 동향, 주민들의 반향 등에 대해 이미 아주 자세한 정보를 확보하고 있었다.[30] 이미 오래 전에 스톤은 한국전쟁이 발생할 것을 알고도 미국이 이를 방치했거나 심지어 유도했다는 주장을 한 바 있다.[31] 또한 로버트 시먼스Robert R. Simmons는 평양이 남한 측의 조기 공략을 예상하여 선제공격으로 전쟁을 개시하였는지 모른다고까지 말하였다. 최근, CIA 요원을 지낸 하리마오Harimao T. Musashiya, 한국명 박승억는 미국은 처음부터 전쟁 발발 일자를 알고 있었다고 주장하였다. 그는 그 근거로 CIA가 북한에 대한 충분한 첩보망을 갖고 있었으며, 전쟁 시 한국에 거주하는 미국인들을 먼저 대피시켰다는 점을 들었다. 이러한 내용은 스톤의 지적과 일치한다.[32]

1949년 6월부터 1950년 6월 24일까지 약 1,195건의 북한 전쟁 준비 관련 정보가 맥아더 사령부에서 국무장관에게 전달되었다고 한다.[33] 매일 세 건의 정보가 전달된 셈이다. 그리고 CIA 역시 임박한 침공에 대해 경고했는데, 1950년 3월 이후에는 38선 군사분계선 북한 측 경비가 군인으로 대체된 점, 병력 이동이 포착된 점, 38선 주변 주민의 소개疏開 등 전쟁의 임박을 알리는 매우 구체적인 정보가 포함되어 있었다.[34] 당시 육군사관학교이하 '육사'로 줄임 교장이었던 이한림과 전쟁 발발 직후 3군 총사령관이 된 정일권 등 군부 핵심도 미국 정보기관의 지속적인 전쟁 위험 보고에도 불구하고 워싱턴 당국이 이를 묵살했다는 점을 분명히 기억하고 있다.[35] 우선 한국군의 훈련 수준이 형편없고, 전력상 북한과 심각한 불균형 상태에 있다고 판단하였던 미국은 북한이 전면 공격을 개시할 경우 이승만 정권이 붕괴 위기에 처하리라는 사실을 잘 알고 있었다.[36] 그렇다면 왜 미군사고문단이 "전쟁이 일어날 까닭이 없다"고 하면서 이러한 정보를 번번이 묵살했는지가 의문이다.[37]

이승만 역시 1950년 6·25 이전에 북한의 침공 가능성을 충분히 예상했으며, 그것을 의식해서 미국에 지속적으로 무기지원을 호소해 왔다. 또한 이승만은 북한에 첩보원을 보내서 적의 동향을 탐지하였다. 육군본부 정보국 산하 작전정보실에서는 박정희를 중심으로 북한의 군사첩보를 수집하고 있었으며, 1949년 말에는 「연말종합적정판단서」를 작성하기도 하였다. 이 문서는 "적의 침공 시기는 3월쯤으로 판단된다. 다만 중공군 출신의 한인부대 편입이 늦어질 경우 1950년 6, 7월로 연기할 가능성도 있다"고 분명히 지적하고 있다.[38] 이 보고서는 북한의 예상 남침 시기, 남침 경로, 중국과 소련의 개입 가능성 등 거의 모든 면에서 정확한 판단을 하고 있다. 한국 측은 분명히 1950년 6월 이전에 북한이 38선 바로 북쪽의 전략적 위치까지 인원이나 병기를 이동한 것을 알고 있었다.[39]

한편 이승만의 최측근으로서 상공부장관을 지냈던 임영신은 독자적으로 첩보원을 보내 북한의 전쟁 준비 경과를 확인한 다음 이승만에게 보고하였다. 앞서 언급한 대로 한국 정부는 월남자나 공비 토벌 중 체포된 유격대원들을 통해서도 이러한 상황에 대해 정확하게 파악하고 있었다.[40] 무초가 지적한 것처럼 이승만은 적어도 무초보다 백배 이상의 정보 접근 채널을 갖고 있었다.[41] 1950년 김일성의 신년사에서 표현된 북한의 전쟁 의지와[42] 남한에서의 유격대 활동, 그리고 정일권이 도

쿄 맥아더 사령부의 전략정보를 미군사고문단 정보책임자이던 하우스
먼에게서 이미 듣고 있었다는 사실 등을 모두 종합해 볼 때, 남한의 핵
심 권력층과 지식인들 사이에서 당시 북한의 전쟁 준비 상황이나 구체
적인 개전일은 알 만한 사람은 다 아는 사실이었다.[43] 『르 몽드』*Le Monde*
는 북한군의 남침은 미국 군인이나 외교관에게 놀라운 일이 아니었다
고 지적하였다.[44]

　그런데 이승만이 1950년 3월 들어 계속 지연되던 농지개혁을 서두
른 것도 예사롭지 않다. 원래 이승만은 대통령 취임 이전은 물론 취임
후에도 농지개혁에 관심이 없었다.[45] 그 이후에도 한민당과 지주층의
반대로 농지개혁이 계속 지연되었으며, 법안을 둘러싸고 국회 소장파
의원들과 이승만–한민당 간에 충돌이 계속되었다.[46] 결국 여러 차례 법
안심의 과정에서 지주의 이익을 보호하는 쪽으로 가닥이 잡혔다. 1949
년 6월 21일 「농지개혁법」이 공포되고, 1950년 3월 10일 개정법률이 공
포된 후 정부는 농지개혁을 실무적으로 추진해 나갔다. 물론 '점수제
규정'과 같은 법률의 정비가 이루어지지 않은 상황이었다고는 하나 농
민에게 분배할 농지가 명확하게 통지되었기 때문에 1950년 3, 4월경에
이미 농지개혁은 마무리되었다고 볼 수 있다. 정부 수립 후 1950년까지
미루어 두었던 농지개혁을 "춘경기가 닥쳐오니 추진상 다소의 곤란이
있더라도 만난萬難을 배제하고 〔……〕 단행하라"는 이승만의 엄명에 따
라 이렇게 급속하게 추진한 것은 대단히 이례적인 일이었다. 북한의 급
진적인 농지개혁 소식에 농민들이 동요하지 않도록 예방하고, 북한이
공격할 경우 농민의 이반離反을 막으려는 정치적 의도 없이는 이렇게 급
속히 추진되기는 어려웠을 것이다.[47]

　1950년 1월 애치슨 선언이 발표되었을 때, 이승만과 한국의 권력 핵
심부는 별로 놀라지 않았다. 그것은 애치슨 선언이 이미 그 이전에 확

인된 바 있는 미국의 대한정책을 재확인하는 것 이상의 의미가 없었기 때문이었다.[48] 5월 11일의 외국기자 회견에서 이승만은 "북한 괴뢰집단의 침범 위협은 우리의 신경을 날카롭게 하고 있다. 우리는 여기에는 만성이 되었다. 우리는 미국의 원조에 의해서만 북으로부터의 침범을 막을 수 있다"라고 말하면서도 "나는 5월과 6월이 위기의 달이며 무슨일이 일어날지도 모른다고 생각하고 있다"[49]라고 의미심장한 말을 던졌다. 그러나 5월 17일 신성모가 "북한의 대거 남침이 임박했다"는 발언을 한 이후 북한군의 병력 이동이나 침공 예상이 속속 제기되는 와중에도 이승만은 과거와 달리 이에 대해 '노코멘트'로 일관했다. 이승만은 앞에서 언급한 정보국 박정희의 보고나 임영신의 전쟁 위협 보고에도 별로 동요하지 않았다. 전쟁 발발을 충분히 예상하지 않았다면 그러한 행동을 할 수 없었을 것이다. 전쟁 발발 당일인 6월 25일의 이승만의 놀라운 침착함, 그것은 매우 중요하고도 공공연한 미스터리이다.

한편 이승만의 측근들과 극우청년단체 지도자 또는 당시 국제정세를 읽을 수 있었던 지식인들 역시 이승만과 비슷한 판단을 하고 있었다. 그중 꽤 흥미로운 것은 초대 내무부장관을 지낸 윤치영과 앞에 언급한 임영신의 태도이다. 이미 전쟁 전에 임영신은 윤치영과 만나 그것이 38선 국경에 힘의 진공상태가 만들어졌을 때 북한과 그 동맹국가들이 어떻게 나올 것인가를 알아보기 위한 시험이 아닌가 하는 의견을 나눈 바 있다. 그녀는 미국이 북한을 적극적으로 유도했다는 시각 속에서 "애치슨 장관의 연설을 북한이 알게 된 이상 군사적 공격은 필연적인 것같이 보였다"고 하였다.[50] 사실 남북 양측이 무력으로 통일을 하려는 의도가 너무나 분명한 당시 상황에서 전쟁 억지 기능을 하던 미군의 철군은 곧 군사력이 강한 측이 전쟁을 벌이라는 신호와도 같았다. 서북청년단 위원장을 역임한 선우기성도 북한의 침략 소식을 듣고 그것이 "종말을 의미하는 비극적 사태"라고는 보지 않았는데, 이는 "세계 제일을 자랑하는 막강한 우방 미군이 주둔하고 있다는 사실" 판단에 기초한 것이었다.[51] 변호사였던 정구영 역시 똑같이 판단하고 있었다.[52] 특히 김재준 목사의 진단에는 개전 동기에 대한 매우 역설적인 이해와 더불어, 남한과 이승만의 막강한 후원자이자 세계최강인 미국의 당연한 승리를 예상하는 냉정함과 담담함이 있다.

> "어젯밤에 이북 애들이 월남하여 지금 의정부에서 국군과 싸우고 있답니다. 곧 격퇴되겠지요!"
> 나도 대수롭지 않게 대답했다.
> "그렇겠지요. 백두산 꼭대기에 태극기를 세운다고 밤낮 장담하던 이승만 박사가 실속 없는 거짓말을 했겠오?"[53]

김재준은 이승만 정권의 핵심 각료들이 "점심은 평양에서, 저녁은 신의주에서"라고 자신 있게 떠벌렸던 '허풍 속의 진실'을 나름대로 읽고 있었던 것이 아닌가 생각된다. 그의 판단은, 전쟁 발발 직후 신성모와 채병덕이 보여 주었던 낙관론이 한 나라 정부 각료로서는 아주 무책임한 태도였다는 한국 내의 기존 비판과는 거리가 멀다. 즉 1949년 말이후 이승만과 핵심 각료들은 기회 있을 때마다 '북진론'을 주장해 왔다. 이들은 "대한민국은 북한 괴뢰와 전쟁할 준비가 되어 있으며 만일 필요하다면 무력으로 나라를 통일할 용의가 있다", "38선은 미국과 소련이 그어 놓은 것인데 어떻게 감히 김일성이 넘어올 수 있단 말인가"라고 계속 주장해 온 것이다.

이러한 호전적 자세와 낙관론은 북한의 전쟁 준비 상황을 모른 체하면서 낙관론을 퍼트린 미군사고문단의 입장과 외형적으로는 동일한 것이었다.[54] 미군사고문단의 로버츠William Roberts 준장은 평소에 "한국에 단 한 사람이라도 미국인이 있는 이상 북한이 전쟁을 도발하는 어리석은 행동은 하지 않을 것이다"라고 단언한 바 있다. 이승만이 전쟁 발발 후 신성모와 채병덕의 낙관적인 전황보고에 대해 한마디 질책이나 비판도 하지 않았음은 물론 1949년 10월 이후 스스로 북진론을 주장해온 점, 그리고 5월 이전까지는 전쟁 발발을 경고하면서 미국의 지원을 애타게 요청하다가 6·25 직전에는 침묵하고 막상 전쟁이 발발한 직후에는 놀라울 정도로 담담한 태도를 취한 것은 미국 정부의 한국에 대한 기본 입장을 냉정하게 판단한 후에 나온 결론이거나, 그렇지 않으면 미국 측과 사전에 은밀한 교감을 갖고 있었다는 증거가 아닐까?

무엇보다도 6·25 직전인 5·30선거 이후 이승만은 정치적 궁지에 몰려 있었다는 점을 염두에 두어야 할 것이다. 5·30선거는 대한민국의 주관하에 실시되었다는 점에서 초대 5·10선거와는 차별적이었다. 그리고 5·10선거에 참여하지 않았던 중도파와 한독당 세력이 대거 참가한 것도 특징적이었다. 선거 결과 당시 집권당이던 대한국민당은 24석을 얻어 단지 11.4%의 지지만을 얻었다. 그리고 무소속이 126석으로 60%의 의석을 차지하였다. 특히 임정臨政계의 조소앙이 미군정 때 경무부장을 지낸 조병옥을 압도적인 표로 누르고 전국 최다 득표를 기록하였으며, 엄청난 방해공작과 탄압 속에서도 중도좌익의 장건상이 부산에서 전국 2위의 득표를 하였다. 이승만 친위세력과 행정부 고위관리가 거의 낙선하여 결국 집권 2년밖에 되지 않은 이승만 정권에 대하여 남한 주민들이 준엄한 심판을 내린 셈이었다.[55] 만약 전쟁이 발발하지 않았다면 국회가 대통령을 선출하던 당시 조건 속에서 이승만의 실각은 시간문제였을 것이다.[56] 따라서 자신의 권력 유지를 위해 미국의 든든한 후원하에 이승만이 '승리할 가능성이 있는' 전쟁을 일종의 '기회'로 인식할 충분한 이유가 있었다.

결국 군사적 관점에서만 보면 북한의 침공 직후 이승만 정부가 보인 태도는 비상식투성이었다. 그런데 당시 전투에 참가했던 모든 야전군 사단장들은 이러한 '이해할 수 없는 상황'에 당황해하면서도, 그들의 회고록 등에서 그 원인에 대해 분명하게 답을 내리지 않고 있다. 물론 미국과 이승만이 북한군의 전력을 과소평가했을 수 있으며, 또 한국군이 그렇게 쉽게 무너지리라고 생각하지 않았을 수도 있다. 그러나 아무리 그렇다 하더라도 미국과 이승만이 당시 남북한의 힘의 불균형과, 북한의 전쟁 준비 및 공격 시점을 분명히 알고 있었다는 점과 그럼에도 이북의 공격에 대해 아무런 대비를 하지 않았다는 사실 간의 이해할 수 없는 괴리는 여전히 남아 있다.

그러나 군사적으로 불가사의한 일이 정치적으로는 반드시 그렇지 않을 수도 있다. 이승만은 분명히 전쟁 발발을 정확하게 예상하고 있었으나, 5월 중순 이후 6주 동안 침묵하였고, 막상 전쟁 소식을 들은 25일 당일에는 그다지 허둥대지 않았다. '당황한 군대'와 '당황하지 않은 이승만'의 대비는 어디에서 나오는 것일까? 만약 당시 미·소의 관계에서 핵을 보유한 미국이 압도적 우위에 있다는 사실을 잘 알고 있고, "한국이 공산주의자들에게 침략을 당하면 캘리포니아를 방어하듯이 한국을 지킬 것이다"[57]라는 맥아더의 약속, 전쟁 발발 직전 한국을 방문해 국회에서 "당신들은 외롭지 않다"라고 방위 약속을 했던 미국무부 고문 덜레스John F. Dulles의 말을 철석같이 신뢰했다면, 또 우발적으로 소련과 북한의 무모한 시도로 한반도에서 위기가 발생하더라도 그것을 북진통일의 기회로 활용할 수 있으며, 이러한 위기가 오히려 자신의 정치적 기반을 확고히 할 수 있는 좋은 기회가 된다면 이승만으로서는 그 위기를 마다할 이유가 없었을 것이다. 오히려 국가는 위기에 처하더라도 5·30선거 이후 거의 궁지에 몰린 이승만 개인에게는 전쟁 발발과 '적'과의 대결이 유리하게 작용할 수도 있었을 것이다. 혹 초기의 희생을 치르더라도 승리의 가능성만 확고하다면 오히려 '기회'가 될 수 있었을 것이다. 그것은 매우 위험한, 그러나 엄청난 승리를 가져올 수도 있는 '도박'이 아니었을까?[58] 한편 북한은, 이승만이 덜레스를 만나서도 계속 북진을 주장했기 때문에 6·25 발발이 남한의 북침이라고 주장하고는 있지만 이는 신빙성이 약하다.[59]


## 민중들

전쟁 발발 시 가장 논란거리가 되는 것은 당시 보통의 남한 주민들, 특히 서울 시민들, 그리고 당시 인구의 80% 이상을 차지하고 있던 농민들의 표정과 반응이었다. 당시 보통의 코리언들은 전쟁 소식을 듣고 과연 어떤 생각을 했으며, 두 국가 중 어느 하나를 '섬겨야' 할지도 모르는 상황 속에서 어떻게 대처하였을까?

　우선 이러한 질문에 대답하기 위해서는 몇 가지 전제가 필요하다. 전쟁 전의 대한민국은 과연 어느 정도 국가의 모습을 갖추고 있었는가. 남한의 '국민'이 된 코리언들은 남한의 정치지도자와 이승만, 그리고 미국에 대해 어떻게 생각하고 있었으며, 북한의 정치지도자와 소련에 대해서는 어떻게 생각하고 있었는가. 마지막으로 그들은 남·북한체제의 차이를 어떻게 이해하고 있었는가. 이것들은 당시 남한이 전쟁을 수행할 수 있는 국민적 지지기반을 갖고 있었는가를 파악하는 데 중요하다. 근대 정치혁명 이전에 일어난 유럽의 모든 전쟁은 전제군주 혹은 전제국가 간의 전쟁이었기 때문에, 전쟁은 기본적으로 귀족들 간의 전쟁이었으며, '국민'이라는 소속감이 없었던 백성들은 싸울 마음도 없었다.[60] 만일 이승만 정부가 국민의 확고한 지지를 바탕으로 그들을 군대에 동원할 수 있었다면, 남한은 군사력에서 열세였더라도 전쟁에서 반드시 승리할 수 있었을 것이다.

우선 6·25 발발 전후 남한 전역에서 북한을 지지하는 농민의 봉기나 시위, 잔존 빨치산의 활동이 두드러지지 않았다는 점에 주목할 필요가 있다. 사실 1949년에서 1950년 초에 이르는 대토벌작전으로 빨치산들은 거의 궤멸된 상황이었다.[61] 전쟁 발발 직전 박헌영은 "백성들이 다 일어난다"고 예상하면서 전쟁을 독려했다는 설이 있지만,[62] 그의 예상과 달리 남한의 후방에서 북한의 개전을 지지하는 대규모 농민봉기나 폭동 혹은 두드러진 조직화 작업은 거의 나타나지 않았다. 강정구는 일제강점기에 뿌리를 둔 농민의 급진주의와 전투성은 해방 이후 전면적으로 폭발하였다가 미군정의 탄압과 미봉적인 농지재분배로 인해 상당히 저하되었으나 이후 유격전의 양상으로 발전되었다고 주장하고 있다.[63] 만약 이 유격전이 오직 이승만 정권의 전면적인 토벌작전과 강압으로만 진압되었다면, 개전과 더불어 이들은 다시 활동을 시작했어야 했다. 그러나 그러한 움직임은 두드러지지 않았다. 인민군이 내려오는데 꽤 시간이 걸린 충청 이남에서도 군과 경찰에 저항하는 움직임이나 봉기는 거의 없었다.

전상인의 조사에서 볼 수 있듯 미군정 초기인 1945~1946년경 남한 지역에서는 민중들이 좌파 혹은 사회주의에 더 많은 지지를 보냈고, 젊은이들 사이에서 유행처럼 사회주의를 지지하는 분위기도 있었다.[64] 또한 북한의 급속한 토지개혁과 노동개혁의 성공 소식이 남한에 흘러 들어와 그 자극으로 일부 김일성 정부를 동경하는 분위기도 있었다. 그렇다면 전쟁 발발 무렵 농민들이 노골적인 저항이나 폭동을 일으키지 않앉던 것은 남한 농민들이 농지개혁의 혜택을 입어 진정 대한민국의 '충성스러운' 국민이 되었음을 의미하는가?

그러나 전쟁 발발 직후 서울 거주 서민들이나 서울 인근의 농민들이 크게 당황하거나 놀라서 피란했다는 기록은 어디에도 없다. 전쟁 발생 당일이나 그 이튿날도 서울 시민들은 별로 동요하지 않았던 것으로 보인다. 북한군 남침 소식이 들리고 군인들은 본대에 복귀하라는 방송이 계속 나오는 와중에도 서울운동장에서는 야구경기가 태연하게 진행되고 있었다.[65] CIA는 북한군이 내려온 이후 서울의 상황을 다음과 같이 보고하였다. "상인들은 중립적이고 지식인들은 친남한적이었으나 노동계급은 대개 북한을 지지한다. 서울 시민의 상당수는 이승만과 그의 정부가 사라져 버린 것을 환영하고 있다." 이것은 서울의 거주민들이 계급적인 처지에 따라 전쟁 발발을 얼마나 다르게 받아들였는지 잘 드러내는 기록이다.[66] 당시 CIA 측 목격자의 대부분은 한국 정부와 어떤 관계도 없는 보통 사람들, 특히 농민들에게 전쟁은 구경거리 이상이 아니었다고 지적하였다.

방송이나 언론매체를 접하기 어려웠던 경기 이남의 농민들은 전쟁 발발 소식을 제대로 듣지도 못하였다. 경남과 전라도 지역에서는 전쟁 발발 후 한 달이 지난 다음에야 인민군이 들어왔으므로, 농민들은 삽 들고 논에 일하러 갔다가 인민군을 발견한 경우도 있었고, 인민군이 내려온다는 것을 알고 있더라도 "한 동족인데 어떻게 하겠느냐"[67]고 생각하여 그냥 농사에만 전념하기도 하였다. 그동안 정치폭력과 좌우의 극한적 대립에 신물이 난 보통의 젊은이들은 오히려 구경하듯이 전쟁 발발을 맞이하기도 하였다. 젊은이들 중에는 군대에 끌려가지 않기 위해 숨거나 피란 가는 경우도 있었다. 그러나 그것은 며칠씩 집을 비우거나 관망하는 수준에 지나지 않았다.[68] 이렇게 본다면 당시 서울의 일반 시민들이나 지방 농민들은 북한에 대한 노골적인 지지를 행동으로 표시하지도 않았으며, 또 서둘러 피란 갈 이유도 느끼지 못했던 것으로 추정된다.

1949년 10월 이승만 정부는 남로당, 민주주의민족전선 산하 133개 단체에 등록취소령을 내리고 대대적인 '동계토벌작전'을 실시하였다. 그후 38선 이남의 좌파세력은 거의 소멸하였다고 볼 수 있다.[69] 이렇듯 좌파가 소멸하고 전쟁 발발 시 이승만 정권에 비판적이었던 세력들이 별다른 움직임을 보이지 않았던 점을 근거로, 38선 이남의 주민들이 이승만 정부에 대해 어느 정도 지지를 보냈던 것으로 해석할 수도 있다. 하지만 이것을 남한 주민들이 이승만 혹은 더 나아가 대한민국에 적극적인 충성을 표시하게 된 증거로 해석하기는 어렵다.

우선 전쟁 발발 직전에 실시된 농지개혁이 체제 안정화와 농민 통합에 미친 효과도 분명히 존재했을 것이다. 당시 정부는 1950년 4월 15일 총 120만 호의 수배자受配者에게 42만 정보町步를 분배 완료하였다고 발표하였는데,[70] 남한의 농지개혁을 연구한 김성호는 이미 1950년 3월 25일 이전에 농지분배를 완료하였다고 했다. '유상분배'의 조건이라는 한계가 있지만, 소작지주제 폐지를 내용으로 하는 농지개혁 실시가 남한 농민들이 북한의 남침을 대대적으로 환영하지 않도록 하는 데 분명히 영향을 미쳤을 것이다.[71] 그러나 실제 농지를 분배받았거나, 이미 공식적으로 분배받기 이전에 지주들에게서 농지를 구매한 농민들 역시 생활이 향상되지 않았을 뿐더러 거의 고리채에 시달리거나 무거운 세금의 고통을 받고 있었으며, 초근목피草根木皮로 생활하고 있다고 해도 과언이 아니었다. 따라서 농민들의 이승만 정권에 대한 지지는 제한적이었을 것이다.

한편 도시에서는 극심한 실업 사태가 발생하였다. 1948년 6월의 통계에 의하면 서울시 140만 인구 중에서 일자리가 있었던 사람은 겨우 3할인 36만 7,000여 명이었고, 90여 만 명이 실업자 신세였다.[72] 이들 실업자들은 당시 만연했던 서울 등 대도시 정치폭력의 주역이 되기도 했다. 당시 상황에서 실업자들은 어차피 자포자기 심정이었을 것이므로, 군대 혹은 전쟁은 이들에게 군인으로서의 일자리를 얻는 기회가 될 수도 있었다. 빈곤 역시 극심하였다. 1950년 3월 한 달 동안 기아棄兒 수가 69명에 달했으며, 그중 39명이 서울에서 발생했다. 기아의 원인도 과거에는 주로 사생아가 많았으나 이 무렵에는 82% 정도가 빈곤 때문이었다고 한다. 당시 서울시에서는 구호미 100가마를 극빈자 1,000세대에 나누어 주기도 했다.[73] 극심한 빈곤은 이들을 절망에 빠뜨렸다. 그러나 조직노동자들은 북한에서 이루어지고 있던 '8시간 노동제, 노동보호 및 사회보험제, 유급휴가제' 등 일련의 친노동자적 개혁조치에 대해 큰 관심을 갖고 있었다.[74] 이러한 이유 때문에 앞에서 CIA가 지적한 것처럼 노동자들은 북한이 내려온 이후 곧바로 이들에게 협력했을 것이다.

우리는 전쟁 직전에 실시되었던 5·30선거를 통해 당시 민중들의 의식과 정서의 일단을 엿볼 수 있다. 즉 선거에서 무소속이 대거 당선되고 이승만의 하수인들이 대거 탈락한 데서도 드러났듯이 이승만 정권에 대한 지지는 형편없었다고 해도 과언이 아니다. 특히 당시 선거는 거의 야당에 대한 폭력과 방해공작 속에 치러진 것이었기 때문에, 이러한 방해 속에서도 중도파 정치가들이 대거 약진하고, 심지어는 이승만 측근들이 선거에서 패배한 것은 대단히 중요하다.[75] 그러나 반反이승만 정서가 곧 반反국가 의식을 보여 준 것이라고 판단하기는 어렵다.[76]

사실상 당시 선거 분위기에서 농민들은 정권의 탄압이 두려워 소신대로 투표할 수 없었다. 1949년 12월 1일 국가보안법이 제정된 후 감옥에는 정치범들이 넘쳐났으며, 반공청년단체와 경찰력은 무소불위의 힘을 갖고 있었다. 경찰은 권총, 카빈소총, 곤봉으로 무장하고 있었다.[77] 그렇다면 1949년 이후 민중들은 '폭력'에 위축되어 있었다고 볼 수 있다. 당시 이승만 정권은 경찰력에 의해 지탱되었다고 해도 과언이 아니었다. 특히 주로 악명 높은 일제 경찰 출신으로 구성된 당시 경찰에 대한 민중들의 불만은 대단히 높았다. 대구10·1사건이나 제주4·3사건을 통해 경찰들의 잔혹한 고문과 탄압 소식을 익히 들어 알고 있던 일반 민중들은 이들을 극도로 불신했다. 이렇듯 사실상 폭력기구에 의해 지탱되던 이승만 정권은 정부 수립 후 2년이 채 지나지 않아 민심과 거의 유리되어 있었다. 폭력의 만연은 정권에 대한 지지기반의 취약성과 민중들의 '내키지 않는' 동의를 보여 준다. 앨버트 허쉬만Albert O. Hirshman의 탈출exit, 저항voice, 충성loyalty의 개념을 원용해 본다면 1946년 대구10·1 사건 이후 격심한 탄압의 후유증으로 민중들은 이승만 정권에 노골적으로 '저항'할 수는 없었지만, 그것이 곧 이승만 혹은 대한민국에 대한 '충성'을 의미하는 것은 아니었다.[78]

그런데 북한이 '조국해방'을 명분으로 전쟁을 일으켜 이제 남한 민중들이 이승만 정권에서 벗어날 기회가 생겼는데도, 이들이 그냥 앉아서 인민군을 받아들인 것을 보면, 수년 동안 좌우대립과 양측의 충성 요구에 민중들이 극도로 지치고 위축되어 있던 것이 아닌가 생각된다. 특히 빨치산 활동 지역 내에 살던 농민들은 사실상 생존을 위해 낮에는 대한민국의 국군과 경찰에게, 밤에는 '산사람'들에게 각각 협력하지 않을 수 없었다. 이들은 산을 내려올 수도, 또 국가를 떠날 수도 없는 '퇴출' 불가의 상황에 놓여 있었다. 남한의 군과 경찰이 '강요에 의한 주민들의 협력'을 봐줄 정도의 아량과 여유를 지니지 않았기 때문에, 한번 유격대에 협조했던 사람은 이후 생존을 위해 유격대가 될 수밖에 없는 경우도 많았다.[79] 유엔한국위원단은 전쟁 전에 좌우대립 속에서 목숨을 부지하기 위해 고단한 삶을 도모하던 한국 농민들을 다음과 같이 묘사한다.

> 일반 농민들은 평화롭게 그들의 토지를 경작하는 데 주로 관심이 있었다. 그러나 그들은 식량을 공급하라는 게릴라들의 요구와, 그러한 식량공급은 안 되며 게릴라 활동의 정보를 밝히라는 군대의 주장 사이에서 찢겨져 나갔다. 이러한 요구를 들어주면 군으로부터, 그렇지 않으면 게릴라로부터 처벌을 받았다.[80]

산악 지역 주민들은 군·경에 대해 공포심과 경계심을 느꼈다. 군·경은 유격대에 협력한 주민들에게 보복을 가해 왔기 때문에 이들은 기회주의적인 태도를 취했다. 당시 토벌군 입장에서 농민들을 관찰하였던 제5사단장 백선엽이 강조한 것처럼 "험한 세파를 겪은 이들이 얻은 지혜는 강한 자의 편에 서는 것이었다."[81] 그들에게 삶의 철학이 있었다면 오직 어느 측에게서도 처벌을 당하지 않고 살아남아야 한다는 것이었고, 그것은 사회주의나 자본주의라는 이념보다 더 중요했다. 이런 이유 때문에 이들은 인민군이 들어왔을 때는 인민군에게, 국군이 들어왔을 때는 국군에게 협력할 준비가 되어 있었으며, "전쟁 통에는 섣불리 피란 가는 것보다는 쥐 죽은 듯이 잘 숨어 지내는 것이 제일"이라고 생각하였다.[82]

그리하여 김귀옥이 확인한 것처럼 38선 이북의 주민들 역시 할 수만 있다면 인민군한테서건 국군한테서건 징집을 당하지 않으려 하였다.[83] 전면전쟁 발발 후 전선이 이동하는 과정에서 이승만 치하는 물론 김일성 치하에서도 민중들의 병역기피는 대단히 흔했는데, 이들은 월남한 이후 '대한민국 국민'이 되고 나서도 같은 행동을 반복하였다.[84] 국군에 입대한 동기도 대부분 배고픔을 해결하기 위한 것이거나 이전에 좌익에 연루된 적이 있었던 청년들이 감시와 탄압의 눈길을 피하기 위한 생존전략인 경우가 많았다. 결국 당시 민중들이 국군에 입대하는 것이 곧 국가에 대한 충성의 표시는 아니었으며, 이후 인민군 징집을 기피하는 행위도 반공과는 거리가 멀었다. 초기 인민군 지원자나 학병 지원자의 대부분도 대체로 교육받은 사람들이었고, 일반 농민들 중에서 이념적 이유로 징집에 적극적으로 응한 경우는 거의 없었다.

해방 후 5년 동안 좌우의 정치갈등 과정에서 가족과 이웃을 잃은 사람들은 더욱 심하게 낙담하고 좌절하였다. 1949년 당시 제주도를 시찰한 신성모 장관은 열흘 동안 있으면서 "두 사람이 같이 가면서 얘기를 자유로이 하거나 얼굴을 쳐다보는 동포를 보지 못했다"고 국회에서 보고하였다. 그들은 "길거리를 걸으면서 땅을 쳐다보고 비참한 꼴로 기운 하나 없이 다 죽은 기세로 그림자가 다니는 것처럼 걸어다녔다." [85] 제주4·3사건의 엄청난 상처가 살아남은 사람들로 하여금 이승만 정권과 정치 일반에 대해 얼마나 냉소적인 태도를 취하게 만들었는지 잘 보여주는 대목이다. 일찍이 바루흐 드 스피노자Baruch de Spinoza는 국가에 대한 충성이 공포에 의한 충성과 자발적 충성으로 구분된다고 말한 바 있다. 그런데 전쟁 직전 이들 지역 거주민의 '충성'은 전형적으로 공포에 기초한 것이었다고 볼 수 있다. [86] 이들은 토벌군이 마을에 불지르고 재산을 빼앗아 가도 그것이 '공비에 의한 약탈'이라고 믿도록 강요당하는 분위기에서 살고 있었다. 따라서 일반 농민들이 미군정 당시와 마찬가지로 이승만 정부에 대해서도 — 물론 일제강점기보다는 분명히 낫다고 생각했겠지만 — '내 나라'라는 인식을 확고하게 가졌으리라 생각되지 않는다. 이후 이승만과 지배 엘리트 그리고 한국 정부가 공식적으로 유포한 것과 달리 미국과 맥아더에 대해서도 자신들을 구해 줄 구세주라고 생각하지는 않았을 것이다.

　1950년 6월은 코리언들이 일제의 강권적 통치에서 벗어난 지 불과 5년밖에 되지 않았다는 점을 먼저 염두에 둘 필요가 있다. 해방 직후부터 1947년 정도 사이에 각종 정치활동이나 사회활동이 활발하긴 했지만 일반인들이 적극적으로 참여했다고는 보기 어렵다. 인구의 7할 이상을 차지하던 농민들, 특히 전통적인 반상班常의식과 수동적인 정치문화에 길들여져 있는 보통의 농민들이 짧은 기간 내에 일정한 정치적 판단력과 사회의식으로 무장한 정치적 주체가 되기는 어려웠을 것이다.[87] 일제강점기에도 그러하였듯이 일정한 정치적 식견과 사상, 이념을 견지한 사람들은 대부분 지역사회의 지주와 양반 출신의 교육받은 사람들이었고, 이들이 실제로 건국준비위원회와 인민위원회, 농민위원회 등 지역 차원의 사회운동을 실질적으로 주도하였다. 제주4·3사건이나 여순사건 등에서도 반이승만 정치투쟁이나 좌익운동에 앞장선 사람들은 거의 예외 없이 '유식한' 사람들이었으며, 그중 일부는 일제강점기에 대학을 마친 고학력의 소유자들이었다.[88] 대부분 무학無學이나 국졸이었던 당시 농민들은 일면 '경제적인 이해관계'에서 출발하여 해방 정국에서 급진적인 저항의지와 변혁적 지향성을 보여 주기도 하였으나, 대다수 농민들은 추상적인 정치이념이나 정치사상에 대해 정확한 의견이나 판단을 갖지 못했다. 또한 자신이 국가의 주인이라는 생각 역시 아직 확실하지 않았다. 물론 계급적으로 볼 때 소부르주아적 속성을 갖는 농민들이 노동자들에 비해 사회주의에 대한 지지도가 훨씬 낮았다는[89] 점도 무시할 수 없을 것이다.

　결국 일제강점기 이후 계속 나타난 한국 농민들의 묵종默從과 저항의 이중성, 즉 오랫동안 인내하고 순응하면서도 때로는 극도의 분노와 저항을 폭발시키는 힘은 해방정국 당시에도 그대로 반복되었다고 볼 수 있다. 이들의 침묵은 타협이 아니었으며, 이들의 반이승만 정서 혹은 좌경화가 모두 정치·사회의식의 표현은 아니었다. 일부 농민들은 해방 후 극한적인 빈곤 상황에서 저항을 감행하기는 했으나, 애초부터 그들이 의식적으로 좌파세력이나 사회주의를 지지했다고는 보기 어렵다.[90] 이승만과 대한민국을 지지하지도 않았지만 6·25에 그다지 놀라지도 않았던 이들 민중들은 1948년 정부 수립 이후 일제 말의 파시즘에 버금가는 억압적 이승만 체제가 다시 등장하자, 한동안 끓어올랐던 저항의식과 투쟁성을 재빨리 접고 다시 순응적인 자세로 돌아간 것으로 보인다.[91] 따라서 6·25가 발발했을 때 이들은 별다른 충격을 받지 않았으며, 오직 남북의 양 정권과 그 하수인들로부터 또다시 어떤 시달림을 받을 것인가 걱정할 따름이었다. 교육받지 못한 보통의 남한 주민들은 정세를 읽고 미국의 개입을 판단하기보다는 조상들에게 배운 '피난의 철학'을 교훈 삼았다. 그리하여 전쟁이 발생하자 그들은 '어떻게 숨을 것인가, 어떻게 징집당하지 않을 수 있을까'를 걱정하였다.

기본적으로 전체주의 체제였던 일제 40년의 터널을 지나는 동안 농민들은 전통사회에서 피지배층이 그러하였듯이 여전히 '백성'의식에서 크게 벗어나지 못했다. 전형적인 봉건제 전통을 가진 일본과 달리 중국과 한국의 농민들은 국가 또는 지배자에 대해 정서적 친밀감이 거의 없었다. 정치권력이 이들에게 적극적인 혜택을 베풀어 준 적이 없었기 때문에, 단지 학정을 베풀지만 않으면 만족할 수 있었다. 그래서 이들 역시 전쟁이 반가웠을 리는 없겠지만, 앞서 인용했던 남한의 지배층처럼 공포와 위기를 느끼지는 않았을 것이고, "이왕 터지면 빨리 하나가 되어야 한다"고 생각했을 가능성도 많다.[92] 그러나 이 역시 구체적인 계급적·계층적 지위에 따라 상이한 태도를 견지했을 것이므로, 현재의 시점에서 그것을 정밀하게 확인하기 위해서는 좀더 치밀한 사회사적 조사가 필요할 것이다.

결국 생과 사의 갈림길에 놓인 민중들은 경제적 이해보다는 이떻게 하면 전쟁 발발과 극도의 위기국면 조성으로 변덕스러운 '군주'가 된 군대와 경찰의 미움을 받지 않을까 노심초사하지 않을 수 없었고, 일부 이승만 정권을 지지하던 사람들은 국군이 그렇게 쉽게 무너진 것에 대해 거의 병리적인 공포감을 느꼈다.[93] 불안과 공포심 속에서 이들은 어떻게 하면 지옥과 같은 전쟁 상황에서 벗어나 정신적인 안식을 구할 수 있는가에만 몰두하게 되었다. 정부·국군·경찰은 물론 아무도 믿을 수 없는 세상에서, 운이 나쁘면 불의의 죽음을 당할 수도 있는 전쟁이라는 특수한 상황에서 신앙은 그들의 가장 확실한 '피난처'였다. 신앙을 갈구하는 민중들을 향하여 교회는 "피란의 근본적 의미는 어떤 산, 어떤 강, 어떤 섬에 의지하기보다는 하나님이 함께하여 힘 주시며 보호하여 주심에 있다"라고 강조하였다.[94]

한편 민족종교에 뿌리를 둔 대다수 농민들은 『정감록』의 신화를 믿었다. 배은희에 의하면 정부가 대전으로 피란 갔을 때 벽보 앞에 군중들이 구석구석에 모여 『정감록』 이야기를 끄집어내며 "계룡산 도읍이 이때를 말함이다"라고 수군거렸다고 한다. 임시수도 대전에서는 식당, 다방, 주점 할 것 없이 사람들이 모였다 하면 계룡산 문제가 일대 미신적 희망의 분위기를 자아내고 있었다.[95] 그들에게는 미신만이 전쟁 상황에서 가장 안전한 피난처였던 셈이다.

# 3
# 위기 속의 국가와 국민

## 이승만과 국가

### 국민을 버린 국가

전쟁 발발 직후 이승만 집권 세력이 위기상황에 대처하는 모습을 통해 우리는 당시 신생 대한민국의 국가 성격, 국가와 국민의 관계, 국민의 지위와 권리 수준, 나아가 한국전쟁의 진면목 등을 유추해 볼 수 있다. 물론 전쟁 발발 시 이승만이 보여 준 행동들은 이미 정부 수립 후 2년 동안 드러났던 이승만 정권의 대민통제 방식을 반복한 것이다. 1950년 9·28서울수복 후의 부역자 처벌과 국민방위군사건, 군의 민간인 학살, 1952년 피란지 부산에서의 정치파동, 1960년 3·15부정선거와 4·19혁명 이후 몰락에 이르는 이승만 정권의 모든 행태들이 바로 1950년 6월 25일을 기점으로 한 며칠 동안의 위기 대처 모습에서 어느 정도 예상 가능한 것이었다.

우선 이승만은 이러한 절체절명의 국가 위기 속에서 어떻게 대처하였는가? 이승만은 25일 오전 무초 주한미대사와 만난 자리에서 "만약 자신이 공산주의자들에게 체포되면 국가가 위태로울 것이기 때문에 오늘밤에 정부를 대전으로 옮겨야 한다"고 주장했다. 그것은 자신의 안위를 위해서가 아니라 정부의 존속을 위해서라는 것이 골자였다.[96] 그러나 무초는 정부를 대전으로 옮기면 국민과 군인의 사기에 치명적인 영향을 줄지도 모르기 때문에 서울에 남아 있어야 한다고 설득하였다. 그는 "당신 문제는 당신이 알아서 하세요, 나는 여기 있을 겁니다"[97]라고 퉁명스럽게 말하고 자리를 떴다. 주한미대사가 국민들을 생각해서 일단 남아 있자고 하는데 국민의 생명과 재산을 책임져야 할 위치에 있는 일국의 대통령 이승만이 피란 가겠다고 안달하는 풍경을 우리는 어떻게 이해해야 할까?

서울이 함락 위기에 처한 상황에서 최고권력자이자 군통수권자인 이승만이 피란을 가는 것은 불가피한 일이었을 것이다. 그러나 더 중요한 것은 국가의 최고책임자인 이승만이 '피란을 가는 시기와 방식'이다.[98] 우선 이승만은 자신의 피란에 대해 무초 대사와 맨 처음 가장 긴밀히 상의했을 따름이며, 국민의 대표인 국회의원들과는 상의하지 않았다. 그리고 한창 비상국회가 열리던 27일 새벽에 국회 요인들에게도 알리지 않은 채 그리고 무초에게도 통보하지 않은 채 서울을 떠났다. 은행권도 그대로 두고, 정부의 중요 문서도 치우지 않고, 수만 명의 군인들을 한강 이북에 둔 채로……. 김용무와 조소앙 등 원로의원들은 "새벽에 국회를 소집해서 수도를 사수키로 결의해 놓고 도망을 가다니"라고 이승만을 욕하면서, "우리는 끝까지 사수해야 한다"고 주장하였다.[99] 전쟁 상황이므로 대통령인 이승만의 거취를 국회의원들에게 알리는 것이 위험한 일이었다 하더라도 핵심 관료나 국회의장에게는 알리거나 향후 방안에 대해 논의했어야 하지만 그러한 절차도 거치지 않았다. 결국 이승만에게는 대한민국의 안보를 실질적으로 책임질 수 있는 미국만이 주요한 대화 상대였다.

전쟁 발발 직후 국가가 국민들에게 보인 대책 중에서 가장 논란거리가 되는 것은 이승만의 '수족'이었다고 평가되는 국방부장관 신성모와 육군참모총장 채병덕의 낙관적인 보고와 27일 밤 10시 전쟁 발발 후 처음으로 '국민' 앞에 나선 이승만의 연설 방송, 그리고 28일 새벽 2시 30분경의 한강다리 폭파였다.

우선 이승만 정부는 전쟁 발발 직후에도 낙관적인 상황판단을 내려 인민군이 내려올 경우 표적이 될 수 있는 수많은 지배층 인사 및 공무원들이 서울에 남도록 하였고, 결국 그들을 고통과 죽음으로 몰아넣었다. 중앙방송국 역시 5시에 국방부로부터 북한의 남침 소식을 들었으나 이를 곧바로 보도하지 않았다. 그 대신 국민의 사기를 고무시키는 쪽에 초점을 두었다.[100] 애초 정부는 "서울 시민 여러분, 안심하고 서울을 지키시오. 적은 패주하고 있습니다. 정부는 여러분과 함께 서울에 머물 것입니다", "국군의 총반격으로 적은 퇴각 중입니다. 우리 국군은 점심은 평양에서, 저녁은 신의주에서 할 것입니다. 이 기회에 우리 국군은 적을 압록강까지 추격하여 민족의 숙원인 통일을 달성하고야 말 것입니다"[101]라는 내용의 방송을 반복하여 국민을 안심시키려 했다. 26일에는 옹진지구의 국군이 해주시를 점령하였다는 보도를 하여 국민들을 잠시 고무시키기도 했다. 27일 오전 6시에는 뉴스에서 수원 천도 소식을 전했다. 그러나 방송국에서는 그날 오전 중에 공보처의 요구에 의해 수원 천도 뉴스를 취소하는 방송을 했다. 이러한 낙관적인 보도 때문에 국회의원들은 수도 사수를 결의하였고, 결국 그렇지 않으면 피란 갔을 수도 있는 많은 국회의원이 희생되었다. 당시 2대 국회의원 중 148명이 남하하였으며, 62명의 행방불명자가 발생하였고 이 가운데 3명이 피살되었다. 그중 납치 혹은 행방불명된 의원이 27명, 생존한 의원이 32명이었다.

앞에서 말한 것처럼 이승만의 녹음방송은 전쟁이 발발한 지 만 이틀이 지난 뒤에 흘러나왔다. 그의 방송 내용은 마치 서울에서 말하는 것처럼 되어 있지만, 이미 그는 대전을 거쳐 멀리 대구까지 갔다가 인민군이 그렇게 빨리 내려오지 않는다는 이야기를 듣고서 다시 대전으로 올라온 뒤였다. 방송 내용은 "유엔에서 우리를 도와 싸우기로 작정하고, 이 침략을 물리치기 위해 공중으로 군기·군물軍物을 날라 와서 우리를 도우니까 국민은 좀 고생이 되더라고 굳게 참고 있으면 적을 물리칠 수 있다"는 내용이었다. 즉 이승만은 미국의 참전 소식을 미대사한테서 공식적으로 통보받은 뒤에야 비로소 국민들 앞에 나섰다. 방송의 목소리가 이미 녹음된 것임을 알아차린 많은 서울 사람들은 이승만이 서울을 떠났다는 것을 짐작했다.[102]

그런데 왜 당시에 상황과 괴리된 낙관주의적인 '거짓' 보도가 계속되었는가 하는 문제는 수수께끼로 남는다.[103] 이미 군 내부에서는 신성모 장관의 낙관론이 전선의 상황과는 다르다는 점이 지적되었지만, 신성모는 "국민의 사기를 고려해야 한다"는 논리로 낙관적 보고를 독려하였다. 그렇다면 방송을 통한 낙관적인 보도는 국무회의나 국회에서 신성모와 채병덕이 반복한 비상식적이고 낙관적인 전황보고와 동일한 맥락에 있었다고 볼 수 있다. 얼핏 그것은 국민의 동요를 막기 위한 정치적 필요에 의한 것처럼 보이지만, 뒤집어 보면 당시 한국 정부와 국민 간에 기본적인 신뢰도 없었다는 것을 말해 준다.

이승만의 이러한 방송은 상당수 서울 시민을 서울에 남아 있도록 유도하였는데, 국민을 기만한 점에서는 일종의 범죄행위로 비판받을 수도 있다.[104] 사상검사로 이름을 날리다가 이후 야당 정치가가 된 선우종원은 이 일을 계기로 이승만에게 크게 실망했다고 말하면서, 국민의 지도자다운 행위는 물론 혁명가다운 기풍도 보여 주지 못했다고 비판한 바 있다.[105] 그는 다른 사람이 그 자리에 있었어도 패전은 피할 수 없었으리라고 말하면서도, 이승만이 일국의 원수로서 거취라도 분명히 보여 주었어야 했다고 지적하였다.[106] 어떤 점에서 당시 대한민국 정부와 이승만이 국민들에게 보여 준 무책임한 행동, 즉 상당수의 은행권을 서울에, 국회의원과 군·경을 비롯해 일반 국민들을 북한군 치하에 그대로 남겨 둔 것은 이들이 북한에 협력하고 한국을 배반하도록 '방치', 혹은 간접적으로 '방조'한 것이라고까지 해석할 수 있다. 수복 후 이승만은 '반역자' 처벌을 외쳤지만, 사실 대한민국의 일부 지배층, 충성스러운 구성원과 국민들로 하여금 국가를 배신해야 하는 상황으로 몰아넣은 것은 이승만 자신이었다.

앞서 지적한 것처럼 전쟁이 발생하기 직전까지 이승만은 미국에 원조요청을 하거나 한미방위조약 체결을 요구하는 등 미국의 지원에 기대는 것 외에는 어떠한 방어 준비도 하지 않았다. 아무리 미국이 한반도를 포기하지 않으리라고, 만약 전쟁이 발발하면 미국과 맥아더가 한국을 공산화되도록 내버려 두지 않으리라고 확신했다 하더라도, 정부의 대피계획은 물론 국민의 보호계획도 전혀 세우지 않은 상황에서 전쟁을 맞은 것은 정상적인 국가원수의 행동과는 거리가 있었다. 이러한 이승만의 태도는 미국 측이 전쟁에 대비하여 이미 1년 전부터 대사관의 모든 미국인들을 김포에서 일본으로 공수할 계획을 세운 것과 극히 대조적이다. 미국 측은 서울에서 전쟁을 알리는 암호전문이 전달되면 도쿄에 있는 미극동군사령부와 극동군이 협조하여 일본에서 즉각 수송기가 이륙할 계획을 세워 놓았다.[107] 이 안에는 남녀, 아이들 할 것 없이 한국에 있는 모든 미국인과 영국·프랑스인, 그리고 유엔한국위원단 임원과 중화민국대사관원의 수송계획도 포함되어 있었다. 그 결과 미국은 6월 28일, 한 명의 실종자를 제외하고 2,500명에 이르는 주한 미국인 전원을 안전하게 일본으로 대피시켰다.

한편 당시 인민군이 남하할 수 있는 유일한 교량이었던 한강다리는 28일 새벽 2시 30분경 폭파되었다.[108] 채병덕 참모총장은 북한의 탱크가 서울에 진입하기 두 시간 전에 폭파하라고 최창식 공병감에게 지시했다. 27일 아침 인민군 탱크가 퇴계원 부근에서 망우리까지 진출하였다는 소식이 전해지고, 국군이 인민군의 탱크를 막아 내기에는 역부족이라는 점이 확인되면서 육군본부는 한강 이남으로 철수할 것을 결의하였으며, 이와 동시에 한강다리에 다이너마이트를 설치하였다. 군은 27일 낮 12시경부터 일반인의 한강다리 통행을 금지시켰다. 27일 밤 채병덕 참모총장과 최창식 공병감은 한강 이북의 병력을 최대한 도강시킨 다음 폭파 시점을 28일 새벽 6시 혹은 7시 정도로 합의하였으나, 새벽 2시경 한강 이북의 기마경찰대 소리를 북한군 탱크 소리로 오인하여 앞당겼다고 한다.[109] 그러나 당시 시점에 한강 이북에 수만 명의 국군이 남아 있었고 국민들이 아직 전쟁 상황을 낙관하고 있었던 상황에서 한강다리를 폭파한다는 것은 일부 군부지도자들조차 '용공분자'의 음모로 간주할 정도로 어이없는 일이었다.

초대 육사 교장이었던 이형근은 누가 한강다리를 폭파했는지 모르는 상태에서 현장을 목격한 뒤, 유엔군의 도강을 막기 위해 인민군이 선수친 것으로 생각하였다.[110] 교량의 조기 폭파로 3개 사단의 병력과 장비를 후송하지 못했으며, 차량보급품도 한강 이북에 그대로 남겨 놓은 결과가 되고 말았다. 미8군 전방사령부의 집계를 보면 전선에 투입된 국군 9만 8,000명 중 한강을 건너온 장병은 불과 2만 4,000명뿐이었다고 한다. 경찰 병력 중 피란 간 사람은 4,500명에 불과하였다.[111] 결국 상당수의 군인과 경찰들을 한강 이북에 남겨 둘 수밖에 없었던 육군본부의 후퇴작전은 국군을 온전히 인민군에게 바치려는 계획처럼 보였다.[112]

폭파 당시 한강다리 위에는 피란 가던 '국민'들이 다수 있었다. 그러나 다리를 건너지 말라는 어떠한 예고도 없이 폭파를 하였고, 인민군을 피해 피란 가던 '국민'들은 모두 물귀신이 되었다.[113] 폭파를 목격한 이형근은 "아비규환이니 인류의 비극이니 하는 것은 그때의 정경을 두고 하는 말이다"라고 기억하였다.[114] 다른 목격자의 증언에 의하면 "북쪽 두번째 아치를 끊었는데, 눈 뜨고 볼 수 없는 아비규환의 참상이었다. 피투성이가 돼 쓰러진 사람들이 손으로 다리 밑바닥을 긁으며 어머니를 부르고 있었다. 어떤 사람은 하지下肢를 잃고서 어머니를 부르고 있었다. 50대 이상의 차량이 물에 빠졌을 것이다"라고 추정하였다. 어떤 미군 장교는 500~800명이 폭사爆死했을 것으로 추정하였다. 다른 증언자는 4,000명 이상의 사람이 다리 위에 있었다고 하였다. 폭파를 지휘 감독한 엄홍섭 중령은 한강 이북에 남아 있는 부대나 피란 가지 못한 시민을 생각하며 울었다고 한다. 또한 목격자 이창록 소위는 "나는 이러한 끔찍한 광경을 보고 분노가 치밀어 올랐습니다. 이럴 수가 있나. 국민에 대한 이러한 폭거가 있나. 이렇게 만든 자는 마땅히 엄벌을 받아야 한다고 생각했습니다"라고 증언하였다.[115] 그러나 전쟁의 비극은 이제 시작에 불과하였다. 이보다 수백 배 수천 배 엄청난 인명살상이 기다리고 있었다.

그런데 많은 장비와 인력을 한강 이북에 남겨 놓은 시점에서 폭파를 앞당긴 이유와 국방부장관이나 대통령이 확인하지 않은 상황에서 어떻게 참모총장이 폭파 시점을 결정할 수 있었는지도 의문이다. 폭파 당시 일부 인민군 탱크가 청량리에 들어왔다고는 하나 아직 적의 주력은 서울 외곽에 있었다. 상당수 아군 병력이 파주 봉일천과 미아리, 망우리 부근을 중심으로 한강 이북에 있었기 때문에 수많은 인파와 군용차량이 한강에 몰려들었으나 병사들의 제지로 전진하지 못하고 진퇴양난의 상황이었다.[116] 전쟁이라는 비상사태를 참작한다 하더라도, 그러한 결정이 쉽게 내려질 수 있었다는 것은 대한민국과 이승만이 얼마나 경황이 없었는지, 그리고 이승만 정부가 '국가의 구출'이라는 다급한 목적을 앞세운 나머지 국가구성원인 '국민의 목숨'을 얼마나 무시했는지를 단적으로 보여 준다.

그러나 최창식 공병감의 미군 측 고문이었던 크로포드Richard I. Crawford 육군 소령은 당시 폭파를 지시한 사람은 '미군 장교'였고, 육군참모총장의 고문이었다고 증언하였다.[117] 채병덕 육군참모총장의 고문으로서 실질적으로 한국군을 지휘했던 사람은 바로 하우스먼이었다. 모든 전황을 파악하면서 국군의 작전을 실질적으로 지휘한 미군의 개입 없이 한국군이 단독으로 그러한 중요한 일을 감행하기란 사실상 불가능했던 것은 아닌가 추정된다.

이승만과 정부가 대전으로 피란 가면서 '국가'는 국민으로부터 분리되었고, 국가의 생존은 맥아더와 미군에 의존하게 되었다. 이러한 독특한 분리와 의존 관계는 전쟁 기간 내내 계속되었다.


**대혼란**　　　　　　　　　6월 27일 새벽에서 아침까지 대통령과 국무위원으로 대표되는 국가의 책임자들은 모두 "서울을 사수한다"는 '립서비스'를 하고 나서 서둘러 피란을 갔다.[118] 당시 국무회의나 27일 새벽에 열린 각료회의에서는 관료와 그 가족들을 서울에서 철수시키로 결정하였다. 아침 7시에 출발하는 열차에는 장관과 국장급이, 8시에 출발하는 열차에는 하급관리들이 타고 가기로 하였다. 장관들의 경우 희망에 따라 개인 자동차를 타고 가도 좋다는 결정이 내려졌다. 그러나 이 각료회의에 참석했던 신익희 국회의

장은 의원들과 상의하지 않은 이 계획에 동의할 수 없다고 말하면서 국회로 가서 특별회의를 소집하였다. 그러나 국민의 눈을 의식하여 피란에 신중했던 장관은 소수에 불과했다.[119] 재무부장관은 서울을 탈출할 때 화폐를 중앙은행에 그대로 두고 내려갔다. 그는 "상자에 넣고 국방부와 교섭을 하였으나 군대수송 때문에 여분 차가 없어서 불가능했다"고 나중에 변명하였다. 결국 한국은행 총재와 국방부 대령이 뒤처리를 하지 않을 수 없었다. 7시 열차는 예정대로 출발하였다.

육군본부는 27일 오후 1시경 미군사고문단에게 통보하지 않고 시흥으로 철수하였다. 그러나 미군사고문단의 라이트Sterling Wright 중령에게 맥아더의 전방지휘소가 한국에 설치된다는 소식을 듣고 다시 서울에 복귀하는 해프닝을 벌이기도 했다. 하지만 북쪽의 미아리 저지선이 무너지면서 뿔뿔이 흩어져 한강다리 폭파 직전에 또다시 서울에서 철수하였다.

일부 국군과 경찰은 명령계통이 완전히 무너져 싸울 생각을 안 하고 피란민과 함께 남쪽으로 걸어 내려갔다.[120] 후퇴하는 군인들이 탈주병과 같은 모습으로 서강西江으로 와서 나룻배로 한강을 건너기도 하였다. 그들은 대부분 모자도 없이 군복바지에 속내의 차림이었으며, 어떤 사람은 군복저고리는 입고 있었지만 계급장도 없는 상태였다.[121] 이승만과 각료, 군 수뇌부 등 대한민국의 책임자들은 오직 "미국이 온다. 맥아더가 있다"는 것을 국민들에게 알리면서 국민들을 안심시키는 것 외에는 아무것도 할 수 없었다. 예정된 7시 기차를 놓친 사람들은 8시 기차를 타기 위해 서울역에 몰려들었으나 8시 기차는 없었다. 많은 사람들이 몰려들어 역 광장을 메우기 시작하자, 역장은 할 수 없이 특별남행열차를 마련하여 정오에 출발시켰다. 그것이 서울을 떠난 마지막 열차였다.[122]

국가권력자들의 피란 모습과 육군본부의 후퇴 모습은 국가기관 종사자들이 공익public interest의 대변자가 아니라 사적 이익private interests의 추구자임을 보여 주는 가장 극적인 장면이었다. 이를 지켜본 헌법기초위원 유진오와 정치가 배은희는 각각 다음과 같이 심경을 토로하였다.

> 서울을 떠나는 대한민국, 저 한없는 열을 지어 질주하는 자동차 속에는 정계 요인도 군인도 경관도 무기도 물자도 중요 서류도 모두 들어 있으리라. 그러나 끝없는 정적감, 절망감이 내 가슴속을 사로잡는다. 어둠과 비를 뚫고 뛰어나가 질주하는 자동차를 가로막아 보고 싶은 충동을 느꼈다.[123]

> 남녀 동포들은 남부여대男負女戴하여 남으로 남으로 떼를 지어 가는 피란민의 행렬을 보았을 때 나는 차창에서 머리를 돌리지 않을 수 없었으며 눈시울이 뜨거워 옴을 어찌할 도리가 없었다. 〔……〕 나는 그 고생의 길을 걷고 있는 참경을 보았을 때 나 혼자라도 공산군의 십자가에 못박혀서 죽음으로써 우리 동포가 그 고생의 길을 걷지 않고 면할 수 있다면 죽음을 사양치 않겠다는 감정이 가슴속에 복받쳐 올라옴을 억제할 수 없었다.[124]

그런데 이미 한국의 상당수 지배층은 전쟁 직전에 자녀들을 미국에 유학 보내는 방법으로 피란을 시켰고, 이중 일부는 전쟁 중에도 유학을 보냈다. 정부를 신뢰할 수 없음을 잘 알고 있었기에 개인적으로 피란 준비를 한 것이다. 당시 군 원로였던 김석원의 증언에 의하면 수원으로 피란 왔던 모 장군은 가재도구, 심지어는 개까지 트럭에 싣고 남쪽으로 갔다고 한다.[125] 임시수도 대전에서 각료들이 머물던 여관인 '성남장'에서 있었던 사건은 이들 국가 최고위층의 이기적이고 비겁한 행태를 여실히 드러냈다. 7월 1일 정부가 대전에 있을 때, 북한군이 평택에 들어왔다는 소식이 전해지면서 고위관리들이 다른 사람들에게 알리지 않고 서둘러 전주로 피신하였다가, 그 소식이 오보임이 알려지자 다시 대전의 성남장으로 돌아왔다. 하지만 이들의 무책임한 행동에 분격한 주인이 투숙을 거부했던 것이다. '국민'을 버린 '국가'를 국민이 거부한 사건이었다.[126]

그러나 국민의 대표로 구성된 국회는 조금 다른 모습을 보여 주었다. 5·30선거 이후 6월 19일 개원식을 했던 2대 국회에는 앞에서 언급한 대로 단독정부 수립을 반대했던 정치세력이 대거 참여하였다.[127] 백범 계통, 우사尤史, 김규식의 호 계통, 소앙 계통 등 좌익만 제외하고 가장 다양한 정치세력이 참여하였는데,[128] 조소앙·장건상·원세훈 등 항일운동 경력을 가진 인사들이 이승만 세력을 누르고 선거에서 압승한 것이다. 이들 세력은, 친일 경력이 있는 데다가 반공주의 외에는 어떠한 개혁적인 정치이념도 없었던 이승만 세력에 비해 나름의 도덕성과 국민에 대한 책임감을 견지하고 있었다.[129]

그런데 국군의 직접 통수계통에 있지 않았던 국회의원들은 전쟁 소식을 26일에야 들을 수 있었다. 따라서 26일 밤에서 27일 새벽 사이에 열린 비상국회에는 210명의 국회의원 중 36명에게는 통보를 못 해 174명만이 출석하였다. 이 자리에서는 국방부장관과 참모총장의 증언을 들었으며,[130] 미국에 대한 긴급원조요청을 비롯하여 어떤 난관이 있어도 수도를 포기할 수 없다는 결의를 하였다. 또한 「국회의원은 1백만 서울 시민과 함께 수도를 사수한다」는 결의안을 채택하였다. 그런데 거의 같은 시간인 27일 새벽 1시쯤 열린 비상국무회의에서는 결국 수원 천도를 결정하였고, 시민 철수 문제를 흐지부지 처리하였다. 따라서 국회의원들이 '수도 사수 결의안'을 전하기 위해 경무대에 도착했을 때는 이미 행정부가 수원으로 철수한다는 결정을 내린 뒤였다. 국회의원들 중에는 "행정부의 지시에 따르다 보니 선거구민들을 피란하도록 못 했다. 나는 선거구민이 겪는 고통을 함께 나누어야겠다"고 서울 잔류를 결심한 김용우 의원과 같은 사람도 있었다. 오전 9시면 북한군이 서울에 들어온다는 정보가 입수된 상황이었다. 그래도 국회는 서울을 사수해야 한다는 쪽으로 의견을 모았다. 국회가 수도 사수를 결의한 뒤 한 시간이 못 되어 행정부가 수도 천도를 결정한 것이다.

결국 이승만과 각료들의 피란으로 "책임 있는 사회의 지도급 인사들이 슬슬 다 도망치고 국민보고만 싸우라고 한 형국"[131]이 되었다. 27일 밤 서울은 혼란 그 자체였다. 서로가 서로를 믿을 수 없게 되었고, 이제 서로가 서로를 가리켜 반역자라고 아우성치는 아비규환이었다. 서울을 사수하자던 대통령과 행정부가 서둘러 서울을 떠나자 이제 국가에 대한 신뢰는 완전히 무너졌다. "이제는 정부고 뭐고 믿을 것이 못 되는 것이고 각자도생各自圖生의 생지옥이 연출될 판"[132]이었다. 전쟁에 대한 국가의 완전한 무방비 상황, 대통령의 은밀한 피란, 국민에 대한 거짓 전황 보도, 그리고 국가기구의 핵심 구성원들의 이기적인 행동은 아노미 상황을 부채질하였다. 당시 교사였던 리영희가 회고하는 것처럼 학교를 사수하자던 교장이 "피란 보따리를 먼저 싸는" 것을 목격한 교사들이 "강도처럼" 캐비닛을 뺏어서 돈을 분배하던 모습은 바로 '국가'에 배신당한 '국민'들이 생존을 위해 가장 이기적이고 부도덕한 상황을 연출한 전형적인 풍경이었다.[133] 공적 권력이 정치공동체 내의 구성원을 보호해 주는 기능을 하지 못할 때, 그리고 국가기구의 핵심 구성원들이 비상사태에 책임지는 자세를 보여 주지 못할 때, '국민'들은 적나라한 약육강식의 전쟁터에서 토머스 홉스Thomas Hobbes가 말한 인간의 원초적인 자기보호본능에 사로잡히지 않을 수 없다.[134] 이미 육군본부가 철수하는 것을 목격한 서울 시민들은 '정신적 공황', 자포자기 상태에 빠졌다.

　전쟁 상황에서 폭격과 적과 아군 간의 총탄 세례는 설정한 목표를 빗나갈 경우가 많다. 군인뿐 아니라 민간인도 폭격과 총탄의 희생자가 될 수 있다. 자신의 생존이 운수에 좌우되는 예측 불가능한 상황에서 국가는 보호자로서의 기능을 상실한다. 막스 베버Max Weber가 말한 폭력의 독점체로서 국가의 가장 중요한 기능은 억압적인 기구를 통해 구성원인 국민들에게 어떻게 행동해야 하는지, 행동에 따라 어떤 결과가 오는지를 가르쳐 주는 '예측 가능성' 제시에 있다.[135] 그런데 전쟁 상황에서는 국가가 적의 물리적 파괴 위협으로부터 구성원인 국민을 보호해야 하는 일차적인 기능을 수행하지 못할 가능성이 많아진다. 따라서 국가안보를 거의 전적으로 미군에 의존하고 군대라는 억압기구를 완전히 장악하지도 못했으며 국민을 먹여살릴 수 있는 하부구조적 힘infrastructural power도 제대로 갖추지 못했던 이승만 정부는, 전쟁에 돌입한 순간 그 기능이 완전히 마비되었으며 예측 불가능성의 상황을 자초하였다.

　서울 수복 후 「국민방위군소집령」에 의해 60만 정도가 국민방위군으로 징집되었는데, 그중 수만 명이 전투에 제대로 참가하지도 못하고 죽었다. 그런데 피해자들과 그 가족들은 국가에 대해 분노를 나타내지 않았다. 오히려 전쟁 상황에서 얼마든지 빠져나갈 수 있었는데도 징집된 것이 자신들이 주변머리 없는 탓이라는 야릇한 부끄러움이 있었다고 한다.[136] '국가 부재'의 상황에서 사람들은 인민군과 국군 가운데 어느 쪽에 징집되더라도 그것이 떳떳한 일이 아니라고 생각하였다. 그저 도망가서 일신의 삶을 도모하는 것이 지혜로운 일이라고 여긴 것이다. 공권력의 신뢰가 무너진 상황에서는 자신의 목숨을 지탱하는 일에 대해 누구도 장담할 수 없다. 국민들은 지금도 돈 있고 배운 사람들은 다

외국으로 도망가고, 못 배우고 없는 사람들만 나가 싸우다 죽었다고 기억하고 있다. 그래서 전쟁터에서 죽으면서도 '빽'back 하고 죽었다고 한다. 빽이 없어서 군대에 끌려왔고 또 빽이 없어서 죽게 되었다는 한탄을 이렇게 표현한 것이다.[137]

결국 위신을 갖추지 못한 국가의 대책 없는 피란으로 초래된 혼란과 무질서, 무규범의 상황은 전쟁의 위험에 직접 노출된 민중들에게 더욱 직접적이고 분명한 위협으로 다가올 수밖에 없었다. 준비되지 않은 전쟁과 대책 없는 국가의 일차적인 희생자는 전선의 장병과 말단 장교들이었다. 입교한 지 25일밖에 안 된 10대 후반의 소년이 대부분인 사관생도들, 영점조준 외에는 각개전투 훈련도 받지 않은 사관생도들이 전쟁에 투입되었다.[138] 그리하여 한국전쟁은 다른 어떤 전쟁보다도 비극적이었다. 물론 전쟁 자체가 비극이지만, 죽음과 삶이 정치권력, 곧 사회적 배경에 좌우된다는 점에서 더욱 비극적이었다.


## 기로에 선 국민: 피란과 잔류

**1차 피란: 정치적 피란**　　　　1950년 9·28서울수복 후 미군의 힘으로 서울에 다시 들어온 이승만 정부는 전쟁 발발 후 서울에 남아 있었던 사람들을 열광적 환영형, 기회주의적인 정관형, 미처 피란 가지 못한 지하 잠복형으로 분류하였다.[139] 그런데 인민군이 서울에 진격했을 때 이승만과 군 수뇌부는 전쟁을 치러야 했고, 앞서 살펴본 것처럼 대다수 민중들은 관망하고 있었다. 전자에게는 국가의 유지와 존속, 전투지휘를 위한 국가 수뇌의 후방후퇴라는 명백하고 피할 수 없는 선택이 존재하였지만, 남·북한정권에 연루되지 않았던 후자 특히 가족 중 군인이나 경찰이 없었던 보통의 한국 민중들은 전쟁이 발생했더라도 그냥 살고 있는 곳에서 생업을 도모하는 길을 택하였다.

결국 인민군이 남하하였을 때, 피란할 것인가 잔류할 것인가 선택의 여지가 있었던 사람들은 북한의 사회주의 계급정책[140]이 자신에게 미칠 부정적 영향을 가늠할 수 있는 위치에 있었거나, 해방정국 또는 일제강점기에 어떤 형태로든 우익활동에 참여했거나 나름대로 정치적 판단을 했던 지식인이었다. 즉 '인민정권'이 자신을 '적'으로 분류하리라 예상한 사람은 무조건 피란하였을 것이고, 그렇지 않은 사람들은 잔류를 결심하였을 것이다. 반드시 남한의 지배층에 속하지는 않았지만 1945년 이후 북한의 '민주개혁'을 피해 월남한 인사들, 북한정권의 가장 중요한 처벌 대상인 친일 경력을 가진 사람들, 군인과 경찰 가족들, 남한정권에서 일정한 지위에 있었던 지배층이나 우익 지식인들은 가장 일차적으로 피란을 가야 할 사람들이었다.

물론 인민군이 워낙 급작스럽게 내려왔고, 이승만 정부가 전황을 왜곡했기 때문에 피란을 갔어야 할 수많은 서울 거주민들이 본의 아니게 그냥 잔류하게 된 측면도 있다. 기록을 보면 144만 6,000명의 서울 시민 중에서 40만 명 정도가 수도가 인민군에게 점령되기 전에 남쪽으로 피란을 갔다고 한다. 그 가운데 8할이 월남한 사람들이었고 나머지 2할인 8만 명이 고위관리, 우익 정치가, 자유주의자, 그리고 군인과 경찰의 가족이었다고 추정된다.[141]

그런데 6·25 직전 서울에 거주하던 '월남자'가 몇 명인지에 대해서는 이데올로기적인 의도 때문에 과장되는 경향도 있고, 연구자들마다 상이한 의견을 제시하고 있으므로, 이를 정확히 추정하는 것은 어렵다. 6·25 직후의 분포를 보면 1951년 1월 당시 88만 9,000명의 월남자가 남한에 거주하였다고 한다.[142] 6·25 직후 인민군을 따라 월남한 사람은 거의 없었을 것이므로 이 수치를 1945년에서 1950년 6·25 이전까지의 월남자 수로 봐도 무관할 것이다.[143] 6·25 이전의 월남자들은 당시의 계급 구성에서 보면 상대적으로 지배계급 출신이 많았기 때문에, 그들의 월남 동기는 주로 정치적인 것이었다.[144] 그중에서도 1946년 당시의 월남 동기는 주로 정치적·이데올로기적인 이유 때문이었다고 추정되나, 그 이후에는 생계 등을 이유로 월남한 사람이 많았다.[145]

당시 월남자 중 반 이상이 서울에 거주하였다고 추정하고, 앞에서 지적한 40만 명의 피란자 중 8할이 월남자라고 본다면, 서울에 거주하던 월남자들은 전쟁 소식을 듣고 곧바로 피란길을 택했다고 해도 과언이 아니다. 공식적으로 이북 출신자들의 월남과 피란은 통상 이미 북한 정권하에서의 공산당의 만행을 알고 있었기 때문이라고 말해지는데, 이들은 북한에서의 탄압을 피해 월남한 것이 분명하였으므로 만약 인민군이 내려온다면 가장 분명하고 일차적인 처벌 대상이었다. 따라서 이들에게 피란은 '생과 사'의 선택일 수밖에 없었다.[146]

전쟁 발발 후 인민군의 남하 소식을 듣고 서울은 물론 지방에서도 가장 다급하게 피란 간 사람은 경찰, 대한청년단한청 간부, 면서기, 지주 출신들과 그의 가족들이었다.[147] 친일 경력을 가진 인사, 미군정 때 미국에 협력한 사람들, 그리고 해방정국에서 우익운동에 가담한 경력이 있는 청년·학생들도 서둘러 피란을 갔다. 한편 남한 정부에 '필요한' 일부 수감인들도 6월 27일에 서울형무소에서 구출된 이후 남하하였다. 누가 구출했는지 알 수 없으나 김구의 살해범 안두희도 이 무렵 곧바로 형무소에서 나와 남하하였다. 이들은 모두 인민군이 점령할 경우 1945년 이후 북한에서 진행되었던 '민주개혁'의 처벌 대상이 될 수 있는 위치에 있던 사람들이다.

물론 북한 당국에 의해 적으로 분류, 처벌될 수 있는 대한민국의 지배층과 지식인 모두가 자신의 정치적·계급적 처지만을 고려해서 곧바로 피란한 것은 아니었다. 소수 국회의원의 행동에서 볼 수 있듯 자신이 남북한 양 정권에게 특별히 잘못한 일이 없다고 생각한 지식인이나 중간층의 경우는 피란과 잔류 사이에서 고민하였다. 이들도 결국 피란을 선택하지만 월남자나 대한민국의 지배층, 우익들과는 다른 과정을 거쳐 피란을 선택했다고 볼 수 있다. 유진오는 피란과 잔류의 접점에서 여러 차례 마음을 뒤집은 끝에 결국 피란에 나서는데, 그의 회고록은 한 중간층 출신의 지식인이 인민군의 총성이 다가오는 가운데 고뇌에 찬 피란을 선택하게 되는 과정을 잘 보여 준다.[148]

여기서 우리는 6·25 직후의 '1차 피란'은 분명 '정치적·계급적' 성격이 있다는 점을 확인할 수 있다. 따라서 서울에 거주하던 사람들 중 상대적으로 많은 권력과 부를 가진 지배층이 서둘러 피란을 간 것은 당연하였다. 시민들 중에서도 단순한 공포감 때문에 피란하는 사람이 있었다. 그러나 그 수는 그렇게 많지 않았을 것이다.


## 잔류: 중도파 정치가, 지식인, 자영업자

앞에서 강조한 것처럼 당시 남한에 살고 있었던 지배층이나 지식인들 중에서 전쟁 발발을 우연하고 급작스러운 사건이라고 보았던 사람은 거의 없었다. 전쟁이 났을 때 이승만 정부에 직접적으로 관여하지 않았던 엘리트층은 꼭 공산주의에 동조해서는 아니지만 자의반 타의반으로 대체로 서울에 남아 있었다. 이들은 이후 다시 돌아온 이승만 정부에 의해 '기회주의적인 정관형'으로 분류되었지만 그것은 반공이라는 잣대로만 평가한 것이고, 정확히 말하면 이승만과 대한민국에 염증을 느꼈거나 대한민국의 존립에 목숨을 걸지 않았기 때문에 세상이 바뀌더라도 자신에게 치명적인 위험이 발생하지 않을 것이라고 생각한 사람들이었다. 잔류자 중에는 이승만 정권에 비판적이었던 사람은 물론이고, '공직자' 혹은 지식인으로서의 책임의식이 있었던 사람도 있었고, 정부가 이후에 분류한 '기회주의적인' 사람도 있었으며, 김일성 정권을 적극적으로 환영한 '좌익'들도 있었을 것이다.

당시 미처 피란 가지 못한 경우가 아니라, 피란을 택할 수도 있었으나 고뇌 끝에 서울에 잔류한 사람들을 보면 대부분 중도우익 또는 반이승만 노선을 취한 정치가들이었다. 국회프락치사건 관련자들과 상해임시정부 계통의 중간파 정치가들이 그들이다. 이들은 인민군이 내려온다는 소식을 듣고 "대한민국과 조선민주주의인민공화국 중 어느 쪽을 선택해야 하는가"의 선택의 기로에 놓였다. 한독당계 정치인들은 "국민을 내버리고 남하하여 개인의 구명만 하겠다는 비겁한 지도자들이 될 수 없다"고 결의하고 서울에 남았다.[149] 그러나 안재홍처럼 이승만의 정적政敵이라는 위치 때문에 "피란을 가도 남아 있어도 생명의 위협은 마찬가지"라고 느낀 사람도 있었다. 당시 이승만이 전쟁을 기화로 자신의 반대파를 모조리 공산당으로 몰아서 총살한다는 이야기가 있었기 때문인데, 이후 1952년 부산 정치파동에서 이들의 예상이 맞아떨어졌다.[150] 안재홍은 결국 잔류를 선택했다가 이후 북한으로 연행되었다.

한편 우익반공주의 노선을 확고히 견지하고 있었지만 국회의원으로서의 도덕적 책임 때문에 서울에 잔류한 사람도 있었다. 조헌영 의원처럼 "내가 어떻게 서울을 버리고 가느냐. 오늘 오전 중에 국회를 열어 서울을 사수한다고 결의를 해 놓고 어떻게 떠나느냐. 국회의원이 되어서 시민들에게 동요하지 말고 서울을 지키라고 해 놓고 내가 어찌 가겠느냐"[151]고 하면서 서울을 사수할 뜻을 밝힌 경우가 그 예이다. 27일 당시 남하한 148명을 제외하고 행방불명되었거나 납치된 국회의원 중 상당수는 이러한 범주에 속하였다.

군 장성 중에서는 광복군 출신의 송호성 장군이 잔류하였다. 한편 해방 후 그를 등용한 유동열도 서울에 잔류하였다가 납북되었다.[152] 한독당계 또는 중간파 계통의 국회의원들과 더불어 이들이 서울에 잔류한 까닭은 무엇인가? 물론 그것은 이들이 인민군 치하에서도 살아남을 수 있다고 생각했기 때문이었을 것이다. 그러나 그것은 이들이 기회주의자였기 때문이라기보다는 당시 일본군 출신들이 점차 군부에서 실세가 되면서 이들이 정치적으로 배제되어 있었기 때문이다. 따라서 이승만 정권과의 거리가 잔류 행동에 더 중요한 변수였던 셈이다.

물론 서울에 잔류한 정치가, 관료 들 중 적극적인 잔류와 고뇌 과정의 잔류, 그리고 피란을 가지 못해서 잔류한 경우를 명확히 구분하기는 어렵다. 그러나 인민군이 점령한 후 자진해서 출두하고 다른 사람의 소재 파악에 적극 협력한 형, 동료들의 권유와 압력을 받고 출두한 형, 강제연행된 형에 따라 구분해 볼 수도 있다. 그러나 자진출두했다고 해서 이들이 북한과 내통하고 있었으며 전쟁 발발을 기다리고 있었다고 보기는 어렵고, 강제연행되었다고 해서 이들이 대한민국에 충성을 맹세한 사람이라고 보기도 어렵기 때문에, 이처럼 이데올로기 잣대에 기초한 구분은 적절하지 않다.[153] 결국 피란을 갈 수 있었지만 서울에 잔류한 정치가나 군인 등 당시의 엘리트층은 주로 이승만 정권과 거리를 두고 있었던 사람들이었다고 볼 수 있다. 물론 이들은 1948년 분단 과정에서 분명히 대한민국을 선택한 사람들로서 정치적으로는 우익에 속했다. 그러나 이승만 정권은 이미 친일세력과 극우반공세력을 제외하고는 모두 좌익 혐의를 씌우는 경향이 있었기 때문에 대한민국에서 반이승만 우익세력이 설 자리는 거의 없었다.[154]

한편 대다수의 중도적 지식인들은 미처 피란할 시간이 없었기도 하지만 대체로 서울에 잔류하였다. 국내외 정세를 살피던 김성칠은 북한의 침략 소식을 듣고 '38선에서 항상 되풀이하는 충돌의 한 토막인지' 반신반의하다가 다음날 가서야 "5년 동안 민족의 넋이 가위눌리던 동족상잔이 마침내 오고 마는구나"[155]라고 쓰고 있다. 그는 결국 피란해도 어차피 갈 곳이 없다고 판단하고서 대한민국의 국채 등 몇 가지 서류를 불태운 후 서울에 그대로 남아 있기로 하였다. 김재준의 경우 북한의 탄압을 받을 수 있는 목사 신분임에도 피란 가지 않았는데, 그의 행동에는 앞에서 살펴본 미국 측의 전쟁 '유도'에 대한 그의 진단과 맞물려 전쟁 발발의 위험을 상대적으로 덜 느끼는 현실 이해가 깔려 있었다. 당시 이화여자대학교 교수였던 김태길 역시 전쟁 발발을 그 전부터 계속되었던 무력충돌의 하나로 인식하였으며, "어느 편이 아군이고, 어느 편이 적군인지 분명하지 않았던 까닭에 유엔군과 국군이 밀고 올라온다는 소식이 좋은 소식인지 나쁜 소식인지 얼른 판단이 서지 않았다"[156]고 하면서, 북한군이 서울에 들어온 다음에도 그 사태를 그다지 심각하게 받아들이지 않고 변화된 체제에 적응하는 문제에 고심하였다.[157] 이들은 일반 시민과 달리 정부를 믿었기 때문에 피란 가지 않은 것이 아니라, 사실상 "이승만 정권이나 김일성 정권이나 그게 그것이 아니겠는가" 하는 중간 입장에 서 있었다고 볼 수 있다.

자영업자와 중소기업가들 역시 대체로 잔류하였다. 소설가 김팔봉은 "나는 해방 이후 글 한 줄 안 쓴 인쇄장이요, 정부고관도 지낸 일이 없으니까 큰 변은 당하지 않으리라"는 나름의 희망으로 서울에 잔류하였다.[158] 기업인 윤인상은 처음에는 피란을 가려다가 "내 자신이 정치운동이나 청년단체에 가담한 일도 없고, 오직 한 가지 제조업에만 종사해 왔으니 공산당이라고 할지라도 나를 해칠 일이 없다"고 생각하면서 다시 서울로 발길을 돌렸다.[159] 조선일보 사장이던 방응모는 "내가 문화사업을 했고 육영사업을 했는데 공산당이라고 나를 해칠 리가 있겠느냐[160]라고 생각하면서 남아 있었는데, 사실 전쟁 이전 좌파 지식인에게도 은밀하게 일정한 장학금을 대어 주던 사업가였기 때문에 북한정권이 자신을 처벌하지 않을 것이라고 나름대로 판단한 것으로 보인다. 변호사였던 정구영은 "피란을 가려면 돈이 필요한데 돈도 없고 권력도 없고, 마침 정부에서 서울을 사수한다고 하고 국회도 야간회의를 소집하고 토의를 한다고 하고 〔……〕 그래서 애써 정부를 믿기로 하고서" 잔류를 결심하였다고 한다. 그러나 그가 말하듯이 핵심 권력층과 우익세력, 월남자들처럼 인민군의 남하에 극히 민감한 반응을 보였던 사람을 제외하고는 사실상 이승만 정부를 "믿지 않았다 해도 달리 방법이 없었다."[161]

말단 공무원이나 동네 구장 정도의 직책을 맡았던 사람 역시 피란과 잔류에서 우왕좌왕하는 모습을 보인다. 일제 때 이장을 한 사람은 친일파로 분류되어 처벌될 것이 두려워 피란 가는 경우가 많았다. 그러나 이들도 여자는 안 죽인다는 말을 듣고 대부분 여자들을 그냥 남겨 두었다.[162] 그러나 증언을 들어 보면 '농사철'에 농사짓는 일을 더 중요하게 생각해서 그냥 집으로 돌아올 정도로 이들은 적극적인 '피란'을 감행하지 않았다.[163]

결국 피란할 수 있었지만 잔류한 사람들은 대체로 김일성 정권이 들어서도 크게 피해를 입지 않을 것이라고 생각했던 자영업자, 중소기업가, 지식인 등 중간층에 속했던 사람들이라는 것을 확인할 수 있다. 중간층은 미국이나 이승만 정권, 소련이나 김일성 정권의 어느 쪽에도 이해관계가 없었으며, 인민정권이 수립되더라도 특별히 잃을 것이 없었기 때문에 이러한 선택을 했다고 볼 수 있다.

즉 1차 피란 당시의 피란과 잔류는 기본적으로는 정치적·계급적 동기에 의해 선택된 것이다. 그러나 권력층에 속한 사람들 중에서 '잔류'한 사람의 경우는 정치적·계급적 동기와 더불어 '도덕적' 동기도 작용했다는 점을 확인할 수 있다. 잔류한 정치가의 경우 민족주의 이념을 견지했던 인사와 유교적 정치문화의 영향을 강하게 받은 지식인 출신들이 비교적 많았는데, 그것은 이들이 이승만 정권하에서 핵심 권력층으로 변신한 일제 치하의 관료와 지주 출신 정치가, 미군정하에서 재빨리 권력으로 진입해 들어간 엘리트 등과는 달리 사적인 이익보다는 공인으로서의 책무를 더 강하게 느꼈기 때문일 것이다. 흥미로운 사실은 1948년 정부 수립 이후의 정치적 행보와 전쟁 발발 직후의 피란 행동이 서로 깊은 연관성이 있다는 점이다. 즉 반민족행위자 처벌이나 국가보안법 제정, 농지개혁법 처리 등 개혁/반개혁이 충돌하는 과정에서 일관되게 민중의 편에 서려고 노력했던 조헌영과 같은 우파 정치가들이나, 같은 우파이지만 민족주의적 입장을 견지하고 있었던 한독당계 인사들이 주로 잔류했다. 그들의 잔류에는 이승만에 대한 거부감, 그리고 국민 혹은 민중에 대한 지도자로서의 책임감 등이 깔려 있었다.

한편 1945년 이후 농민운동 또는 좌익운동에 가담했던 사람들이나, 1949년 이후 지하에서 정치활동을 했던 사람들에게 인민군 남하는 '해방'의 기쁨이었을 것이고, 피란의 계기가 아니라 새로운 활동의 시작을 의미하였을 것이다. 이들은 "이제야 통일이 되는구나",[164] "더없는 기쁨으로 마음 속에 환호를 외치면서 만세를 부르면서"[165] 인민군을 반겼다. 이들은 환희에 넘쳐 거의 광적일 정도로 흥분된 표정을 하고 있었다.[166] 인민군 치하는 이제 그들의 세상이었다.[167] 인민군 진입 직후 서울은 바로 '지옥'의 문턱에 선 사람과, '천국'의 문턱에 선 사람이 함께 공존하는 기이한 정치적 공간이었다. 그러나 극명하게 대비되는 이 두 인간집단의 공존이야말로, 이후 다가올 무시무시한 보복과 학살을 예고하는 것이었다. 이것은 군사적 고려에 포함되기 어려운 정치적 현실이었다.

그러나 당시 서울에서는 반드시 좌익 계열은 아니었다 하더라도 이승만 정권에 염증을 느끼던 젊은이들이 전쟁 발발을 환영하기도 했다. 당시 학생이었던 박찬웅은 수기를 통해 다음과 같은 심정을 토로하였다.

> 이제 이승만 독재자가 서울로부터 쫓겨나는 것일까. 온 국민이 이제까지 이승만 독재에 대해 꼼짝달싹 못하고 시달렸던 것은 무기력한 국민들에게도 책임이 크다. 그러나 국민들이 그토록 무식하고 무능하고 비겁한 것을 기화로 오만불손한 독재를 자행해 온 이승만은 정히 국민의 적이다. 이놈이 한번 혼이 나면 얼마나 통쾌할까? 이승만의 나라는 또 고문의 나라다. 그의 고문을 대서특필하여 길이 후세에 남겨야 할 일이다. 〔……〕 나는 인민군의 진주에 대해 감사할 것도 없고, 폭력적 정변에 대해 감격할 것도 없다. 그러나 그간 갖은 고문을 당하고 갖은 모욕을 받고 사상범으로서가 아니라 살인방화의 범으로 투옥되어 있던 다수의 관제 빨갱이들 — 공산주의자들뿐 아니라 근래에는 자유주의자는 물론 이승만과 똑같은 우익의 김구 계통의 사상적 실천주의자들까지 반정부는 반국가라는 구실하에 투옥되고 있다 — 의 출옥에 대해 나는 사상을 초월해서 인간적인 견지에서 마음으로부터 축하를 보낸다.[168]

결국 우리는 이후 대한민국과 이승만이 유포한 인민군 서울 점령 시 '잔류한 사람＝좌익, 좌익 동조, 기회주의'라는 단순 도식은 적절치 않다는 점을 분명히 확인할 필요가 있다. 김일성 정권이 '적'으로 분류할 것이 확실한 권력층을 제외한 양심적 관료나 정치가, 지식인이었다면 힘없는 국민들이 지켜보는데도 가족을 추스르고 가재도구를 챙겨 자신만 살자고 피란의 길을 선택하기는 쉽지 않았을 것이다.

**2차 피란: 생존을 위한 피란**　　　전쟁이 계속되면서 앞의 서울이나 경기 이남 지역에서의 '1차 피란'과 달리 이제는 이념적인 이유에서가 아니라 '생존을 위해' 피란 가는 일이 발생하였다. 미군의 폭격과 공습을 피해, 그리고 국군과 미군의 강제소개명령 때문에 피란한 경우도 있고, 서울과 남한 전역이 수복되고 38선 이북까지 국군과 유엔군이 진격하였다가 다시 후퇴하면서 인민군의 보복이 두려워 피란한 경우도 있다. 이처럼 국군이 진격한 뒤 후퇴하는 과정에서 나타났던 피란을 '2차 피란'이라 할 수 있다.

　우선 한국전쟁 전 시기에 걸쳐서 인민군의 남하를 피해 피란한 정치적 피란보다 미군의 폭격을 피해 피란한 경우가 훨씬 많았다는 점을 기억할 필요가 있다. 미 공군의 무차별적인 폭격은 전쟁 이후 코리언들을 가장 공포에 질리게 한 끔찍한 일이었다. 미 공군은 군사시설과 비군사시설을 가리지 않고 폭격을 가했는데, 길거리를 마음 놓고 걸어 다닐 수도 없을 지경이었다. 특히 38선 이북 지역에 대한 폭격은 상상을 초월하는 것이었다. 남한 지역에서도 상당수 주민들이 미군과 국군의 위협 때문에 피란 가는 경우가 많았다. 충북 영동의 노근리양민학살사건과 경북의 왜관교폭파사건 등은 이들의 유도에 의해 온 동네 사람들이 피란을 떠나다가 학살 혹은 폭격으로 몰살당한 대표적인 경우이다.

　특히 1·4후퇴 당시 한국 측과 미군 측은 조직적으로 월남자 소개 및 피란민정책을 세웠다.[169] 특히 기술자나 중요 직책을 맡고 있는 사람들을 강제로 월남시키기도 했다. 김귀옥의 조사에 의하면 가장 많은 사람들이 월남한 때가 바로 1·4후퇴 당시였는데, 이들 중 상당수는 자신이 남하하는지도 몰랐고, 잠시 소개하는 것으로 이해하기도 하였다. 일부 주민들은 중공군에 대한 나쁜 소문과 원자탄 투하의 공포 때문에 피란하는 경우도 있었다. 이러한 피란은 모두 정치적·계급적 피란이 아니라 순수하게 전쟁의 공포 때문에 피란한 경우에 속한다.

한편 '2차 피란'은 국군이 일단 서울에 들어왔다가 1951년 후 다시 후퇴하는 시기에 이루어진 것인데 이 시기 남한 정부에 협력한 것 때문에 인민군에게 보복당할 것이 두려워 피란하는 경우도 있었다. 즉 주민 자신이 선택하지 않았지만 남북한 양 정권이 교대로 바뀌고, 그 치하에서 생존을 도모할 수밖에 없었던 사람들은 어떤 형태로든지 두 정권에 의해 부역자 또는 협력자로 낙인찍힐 수밖에 없었다. 우선 6·25 이후 인민군이 점령한 뒤 9월 중순 이후 후퇴하자 인민군을 따라 북진하는 경우도 있었는데, 1차 피란 당시에는 거주지에 잔류하였다가 인민군 점령 시 자의반 타의반으로 그들에게 협력한 사실이 국군에게 드러날까 겁나서 북으로 따라간 사람들도 있었다. 중도좌파 사회운동가였던 박진목이 목격한 것처럼 이들은 전쟁이 시작될 때는 서울에서 남으로 피란을 갔고 이제 다시 남에서 북으로 피란을 가야 하는 신세가 되었다.[170] 이 경우의 피란은 전선이 이동함으로써 통치세력이 교체되자 그 상황에서 살아남았던 사람들이 선택할 수밖에 없었던 대안이었다.

한편 유엔군의 반격으로 38선을 돌파한 후 국군과 미군이 북한 지역을 40일 정도 점령했다가 중공군의 개입으로 다시 후퇴할 때도 동일한 사태가 발생하였다. 이 경우 피란은 앞에서 말한 것처럼 상당 부분 미군의 폭격을 피하기 위한 것이거나, 한국 측의 의도적인 월남정책과 소개정책에 따라 이루어진 것이다. 그러나 이 경우에도 미군과 국군이 점령했을 때 이들에게 협력했던 사람들은 이들과 운명을 같이 하지 않을 수 없었고, 결국 그들은 피란을 선택했다. 그러나 미군과 국군이 이들 모두를 데리고 남하하는 것은 불가능했다. 1·4후퇴 당시 홍남부두에서 피란 가려던 주민들은 "우리를 버리고 혼자만 가십니까. 우리는 여기 있으면 모두 죽습니다. 모두 학살당합니다" 하고 마치 메시아를 향해 부르짖듯 손을 높이 들어 미군 측의 구원을 바랐다. 배에 매달려 있다가 바다에 빠져 죽고, 서로 배에 타려고 밀고 싸우던 당시의 아비규환 상황을 보고 어떤 목사는 이렇게 부르짖었다.

> 미국놈들아, 미국놈들아. 너희들이 차라리 여기 오지 않았던들 우리는 죽지는 않았을 것이다. 너희들이 우리를 죽이고 가는구나. 너희 미국놈들을 믿었던 우리가 잘못이구나. 너희들을 믿고 타도 공산주의와 민주주의 만세를 불렀다가 이제 우리는 죽게 되었구나. 우리는 미국놈들에게 속았다. 저주받을 미국놈들아.[171]

국가와 '국민', 즉 영토 또는 조직으로서의 국가와 '국민'으로서의 국가 간의 괴리가 이처럼 극명하게 드러난 적이 있었던가? 즉 전쟁의 전선이 바뀜에 따라 '영토'가 바뀌고, 국가조직이 바뀐 영토를 따라 움직일 수 있었지만, 국민은 쉽게 움직일 수 없었다. 국민은 적 치하와 국가 치하에 편입될 수 있었기 때문에 생존을 위해 새로운 국가에 충성을 바칠 수밖에 없었다. 그런데 움직이는 국가, 즉 전선을 따라 이동하던 군대는 주둔지의 주민들에게 충성을 요구하였다. 이 경우 국가, 즉 군대가 움직이자 그 이전의 '다른 국가'에 충성을 바친 적이 있었던 국민은 그 국가를 따라 움직여야 했지만, 그것은 사실 불가능한 일이었다.

1·4후퇴 당시 월남자들의 상당수는 남한 정부와 이북5도청 등이 선전하고 있는 것처럼 "점령 기간의 남한 측 정책들이 성공적이었기 때문에", 공산주의가 싫어서 월남한 것이라고 주장한다.[172] 그러나 '피란'이

반공주의의 표지로 칭찬받는 한국에서 이들의 피란 동기를 정확히 파악하기는 어렵다. 분명한 것은 미군이 38선 이북 지역을 점령함으로써 미국이 이제 한국 전역을 통일할 것으로 기대하고, 미국과 대한민국에 협력했던 북한 주민들이 중공군의 투입으로 미국이 패퇴하자 생존을 위해 월남하지 않을 수 없었다는 점이다.

이 '2차 피란'에서의 피란민은 앞의 '1차 피란'과 달리 지배층, 군인과 경찰 등이 아니라 일반 민중들이 대부분이었다. 따라서 2차 피란은 전쟁이라는 상황이 강요한 것이기도 했고, 또다시 통치 주체가 교체될 경우 예상되는 처벌을 피하기 위한 불가피한 선택이었다고 볼 수 있다. 이것은 정치적 피란의 성격보다는 '생존을 위한 피란'에 가까웠다.

# 4
# 정치적 책임과 한계

## 정치와 윤리: 무책임한 이승만

앞에서 우리는 전쟁 발발 직후 대한민국 지배층들이 보여 준 전쟁에 대한 반응과 대처에서 뚜렷이 구분되는 두 유형을 확인할 수 있었다. 하나는 국민에 대해 어떠한 책임감이나 죄책감도 느끼지 않는 유형이고, 다른 하나는 나라가 위기에 처하고 국민의 생명과 안전이 위기에 처한 것에 대해 진정으로 걱정하고 고뇌하면서 책임감을 느끼는 유형이다. 여러 자료를 종합해 볼 때 이승만과 그가 임명한 각료들이 주로 전자에 속했다면, 상당수 의원들과 하급관리들은 후자의 입장에 속했다. 군부 내에서도 최고위급 간부들은 전자의 유형에 속했다면, 야전군 장교들 그리고 상당수 말단 관리들과 병사들이 후자에 속했다.

어떤 전쟁 체험 노인은 전쟁 발발 후 한강다리를 폭파한 이승만의 행동에 대해 다음과 같이 극도의 분노를 표시하고 있다.

> 국민의 믿음을 깬 행위이다. 자기 자신만 살아남겠다고 한 정말 졸개 같은 행동이다. 대통령의 자격이 없는 사람이다. 아니 사람으로서 자격도

없는 짐승만도 못한 놈이다. 자기만 살겠다고 피란 도중에 한강다리를 폭파해 버리다니, 나쁜 놈…….[173]

물론 그가 주장하듯이 국가의 최고권력자·군통수권자이자 그 자신이 곧 국가였다고 할 수 있는 이승만의 피란을 '자신만 살자는 행동'으로 볼 수는 없을 것이다. 분명히 국가를 위해 이승만은 살아남아야 했다. 그러나 당시 평범한 국민의 눈에는 이승만이 자기만 살자는 행동을 한 존재로 비쳤다는 것이 중요하다. 위와 같은 시각은 전쟁 발발 후 가족 중 어느 한 사람을 잃어 버렸거나 살아남았다고 하더라도 죽도록 고생을 한 보통의 남한 주민들의 정서를 대변하고 있다. 서중석은 "국가의 운명이 풍전등화의 위기에 놓이자 이승만은 전쟁은 물론 국사를 다뤄 보지 못한 아첨배를 거느린 한낱 노인이었다"[174]고 평가하였다. 과연 그러한 평가가 타당할 것인가? 이승만은 무초가 증언하듯이 대단히 영리한 사람이었고, 다른 어떤 정치지도자보다 넓은 역사적 시야를 가진 사람이었지만, 국가나 민족보다는 자신의 생존과 권력 유지를 가장 일차적으로 고려하는 인물이었다.[175] 그는 전쟁의 진행과 그것이 미칠 정치적 효과를 누구보다도 잘 알고 있었고, 매우 이성적이고 정력적으로 그 상황에 대처했다. 따라서 그는 국가안보와 국민의 생명을 팽개치고 도망한 한낱 노인은 아니었다.

이승만은 어떤 방법을 동원하더라도 대한민국을 지키는 것, 나아가 북한을 포함한 한반도에서 권력을 장악하는 것이 최선이라고 확신하고 있었다. 따라서 전쟁 과정에서 준비되지 않은 국민과 군대가 겪어야 했던 희생과 고통에 대한 모든 '과정의 책임'에서 벗어나려 하였다. 이것은 베버가 말했던 것처럼 '목적윤리'에 집착하면서 '과정'에 대해서는 아무런 관심도 기울이지 않는 독재자, 혹은 전형적인 마키아벨리적 정치가의 행태이다.[176] 하지만 전쟁 발발을 전후로 이승만 정권이 보여 준 그 '과정의 무책임성'은 최종 목표에 대한 책임성으로 정당화하기에는 너무나 치명적인 것이었다. 대한민국이 진정한 주권국가라 한다면 그 것은 주권자인 국민의 심판을 받을 수밖에 없는 행동이었고, 국가 혹은 권력자에 대한 불신을 만연시켜 결국 사회를 붕괴시킬 수도 있는 행동 이었다.

만약 이승만이 "국가를 지킨다"는 나름의 '정치적 책임성'을 확고 히 견지하고 있었다고 보지 않고 그를 단순히 '판단력이 흐려진 노인' 으로 평가한다면, 전쟁 발발 직후 벌어진 납득할 수 없는 사태들은 이승 만 정권의 핵심 각료들이 사실상 '적'을 이롭게 한 행동이라고까지 할 수 있다. 즉 일각에서 주장하는 핵심 각료의 간첩설까지 제기될 수 있 는 것이다. 이형근은 전쟁 초기 이승만 정부의 각료들이 보인 모습을 "과연 상상조차 할 수 없는 경거망동이거나 그렇지 않으면 일대의 이적 행위"라 지적하였다.[177] 임영신 역시 같은 입장이다. 임영신은 채병덕 참모총장이 암시장에서 돈을 많이 벌었으며, 자신의 신변안전을 위해 북한에 밀사를 보냈다고 증언하였다.[178] 또 이형근은 육군 지휘부 내에 적과 통하는 자가 있는 것이 아닌가 추측하였다. 그는 6·25 초기의 '10 대 불가사의'를 제기하면서 그렇지 않고서는 그런 어처구니없는 일이 일어날 수 없을 것이라고 추정했다.[179]

그러나 국가 방어를 책임져야 할 위치에 있던 신성모 국방부장관과 채병덕 육군참모총장은 각각 영국 선장과 일본군 장교 출신이었는데, 이승만에 대한 충성도가 높아 발탁된 그들은 당시 독자적인 정치적 판 단을 할 만한 인물이 못 되었다는 평가가 지배적이다. 그렇다면 이들이 기회주의적인 행동을 할 개연성이 있었다 하더라도 특별히 간첩활동을 해야 할 사상적 기반이나 물질적 이해관계는 존재하지 않았을 것이다.

채병덕이 남북한에서 양다리를 걸치는 행동을 했을 수도 있다. 그러나 그것이 진정으로 위험한 간첩활동이었다면 어떻게 미 정보기구와 이승만에게 포착되지 않았는가? 사실상 이들 핵심 각료의 모든 행동은 이승만의 정치적 판단과 의사결정의 범위를 넘어설 수 없었는데, 이들이 이적행위를 했다면 그것은 결국 '이승만이 적을 이롭게 했다'는 판단과 다르지 않다. 그런데 이승만이 권력 유지를 위해 '의도적으로' 김일성과 내통했다고는 볼 수 없을 것이다. 결국 당시 모든 권력을 한 손에 쥐고 있던 이승만의 '무책임성'이 북한의 공격이 초반에 성공하여 수많은 목숨을 희생시킨 환경을 만들었다는 말이 된다. 만약 이승만이 결과적으로 '북한'의 남한 점령을 쉽게 만들었다면 그것은 미국의 군사지원이 없는 상황에서도 나름의 자구적인 방어계획을 수립하지 않았기 때문이며, 북한이 침략하더라도 미국이 곧 지원하리라는 확신 속에서 전쟁을 그냥 기다렸거나, 더 적극적으로는 그것을 자신의 권력기반을 강화하기 위한 계기로 활용했다는 말이 된다. 후자의 가설은 너무나 그간 알고 있었던 통념과 배치되기 때문에 사람들이 인정하기는 어려울 것이다. 이 점은 한국전쟁 관련 자료가 더 밝혀진 후에야 좀더 분명히 규명될 것이므로, 현재로서는 어떤 결론을 내리기가 어렵다.

우선 전쟁 발발로 인한 국민의 피해에 대해 이승만은 어떠한 입장이었는지 살펴볼 필요가 있다. 이승만은 1949년 당시 여순사건이 발생하여 정부의 책임 문제가 발생했을 때 이미 자신의 입장을 밝힌 바 있다. 당시 반란의 책임을 물어 도각倒閣의 요구가 일자 이승만은 "도각은 이적행위"라고 비판하였으며, 정부는 반란에 책임이 없다고 발표하였다. 그는 "공산분자들이 지하 공작으로 연락해 가지고 반란을 일으켜 살인, 방화하는 것을 우리 정부가 책임을 지라 하는 것은 당초 어불성설일 뿐더러 공산당의 편을 들어 〔……〕 공산당의 죄를 정부에 씌우는 것"[180]이라고 반격하였다. 그는 김구 등을 겨냥하여 "우익 정치인이 소련과 같은 목표를 갖고 있"고, "남북통일이라는 미명하에 소련의 계획을 절대 지지하면서 총선거도 반대, 대한민국 정부도 인증하지 않는다"고 비판하였으며, "설령 이 뜻대로 진행되어 미국이 다 철퇴하고 이북 공산군이 남한으로 내려온다면 국회의원들은 민족의 생명과 치안을 보호할 방책이 무엇인가. 민족의 생명이 어찌 되었건 공산군이 내려오기만 원하는 것인가"라며 역공을 펴부었다. 그는 해방 직후부터 줄곧 주장해 왔듯이 자신을 정점으로 한 통합을 반대하는 세력에 대해 "분열은 무조건 반역"이라고 공격하였다.

이승만은 자신의 권위와 정권의 정당성을 인정하지 않는 국회의원이 다수 포진되어 있던 당시의 국회를 국정의 파트너로 인정하지 않았다. 또 대한민국의 국가 위기를 조성하는 것은 북한의 침략주의이며, 그것을 막을 수 있는 방법은 미국의 지원 외에는 없다고 판단하였다. 따라서 그는 "미군이 철수해야 자주적인 국가의 모습을 지닌다"며, 미군 철수안을 제출한 상당수 국회의원과 정치적 반대자들을 무책임한 존재라고 공격하고 그들을 위협하였다.[181] 따라서 이승만은 6·25 발발 이전에도 국군의 반란을 막지 못한 데 대해 한번도 사과한 적이 없었다.[182] 여순사건 발생 후 공보처장도 "정부가 반란 사건을 책임지는 것은 부당하다", "사건을 일으킨 공산당에 모든 책임이 있는 것이며, 정부의 책임을 추궁하는 것은 그들에 동조하는 것"이라고 말하였다. 여기서 '국가를 지켜 내는 것'과 '국민의 안전을 보장하는 것' 사이의 괴리가 발생한다. 사실 해방 후 이승만의 모든 행동은 그것이 분단된 것이든 반쪽짜리든 오직 반공국가를 세우기 위한 것이었고, 국가를 지켜 내는 과정에서 생길 수 있는 국민의 피해와 그에 대한 책임 문제는 고려하지 않았다. 이 점에서 이승만의 행동은 일관된다. 문제는 너무나 많은 주민의 희생을 요구했던 이승만의 '국가 지키기' 작업을 통상의 국가 수립기의 진통 정도로 해석하고 봐 줄 수 있는가 하는 점이다.

이승만은 전면전 발발 후 정부가 성급하게 후퇴하고 한강다리를 폭파함으로써 '적'이 아닌 국군과 무고한 피란민을 희생시킨 데 대하여 어떠한 책임도 지지 않았으며 한마디 사과도 하지 않았다. 그는 서울을 버리고 간 것에 대한 비판이 일자 7월 16일 「합심 합력해서 한 길로」라는 성명을 발표하고, "당국의 흠집을 가리어 인심을 어렵게 하는 것은 애국자의 할 일이 아니다"라고 역공하였다. 그는 "어느 나라나 이러한 경우엔 유지키 어려운 연고다"라고 말하면서 "제갈공명이 국무총리가 되고, 관우와 장비가 총사령관이 되었다면 어떻게 공산군의 장총과 대포와 전차를 막아 내었을 것인가"라고 되물었다.[183] 그러면서 "군기와 군물軍物이 오늘 온다 내일 온다 하는 중에 이렇게 된 것으로, 우리가 몰라서 이렇게 된 것도 아니고 알고도 등한해서 이렇게 된 것도 아닌 것은 내·외국인이 모두 다 아는 사실입니다"라고 강변하였다.[184]

초대 외무부장관으로서 이승만과 노선을 함께하다가 이후 결별한 장택상이 이승만에게 이러한 점에 대해 사과를 요구한 적이 있었는데, 이에 대해 이승만은 "내가 당唐 덕종德宗이냐" 하며 반발하였다.[185] 신익희도 사과를 요구한 적이 있다. 그는 "지금은 민주주의 시대입니다. 민주주의는 책임정치가 아니오. 옛날의 황제도 국란을 당하면 용상에서 내려앉아 수죄受罪를 하는 교서를 내려 민심수습을 하는 편인데, 지금과 같은 민주주의 시대에 있어서야 두말할 나위도……"라고 말했으나 정작 이승만은 못마땅한 표정을 지으며, "내가 잘못한 게 뭐 있습네까?"라고 반박하였다.[186]

그것은 이승만이 현대 민주주의 국가의 수반으로서 국민에게 책임을 지는 존재가 아니라 사실상 '전쟁'·'국가안보'라는 명분하에 법을 초월하여 존재하는 '현대판 군주'임을 보여 주는 예이다. 물론 알렉시스 토크빌Alexis de Tocqueville이 말했듯이 전쟁은 국가의 특권을 강화시키는 경향이 있지만, 이 경우는 아직 한국의 정치질서가 베버가 말한 '전통적 지배'의 양상에서 벗어나지 않았기 때문이라고 볼 수 있다. 그런데 이승만은 이러한 책임을 각료들에게 전가하였다. 그는 전쟁 중 자신의 지지자를 동원하여 국회를 협박하였으며, 임시수도인 부산 근처의 공비를 소탕한다는 명분으로 계엄령을 선포한 이후 47명의 국회의원을 체포하였으며, 이중 아홉 명을 국제공산주의 음모에 가담했다는 죄목으로 투옥시켰다. 이후 이승만은 피신한 의원의 수를 채워서 발췌개헌안, 즉 대통령직선제 개헌안을 통과시켰다. 그리고 자신의 정당을 만들지 않으려던 애초의 계획을 철회하고 자유당을 창당한 다음 자신의 수족처럼 움직였다. 즉 전쟁이라는 비상상황은 대통령직선제 개헌안을 통과시키는 외적인 압박 요인으로 작용하였고, 그것은 곧 이승만 개인의 권력 강화를 의미하였다. 1951년 피란지 부산에서 발생한 정치파동은 사실 분단 이후 수도 없이 반복되어 온, 전쟁 상황과 국가안보를 빌미로 권력을 강화해 온 관행의 출발점이 되는 사건이었다. 이후의 모든 대통령들은 이승만이 시도했던 '법' 위의 정치권력 행사를 무수히 반복하였다.

　한편 '책임정치'의 부재는 여론을 무마하기 위한 '희생양의 정치'를 낳는다. 한강다리 조기 폭파에 대한 책임도 국방부장관이나 대통령이 진 것이 아니라 말단 집행자인 최창식 대령이 졌다. 그리고 국민방위군 사건의 재판 역시 마찬가지였다. 이 사건으로 사형당한 김윤근 역시 정치적 제물이었다. 실제 관련된 정부 수뇌와 국회의원들, 일부 장성들은 모두 면죄부를 받았다. 군사재판은 비공개가 원칙이지만 이 사건은 공개로 진행되었다. 그것은 "현장을 눈으로 직접 보기 전에는 정말로 집행되었는지 해외로 도피시켰는지 알 수 없다"고까지 하며 철저하게 정부를 불신하던 당시의 민심을 무마하기 위해서였다.[187] 더 거슬러 올라가 제주4·3사건 당시 무차별적인 진압 역시 위기의 정부가 '희생양'을 만들어 위기를 탈출하기 위한 시도였다고 볼 수 있다.[188] 이들의 모든 죽음에 공통된 것은 저항세력에 대한 포섭과 타협의 방식을 동원해서 질서유지와 체제안정을 도모할 수 없는 상황에서 발생했다는 것이다. 그리하여 한국전쟁 전후의 어떤 정치적 사건에도 책임지는 사람은 없었다. 오직 난리 통에 죽은 자만 서러울 따름이었다. 국가권력에 대한 신뢰는 완전히 무너질 수밖에 없었다.

이승만이 이러한 태도를 취했음에 반해 일부 국회의원을 비롯한 일선 군 장교, 정부관리들은 상당한 죄책감을 갖고 있어서 크게 대비되었다. 서울 수복 이후 국회가 보인 태도는 이승만의 행동과는 대조적이었다. 국회는 「국회 환도에 제하여」라는 성명서에서 "임무상 관계로 우리 피란 동포들보다 한 발 먼저 떠남을 널리 양해할 줄 믿습니다"[189]라고 발표하였다. 이 발표문에는 국회의 책임과 인민군 치하에서 서울 주민이 겪은 고난과 시련을 위로하는 말이 간절하게 담겨 있었다. '허를 찔린' 야전군 간부들의 상당수도 이러한 태도를 견지하고 있었다. 인민군 서울 점령 직전에 안병범 대령은 서울이 무너진 것에 대한 책임감과 인민군의 점령으로 인한 서울 시민의 고통을 아파하면서 자결을 택하였다. 당시 그는 청년방위대 및 수도방위대 고문이라는 한직에 있었는데, "싸우지 못하고 나라를 지키지 못하는 자는 마땅히 죽어야 한다"고 유서에 밝혔다.[190] 일선 군 지휘관 역시 전쟁이 발발한 것에 대해서도 죄스럽게 생각하고 있었다.[191] 그것은 국가의 군사적·정치적 주권을 사수해야 하는 관리와 군인의 입장에서는 당연한 반응이다. 당시 하와이 총영사였던 김용식의 증언에 따르면 하와이에서도 파티 중에 전면전 소식을 들은 군인들이 울면서 한탄하였다고 한다. 한강다리 폭파의 주역인 엄홍섭 중령은 점화를 명령해 놓고 울었다고 말했으며, 목격자 이창록 소위 역시 당시 군복이 부끄러웠다고 말했다.[192] 말단 관리들도 국민에 대한 책임감을 느끼면서 고뇌하는 모습을 보여 주었다.[193] 또한 서울을 사수하라는 녹음방송으로 국민을 오도한 책임자인 홍천 중위 역시 큰 죄책감을 느꼈다고 고백했다.[194]

일부 말단 병사들도 책임을 다하기 위해 노력하였다. 맥아더가 시찰을 나왔을 때, "언제 후퇴할 것인가"라는 그의 질문을 받고 후퇴하지 않고 죽기까지 싸우겠다는 하사관도 있었다.[195] 인민군의 서울 진입 당시 서울대학병원을 지킨 남 소위의 경우도 그러하다.[196] 남 소위는 1,000명의 부상 군인이 있는 서울대학병원에서 인민군이 이들을 해칠 테니까 잘 지키라는 명령을 받고 후퇴하지 않고 남았다. 이들은 인민군 대대 병력과 전투하여 소대의 마지막 분대원까지 전사했다. 남침 소식을 들은 대부분의 장병들은 원대로 복귀하였다. 군 수뇌부의 무책임한 자세와는 대조적인 모습이었다.[197] 전쟁 발발 후 동두천에서는 제1연대 6중대장과 3중대장이 전사하였으며, 대전차포부대 역시 전차에서 쏜 포탄으로 포가 박살나고 전원이 전사하였다. 장병들의 사기는 대단하였다. 제1연대의 철수를 명령하자 병사들은 "상관들은 겁을 먹고 있다. 지금 싸울 만한데 왜 후퇴명령을 내리는지 모르겠다. 죽을 곳은 여기다"라고 버티기도 했다.[198] 박창암 중위는 "오늘밤에 의정부 쪽으로 침투하여 적의 전차를 육탄으로 파괴하라"는 명령을 받고 수류탄을 갖고서 돌격대를 이끌고 출발했다. 철수 과정에서 많은 장병들이 자결·자진했다고 한다.[199] 임금과 관군이 적의 침입을 받아 도망간 나라에서 말단 병사와 의병이 몸으로 나라를 지킨 조선시대 임진왜란 당시의 광경이 시대를 뛰어넘어 재연되었다.

## 무책임의 배경: 주권의 부재

**마키아벨리즘**  우선 이승만의 이러한 자신감과 무책임성은 부분적으로 이승만 개인의 마키아벨리적 성격에서 기인한 것이라고 볼 수 있다. 마키아벨리는 "훌륭한 군주는 양심적이고 도덕적인 인간이 되기보다는 아무리 파렴치한 일이라도 그 결과만을 좋게 만들 수 있는 사람, 그리고 필요에 따라 신의를 저버릴 수 있는 인간"이라고 강조하였다.[200] 이러한 군주는 오직 '변덕스러운 인민들의 마음'을 넘어서서 최후의 '목적'에만 봉사하는 인간이다. 우선 군주국가 또는 전체주의 국가의 통치자나 제후에게는 책임 개념이 수반되지 않는다. 왜냐하면 그들은 정확히 말해 국민들에 의해 대표된 적이 없기 때문이다. 이 경우 정부의 정책은 모두 해명하지 않아도 된다. 이것은 한나 아렌트Hannah Arendt가 '지배자 없는 지배'[201]라고 명명한 것으로, 관료주의 혹은 복합관료주의의 지배로서 주권의 부재 상황이라고 부를 수 있다. 이것은 주권이 국민에게 존재하고, 국민의 위임에 의해 지배자 혹은 지배세력이 형성된 민주국가에서는 나타날 수 없는 현상이다. 미국에서 오래 살았으면서도 민주주의적인 절차보다는 수단과 방법을 가리지 않고 권력 장악에 나섰으며, 권력을 잡은 후에는 국부國父로 자처한 이승만에게서도 이러한 모습을 발견할 수 있다.

이승만은 이미 알 만한 사람들 사이에는 "자기가 아니면 안 된다"는 이기주의자의 전형이라는 평판을 들었으며, 성격상 "모든 기관을 자기 수중에 장악해야 만족하는 욕망이 강한 사람이다"라는 평가를 들었다.[202] 그는 자기 뜻에 맞지 않는 인물과는 끝까지 싸우는 성벽性癖이 있었다.[203] 송건호는 이승만이 "권위주의적이고 반민중적이었으며 일종의 왕족형 지식인이었다"[204]고 평가하는데, 실제로 이승만은 올리버

Robert T. Oliver에게 자신의 전기를 쓰게 했을 때 자신이 왕족 출신이라는 것을 강조하였다고 한다. 이승만은 젊은 시절에 무려 일곱 번이나 과거 시험을 보았다가 낙방하였다. 그만큼 출세지향적이었다고 볼 수 있다.

이승만의 이러한 행동은 그의 미국 생활에서도 여러 차례 드러난 바 있다. 친구이자 그의 전기작가인 올리버가 강조했듯 이승만의 삶은 놀라울 정도로 일관된 원칙을 갖고 있었다.[205] 권력욕이 바로 그 원칙이다. 이승만이 하와이에 있었던 25년 동안 온갖 음모와 중상모략, 골육상쟁이 발생하였다. 이런 일로 임시 대통령이던 이승만은 탄핵을 당하게 되었는데, 이승만의 탄핵안에는 "임시 대통령 이승만은 시세에 암매하여 정견이 없고, 무소불위의 독재행동을 감행하였으며, 포용과 덕성이 결핍하여 민주주의 정부의 책임자 자격이 없음을 판정함. 대통령직을 황제로 생각하여 국부라 하며 평생 직업을 만들려는 행동을 했음"[206]이라는 내용이 사유로 첨부되어 있다. 일제강점기 미국에서의 이러한 이승만의 행적은 이후 그의 모습을 많은 부분 설명해 준다. 당시 미국에서 한인사회의 분열을 지켜본 박용만은 「시국소감」이라는 글에서 "이승만이 글로는 민족을 주장하고 실제에 있어서는 경우와 공론을 멸시하며, 말로는 도덕을 부르고 행실로는 작당과 몽둥이질을 교사하며 동포를 대하여 죽도록 싸우자 하고 파쟁派爭을 조장하였다. 자기의 조그마한 지위를 보존하려고 동포들로 하여금 서로 충돌하여 망운亡運을 초래케 하는 행위를 했다"고 비판하였다. 그는 "만일 조국이 광복된 이후에 이 같은 지도자와 국민이 있으면 국가와 민족의 비운을 초래하게 될 것이다"라고 경고하였다.[207]

해방정국에서도 이승만은 정적을 제압하는 일에는 수단과 방법을 가리지 않았다. 미·소가 분할점령한 조건에서 미국의 절대적 지지 없이는 집권이 불가능하다는 사실을 잘 알고 있었던 이승만은 결국 미국이 취할 수밖에 없는 반공, 단독정부 수립 노선을 일관되게 지지하고 미국의 지원을 최대한 이끌어 냄으로써 권력을 장악할 수 있었다. 방선주는 이승만이 애국지사형 정치가politician이기는 했으나 치국능력을 지닌 대국적인 위정자statesman는 되지 못했다고 비판하였는데,[208] 그것은 이러한 성격을 두고 한 말일 것이다. 이승만이 이미 권력 장악 과정에서 우익 폭력배들을 활용하여 정적을 제거하는 방법을 자주 사용하였으며, 협박 등의 방법을 동원하여 반민족행위자 처벌을 방해하기를 서슴지 않았고, 한반도에서의 원폭 투하 가능성까지도 받아들였다는 점을[209] 생각해 보면, 자기 잘못으로 한국의 군인과 민간인이 수만, 수십만 죽는 것에 대해서는 거의 눈 하나 깜짝하지 않을 수 있는 극도로 목적지향적인 정치가이자, 전형적인 마키아벨리형 지도자였다는 것은 분명하다. 베버가 말한 것처럼 폭력이 정치의 본질이고,[210] 혁명가나 신앙인들과 같이 목적윤리를 신봉하는 것이 정치활동의 고유한 특징 가운데 하나라면 그는 분명 윤리 앞에 초연할 수 있는 정치가였다.

물론 생과 사를 가름하는 투쟁인 전쟁과 그 원천인 정치를 윤리적인 관점에서 평가하기는 어려울 것이다. 또한 "'국가 형성'이 반드시 주민의 전폭적인 지지나 정당성에 기초하여 이루어지지는 않으며, 안정된 '국가 형성'은 초기의 성공적인 무력 독점에서 가능해진다"[211]는 점을 인정할 수도 있다. 이 점에서 전쟁 발발 전 이승만 정권의 폭력 사용이나 전쟁 당시 이승만이 국민을 무시한 행동, 모든 정치적 책임을 적에게 돌린 일들 역시 국가를 세우고 국가안보를 지킨다는 논리로 정당화될 수도 있다.[212] 피침략의 책임을 국민과 적에게 돌린 점은 최근 미국 부시 대통령의 경우도 다를 바 없다. 9·11공격을 받은 미국의 부시 대통령 역시 사전에 그것을 탐지하거나 막지 못해서 3,000여 명의 자국인을 희생시킨 것에 대해서는 전혀 책임지지 않은 채, 오히려 테러와의 전쟁을 빌미로 국민들을 통제하고, 아프카니스탄과 이라크를 침략했기 때문이다.

그러나 이승만의 치명적인 한계는 '어떤 국가를 만들 것인가'에 대한 이념과 비전과 전략이 없이 "옛 통치에 불만을 품은 사람은 새로운 통치에도 불만을 품는다"[213]는 마키아벨리의 철칙을 체득하여 과거 일제하의 독립운동가를 배격하고 친일파를 적극적으로 기용하였다는 점이다. 또한 "적을 부추기거나 활용하여 자신의 권력을 강화시킨다"는 공식을 체득하여 좌익과의 투쟁이나 전면전 상황을 이용해 의회를 제압하고 자신의 권력을 반석 위에 올려 놓으려는 책략을 꾸몄다는 점이다. 목적윤리에 사로잡힌 이승만의 무책임성은 통상의 혁명가나 종교지도자들이 견지하는 과도한 목적지향성 혹은 과정에서의 무책임성과는 분명 성질이 다르다. 혁명가나 종교지도자의 목적지향성은 분명히 이상과 이념에 기초한 것이지만, 이승만의 목적은 오로지 반공주의를 표방하는 국가 건설, 그리고 그 나라의 대통령이 되는 것, 그리고 할 수 있다면 무력을 사용해서라도 통일된 반공국가의 대통령이 되는 것이었다.

"국가기구, 최고권력자가 책임성을 갖고 있지 않다면 가장 통합적인 선거제도와 시민권의 철저한 보장조차도 의미 있는 수준에서 '인민의 지배'를 창출하는 데 충분하지는 않다"[214]는 디트리히 루쉬마이어 Dietrich Rueschemeyer의 말을 수용한다면, 전쟁 당시 이승만의 행동은 대한민국이 온전한 국가의 모습을 갖고 있었는가 하는 문제를 제기한다. 즉 대한민국은 형식적으로는 국가의 모습을 갖추었으나 국가주권 혹은 정치권력의 '책임성'의 근거와 국민을 먹여 살릴 수 있는 국가의 하부구조가 충분히 마련되지 않은 상태였기 때문에, 당시 이승만의 행동은 독일과 프랑스 등 근대국가의 모습을 갖춘 국가의 최고권력자의 행동과 유사했다기보다는, 임진왜란을 맞이한 조선왕조 선조宣祖의 태도에 더

가까웠다. 당시 선조는 임진왜란이 일어나자 황급히 임진강을 건너 피신하였으며, 명나라의 지원에 거의 의존하였고, 전쟁 후에는 재상의 지위에 있었던 유성룡을 희생양으로 만들었다. 선조와 마찬가지로 이승만은 전쟁이 발발하자 '백성'의 안전을 전혀 고려하지 않았으며, '백성'의 힘보다는 외세의 지원에만 의존하였다.[215] 이 점에서 한국전 당시 이승만이 보인 모습은 근대국가 최고권력자의 모습과는 거리가 멀었고, '백성'에 대해 책임지지 않는 전근대 전제군주의 모습에 더욱 가까웠다. 이것은 당시 미국과 미국이 만들었다고도 볼 수 있는 신생 한국의 관계, 그리고 그와 관련된 한국전쟁 당시의 정치적 배경과 관련이 있다.

## 한국과 미국

우리는 '국가' 또는 최고권력자가 정책을 펼치는 과정과 결과에서 국민이나 구성원에게 '책임'을 져야 한다는 근대 민주주의 관념이, '민주주의'와 '보통선거'의 외양으로 장식된 현대 국가에서 당연히 나타나는 것은 아니라는 점을 기억할 필요가 있다. 우선 국가기구 혹은 정치권력이 책임성을 갖기 위해서는 전제가 필요하다. 그것은 첫째 정치적 결정에 영향을 받는 사람들과 그 결정에 영향을 미치는 사람들의 범위가 일치해야 한다는 점이다. 이러한 조건이 충족되지 않는다면 법의 적용을 받는 사람이 동시에 입법자여야 한다는 민주주의 기본 원칙이 손상된다.[216] 현대 민주주의론은 개별 국가 단위가 외세 혹은 국제정치·경제의 영향을 받지 않은 채, 그 구성원에게 자율적이고 독자적인 영향을 미칠 수 있는 주권국가라는 전제에서 출발한다. 그리고 국내의 정치권력이 특정 외세, 혹은 국제정치의 영향을 받지 않는 자율적인 입법자라는 전제를 갖고 있다. 그러나 사실은 그렇지 않다. 제국주의 시대나 냉전질서하에서도 오직 순수한 의미의 패권국가만이 그러한 온전한 주권을 소유하여 국민에 대한 책임성을 그대로 실천할 수 있는 위치에 있었다. 결국 피식민국과 종속국 또는 외국에서 군사·경제적 지원을 받은 국가는 국민에 대한 배타적 책임성을 견지할 수 없었다.

전쟁 당시 이승만과 대한민국은 두 차례의 총선으로 선출된 의원과 그 의원이 선출한 대통령이 다스리는 정부였지만, 실제로는 미국의 경제적·군사적 지원 없이는 생존이 불가능한 국가였다.[217] 특히 합법적 폭력기구인 군대 조직과 작전수행 권한은 주권의 기본을 이루는데, 미군정기가 끝난 후에도 주권인 작전권은 분명히 대한민국에게 귀속되어 있지 않았다.[218] 1948년 8월 24일 이승만과 주한미사령관인 하지John R. Hodge 사이에 체결된 '한미군사안전작전협정' 때문이었다. 따라서 대한민국과 이승만 정부는 사실상 국가의 가장 일차적인 기능인 안보와 국민의 안전 및 생존의 보장에 대해 책임질 수 없는 국가였다. 단도직입적으로 말하면, 차머스 존슨Chalmers Johnson이 말한 것처럼 한국은 타이완 등 여타 동아시아 국가와 더불어 미국의 위성국가satellite state였다.[219] 이것은 1948년 5·10선거와 1950년의 5·30선거가 사실상 미군의 보호와 유엔군의 감시, 경찰과 준국가기구인 각 청년조직, 준경찰인 향보단 등의 물리적 힘의 뒷받침 속에서 치러졌고, 당시 제주도에서는 사실상 선거가 불가능했다는 점 등 '자유롭고 공정한 선거'의 부재에서도 찾아볼 수 있다. 이렇게 본다면 이승만 정권은 비스마르크 시대와 빌헬름 2세 때의 독일과 마찬가지로 '국민의 국가'라고 부르기에는 심각한 결함이 있었다. 1948년 정부 수립 후 이승만의 가장 중요한 정치활동은 오직 미군 철수를 지연시키고, 미국의 군사적 지원을 요청하는 일이었다. 전쟁 발발 후 이승만이 보인 모습은 그러한 행동들의 연장 속에서 이해할 수 있다.

이러한 점들을 고려하면 이승만이 전쟁 위기 속에서 아무런 대비를 하지 않았던 것은 물론, 사실상 전투능력이 없었으면서도 '북진통일론'을 계속 주창한 점, 전쟁 발발 당일과 다음날 보인 놀라운 자신감과 침착함, 그리고 전쟁 발발 직후 발생한 수많은 죽음과 고통에 대하여 책임을 느끼지 않았던 점 등을 모두 설명할 수 있다. 이 일련의 행동들에는 모두 일관된 점이 있다. 그것은 미군정의 후원하에 수립된 국가의 성격, 미군사고문단에 의존하던 한국군, 그리고 전쟁 이전 이승만의 정치적 의사표현이나 행동 등을 통해서도 충분히 유추할 수 있다.

앞에서 언급한 것처럼 1950년 6월 25일에서 27일 사이의 급박한 상황에서, 서울에서 주로 도쿄의 맥아더에게만 애타게 전화를 했던 이승만의 모든 행동 속에는 심오한 진실이 숨겨져 있다. 맥아더는 이승만에게 한국의 안보를 미국이 지켜 준다고 약속한 바 있었기 때문이다. 이승만은 여러 정보원을 통해 북한의 침공을 충분히 예상하고 있었고, 북한의 침략에 남한이 대처할 수 없다는 것과 그대로 두면 한반도는 내전에 돌입하리라는 점도 분명히 알고 있었다.[220] 그런데도 전혀 대비를 하지 않았으며, 막상 전쟁이 터지자 첫날은 상당히 침착하고 정력적인 모습을 보이면서도 곧바로 피신할 것만 고려하였다. 핵을 보유한 세계최강의 미국이 든든하게 존재하고 있으며, "그들은 한국을 버리지 않을 것이다"라는 불안 속의 낙관으로 침묵한 것이라 볼 수 있다. 전쟁 발발 직후 창동에 탱크가 몰려온다는 보고를 받고서도 "현대전에는 탱크가 소용없어. 폭격해 버리면 그만이야"라고 말했는데,[221] 이것은 소련에 비해 공군력에서 압도적 우위에 있었던 미국에 대한 이승만의 절대적 신뢰와 의존을 보여 주는 중요한 단서가 된다. 그리고 그 신뢰는 사실상 객관적인 현실 인식에 기초한 것이었다.

실제로 1950년 5월까지 이승만은 미국이 유사시 한국에 개입할 것인지를 확인하기 위해 직접적인 공개질의를 하거나, 조병옥 특사를 통해 미국의 입장을 타진하는 등 지속적으로 노력하였다. 이승만은 미군 사고문단과 미대사관에 군사원조를 요청하였고, 도미해 있던 조병옥 대사에게 군사원조와 공군력 강화를 요청할 것을 지시하였다고 한다. 또한 미국 측 입장이 변화할 가망성이 없자 비행기를 구입할 목적으로 주일대표부의 협조를 얻어 항공기 구입을 극비리에 지시했다고 한다.[222]

그런데 이승만이 연습용 탱크를 한 대만 보내 달라고 해도 미국은 보내 주지 않았다.[223] 이러한 모든 노력이 성과를 얻지 못하자 이승만은 중요한 판단을 했을 것으로 보인다. 그것은 미국이 한국에 대해 '확실한 복안'을 갖고 있다고 보았기 때문일지도 모른다. 즉 1950년 5월 10일과 6월 25일 사이의 이승만의 이해할 수 없는 침묵은 이러한 모종의 태도 변화에 기초한 것으로 추정된다. 애타는 군사원조 요청, 미국의 의사를 타진하는 다각도의 노력,[224] 북진통일 구호, 북한의 침략이 임박했음을 알리는 경고 등을 반복하다가 전쟁이 발발하기 직전에 모든 행동이나 발언을 멈추는 것은 겉으로는 쉽게 납득하기 어렵다.

6월 19일 한국을 방문한 미 국무부 고문 덜레스는 북한의 전쟁 준비 상황과 남한의 준비 부족을 현장에서 확인한 후 국회에서 "만일 한국이 외부로부터 침략을 받을 경우 미국은 물심양면으로 원조하겠으니 안심해도 좋다"고 말했다. 미국이 북한의 전쟁 준비 상황을 몰랐을 리 없으므로, 덜레스의 이런 표현은 이승만이 미국 내부의 입장에 대해 분명히 판단할 수 있게 했을 것이다. 이승만은 이미 미국이 그의 계속되는 원조 요청을 묵살한 이유를 충분히 반추하였을 것이고, 또한 1950년 초반 이후부터는 미국의 핵심 권력층과 충분히 교감하고 있었을 것이다. 그러한 교감이 없이 전쟁 발발 당일 이승만의 침착한 태도가 가능했을지는 의문이다. 이승만과 한국의 핵심 권력층, 그리고 당시의 최고 지식인이 전쟁 발발 소식을 듣고서 놀라거나 충격을 받지 않았던 것은 당시 미국 최고위층의 인식과 동일하였다.

사실 이승만과 한국군이 미 당국과 미군사고문단의 의사에 반해서 독자적인 판단을 할 수 있는 여지는 거의 없었다. 문제가 되었던 24일 육군본부 수뇌부의 '심야 파티' 역시 채병덕 총장은 주저했으나 미군사고문단 측은 "문제 없으니 계획대로 하자"고 요구했다고 한다. 한국군에게 당시 미군사고문단은 대단히 권위적인 존재였고 무기공급과 가솔린 보급도 그들 손을 거쳐야 했기 때문에 그들의 기분을 상하는 일은 피하는 것이 보통이었으며, 이들의 판단을 절대적으로 신뢰하는 분위기였다고 한다.[225] 이승만은 육군참모총장 인사에서도 미군사고문단의 하우스먼에게 추천을 의뢰하였다. 하우스먼은 정일권을 추천하였고, 이승만은 이의 없이 그를 임명하였다.[226] 이날의 파티 역시 고문이 요청해 개최한 것이므로 거절할 수 없었다고 한다. 당시 이승만과 한국군의 행동 중에서 독자적인 결정권을 갖고서 추진한 것은 거의 없었다고 해도 과언이 아니다. 하우스먼은 한국군의 '아버지'였고, 70대 노인이었던 이승만을 언제나 친구처럼 대할 수 있는 존재였다. 이렇게 본다면 이승만과 채병덕의 낙관은 바로 미국에 대한 절대적인 의존 속에서 나온 것이라고 볼 수 있다. 독립된 주권을 가진 국가의 대통령과 참모총장의 행동이라고는 도저히 이해할 수 없는 것이지만, 군사적 주권을 갖지 못한 국가의 대통령과 참모총장이라면 그럴 수 있었다. 따라서 전쟁에 관한 한 이승만의 정치적 책임이 큰 것은 사실이나, 초점을 이승만에게만 두면 문제의 본질을 놓칠 위험이 있다. 결국 이승만은 미국의 개입에 대해서 자신하고 있었기 때문에 이러한 위기 상황에서도 동요하지 않았을 것으로 추정된다.[227] 이승만은 전면전이 임박했음을 확실하게 알고 있었으며, 그것을 공개적으로 거론하기보다는 사실상 체념 반,

기대 반으로 기다리고 있었음에 틀림없다.

그런데 이승만의 이러한 체념 속의 자신감은 당시 세간의 의견과 다르지 않았다. 1949년경 육군항공학교 교장이던 김정렬이 내전의 위험과 공군력 강화의 필요성을 제기한 팸플릿 「항공의 경종」에는 내란의 가능성을 부인하는 세간의 의견들이 잘 언급되어 있다. 즉 "내란의 가능성은 전혀 없다. 그 이유는 외력의 간섭으로 단순히 남한 대 북한이 충돌할 수 없다. 즉 북한에는 소련이 있고 남한에는 미국이 있기 때문이다. 〔……〕 분쟁 발생 두 시간 후면 미국 비행기가 후원할 것이다"[228] 등등의 의견이 그것이다. 이러한 세간의 판단들은 미국, 특히 한국군의 작전지휘권을 갖고 있었던 미군사고문단의 의견을 그대로 받아들인 것이다. 미군사고문단의 의견, 즉 '미국'의 의견에는 제2차세계대전이 끝난 지 5년밖에 지나지 않아서 미·소 간에는 아직 협조 분위기가 있었고, 핵 열세에 있는 소련이 전쟁을 원할 리 없으며, 세계최강의 미국에 대항하여 소련이 북한을 노골적으로 지원할 수 없고, 소련의 지원 없이 북한이 무모하게 전면전쟁을 일으킬 수 없으리라는 판단이 작용했을 것이다. 그렇다면 북한의 위협을 무시하고 이승만의 계속된 지원 요청을 묵살하며, 한국군의 방어능력을 지나칠 정도로 높게 평가하여 북한의 개전을 자초한 것으로 알려진 미군사고문단의 입장은 과거 수정주의 학자들이 주장한 것처럼 사실상 전쟁 '유도'라고까지 해석할 수는 없을지라도 미국의 확실한 방어능력 속에서, 동아시아에 관한 한 타이완의 안보를 주로 고려하되 만약 북한이 먼저 도발을 시작한다면 그들에게 책임을 지우면서 한국전에 적극 개입하겠다는 미국 트루먼 행정부의 암묵적인 한반도 전략을 표현한 것일 수도 있다.[229] 당시 조건에서 이승만이 이러한 미국의 기본 입장을 무시하고 나름의 독자적인 판단을 했을 가능성은 거의 없다.

여기서 우리는 이승만이 전쟁 발발 후 발생한 모든 국내 문제에 대해 전혀 책임을 느끼지 않은 이유를 발견할 수 있다. 이승만은 이미 해방 직후부터 미국의 절대적 지원이 대한민국을 지탱하는 데나 자신의 권력 장악에 가장 중요한 힘이라는 점을 알고서 그 방향으로 일관되게 매진하였다. 그는 양 강대국이 주도하는 냉전적 대립 상황에서 '무정형'의 국민의 지지나 지원보다는 미국의 군사적·경제적 지원, 즉 미국의 핵심 권력층이 한국을 '한 몸으로 생각하는지'의 여부가 더 중요하다는 점을 잘 알고 있었다. 그는 대한민국의 건국이 38선 분할점령과 미군정의 반공국가 수립정책에 힘입어 이루어졌다고 보았기 때문에, 대한민국 방위의 책임이 자신에게 있는 것이 아니라 미국에게 있다는 점을 모든 정치적 판단의 전제로 하고 있었다. 반공주의적 자유주의를 이념으로 하는 국가 건설의 책임이 미국에 있으니 방위의 책임 역시 미국에 있다는 지극히 당연한 논리였다.

　　이승만은 북한이 침략한 것은 소련의 세계공산화전략의 일부이며, 또한 미국이 한국에 대한 안보공약을 확고히 하지 않은 데 기인하므로, 기습적인 전쟁 발발로 한국 국민을 피란시키지 못한 것에 대해서도 자신은 아무런 책임이 없다는 일관된 입장을 고수했다. 이는 한국전쟁이 발생한다면 그것은 곧 미국의 전쟁이요, '자유세계'와 '공산 진영' 간의 전쟁이 될 수밖에 없다는 그의 전쟁관, 혹은 정세 인식과 일맥상통하고 있다.

　　우리들 코리언이 코리언을 위해서만 온 힘을 다하고 있는 것이 아니라는 점을 알아야 합니다. 우리는 우리의 주장을 위해서는 물론 유엔의 대의명분을 위해서 싸우고 있는 것입니다.[230]

남북 분단은 우리가 행한 것이 아니오. 미·소 양국이 행한 것이며 그 책임은 미국에 있다. 따라서 책임을 진 미국에서는 이 문제를 해결하고 철퇴하여야 될 것이며, 또한 북한에는 20만의 공산당원이 조직되고 있는 데 대하여 남한에서는 미군이 앞서 우리에게 군대조직을 허가하지 않는 관계로 아무 준비가 없으므로 앞으로 국방군이 조직되면 철거하라는 것이니 이것도 미국의 책임인 것이다.[231]

이 전쟁은 우리가 원했던 것이 아니고 세계대전의 피할 수 없는 형편에 의하여 싸우는 것입니다. 우리가 한 가지 생각할 것은 민주주의와 공산주의가 생존을 경쟁하는 큰 바퀴에 우리가 끼였다는 것입니다. 이 두 주의는 함께 병립할 수 없는 것이니 그중 하나는 없어져야 할 것입니다.[232]

이승만은 미국에 대한 원조 요구가 구걸이 아니라 당연한 요구라는 취지의 발언을 하였다.[233] 이승만의 미국책임론은 비록 다른 각도에 서 있기는 하나 미국의 언론도 인정하고 있으며,[234] 어떤 점에서 북한과 좌익 측이 주장하는 한국전쟁에 대한 미국책임론과 일맥상통한다.[235] 내용은 다르지만 양자의 이러한 판단에는 상당한 진실이 있다. 전쟁을 예상했던 임영신 역시 애치슨 선언의 의미를 파악하고 있었으며, "한국의 장래는 미국이 쥐고 있었다"[236]고 보았다. 당시 한국 지식인 중에서 최고의 식견을 갖고 있었던 유진오도 앞의 김재준과 마찬가지로 이 모든 과정이 미국의 주관하에 이루어진 것으로 이해하고 있었다. 유진오는 전쟁 발발 소식을 듣자마자 곧 미국의 무책임을 탓하기 시작하였다.[237] 즉 대한민국을 지탱한 것은 형식상으로는 유엔이었으나 실질적으로는 미국이었으므로 대한민국이 당한 모든 일은 미국에게 책임이 있다는 것이다. 즉 미국이 군사적 주권을 갖고 있는 한 대한민국이 할 수 있는 것은 거의 없었다는 것이다.

　이렇게 본다면 전쟁 발발 직후 이승만 정권의 실책을 탓하는 원로군 지휘관과 국회의원들은 사실 대한민국이 군사적인 차원에서 독자적 힘을 견지하지 못하고 있으며, 대한민국의 존립은 유엔, 정확히 말하면 미국에 의존하고 있었다는 점을 제대로 인식하지 못했던 셈이다. 당시 이형근은 이승만 대통령, 국방부장관, 참모총장 모두가 군사 문제에 대해 무지한 점을 탓하였다. 유재흥은 여전히 아군이 적의 기도만 판단하려 했지 그들의 전력과 전쟁 가능성에 대해서는 대책을 세우지 않은 것이 큰 실책이었다고 생각했다.[238] 그러나 이들은 미국의 전투부대가 철수했다고는 하나 미군사고문단이 진주하고 있는 한국에서 과연 이승만 정부가 스스로 군사적 '실책'이라도 저지를 수 있는 결정권을 갖고 있었는지 묻지 않았다. 이 점에서 여러 차례 무기지원을 요청했다가 미국으로부터 거부당한 이승만은 이들보다 훨씬 더 높은 식견과 국제정세 인식, 냉정한 입장과 현실적인 판단력을 견지하고 있었다. 권력의 정점에 있던 이승만이 그만큼 구체적으로 한국의 입지를 이해하고 있었기 때문에 '수준이 낮은' 이들과 대화하는 것이 무의미하며 자신의 판단만이 절대적으로 중요하다고 생각했던 셈이다. 그에게 중요한 것은 군사적인 것이 아니라 정치적인 것이었고, 국내 지지가 아니라 외교였다. 이승만에게 전쟁 수행이란 곧 미국의 지원하고만 관계된 문제였으며, 따라서 그는 전쟁 수행 과정에서 국민을 거의 고려하지 않았고, 설사 고려했다 하더라도 미국의 지원을 얻어 내기 위한 시위 정도로만 국한시켰다. 일제강점기에도 그러했지만 이승만에게 '국민'은 없었다.

　무초가 증언하는 것처럼 이승만은 전쟁 이전부터 주한미군의 잔류에만 전적으로 힘을 쏟았고, 국민을 위해 정부를 조직하거나 지도력을 발휘하는 문제에는 별로 신경을 쓰지 않았다.[239] 38선 이남에서 국가는 시민사회의 기반 위에 성립했다기보다 폭력적 국가기구, 즉 미국의 군사력에 의해 외압적으로 이식되었다는 것을 인정하는 이승만의 사고는 분명 당시의 정치 현실을 반영하는 것이었다. 그러나 이미 '국민국가'의 구성원이 된 국민 입장에서 보면 이는 위험천만한 사고일 수밖에 없었다. 임영신은 1950년 5월 이후 전쟁 발발을 예상하면서 "죽음을 기다리는 사람과 같다"고 자신의 심경을 토로하였는데, 만약 당시 국가기관 종사자와 월남자, 우익 인사 등 대한민국의 존립에 자신의 생명을 의탁한 사람들이 전쟁 발발 직전 이러한 진실을 알고 있었다면 같은 심정이었을 것이다. 설사 개전 직후 미국이 즉각적으로 개입했다고 하더라도 전쟁은 '자유세계와 공산세계의 전쟁'이 아니라 '한민족 간의 내전'이 되고 한반도는 '장기판의 졸'이 될 것이 명약관화했기 때문이다. 또 미국이 남한 혹은 이승만과 남한의 지배층과는 한 몸이 될 수 있어도 미국 국민이 남한 국민과 한 몸, 즉 공동운명체가 될 수는 없기 때문이다. 김정렬이 경고한 것처럼 스페인 내전이나 중국 내전에서도 당시 정부군과 반군을 지지하는 주변의 대국大國이 있었지만 대국이 직접 전쟁에 참가한 것은 아니었다.[240] 설사 대국이 가장 빠른 시간 내에 투입된다 하더라도 전쟁의 비극은 오직 교전 당사자와 주민들의 몫일 수밖에 없다. 이렇게 본다면 이승만의 대미 의존은 '국민'을 담보로 국가를 지키려 한 위험천만하고 무책임한 도박이었다.

당시 육군항공학교 교장이던 김정렬은 앞서 언급한 그의 책에서 전쟁 발발 시에 예상 가능한 사태를 섬뜩할 정도로 정확하게 열거하고 있다. 그는 지상병력이 열세라 하더라도 결전의 종말이 쉽게 오지는 않을 것이라고 판단하면서도, 공군의 열세로 한강다리가 끊어지고 방송국이 파괴되는 등 완전한 무기력 상황에 빠질 것이라고 경고하였다. 그것은 책임 있는 군 지휘관이라면 상식적으로도 충분히 예상할 수 있었던 사태였다. 정상 국가의 최고권력자라면 당연히 만에 하나라도 이러한 사태를 예상했을 때 적절한 조치를 취했을 것이다. 앞서 언급한 것처럼 미국은 이미 1949년 6월에 전쟁에 대비하여 제8군단과 극동군사령부 하의 공군 및 해병사령부의 협력하에 유사시 한국에 거주하는 미국인, 영국인과 프랑스인, 유엔한국위원단을 철수시킬 계획을 수립했다.[241] 그리고 전쟁이 발발하자 곧바로 실행에 옮겨 한 명의 민간인도 다치지 않고 일본으로 수송하는 데 성공했다. 그러나 1950년 전반기 즉 전쟁이 임박해서도 이승만은 이러한 노력을 하지 않았으며 국민들에게 '만에 하나의 사태'에 대한 경종을 울리지도 않았다. 한국군을 전투군이 아닌 '치안유지군' 정도로 간주한 이승만의 비극적인 처지가 전쟁의 비극을 예고하고 있었다. 우리는 전쟁 발발 시 이승만이 보인 반응과 이후의 행동, 전쟁의 책임 문제 등 모든 영역에서 바로 미국에게 주권을 의탁하고 있었던 반쪽 국가라는 처지를 살펴보지 않을 수 없다.

박광주가 강조하였듯이 이승만 시기의 국가는 겉으로는 강성국가 인 듯 보이나 실제로는 자원 추출, 반응, 규제, 분배, 상징조작, 침투 등 제반 능력의 측면에서 연성국가였다고 볼 수 있다.[242] 그것은 곧 이승만 의 국가가 독자적인 군사력과 경제력, 즉 국가의 전제적 힘despotic power 은 물론 하부구조적 힘도 갖추지 못했으며, 국민의 안전보장 요구에 호 응하고 책임질 수 있는 능력이 없었다는 것을 의미한다. 그레고리 헨더 슨Gregory Henderson이 강조한 것처럼 폭력적 정권으로서 이승만 정권의 성격은 바로 극단적 대외 의존 상황과 동전의 양면을 이루고 있었다.[243] 그러나 누구보다도 이승만 자신이 한국의 국가능력state capacity이 없다 는 사실을 잘 알고 있었는데, 미국에 전적으로 의존하려 한 그의 행동은 이와 같은 냉정한 현실 판단에서 나온 것이었다.

이 점에서 이승만은 일각에서 주장하듯이 통상적인 친미주의자 또는 숭미주의자는 아니었다. 그는 해방 후 귀국 및 집권과정에서 미국 국무부와 계속 충돌하였다. 미 국무부는 그를 퇴출시키려 하기도 했고 그래서 이승만은 이들에 대해 극히 거부감을 갖고 있었다. 미국에 대한 그의 절대적 의존은 바로 미국이 지켜 주지 않으면 그리고 좌익이 집권하면 자신의 생명과 재산을 송두리째 잃어 버릴 위기에 놓인 남한의 극우세력과 과거 부일협력자, 지주, 신흥자본가, 그리고 월남자들의 절박한 요구를 대변하는 고도로 치밀한 정치적 행동이었다.

# 5
# 맺음말

이승만을 비롯한 고도의 정치적 판단이 가능했던 대한민국의 극소수 최고 엘리트층과 일반 민중들은 6·25 발발 소식을 듣고 크게 놀라지 않았다. 그런데 그 이유는 양자가 극히 상이하다. 전자는 미국이 압도적인 우위에 있는 냉전질서 속에서 한국전쟁이 어떻게 귀결될 것인지를 어느 정도 예상했기 때문인 데 반해, 후자는 북한과 인민군이 내려와도 자신의 삶이 별로 달라지지 않을 것이며 심지어 토지개혁 등 북한에서 흘러온 소문대로 더 좋아질 수도 있다고 생각했기 때문이다. 가장 크게 놀란 집단은 인민군 치하가 되면 목숨을 부지하기 어려운 군, 경찰, 공무원 등 국가기구의 구성원들과 월남자, 기독교인, 지주, 자본가, 부일협력자 등 남한의 지배층 일반이었다.

그런데 한국전쟁 종료 후 지금까지 앞의 두 집단의 반응은 완전히 잊혀지고 후자의 반응만이 주로 부각되었다. 피란 역시 초기의 '정치적' 피란과 이후 1·4후퇴 혹은 미군의 폭격을 피하기 위한 '생존 목적의' 피란을 구분해야 하는데도 모든 피란 행동을 '공산주의를 피하기 위한' 정치적 행동으로 해석해 왔다. 피란할 수 있었으면서도 서울에 잔류한 사람들은 자신들의 중간적인 성격 때문에 잔류했다고 볼 수 있다.

그러나 이승만 정권과의 거리감이나 지배층으로서의 책임감도 크게 작용하였다. 오히려 피란 과정에서 국가의 핵심 각료나 정치가들이 더욱 이기적인 행태를 보이기도 했다. 조직으로서 국가는 존재했으나 그러한 위기 상황에서 국민은 없었다.

전쟁 시 군대를 제대로 동원하지 못하고 국민을 제대로 보호하지 못한 데 대한 책임을 묻는 각료들을 향하여 오히려 공세를 가한 이승만의 적반하장 격의 자세는 정상적인 국가 최고권력자의 행동과는 거리가 멀다. 그러나 이승만이 한반도의 모든 정치갈등은 소련 지도하의 공산주의자들의 침략성에서 기인한다는 극우냉전적 세계관을 견지하고 있었고 또 당시 한국이 군사적인 주권국가로서의 지위에 있지 못한 상황을 잘 인식하고 있었음을 생각하면, 왜 이승만이 자신의 정치적 책임을 인정하지 않았는지 이해할 수 있다. 이승만의 북한책임론과 미국책임론은 사실상 전쟁 시 발생한 모든 비극적 사태에 대한 자신의 원천적인 무책임론의 근거가 되고 있다. 오늘날 아직 냉전 상태에 있는 남한의 공식적인 한국전쟁관은 여기서 한걸음도 나아가지 않았다. 그리하여 전쟁 중에 죽은 남북한 민간인은 모두 북한 공산주의의 탓이거나 전쟁이라는 비상사태하에서 개죽음을 당한 것이 된다. 지금까지 역대 정부는 일관되게 북한 공산주의의 책임이라고만 말해 왔지만, 피해 대중들은 반드시 그렇게 생각하지는 않았다.

'무책임의 정치', '희생양의 정치'는 일제 붕괴 이후 전후처리 과정에서 드러난 것처럼 모든 권력이 최고권력자 일인에게 집중되어 그 밖의 모든 국가기구 종사자들은 어떠한 책임도 질 수 없는 전제국가, 또는 국민의 지지를 기반으로 수립·운영되지 않는 비민주적인 국가에서 나타날 수 있는 현상이다. 따라서 전쟁 당시 국가가 국민에 대해 어떠한 책임도 지지 않으려는 자세 역시 대통령을 제외한 어떤 사람도 책임질 수 없고, 단지 모든 것이 정치적인 행동, 즉 군사작전 수행을 위한 불가피한 조치로 해석되는 전시체제에서 나타날 수 있는 현상이라고 볼 수 있다. 한편 남북한의 분단정권은 사실상 온전한 '국민국가'라고 볼 수 없었다. 특히 당시 대한민국은 군사력과 경제력에서 스스로를 지탱할 수 있는 능력이 없었다. 엄격히 말해 대한민국의 운명은 미국이 쥐고 있었으므로, 군사적으로 대비하지 못하여 전쟁에 밀리고 남한 주민들을 희생시킨 모든 책임이 미국에 있다는 이승만의 판단이 완전히 틀린 것은 아니다. 국가의 무책임성, 이승만의 무책임성은 그의 마키아벨리적 성격에도 기인하지만 구조적으로 보면 당시 한국의 국가 자율성state autonomy의 한계에서 기인하는 것이었다.

폭력을 전면에 내세운 지배는 사실상 '권력의 부재'를 달리 보여 주는 것이고, 국가의 억압은 '국민'의 부재를 달리 표현한 것이다. 권력의 부재, '국민'의 부재는 이승만의 의사疑似군주적 성격과 배치되는 것이 아니라 사실상 일맥상통하는 것이다. 전쟁이란 곧 폭력이 지배하는 세상의 도래를 의미하듯이 전쟁 속의 국가 역시 폭력에 기반한 국가이다. 피란 당시 이승만 정부가 보인 무책임한 태도는 서울 수복 이후 부역자에 대한 무차별적인 처벌과 국민방위군사건, 그리고 민간인 대량학살과도 무관하지 않다. 이러한 국가의 폭력은 바로 권력 부재의 상황, 즉 권력을 수립하는 과정에서 방해되는 세력이나 '적'을 수단과 방법을 가리지 않고 제거해야 할 필요가 있을 때에 발생하였다. 국가 형성 이전의 혼란은 어느 정도 불가피한 경우도 있다. 목표로 삼는 국가가 어떤 국가이냐에 따라 이후 '과정의 혼란'이 정당화될 수도 있지만, 반공이라는 부정적 구호 외에는 어떠한 목표도 없었던 이승만 정권은 이 점에서 도덕적 정당성과 정치적 비전이 없었다. 국가 자체의 수호만이 목적이었고 그것이 반공지상주의로 나타났으며 이후 대한민국의 정치에 그대로 이어졌다.

전쟁은 인류가 저지르는 가장 큰 죄악이다. 전쟁 시 국민은 없다. 전쟁에서 후방의 주민들은 권리 대신 의무만 요구받게 된다. 즉 전쟁 상황에서는 적이건, 이쪽의 국민이건 '권리'를 찾는 것은 거의 불가능하고 '목숨'을 부지하는 것이 최고의 권리요, 특권이다. 실제 한국전쟁 과정에서 '대한민국'의 국민으로서 충성을 바치려 한 사람들에게도 대한민국은 자애로운 보호자가 아니었다. 한강다리를 건너 피란을 가려던 사람들은 분명히 대한민국에 친밀감을 느끼거나 대한민국에 충성을 바치려던 사람들이었을 것이다. 그러나 포탄은 그들 머리 위에 떨어졌고, 그들은 한강에 떨어져 허우적거리다 죽어갔다. 피란은 국가가 더 이상 보호자로서의 기능을 하지 못하게 된 상황에서 민중들이 제 살길을 찾는 것이다. 이때 '국가'가 무책임한 모습을 보일 경우 제 살길을 찾기 위한 민중들의 이기주의적 행동은 더욱 억척스러워진다. 그것이 사회적으로 만연되면 '피난사회'가 되는 것이다.

6·25 발발 직후 피란의 모든 풍경은 한국 사회에서는 아직 현재진행형이다. 그것은 '자유세계'라는 담론의 허구성을 보여 줌과 동시에 국가 혹은 '국민'이라는 정치공동체의 한계를 동시에 드러내 준다.

# 3부

# 점령

# 1
# 뒤집어진 세상

1950년 6월 28일 서울을 점령한 북한은 진정한 인민의 지배, 민주주의, 민족해방, 계급해방, 여성해방, 인류의 해방 등등을 실천하겠다고 외쳤다. 북한의 개전과 남한 점령은 '민주기지론'과 '국토완정론'國土完整論에 기초한 것으로, 점령 후의 정책은 사실상 1946년 이후 북한에서 진행되었던 '민주개혁'의 연장이었으며, 1946년에 발표한 「20개 정강」과 1948년의 「헌법 및 인민민주주의 정강」 등에 기초하여 진행되었다.[1] 북한은 전쟁에 대해 식민잔재의 청산과 '미제국주의 지배'를 거부하는 일종의 민족해방 '혁명'이라고 의미를 부여하였다. 물론 남한 역시 유엔군의 힘을 입은 평양 입성(수복)을 소련 공산주의 지배로부터 민족을 '해방'시키는 것이며, 1948년의 남한 헌법을 전국적으로 확대하는 작업으로 간주하였다. 전쟁 당사자인 남북한 모두 민족을 '외세의 사슬'로부터 해방시킨다는 민족주의 구호로 전쟁 수행과 점령을 정당화하였다.[2]

그런데 한국전쟁 기간 중 '인민군'이 점령했던 시기만큼, 동일한 상황이 지옥으로도, 또 천국으로도 기억되는 예는 드물 것이다. 인민군이 서울에 들어온 뒤에 고통을 겪은 여성 정치가 박순천은 "죽거든 다시 조선에 태어나지 말 것이며, 이제는 더 살고 싶지 않다는 것, 현재는 두가지 소원밖에 없다"고 할 정도였다. 이것은 북한 당국에 의해 탄압과 처벌을 받았거나 피란 가지 못하고 서울에 남았다가 고초를 겪은 한국의 지배층과 자유주의적 지식인들의 '지긋지긋한' 점령기 체험을 주로 반영하고 있다. 인민군이 서울을 점령하면 목숨을 부지하기 어렵다고 판단했던 대한민국 지배층 핵심 구성원이 아닌 보통의 남쪽 사람들은 점령을 어떻게 받아들였을까? 이 정권이 되나, 저 정권이 되나 그냥 목숨을 부지하며 살아갈 수밖에 없는 한국의 '보통' 사람들에게, 특히 이승만 정권하에서 경제적으로 고통받고 있던 농민이나 노동자들에게도 점령기가 과연 '지옥'이었는지는 분명하지 않다. 그렇다면 북한 측의 선전대로 38선 이남에 살고 있었던 남한 주민들, 특히 농민과 노동자, 여성이 이 기간 동안 진정으로 해방을 맛보았는가? '인민민주주의'는 남한의 민주주의보다 과연 더 우월한 민주주의였는가? 그렇지 않으면 남한의 지배층이 기억하듯이 '무시무시한 독재와 공포정치'에 불과했는가?

만약 인민군 점령 시의 체험으로 대다수 남한 사람들이 김일성 체제 또는 사회주의 일반에 대해 환멸을 느끼게 되었다면, 그것은 북한의 모태인 소비에트 사회주의 자체의 근원적인 문제점 때문인가? 그렇지 않으면 김일성식 사회주의의 부정적 성격 때문인가? 그것도 아니면 러시아혁명 초기의 전시戰時공산주의가 그러하였듯이 전쟁과 점령이라는 비상사태가 '조국해방'과 사회주의혁명이라는 레토릭 혹은 대의를 압도하였기 때문인가?

비록 짧은 기간이었다고는 하나 3개월 혹은 1~2개월 동안 경험한 인민군 치하의 체험은 오늘의 남한 사회질서의 근본을 구성하고 있는 '집단적인 원체험'이었다. 그것은 바로 자유민주주의와 '인민민주주의'의 가장 생생한 비교 기간이요, 실험 기간이었다. 휴전 이후 이승만 정권이 위기에서 벗어난 것과 5·16쿠데타와 군사정권의 등장은 모두 전쟁 당시 '북한' 통치 시절의 부정적 기억이 반사적으로 결집된 것이라고 볼 수 있다.[3] 1945년에서 1950년에 이르는 기간과 한국전쟁 중 점령지에서의 북한 사회주의 체험은 북한 혹은 사회주의 일반에 대한 공식 기억으로 구축되어 지난 50년 동안 계속 재생산되어 왔다. 현실 사회주의의 붕괴로 체제경쟁은 일단락되었고, '인민민주주의' 혹은 '사회주의적 민주주의'는 이제 더 이상 사람들의 관심을 끌지 못하게 되었다. 따라서 이제 남한의 극우세력들은 더 이상 점령기의 부정적 기억을 반복재생할 필요가 없어졌다. 그러나 프랜시스 후쿠야마Francis Fukuyama가 말한 역사의 종말 혹은 '자유민주주의'의 완벽한 승리[4]가 체제경쟁에서 북한에 대한 남한의 최종적인 승리를 의미하는 것은 아니며, 장차 새롭게 건설할 통일국가에서 실현되어야 할 민주주의의 모델을 찾아 나가는 시도를 무의미하게 만드는 것도 아니다.

일종의 내전으로 출발한 한국전쟁이 미국과 중공의 개입으로 국제전으로 발전하면서 전선이 한반도 남북으로 여러 차례 이동하였기 때문에, 38선 이북도 그러했지만 서울을 비롯한 남한의 거의 대부분 지역은 두 차례나 세상이 뒤집어지는 일을 겪었다. 이들 지역 주민들이 두 상전, 즉 두 '국가'를 모셔야 했다는 말이다.

북한의 점령정책은 적을 섬멸해야 한다는 전쟁 수행의 기본 목표에 종속되었다. 이 과정에서 남북한의 모든 코리언들은 전쟁기 양 '체제'의 장단점을 비교할 여유를 갖기보다는 점령하에서 어떻게 살아남을 수 있는지에 대해 먼저 고민할 수밖에 없었다. 그런데도 이런 상황을 무시하고 점령, 혹은 전쟁 자체에 대한 위기의식과 공포가 이후 특정 체제와 그 정책에 대한 일반화된 인식으로 공식화된 것은 아닌지 생각해봐야 한다.

# 2
# 혁명으로서의 전쟁

## 인민정권

1950년 6월 25일 남한의 '불의의 침공'에 대한 반격을 명분으로 하여 북한은 전쟁을 개시하였다. 북한 측은 "조국통일을 급속히 달성하는 민족적 과업"의 성취를 전쟁의 목표로 한다고 하면서, "남반부를 이승만 역도逆徒의 반동통치에서 해방시키기 위한 전쟁" [5]이라고 선포하였으며, "조국의 자유와 독립을 위한 정의의 전쟁" [6]이라고 정당화하였다. 한편 북한은 "조선 인민이 수행하는 조국해방전쟁은 민족해방전쟁임과 동시에 국내 반동세력을 소탕하고 조선민주주의인민공화국의 기치하에 조국을 통일시키고 전 조선적으로 민주혁명의 과업을 완수하기 위한 전 인민의 투쟁" [7]이라고 보았는데, 이 점에서 북한의 공격은 소련의 치밀한 준비와 지원하에서 이미 수행한 바 있던 '반제반봉건혁명'을 남한에까지 연장하려는 시도였다. 1950년 6월 28일, 11시 30분 김일성은 "인민군에 의해 서울시가 해방되었다"고 연설하였다. 파죽지세로 남하한 '인민군'은 7월이 되자, 경남과 경북 일부 '미해방 지구'만을 남기고 남한의 거의 모든 지역을 점령하였다. 그것은 곧 1946년 이후 북한이 줄

기차게 주장해 온 민족분열의 극복, '미제국주의'의 추방과 남한 '인민'들의 해방, 북한 '민주개혁'의 전국적 확대를 의미하였다. 이제 세상이 뒤집어진 것이다. 상전桑田이 벽해碧海가 되고, 어제까지 계획되고 진행되던 모든 일들이 '스톱'하고 전혀 다른 일이 시작되었다.[8]

남하하는 인민군들은 밝은 표정이었으며, 접경의 주민들에게 "당신들을 잘살게 해 주기 위해 왔다"고 말하였다. 38선 접경 지역에서는 군인들이 내려간 이후 정보 계통의 사람들이 동네에 내려와 "잘살게 해 줄 테니 염려 말라"고 말하면서 다녔다.[9] 인민군은 3일 만에 서울을 점령하였고, 서울시와 경기도 일대는 곧바로 '조선민주주의인민공화국'의 통치하에 놓였다. "38선이 터졌다"는 소식은 남한의 좌익에게는 기다리던 '해방'의 신호였다. 그들에게 개전은 개인적으로는 극심한 탄압과 고통으로부터의 해방, 지하생활의 청산을 의미하였으며 "이왕 터지면 빨리 하나가 되어야 할" 통일의 전주곡이었다.[10] 북한 당국은 남한에 잔류하고 있던 지하당원을 규합하여 공산군과 배합작전을 펼 예정이었다. 그러나 1950년 3월 27일 남한의 당조직을 지도하던 김삼룡과 이주하가 체포된 이후 공산당의 지하조직은 거의 파괴되었고, 몇 명의 하급 간부들만 남아 소극적인 조직활동을 지속하는 것이 고작이었다.[11] 6월 28일 인민군이 서울을 점령하자 김일성은 '진정한 인민정권인 인민위원회'의 부활을 가장 우선적인 과제로 설정하고, 남로당 출신 이승엽을 서울시 임시인민위원회 위원장으로 임명하였다. 그 이전인 26일에는 정령에 의거하여 전쟁을 승리로 이끌기 위해 '전 인민'을 신속하게 동원하도록 '군사위원회'를 조직하였다.

김일성 정권이 남한 점령지에서 제일 먼저 착수한 것은 당의 '건설'이었으며, 그 다음은 국가기관인 새로운 인민위원회 구성이었다. 남로당 출신 이승엽은 중앙당 지도부 격인 서울지도부를 결성하여 당 사업을 전반적으로 지도하였다. 우선 북한 측은 남한의 각 도와 주요 도시에 7, 8명의 당위원장과 도인민위원장급의 당원을 파견했다. 일부 군당위원장을 비롯해 해안 지역에는 면당위원장까지 북로당원이 내려와 앉았다.[12] 당원 확충은 우선 6·25 이전에 당 활동을 하던 남로당원을 재심사하여 등록시켰으며, 이들을 중심으로 노동자와 농민들 속에 세포조직을 확대하였다. 그러나 정부 수립 후 이승만 정권의 좌익 탄압으로 다수의 남로당원이 전향하였기 때문에 신입 당원의 확충은 난관에 부딪혔다.[13] 위원장은 주로 현지사정에 밝은 지방의 남로당원이 차지하였으며, 부위원장이나 서기장급은 북에서 파견한 인물들로 구성되었다.[14] 당 간부는 북한에서 파견된 간부, 출옥한 남한 출신 간부, 유격부대 성원, 현지 당원으로 구성되었는데, 남한 출신의 당 간부는 합법 공간에서 '사업'을 해 본 경험이 없었기 때문에 북한 출신 간부들이 실권을 쥐게되었다.[15] 외곽단체로 민주청년동맹이하 '민청'으로 줄임, 여성동맹, 직업동맹, 농민동맹 등을 조직하였으며 소년단, 조국보위후원회 등의 사회단체를 조직하였다. 또 토지개혁을 위해 농촌위원회를 조직하였다.

마르크스 – 레닌주의 이론에서는 정권의 담당자, 즉 주권의 문제를 혁명의 가장 중요한 과제로 본다. 일찍이 김일성 정권은 소련군정하에서 식민잔재의 청산과 봉건적 유제遺制의 청산을 주요 임무로 하는 반제반봉건혁명을 추진하였으며, 체제의 성격을 "친일분자 및 반동분자를 제외한 전 인민을 대표하는 주권"이라고 규정하였다. 따라서 북한은 이러한 원칙에 입각하여 주권기관인 인민위원회 건설을 서둘렀다. 초기 38선 이북의 사회주의 세력은 통일을 전제로 하는 임시인민위원회를 구성하였으나 곧 독자적인 인민위원회, 최고인민위원회를 구성하였다. 이 점에서 북한의 남한 점령은 바로 "전체 3,000만 조선 인민의 의사와 리익을 대표하여 조선민주주의인민공화국 주권을 완전히 행사하기 위한 최고 주권기관"을 명실상부 한반도 전역에 설치한다는 의의를 갖고 있었다. 서울시의 경우 출감한 좌익 인사나 잠복해 있던 인사들이 각처에서 동洞인민위원회를 결성하고 동사무소와 파출소를 점령하였다. 그러나 이것은 하향식으로 임시적으로 결성된 것이므로 북한 당국은 7월 14일 「남반부 해방지구의 군·면·리의 인민위원회 선거실시에 관하여」라는 정령을 발표하고 7월 25일부터 9월 13일 사이에 점령 지역에서 선거를 실시하였다.

북한은 전쟁 이전에 실시했던 인민위원회 선거법에 기초하여 남한에서도 20세 이상의 모든 공민公民에게 성별, 민족별, 성분, 신앙, 거주기간, 재산, 지식 정도를 불문하고 선거권을 부여하였으며 친일분자나 친미분자의 피선거권을 박탈하였다. 친미분자에는 국회의원, 도지사, 경찰서장, 악질 경찰, 판검사, 반공단체장 등이 포함되었고, '친일분자'로는 일제 치하 총독부의 책임자, 도·군 책임자, 판검사 및 일제를 경제적으로 적극 원조한 자 등이 포함되었다.[16] 그 결과 남한 9개도의 108개군, 1,186개면, 1만 3,654개리에서 인민위원회 선거가 완료되어 군인민위원 3,878명, 면인민위원 2만 2,314명, 리인민위원 7만 7,716명이 당선되었다.

그 결과 군인민위원의 약 79%, 면인민위원회의 87%, 리인민위원의 95%가 농민과 노동자로 구성되었다. 인민위원회를 구성한 좌익의 태반은 소작인들이었다. 그러나 위원장급은 당책이 그러하였듯이 대체로 일제강점기에 유학을 했거나 교육받은 지식인들이었다.[17] 1946년 11월 3일 실시되었던 북조선인민위원회의 선거 결과와 비교해 보더라도 점령지에서 실시된 이 선거에서는 사무원, 인텔리 등 중간계급의 구성비가 훨씬 낮아졌다.[18] 물론 사전에 당에서 위원을 심의 결정하고 개별적인 찬반을 묻는 사실상의 공개투표인 거수로써 위원을 선출하였기 때문에, 북한 측이 농민과 노동자의 비율을 의도적으로 높이려 한 시도가 선거 결과에 그대로 나타난 것으로 보인다. 대체로 해당 지역 당 간부가 인민위원을 겸임하거나 투쟁 경력이 있는 사람들이 인민위원회나 각종 자치위원회의 중책을 맡았다.

그런데 이 선거는 남한에서 1948년과 1950년 두 번 실시된 총선거와는 전혀 색다른 것이었다. 선거가 곧 민주주의는 아니지만, 보통선거는 토크빌이 말한 것처럼 "가난한 사람들에게 사회에 대한 통치권을 부여하는 제도"임에는 분명하다.[19] 즉 선거제도란 대중이 정치권력의 주체로 등장하는 가장 중요한 수단이다. 이런 이유 때문에 남한이건 북한이건 1인 1표 보통선거의 실시를 대단히 중요하게 평가하였다. 실제로 남한에서 1948년 5월 10일에 실시한 제헌국회 구성을 위한 보통선거도 남한의 정치 발전 수준에 비하면 획기적인 것이었고,[20] 북한이 그해 8월 25일 실시한 최고인민회의 대의원 선거 역시 마찬가지였다. 그러나 노르베르토 보비오Norberto Bobbio가 지적한 것처럼 선거 자체가 중요한 것이 아니라, 누가 투표권을 갖는가 하는 문제, 그리고 투표권 행사가 어떠한 환경에서 이루어지는가 하는 문제가 중요하다.[21] 이렇게 볼 때 상이한 이념과 원리에 기초해서 진행된 양측의 보통선거는 대단히 상이한 양상을 띠었으며, 따라서 그 결과도 아주 달랐다.

선거권의 허용 범위에서만 보면 북한의 선거법은 남한의 선거법보다는 훨씬 개방적이었으나, 친일파의 선거권과 피선거권을 더 제한한 점에서는 '법'의 형식논리를 무시하였으며, 투표권 행사의 환경 조성에서 보자면 훨씬 더 억압적이었다. 북조선인민위원 선거규정에 의하면 "만 20세에 달한 북조선의 공민은 정신병자 및 재판소의 판결에 의해 선거권을 박탈당한 자를 제외하고는 재산 상태, 지식 정도, 거주 지역, 신교信敎의 여하를 불문하고 선거권과 피선거권을 가진다"고 되어 있다.

그들은 '민주선거'이기 때문에 친일파는 선거권과 피선거권을 가질 수 없다고 주장하였다.[22] 남한에서는 선거권자의 연령을 21세로 하였고, 북한과 마찬가지로 친일파에게 선거권과 피선거권을 주지 않았으나 친일파의 범위를 크게 제한하였다. 그리고 남한의 선거법은 기표방식이 아닌 자서自書방식을 취했기 때문에 사실상 문맹자의 참여를 배제했다는 비판을 받았다.[23]

그러나 선거 환경의 측면에서 보면 남북한 양측의 선거 모두 자유로운 분위기에서 이루어진 것이 아니었다. 북한의 선거는 선거연령의 확대, 노동자나 농민의 실질적인 참여, 선거위원회 구성 등의 측면에서 하층민의 기회를 확대한다는 취지가 있었기 때문에 남한보다 더 진보적인 것처럼 보인다.[24] 그러나 선거에서 자유로운 의사표현의 환경이 조성되어야 한다는 점을 고려해 볼 때, 북한의 선거는 단일 입후보의 흑백함 선거로 그 후보에게 반대하는 것이 사실상 불가능하였으며, "기권할 자유도 없었기 때문에" 실제로는 훨씬 억압적이었으며 왜 구태여 선거라는 절차를 거쳐야 하는지 의심스러운 점도 있었다.[25] 북한은 입후보자 추천제도가 선거 과정에서의 대중 토론과 지명대회에서의 대중 참여를 전제로 했기 때문에 자신들의 선거가 더 민주적이라고 주장하였다. 그러나 추천과 지명이 사실상 당에 의해 사전 조정된 후보자의 옹립에 불과했기 때문에 '민주적'이라는 선전은 구호에 그치고 말았다. 이렇게 본다면 북한의 경우는 대중의 의사표현과 참여라는 선거의 기본 취지 자체를 부인하는 것이며, 남한의 선거는 선거라는 형식을 빌려 기득권의 지배를 제도화하는 것이라는 비판을 받을 소지가 있었다.

이러한 차이는 바로 민주주의에 대한 자유주의와 사회주의 이론 각각의 기본 개념 차이가 구체적으로 현상화된 극명한 예이다. 북한은 마르크스-레닌주의 이론에 기초하여 노동계급의 실질적 지배권 행사를 민주주의라고 보았다면, 남한은 형식적인 절차와 과정을 민주주의로 보았다. 불평등의 해소 없이는 선거를 통한 민주적인 질서의 구축이 불가능하고, 사고와 표현의 완전한 자유 없이는 민주주의가 불가능하다고 본다면, 북한은 전자를 강조한 나머지 후자를 무시하였다. 앞서 언급하였듯이 서구에서 발전한 두 종류의 민주주의는 이렇듯 가장 왜곡된 형태로 1945년 이후 남북한에서 나타났으며, 서로 극적으로 대비되었다.

다시 점령 상황으로 돌아가 보면, 북의 남한 점령으로 이제 형식상으로는 주권이 인민에게 있는 '인민의 세상'이 되었다.[26] 그러면 여기서 인민은 누구인가? 그것은 바로 북한정권의 주체가 누구인가 하는 문제와 관련이 있다. 바로 그들은 항일·독립운동세력, 일제강점기에 차별당했던 빈농, 프롤레타리아 출신들이었다.[27] 창립 당시 북한 노동당원의 83%는 일제강점기에 항일투쟁을 한 경력이 있었으며, 30%는 1년 이상 투옥된 경력이 있었다.[28] 당 지도부는 연안파나 국내파 공산당원을 밀어제치고 권력을 장악한, 소련의 직접 후원을 받는 공산주의 세력이 차지하였으나, 상층부 당 간부나 인민위원장들 중에는 중국공산당의 경우에도 그러하였듯이 당시 조건에서는 "최고의 식견과 학력을 갖춘"[29] 지식인층이 많이 분포되어 있었다. 그러나 당원 구성에서 농민과 노동자의 비율을 높이기 위해 노력한 결과 지주·자본가·친일분자·투기분자 등과 같은 비노동계급은 1946년 무렵에 거의 출당黜黨당하였다.[30] 즉, 북한은 숙청 대상으로 일제에 복무했거나 반공활동을 한 사람을 우선 포함하였고, 자본가·상인 등 착취계급, 지주계급, 종교단체의 신도 중에서 당의 활동을 방해하는 자들을 그 다음으로 지목하였다.

북한에서 출신성분 및 당에 대한 헌신과 충성은 마르크스-레닌주의 사상에 대한 충실성보다도 훨씬 더 중요한 요소였다.[31] 당원의 구성

과 당의 성격에서 드러나는 북한의 이러한 성격은 남한 점령정책에서
도 그대로 연결된다. 북한 점령 시 당 간부나 인민위원장의 상당수는
빈농·머슴·노동자 출신 중에서 이론과 실천력을 갖춘 인사들이었다.
그리고 상당수의 고위간부들은 일제강점기 이래 학생운동, 좌익운동,
농민운동 등에 가담한 경력이 있는 엘리트였다.

　　앞의 인민위원회 구성을 통해 볼 때, 남한 점령 시 북한이 구성한 각
도의 임시인민위원회는 38선 이북과 동일하게 농민과 노동자를 축으로
하는 '인민독재정권'의 성격을 견지하고 있다. 이것은 자본주의도 사회
주의도 아닌 제3의 국가이되, 사회주의 국가를 지향하는 과도기 국가로
서 개념화되었다. 그것은 아직 소부르주아 의식을 갖는 농민이 인구의
다수를 차지하며, 생산수단을 국유화할 수 있는 물적인 기초가 충분히
확보되지 않았던 당시의 반﹟식민지 상황을 반영한 것이었다. 북한 측
이 당명을 공산당이라 하지 않고 노동당이라고 한 것 역시 '노동계급의
영도성'을 분명히 하되 '근로대중의 통일적인 힘'에 기반을 둔다는 점
을 강조한 것이다. 북한은 중국공산당이 그러하였듯 이처럼 농민이 인
구의 대다수를 차지해서 직접 프롤레타리아독재를 실시할 수 없는 혁
명국가를 신민주주의 국가라 불렀다.[32] 즉 프롤레타리아독재가 아닌 계
급연합 권력에 기초한 인민민주주의독재를 실시한다는 점에서 북한 사
회주의는 과거 소비에트 사회주의와는 달랐다.

　　그런데 6월 28일 인민군의 서울 점령 이후 북한이 실시한 점령정책
은 이미 전쟁 전 남한의 '반란 지역'에서도 실험된 바 있었다. 당과 인
민위원회 조직은 해방 직후 미군정에 의해 해산되기 이전의 조직을 복
원하는 측면도 있었으나,[33] 실제 정책에서는 1948년 10월 19일 이후 약
일주일 동안 여수·순천 지역을 점령한 '반란군'이 잠시 동안 실시했던
통치 모델을 따랐다. 여순사건 직후 열린 인민대회 6개항의 결정서는

당시 그들이 추진했던 혁명의 성격을 그대로 보여 주었는데, "친일파, 민족반역자, 경찰의 소탕과 무상몰수·무상분배의 토지개혁"이 그 핵심이었다.[34] 당시 '반란군'은 인민위원회와 인민재판소를 제일 먼저 설치하였으며, 지하에서 활동하던 민주애국청년동맹(이하 '민애청'으로 줄임), 민청, 학생동맹, 여성동맹, 합동노조 등으로 구성된 인민의용군은 제일 먼저 우익 인사를 체포하고 재산을 몰수하였다. 인민위원회는 '친일파 모리간상배'의 은행예금고와 적산가옥 불하대장을 조사하였다. 매 동마다 극빈자를 조사하여 인민증을 끊어 주고 식량을 배급하기도 하였다. 인민위원회와 보안위원회는 반역자 처벌을 위한 심사위원회를 구성하여 숙청 대상자를 인민재판에 회부하였다. 경찰의 재산은 개방하여 마음대로 가져가게 하였으며, 10월 22일에는 친일파 '모리배'들의 은행예금동결령과 재산몰수령이 내려졌다.[35] 각 사업장에서는 종업원이 직장자치위원회를 구성하여 주인한테서 운영권을 인수하여 운영하기도 하였다.

1945년 10월 이후 38선 이북 지역에서의 인민민주주의혁명이 소련의 치밀하고 적극적인 지도하에 이루어진 것이었다면, 여순사건 당시 '반란군'의 '혁명'은 극우세력으로 구성된 이승만 정권에 포위되어 있는 상황에서 진행된 것이었다.[36] 이 두 혁명 모두 1917년 러시아 사회주의혁명과 1945년 이후 동구 혁명, 그리고 1949년 공산주의혁명 뒤 중국에서 실시되었던 개혁들을 본뜬 것이다.

특히 '민족반역자' 청산 등의 과제를 설정한 것을 보면 북한의 혁명은 소련이나 동구보다는 반제반봉건혁명의 과제를 설정했던 1949년 이후 중국 혁명과 유사하며, 식민지 또는 반식민지에서 독립한 국가의 민족민주혁명과 사회주의혁명을 곧바로 결합시키려는 목표를 갖고 있었음을 알 수 있다. 이들 모든 혁명의 가장 일차적인 과업은 레닌V. I. Lenin

이 말했듯이 낡은 국가기관을 파괴하고 새 국가기관을 수립하는 것이다. 여순사건 당시에 '반란군'이 가장 먼저 대한민국의 억압적 권력기관인 경찰을 공격 목표로 삼았듯이, 서울을 점령한 북한 역시 내무서원內務署員을 파견하여 경찰관과 우익 인사 등 국가기관 종사자를 색출, 처형하였다.

당원과 인민위원 구성, 그리고 정치적 반대자에 대한 처벌 등을 종합해 볼 때 1948년 수립된 북한정권이 계급독재의 성격을 띤 것은 분명하고, 1950년 7월 이후 서울과 남한 대부분 지역을 점령했던 정권 역시 기본적으로는 이러한 성격을 갖고 있었다. 실제 유엔한국위원단의 보고서를 통해 북한 점령하의 정치 특징을 살펴보면 언론·출판·집회의 자유가 없고, 종교와 신앙을 가진 사람은 차별대우를 받았는데 특히 기독교가 탄압을 많이 받았다고 한다. 중학교 이상 학교에서는 기독교인의 자손이 입학하는 것을 거부하였다고 한다.[37]

여기서 주목할 점은 이북 사회주의 세력이 '반제반봉건'과 '인민민주주의'의 과제에만 치중하고 국가의 위상을 '민주기지' 혹은 통일을 전제로 하는 '임시 국가'로 설정한 것이 아니라, 사실은 반자본주의적 계급혁명의 노선을 초기부터 견지해 왔다는 점이다. 김일성은 이미 1945년 말부터 "통일전선은 자본주의 제도를 세우는 것이 아니며", '참다운 인민의 정권'을 세우는 것임을 분명히 하였다.[38] 그것은 북한의 '민주개혁'이 이미 근로인민의 계급적 이익을 옹호하는 것을 핵심으로 하는 사회주의 지향성을 출발부터 명백히 견지하고 있었음을 보여 준다. 따라서 6월 28일 이후 9월 하순까지 북한의 남한 점령은 단순히 반제반봉건의 과제를 해결하는 차원을 넘어서서 '인민의 참다운 권리'를 쟁취하기 위한 인민민주주의, 나아가 사회주의혁명의 성격을 갖고 있었다. 이것은 북한이 공식적으로 표방한 "제국주의와 그 극소수의 앞잡이를 제외한 전 민족적인 통일전선의 구축을 지향하는 노선"과는 사실상 충돌하는 것이다. 이처럼 북한의 남한 점령은 매우 뚜렷한 계급투쟁 노선에 입각해 있었기 때문에 지주는 물론 자영농층의 강력한 반발에 부딪힐 가능성이 높았다.

그러나 더 근본적인 문제는 북한의 인민독재가 겉으로는 대중의 참여를 강조했지만, 실제 통치방식에서는 '일상화된 스탈린주의' ordinary Stalinism[39]의 전형을 보여 주었다는 것이다. 그 주요 특징은 전시공산주의하에서 국가의 직접적이고 광범위한 간섭, 대중 억압의 주요 수단으로서 집중화된 행정 메커니즘, 국가주의화에 대한 열성적인 변론, 지도자 일인에 대한 우상화 등이었다.[40] 그리고 민주집중제 democratic centralism 노선에 기초하여 당이 노동자계급을 대신하고, 당 중앙위원회가 당을 대신하고, 김일성이 당 중앙위원회를 대신하며 당이 대의기관을 지배하는 전형적인 일인 지배체제의 특징을 드러냈다. 스탈린 Iosif V. Stalin의 전시공산주의와 레닌의 민주집중제 이론이 후진적인 러시아의 정치문화와 혁명기의 정치 상황에 대처하기 위해 정당화되었다면, 북한에서의 억압과 감시의 통치, '사상과 행동의 일체성 강조',[41] 당 내 다른 분파에 대한 무자비한 숙청작업, 자발성의 형식을 띤 강제성 역시 남북한이 군사적으로 대결하는 국면에서 전쟁을 승리로 이끌고 '인민의 국가'를 완성하려는 이례적인 상황에서 나온 것이었다. 전시공산주의의 일상화, 즉 강력한 스탈린주의는 봉건적 신분제의 유산과 가부장적 권위주의 문화가 영향을 미치고 있었던 한국전쟁 전후의 북한에서 더욱 철저하게 자리잡을 수 있었다.

초기 북한은 스스로를 '민주기지', 즉 통일을 위한 과도기적 국가로 평가하였는데, 북한정권의 이러한 임시적·예비적 성격이 남한의 이승만 정권과 마찬가지로 국가로서의 온전한 성격을 갖추지 못하도록 하였다. 즉 아무리 '혁명국가'라 하더라도 하나의 '국가'로서 북한은 분명히 '인격적 주체'가 아니다. 그런데 언술을 통해 볼 때 북한은 '국가'라기보다는 '무장된 유격대 집단'의 성격이 짙었다.[42] 그들의 공식 언사는 이승만 정권, 일제, 미제, 그리고 그들에게 협력하였던 지주와 자본가, 경찰과 친일분자들에 대한 증오감으로 가득 차 있다.[43] 이러한 증오감은 어떤 점에서 가혹한 식민지배를 경험한 민중들의 본능적 정서를 반영한다. 그러나 이것은 국가 혹은 국가의 최고권력자가 감정 중립적인 자세를 취하지 않고, 대단히 도덕주의적인 지향성을 갖고 있음을 나타낸다. 국가의 인격화personalization라 부를 수 있는 현상이다. 이러한 도덕주의나 국가의 인격화는 다분히 유교 문화의 산물일 것이다. '과도한 증오감'은 피억압 민중들의 정서를 반영한다는 측면이 있지만, 동시에 일상에서 도덕주의적인 지향을 갖는 민중들을 정치적으로 동원하기 위한 정치적 언사로서의 성격도 갖고 있다.

이러한 도덕주의적인 정서, 인격화된 국가는 '정치적 반대자'와의 갈등을 더 치열하고 감정적으로 만들 가능성이 있다. 이것은 '적대세력 처벌' 과정에서의 잔인함으로 연결된다. 국가가 이러한 인격적·도덕적 증오감에 기초할 경우, 그것이 대표한다고 자임하는 민중들에게까지도 불필요한 공포감을 불러일으킬 수 있으며, 중립적이거나 잠재적인 지지자들을 이탈시키는 결과를 가져올 위험이 크다. 이것은 1946년 이후 38선 이북에서 추진된 반제반봉건혁명을 피해 월남한 인사들이 왜 그토록 비타협적인 반공주의자가 되었는지, 그리고 남한의 평범한 주민들이 왜 북한 점령기를 거치면서 그 체제에 부정적이거나 심지어 적대적인 태도를 갖게 되었는지를 어느 정도 설명해 준다.

## 점령정책

북한이 표방한 '남조선 해방'이란 1945년 직후 북한에서 실시해 온 '민주개혁',[44] 즉 토지개혁과 중요 산업의 국유화, 단일하고 공정한 세납제, 노동자와 사무원에 대한 8시간 노동제 실시 등을 남한 지역에 확대하는 것을 의미하였다. 북한의 점령정책은 1946년 3월 23일 발표한 「20개 정강」에 기원을 두고 있으며,[45] 이후 남한의 토지개혁을 예정한 법조문과 남한 지역에서 수행해야 할 정책 방향을 구체적으로 제시한 「인민공화국 정부 정강」에 기초를 두고 있다. 그것은 주로 남한에 실시된 '반민주적·반인민적 법률'의 무효화, 토지개혁법령, 산업국유화법령, 노동법령, 남녀평등법령의 실시 등이다. 그 핵심 내용은 결국 정치적인 차원에서 이승만 정권에 협력한 세력을 제거하는 것이었으며, 경제적으로는 '진정한 민주주의 정권을 수립하기 위해 필요한 실질적인 조건'인 토지개혁을 남한에 실시하여 '인민정권'의 지지기반을 창출하는 것이었다.

북한은 "봉건적 토지소유관계를 근본적으로 철폐하고 새로운 토지소유관계를 창설하지 않고서는 근로농민들을 반농노적 상태로부터 해방시킬 수 없으며, 농업 생산을 급속히 발전시킬 수도 없다. 따라서 공업도 급진적으로 발전시킬 수 없으며 항상 제국주의 침략세력을 부식扶植하며 그들의 동맹자로 되는 국내 반동세력의 경제적 기반을 청산할 수도 없다"[46]는 전제하에 토지개혁을 서둘렀다. 1946년 3월 5일 북조선임시인민위원회는 토지개혁법령을 공포하였는데, "일본인에게 소속되었던 토지와, 조선 인민의 이익에 손해되도록 일본 통치기관에 열성적으로 협력하던 우리 인민의 변절자인 조선인에게 속한 전 토지를 몰수하는 것이 필요하다"[47]고 천명하였다. 그리고 소작지뿐만 아니라 자작지까지 포함하여 5정보 이상을 소유한 지주를 퇴출시킨 뒤, 모든 농지를 농가별 점수에 따라 재분배하였다.[48]

북한 지역에서 1946년 3월 이후 한 달이라는 기간 내에 '무상몰수 무상분배'의 급진적인 토지개혁이 완수된 것은 역사상 유례를 찾아보기 어렵다. 그것은 토지개혁에 대한 공감대가 형성되어 있었기 때문이기도 하지만, 소련이 주둔하고 있는 정치 현실에서 토지개혁의 저항세력인 지주·우익 인사 등을 쉽게 제압할 수 있었고, 또 그들이 북한에 남아 저항하기보다는 대거 월남했기 때문이다. 급진적이고 급속한 토지개혁은 북한정권의 기반을 튼튼하게 해 주었고, 김일성의 권력을 확고하게 하였다.[49] 그런데 북한이 표방한 무상분배란 농민들에게 무상으로 증여하여 그들이 배타적 소유권을 가질 수 있게 한다는 의미는 아니었다. 그것은 결국은 무상으로 국유화한다는 것을 의미하였기 때문에 이미 반제반봉건혁명이라기보다는 사회주의혁명의 내용을 갖는 것이었다. 따라서 이미 1946년 초반부터 북한은 소련의 지도하에 급격한 소비에트형 개혁을 추진한 것이다.

북한은 1949년 5월에 내각결정 제46호로 「공화국 남반부의 토지개혁 실시를 위한 법령기초위원회 조직에 관한 결정서」를 채택하고 통일에 대비하여 남한의 토지개혁을 준비하기 시작하였다. 이승엽은 1949년 가을부터 남파된 남반부 유격대가 "무상몰수 무상분배"의 토지개혁으로 농민들을 궐기시키는 것이 "우리가 당면한 가장 역사적 과업"이라고 말했다.[50] 이렇게 본다면 우리는 북한이 시작한 한국전쟁이 바로 북한식 '민주개혁', 그중에서도 토지개혁의 전면화를 위한 것이었다고 봐도 좋을 것이다. 또한 북한이 1950년 6월 25일이라는 날짜에 전쟁을 개시한 것도 남한 정부가 법령을 통과시키고 미처 농지개혁을 완수하기 이전에 기선을 제압하려는 의도에 바탕을 둔 것이라는 사쿠라이 히로

시櫻井浩의 주장 역시 이러한 점들을 주목한 것이다.[51]

그러나 앞장에서 언급한 것처럼 전쟁이 발발하기 직전 남한에서도 대대적인 농지개혁이 실시되었다. 그런데 남한의 농지개혁을 서두른 것은 미국 측이었다. 북한의 토지개혁 소식은 이미 오언 래티모어Owen Lattimore나 극동민주정책위원회Committee for Democratic Far Eastern Policy를 통해 충분히 알려져 있었다. 이승만은 자신의 권력기반인 지주세력의 청산에 소극적이었으나 결국 북한의 토지개혁 압박 속에서 남한의 토지개혁을 서두르지 않을 수 없었다. 그런데 이 과정에서 미국의 농업경제학자들이 중요한 자문을 한 점이 주목된다.[52]

남한의 농지개혁 문제는 국회에서 수없는 논쟁을 거쳤고, 1950년 3월 22일 개정법안이 최종적으로 확정되었다. 최종 낙착된 보상지가地價 15할은 일제 때 지가의 3분의 1 수준이어서 대단히 혁명적이었다. 분배면적 역시 해방 당시 소작지의 절반에 미치지 못했으나 방매지가와 분배지가가 별 차이가 없었기 때문에, 1950년 말 자작지 비율이 92.4%가 되어 상당한 성과를 거두었다고 볼 수 있다.[53] 전쟁 발발 후 남한 농민이 북한을 적극적으로 환영하지 않고, 북한의 점령하에 실시한 농지개혁 작업이 예상과 달리 남한 농민들을 이승만 정부로부터 완전히 이탈시키지 못한 데에는 바로 이러한 성과가 배경으로 작용하였을 것이다.[54]

서울 점령 직후 북한의 농림부장 박문규는 500명의 토지개혁 요원을 이끌고 서울로 와서 「남반부 토지개혁령」을 발표하였다. 9월 30일자 『로동신문』은 59만 6,202정보의 남한 소작지를 126만 7,809호에 분배했다고 밝혔다. 토지개혁을 위해 임시인민위원회 아래 토지조사위원회를 설치하였고, 도·군·면 단위의 실행위원회와 리·동 단위의 농촌위원회를 구성하였다. 농촌위원회는 고용농민과 토지가 '적거나 없는' 농민들의 총회에서 선출된 5~9명의 위원으로 구성되었다.[55] 1945년 이후 북한 지역에서 그러하였듯이 "토지개혁은 '무상몰수 무상분여'의 원리에 의거"[56]하였고, "미제국주의자와 리승만 괴뢰정부 및 그의 기관들이 소유하고 있는 토지, 조선인 지주의 토지"를 몰수하여 "자기 노력으로 경작하는 고용농민과 토지 없는 농민 및 토지 적은 농민들에게 무상으로 분배한 다음, 토지는 분배받은 농민의 영원한 소유로 한다"고 발표하였다.[57] 또한 정령에는 "소작 주지 않고 자작하는 농민의 토지는 5정보 또는 20정보까지는 몰수하지 않는다"고 되어 있다. 그 이유는 "밭갈이 하는 농민들에게만 토지를 주는 토지개혁의 근본정신과 상치되지 않기 때문"이라는 것이다.[58]

점령 시의 토지개혁을 전쟁 이전 북한의 토지개혁법령과 비교해 보면, 지주에 대해 북한에서는 5정보 이상을 몰수하였으나 남한에서는 지주가 소유한 토지 일체를 몰수하였으며, 자작농의 몰수 면적은 북한에서는 5정보를 기준으로 하였으나 남한에서는 20정보로 몰수 범위를 확대하였다.[59] 따라서 전쟁 시 남한에서의 토지개혁이 지주에 대해서는 더욱 가혹했으나 자작하는 부농에 대해서는 비교적 관대했다고 볼 수 있다. 결국 북한은 남한의 점령정책에서 "고용농과 빈농을 혁명역량으로 하고 중농을 쟁취하여 동맹하였으며, 부농을 중립화시키고 지주를 철저하게 청산하는"[60] 정책을 견지한 것으로 보인다.

토지개혁은 경기도부터 시작되었다. 그리고 토지개혁을 제대로 실행하기 위하여 간부들에 대한 강습을 실시하였다. 강습에서는 토지개혁의 의의·정령·세칙·질의 문답·양식 설명·선전방법 등을 교육했다. 그리고 민애청을 중심으로 한 청년단체들이 '미제 침략 반대와 전쟁 승리를 위한 궐기대회'를 연 후 청년들의 자발적인 참여를 유도하여, 30~40세의 사람들을 토지개혁 작업에 동원하였다. 몰수 토지를 분여할 때는 마을 주민이 전부 모여 총회를 개최하여 확정했다고 한다.[61] 1950년

9월 북한은 내각의 보도를 통해 토지개혁의 '총결'에 관한 내용을 발표하였다. 1,526개면 가운데 1,198개면에서 토지개혁이 실시된 것으로 보고되었는데, 이것은 전 경지의 78%에 해당한다. 북한 측은 "116만 3,000호의 고용농민, 토지 없는 농민, 토지 적은 농민이 52만여 정보의 토지를 무상으로 분배받아 지주의 착취와 압박, 기아와 빈궁에서 영원히 벗어날 수 있었다", "남반부 농민들을 억압과 예속과 착취의 세기적 질곡에서 해방시켜 땅의 주인이 된 자유농민으로서 공화국 북반부의 농민들과 같이 농촌 경리를 부흥시키고 행복한 생활을 하게 될 것이다"[62]라고 자평하였다. 그러나 실제 북한이 몰수한 토지는 얼마 되지 않았는데, 그 이유는 이승만 정부가 이미 농지개혁을 추진하면서 토지를 분산시켜 놓아서 농민들이 5정보까지 경작할 수 있게 되었기 때문이다.

이러한 조치에 대해서 대체로 지주들도 순응하였으며 소작농, 빈농, 반농반어半農半漁민, 그리고 어민들은 쌍수를 들어 환영하였다고 한다.[63] 토지를 분여받은 농민들은 어리둥절할 수밖에 없었다. 빈농들은 그것이 "좋은 일은 좋은 일이었지만, 너무 지나쳐서 좋아할 수만도 없었다"고 한다. 그러나 상당수 농민들은 북한 측이 의도하는 토지개혁이 무엇을 의미하는지 잘 모르고 있었다.[64] 또한 농촌위원회 구성에서도 중농이나 부농이 포함되거나, 위원으로 참가할 수 없는 '불순분자', '건달꾼' 등이 일부 선거에서 뽑히는 등 상당한 시행착오가 발생하였다. 그 결과 토지개혁은 예정일보다 훨씬 지연되어 계획대로 진행되지 못하고 있다는 지적이 있었다.[65] 그러나 더 심각한 문제는 주민들에게 비교적 신망이 높은 자수성가형의 자작농과 일부 양심적인 지주들까지 기계적으로 '반동'으로 분류하여 토지를 빼앗고 처벌함으로써, 이들을 지지하는 농민들을 이탈시킨 것이었다. 이는 이미 전쟁 전 북한에서도 나타난 문제였다.[66] 이러한 무리한 정책 시행을 전쟁이라는 비상사태 탓이라고 할 수도 있지만, 이미 북한에서 나타난 당 주도의 하향식 토지개혁과 부농층까지 모두 '적'으로 간주하는 무리한 계급투쟁 노선 때문이라고도 볼 수 있다.

한편 북한 내각은 토지개혁과 더불어 그 성과를 공고히 하고 남북한 단일세제를 마련한다는 목적으로 농업현물세제를 실시하였다. 이 역시 북한에서 실시했던 것을 점령 지역에 그대로 실시한 것이다. 토지개혁이 완료된 후 북조선임시인민위원회는 '결의 제28조'를 통하여 「농업현물세에 관한 규정」을 공포·시행하였는데 수확량의 25%를 현물세로 납입하고 일체의 공출제도를 폐지하는 것을 내용으로 하였다. 이에 대해 자작농은 대체로 부정적이었으며 분배를 받는 소작농은 환영하였다.[67] 그런데 현물세는 원래 수확량을 기준으로 부과하게 되어 있으므로 목측目測조사, 작황확인조사, 간평看坪조사의 3단계를 거쳐 이루어졌다.[68] 그러나 이미 전황이 북한에게 불리하게 된 점령 후반기에 무리하게 실시한 현물세 납부 요구는 농민들의 상당한 반발을 일으켰다. 북한 측은 조·벼·메밀 등을 낱개로 세고, 소가 몇 마리인지도 조사하였으며, 호구조사를 하여 농민들의 불만을 샀다.[69] 제일 잘 익은 벼 낱알을 기준으로 세서 전체를 매기니까 당연히 수확량에 비해 세금이 많아졌는데, 마지막 양식을 빼앗기지 않으려고 구덩이를 파서 숨겨 놓는 주민들도 있었다. 즉 농민들에게 지주 혹은 착취계급의 소멸은 분명히 환영할 만한 일이었으나 국가라는 새로운 지배자가 그 자리를 차지하였으며, 전쟁 상황에서의 국가는 사실상 가장 무서운 지주였다.

그 밖에도 북한은 1950년 8월 18일 「공화국 남반부 지역에 노동법령을 실시함에 관한 의정서」를 채택하고 8시간 노동제, 노동보호 및 사회보험제 등을 시행하였다. 이는 전시 중 공장과 기업소가 사실상 휴업 상태에 있었기 때문에 구체적으로 적용된 경우는 거의 없었다.

한편 도시에 거주하던 주민들에게는 점령 당시 사회 상황의 변화가
토지개혁보다 더욱 의미심장하였다. 북한의 점령은 신분·계급·남녀·
연령에 따른 차별[70]과 질서가 뒤집어지는 '사회혁명'이기도 했기 때문
이다. 점령 후 서울의 온 시가지는 김일성과 스탈린을 찬양하고 미국과
이승만을 욕하는 선전물로 가득 찼다. 인민군과 노동당은 "미국을 '강
도 미제국주의'라 하였으며, 대한민국을 괴뢰집단이라 하였으며, 애국
자와 지도자를 매국노라 하였으며, 민족반역자라 하였다."[71] 그들은 공
식석상에서는 미국이라는 말 대신 '강도 미제국주의'라는 말을 사용하
였다. 그리고 동무라는 말이 공식적으로 사용되었으며, 사석에서만 평
소 호칭이 사용되었다. 인민군 점령하에서는 "거리의 행인도 동무며,
늙은이도 동무, 아이들도 동무였다."[72] 모든 사람들이 해방 직후 사용되
다가 좌익의 용어가 되어 버린 '인민'이라는 단어를 사용하였으며, 실
수로라도 '국민'이라는 말을 사용하면 사상이 나쁘다고 규탄받았다.[73]
반면 빈농이나 노동자 출신들은 우대를 받았다. 애송이 청년들이 '반
동' 혹은 기회주의자로 분류된 어른들에 대해서 반말을 하거나 마구 대
하기도 했다. 전통적인 반상 및 '위아래'의 차별에 익숙해 있던 사람들
에게 이러한 뒤집어진 세상은 인륜의 파괴로 비치기도 했다. 당시 조선
일보 방응모 사장은 인민군 점령 때 서울에 잔류하였는데, 신문사에 나
가자 "사장인 자신에게 손가락질을 하며 말투가 '너, 나'로 오가는 장면
이 연출되었다"[74]고 충격을 표시하였다. 수천 년에 이르는 장유유서長幼
有序와 상경하애上敬下愛의 인륜이 무너지는 엄청난 체험을 한 것이다.

'인민의 세상'이 되자 사람들의 복장에서도 변화가 일어났다. 이미
해방 후 북한에서는 레닌 모자와 마오쩌둥毛澤東 작업복이 유행한 적이
있었는데, 양복을 입은 사람이 지탄받는 특권계급으로 간주되는 사회
분위기에서 그것은 단순한 '유행'이었다기보다 그것을 위반한 사람들

을 의심하고 공격하는 '사회적 강제력'이었다고 해도 과언이 아니다. 김성칠이 기록한 것처럼 서울에서도 인민군이 점령하자 '농림모農林帽의 사태'가 났다. 양복저고리를 입은 사람은 하나도 없고, 구두 신은 사람 역시 찾아보기 힘들게 되었다. 버선 신은 부인도 없었고, 분을 바른 처녀를 구경할 수도 없었다. 깨끗한 몸차림이 부끄럽고, 더럽고 남루한 몸차림이 떳떳하게 된 것이다. 수염도 지저분하게 기르고 손톱, 발톱도 제멋대로 자라게 두었고, 그 손톱 사이에는 될 수 있으면 때도 좀 시커멓게 끼어 있는 것이 대단히 자랑스러운 분위기였다.[75] 김성칠은 신사복에 중절모를 쓴 것도 사치스러운 옷이어서 주변 사람들과 어울리지 않았다고 말한다. 그래서 그는 "짤막한 노타이에 쓰봉만 걸치고 거리에 나가서 200원짜리 보리짚 모자를 하나 사서 썼다"[76]고 일기에 기록하였다. 결국 체제가 바뀐 상황에서는 인민의 모습, 즉 평범하고 초라한 모습이 자랑이 되었으며, 그 반대의 사람들은 주변의 비판과 질책으로 고통을 받았다.

확실히 북한의 점령정책, 특히 짧은 기간에 실시했던 토지개혁은 '농민혁명'의 일종이었다. 그것은 이미 세력이 약화된 지주세력을 제거하고 예속되어 있던 농민을 독자적으로 사고하고 판단할 수 있는 존재로 해방시키는 과정이었다. 그러나 중국의 혁명이 그러하였듯 이 혁명은 노동계급이 실제로 주도하는 혁명이 아니라 아직 본격적으로 형성되지 않은 노동계급을 대신하여 당이 추진한 일종의 대리혁명이자 '조숙한' 혁명이었다. 따라서 이미 러시아혁명과 소비에트 건설의 경험에서 드러났듯이, 농민층이 다수인 사회에서 민주적으로 훈련되지 않은 농민들이 농민위원회 구성이나 운영 과정에서 당과의 관계에서 얼마나 독자성을 유지했는지, 그리고 스스로의 지도력을 형성할 수 있었는지는 대단히 회의적이다. 이들의 자연발생적인 계급적 적대의식은 전통적 지배계급을 붕괴시키는 데 기여했을 것이나, 새로운 사회를 건설하는 데 반드시 긍정적으로 작용하지는 않았다고 판단된다. 즉 북한이 실시한 토지개혁은 이후 남한정권이 구지주세력을 완전히 제거하는 데 기여했지만, 이들 농민들을 근대적 주체로 형성시키는 데 반드시 성공한 것처럼 보이지는 않는다. 9·28서울수복 이후 국군이 들어와서 다시 세상이 변한 이후 남한의 정치사회에서 조직된 농민운동이 완전히 사라지는 결과를 보면 이 점을 분명하게 확인할 수 있다. 오히려 농민층은 이러한 전쟁이라는 비상 상황에서 강압적인 힘에 의해 위로부터 추진된 개혁의 경험을 통해 이전부터 견지해 온 순응주의를 더욱 강화했을 것으로 추정된다.

# 3
# 신이 된 국가

## 적과 우리

**김일성 정권의 반동분자 처리**  클라우제비츠가 말한 것처럼 전쟁이란 "우리의 적대자로 하여금 우리의 뜻을 완벽하게 이행하도록 강요하는 폭력행위"이다. 물리적인 힘은 하나의 수단이고, 적으로 하여금 우리의 의지에 따르도록 하는 것이 최종 목적이다.[77] 이 목적을 달성하기 위해 국가의 구성원은 일사불란하게 단결해야 하고 적은 완전히 무장해제되어야 한다.[78] 따라서 내부를 결속시키고 적을 무장해제하기 위한 모든 정치적 행동이 전투행위에 수반된다. 전쟁이 국가 간에 발생한다면 전쟁은 국가의 과제를 변화시킨다. 그것은 바로 적을 완전히 무장해제해야 국가의 존립이 가능하기 때문이다. 여기서 누가 전쟁을 먼저 일으켰는가는 중요하지 않다. 오직 교전 당사자는 상대방을 없애고 굴복시키기 위해 모든 방법을 동원하게 될 것이다. 따라서 전시에는 "적을 무장해제하기 위한" 작전 그리고 국가안보가 국가의 가장 중요한 활동이 된다.

6월 28일 인민군이 서울 지역을 점령하면서 인민군과 지역에 숨어 있던 좌익은 대한민국에 협력한 사람들을 색출·처벌하기 시작하였다. 이에 앞서 26일에 김일성은 방송을 통해 "후방을 철옹성같이 다져야 한다"고 말한 다음 "도피분자, 요언妖言전파분자와 무자비하게 투쟁하며 밀정·파괴분자를 적발·숙청하고 〔……〕 반역자는 무자비하게 처단해야 한다"[79]고 강조하였다. 인민군이 서울을 점령한 후 "반동분자·비협력분자·도피분자를 적발하여 무자비하게 숙청하라"는 김일성의 호소문이 시내 곳곳에 게시되었다.[80] 북한은 서울을 점령한 이후 2만 4,000여 명 병력의 치안부대를 전 점령 지역에 분산·배치하여 '반동분자'로 분류되는 자들의 색출작업을 추진하였다. 요인 체포에는 정치보위부가 중심이 되었고 내무서와 급조한 사회단체가 동원되었다. 6월 30일 「정치범은 자수하라」는 포고문을 발표한 뒤에 우익계의 내막을 잘 아는 사람들을 회유하여 가두 특수 정보망을 조직하고 요인들의 가택 수색을 실시하였다. 북한은 5호 단위로 5인조를 만들어 "반동분자를 재우거나 반동분자들에게 쌀과 모든 것을 보내 주거나 도와주는 자들"도 내무기관에 연락하도록 했으며 5인조 중에서 어느 한 사람이 이런 행위를 하면 연대책임을 지도록 하였다.[81] 체포된 사람들은 내무서에 넘겨져 심사를 받았고 중앙청 지하실 등에 수감되었으며, 인민재판을 통해 공개 처형되기도 하였다. 서울에서는 동숭동 서울대학교 문리대 교정, 서대문의 송월동, 명동 국립극장 앞, 돈화문 앞, 명륜동 입구 등이 인민재판의 장으로 활용되었다.

그런데 북한의 숙청대상 선별기준과 그 과정을 보면 북한 점령정권의 정치적·계급적 성격을 읽을 수 있다. 남한 지역을 점령한 북한은 "국군 장교와 판·검사는 무조건 사형에 처한다", "면장·동장·반장 등은 인민재판에 부친다"라고 규정하였다. 1948년 여수·순천 지역을 반란군이 점령하였을 때에도 경찰 고위간부, 미군 방첩대 요원, 우익 인사들을 최고심사위원회에서 '반역자'로 분류하여 곧바로 처형하였고, 말단 경찰들이나 여타 우익 인사들을 선별·처리한 바 있었는데 전쟁 시 점령하에서도 그러한 방침이 반복된 것이다.[82] 북한은 남한 국가기구의 핵심 구성원인 군인·판검사·경찰 간부·우익단체나 정당의 간부 등을 '적'으로 취급하여 처형하고, 말단 관리나 중간적인 인물들을 면밀하게 검사하여 '인민'으로 편입할 사람과 그렇지 않은 사람을 구분하며, 이승만 정부에 반대한 사람은 '인민'으로 취급하자는 방침을 갖고 있었다. 내무서 등에서의 취조 과정을 보면 재산 소유 정도는 물론 미국 유학 경력도 '적'을 판별하는 기준으로 작용하였다. 한편 지식인은 소부르주아적인 중간계층으로서 멸시되었다.[83] 결국 북한은 한국전쟁 이전에 그러하였듯이 점령 시에는 친일·친미·반공활동을 한 사람들을 '적'으로 취급하였는데,[84] 이것은 역으로 과거 일제에 협력했던 인사들이 왜 그렇게 반공·반북전선에 앞장서게 되었는가를 설명해 준다.

한편 북한은 전쟁 중에는 저항세력을 진압하여 처벌하는 것이 가장 중요하다는 전제하에 전시 형사법령을 따로 제정하였다. 7월 22일 「전시 조건하에서 발생하는 범죄에 대해서 형법 적용에 관한 지도적 지시」를 출발점으로 하여 8월 21에는 「군사행동 구역에서의 군사재판소에 관한 규정」을 만들었다.[85] 또한 이듬해 1월 5일에는 「적에게 일시 강점당하였던 지역에서의 반동단체에 가입하였던 자들을 처리함에 관하여」라는 군사위원회의 결정이 3개항으로 구성되어 채택되었다. 이 결정은 한편으로는 무차별적인 보복을 방지한다는 취지에서 출발하였는데, "반동분자에게는 공개재판을 통한 철저한 진압을 실시하고 피동자에게는 관대한 포섭이나 교양을 실시하도록" 하였다. 한편 1951년 1월 21에 김일성은 일시적 후퇴기에 반동단체에 가담한 자들에 대한 처벌 문제를 언급하면서, "숨어 있는 자들이 자수하기를 기다리면서 그들과 투쟁하지 않는 경향"을 비판하였다. 또한 그는 "먼저 자수운동을 진행하고 수색작업을 강화하여 악질 만행자라도 법적 수속 없이 처벌해서는 안 된다"[86]고 강조하였다. 이어서 그는 처벌은 자수의 솔직성 정도에 따라서 하되 가짜 자수자는 군중심판이나 재판에 넘겨야 한다고 못박았다.

한편 '반동분자'의 색출에는 북한이 남한에 설치한 권력기구인 정치보위국, 정치보위부를 중심으로 인민위원회, 자위대<sup>치안대</sup>, 민청, 여성동맹 등의 사회단체가 가세하였다. 정치보위부는 가장 막강한 권력을 갖고 있었다. 정치보위부는 북에서 내려온 정규 요원과 지방의 좌익 정보원으로 구성되었다.[87] 출옥한 공산주의자 모임인 '인민의용대'도 경찰과 정보원의 역할을 하였다. 그리고 서울시 임시인민위원회 아래 설치되었던 토지조사위원회도 그러한 역할을 수행하였다.[88]

대개는 인민위원회 위원과 치안대원이 함께 가택 수색과 은신처 수색을 통해 '반동분자'를 체포·구금하였다. 체포자는 내무서에 수감되었고, 이들의 처리는 인민재판을 통해 이루어졌다. 노동당의 면당위원장, 인민위원장 및 사회단체장들이 반동규정판정위원으로 참석한 가운데, 사법권을 가진 위수사령관이 형량을 결정하였다. 그리고 인민군 현역 군인인 예심관이 각 지역의 내무서장을 지휘하였다. 예심관이 직접 심문하여 위수사령관에게 보고한 것으로 보이는데, 이 과정에서 주변 인물들이나 지방 주민들의 진정서 등을 참조하였다.[89] 북한정권에 용납할 수 없는 '죄악'을 저지른 사람이 아닌 한 그 지역의 평판이 예심관의 판단에 어느 정도 영향을 미칠 수 있었다. 그리고 반동규정판정위원회에서는 이러한 모든 사실을 논의하는 절차를 거쳤다. 일단 '반동'으로 판정받은 사람은 인민재판을 받거나 상부로 압송되어 수감되었으며, 죄질이 크다고 인정된 사람은 교화소로 끌려갔다. 앞에서 말한 것처럼 친일·친미 인사, 대한민국에 협력한 사람들에 대해 선거권과 피선거권을 박탈한 것이 가장 경미한 경우이며, 이들에게는 주로 인민군에 입대를 권유하여 자신의 죄를 씻을 것을 요구하였다.[90] 일단 끌려간 사람들은 자서전을 썼고, 성분과 계급의 분류에 따라 처벌되었다.

점령하에서는 친일 경력자,[91] 친미주의자,[92] 지주나 부르주아로 분류된 사람들, 특히 노동자를 착취한 사람들[93]이 가장 중요한 처벌 대상이었다.[94] 이승만 정권하에서 경찰관, 민보단원, 대한청년단원, 동회 직원이었던 사람들과 월남자들이 주요 처벌 대상이었다. 민족반역자로 분류된 사람들의 재산은 압류되었다.[95] 북한은 「미제국주의와 그 주구 리승만 매국도당들과 결탁하여 그들의 편으로 도주한 민족반역자의 물산을 등록하며 이를 처분하는 데 관한 결정서」를 채택하여 인민위원회 결정에 따라 등록된 재산의 일부를 국가에 귀속시키고 나머지는 농민들에게 분배하기도 하였다.[96]

전쟁 이전 북한은 "조선 인민의 도살자 리승만 역도는 반드시 준엄한 인민재판을 받을 날이 멀지 아니하며"[97]라고 밝힌 바 있는데, 점령으로 인하여 이제 그것을 실천에 옮기게 된 것이다. 인민재판에 회부된 사람은 대한민국 핵심 권력기관의 구성원, 친일 인사, 이승만 정권에 적극 협력한 사람, 지주 혹은 부르주아였다. '거리의 정의'street justice라고도 볼 수 있는 인민재판은 혁명 후 러시아에서 처음 나타났다고 하는데, 북한에서는 1945년 이후 계속 열렸다. 이것은 형식상으로는 민중들이 재판을 하는 것처럼 되어 있으나, 실제로 그것을 유도하고 배후에서 지도한 것은 당이었다.[98]

북한이 남한 지역을 점령한 다음 실시한 인민재판은 1949년 여순사건 당시 반란군이 실시했던 것과 동일하였다. 여순사건 당시 재판부는 민간인으로 구성되었고, 그들이 재판을 실시했다. 『미군정 정보보고서』G-2 Report에 의하면 벌교 지역의 경우 다섯 명의 재판관 가운데 세 명이 지방 공산주의자였다고 한다. 순천에서는 중학생이 자신의 동료 학생과 선생들, 그리고 우익 인사들을 체포하고 판결을 내리는 재판관이 되기도 했다. 주로 재판의 대상자는 경찰, 정부관리, 지방의 우익 인사, 그리고 방첩대에서 일한 코리언들이었다. 재판은 피고의 이름과 직업을 물어 본 다음 우익단체의 일원인지를 확인하고, 주한미군을 위해 어떤 일을 했는지, "대한민국의 구성원이라는 것을 가치 있게 생각하는지"에 대해 물었다고 한다.[99] 이북 출신으로 여순사건 당시 여수에서 학교를 다닌 이봉하가 기억하는 인민재판 과정은 다음과 같다.

> 학생 동무들, 이 반동분자를 똑똑히 보시오. 이 반동은 부르주아 착취계급의 자식으로 태어나 공화국을 배신하여 월남한 이북놈입니다. 악질 중의 악질놈만 모인 서북청년회와 결탁하여 많은 우리 애국 청년학생들을 학살하고, 또 경찰에 넘겨 옥살이하게 한 악질 중의 최고 악질 반동입니다. 〔……〕 "총살이요".[100]

여순사건의 경우처럼 전쟁 발발 후 인민군 점령하에서는 노동자와 농민들 그리고 학생과 청년들이 부르주아와 지주, 그리고 '반동' 교사를 심판하는 위치에 서게 되었다. 인민재판이 열리는 날은 가구마다 한 명씩 참석하라는 명령이 하달되었는데, 일반 주민들이 그것을 거역하는 것은 거의 불가능했다.

인민군이 서울을 점령하였을 때, 작가 김팔봉이 인민재판을 받은 이야기는 당시 인민재판의 실제를 잘 보여 주고 있다.[101] 김팔봉이 재판석상에 나갔을 때, 검사로는 남로당 중구 출판노조원이었던 노동운이 나왔다고 한다. 그는 김팔봉에 대해 "일제 때 공산당을 하다가 변절했고, 이승만 정권 경찰의 스파이로 자기 업소 노동자 다수를 투옥했고, 노동자를 착취하였다"고 논고하였다. 당시 판사는 자신이 알고 있는 오프셋 공원이었는데, "인민의 적으로 단정, 인민의 이름으로 사형에 처한다"고 판결을 내렸다고 한다. 그는 발목을 묶인 채 남대문과 의주로를 거쳐 서소문파출소 앞까지 2km를 끌려 다녔다.[102] 당시 검사와 판사는 모두 빨간 완장을 찼는데, "점령하에서 완장을 찬 '동무'들이야말로 전지전능한 검사이며 판사이자, 행형관行刑官이었다"고 생존자들은 술회한다.[103] 빨간 완장은 곧 권력을 상징하였고, 권력의 본질은 공포를 조성하는 것이었다. 재판 현장에서 반대의견을 제시하거나 박수를 치지 않는 것은 거의 불가능했다. 그것은 인민의 자발성이란 이름을 빌린 사실상의 '강제'였다.[104]

게다가 인민군이 위급한 상태에 몰리게 되자 이 정도의 절차도 없이 마구잡이로 처형하는 경우도 많이 있었다. 당과 군대가 직접 반동세력을 숙청하는 일에 앞장선 것이다. 김성칠의 기록에는 다음과 같은 사실들이 나타난다. 한 병사가 인민군 점령 후 처음 소집된 교수회의 석상에 들이닥쳐 "우리 인민공화국은 인민의 의향을 들어서 죄인을 처단하는 것입니다"라고 하면서 김구경이 죽어 마땅한 사람인지 어떤지를 평가하라고 한 것이다.[105] 한편 성균관대학교에서는 인민군이 "이 사람 반동분자요, 아니오?"라고 묻자 모두 기가 질려 아무 말도 못했는데, 누가 "악질 반동분자요"라고 하자 현장에서 총살했다[106]는 것이다.

재판 현장에서 생과 사의 결정은 동원된 주민들 목소리 크기에 의해 결정되기도 했다. 즉 죽이자고 외치는 사람이 많으면 곧 죽게 되었던 것이다.[107] 생과 사의 결정이 단순히 이념적 기준에 의해서가 아니라 평소의 인간관계·인격·타인과의 원한 여부 등 아주 사적이고 우연한 요소에 의해 좌우되는 상황이 연출된 것이다. 북한 측의 자료를 보면 인민군 치하의 농촌위원회에서도 '건달'들이 위원으로 선출되었다는 점이 계속 지적되었는데, 이들은 자신과 사적인 원한관계에 있는 사람들을 반동으로 몰기도 했고, 부모 형제를 반동분자로 몰기도 했다.[108] 인민재판이야말로 '혁명'과 '인민의 지배'를 빌미로 한 '자의적 권력 행사'가 이루어질 수 있는 대표적인 현장이었다.

물론 점령 당시 모든 지역에서 인민재판이 실시되었는지는 잘 알 수 없다. 전남 지역의 경우를 보면 어떤 지역에서는 인민재판이 전혀 실시되지 않은 경우도 많았다. 이것은 아예 재판 절차를 생략한 총살과 학살이 만연했기 때문일 수도 있고, 반대로 인민위원회 책임자가 상당히 온건하고 관대했기 때문일 수도 있다. 북한 당국은 계급 적대감이 가장 과격하게 표현된 인민재판에 대한 비판이 일자 7월 5일 군령으로 인민재판을 금했다고 한다. 그러나 그후에도 빨치산이나 후퇴하는 인민군들은 밀고자나 비협력자들에 대해 수시로 인민재판을 실시하였다.[109]

한편 노동당 군사위원회는 6월 28일 「남반부의 정치·경제·사회계 주요 인사들을 포섭하고 재교양하여 그들과 통일전선을 강화할 데 대하여」라는 결정을 채택하였다. 이들은 남한의 저명인사를 다섯 가지 기준으로 분류하였다. 첫째 부류는 1949년 남북한 좌익 성향의 단체로 결성된 조국통일민주주의전선(이하 '조국전선'으로 줄임)에 가담한 잔류 인사들, 둘째 부류는 남한의 행정부와 국회·정당·사회단체에 잠복해서 활동하던 북한의 프락치와 이에 동조하는 사람들, 셋째 부류는 1948년 남북한 정치협상에 참가한 정당·사회단체 지도자와 개별 인사들, 넷째 부류는 자수 또는 자발적으로 협력해 오는 사람들, 다섯째 부류는 연행 또는 체포해야 할 인사들이었다. 첫째와 둘째 부류에 대해서는 재교육을 실시하여 북한정권에 적절히 참여시키려 했으며, 셋째 부류에 대해서는 이들이 남북한 정치에서 큰 비중을 차지하고 있음을 고려하여 그들을 인격적으로 최대한 존중하고 '통일전선'의 대상으로 삼아 준동맹자로 예우하기로 하였으며, 넷째 부류에 대해서는 설복하고 포섭하여 재교육을 통해 공산주의 노선에 적극 참여시키기로 하였으며, 다섯째 부류에 대해서는 구체적 대상에 따라 처리방법도 달라져야 한다는 전제하에 설복과 포섭을 기본으로 하여 자신의 과거를 되새겨 뉘우치게 하며 지지·협조에 나서도록 인내를 가지고 설득하려 하였다. 끝까지 저항하는 사람은 그의 과거 죄과까지 따져 법에 따라 처리하려 하였으나 대체로 예우를 해 주고 '재교양'하려는 노력을 포기하지는 않았다.[110]

북한 당국은 일제강점기에 친일 경력이 있거나 해방 후의 행적으로 볼 때 '악질 반동분자'로 인정되는 사람들을 성북동 비밀장소에 감금해 놓고 적절한 시점에 북으로 끌고 가려는 계획을 세웠다. 다섯째 부류에 속한 사람들은 서울의 유치장과 지하실에 계속 감금되었는데, 이들에게는 해방사와 김일성의 업적을 찬양한 서적을 읽으라고 하였고, 또 종이와 연필을 주면서 반성문과 감상문을 쓰라고도 하였다.[111] 결국 북한은 8월 중순 이들을 평양으로 이송하였다.[112] 그러나 김규식과 조소앙 등 임정 요인과 저명인사들의 경우 "전쟁 이전과 다름없는 정치적 지위, 즉 민족 진영의 대표이자 지도자로 인정하고 중간적 입장에서 목소리를 낼 수 있는 세력으로 인정"하려 하였다.[113] 북한은 남한의 고위직에 있었던 사람들에게 기본적으로 처벌보다는 교육을 우선하여 가능한 이들을 포섭하려 하였다. 일부 자신들에게 필요한 사람들은 살려 주는 대신 협력을 요구하기도 했다. 예를 들면 고려대학교의 이인수 교수는 미소공동위원회 때 한민당 수석통역이었던 사람인데, 인민군 측은 그에게 대적방송을 하라고 요구하였다. 그는 포로수용소 포로의 원고를 번역하고, 능란하고 유창한 언어로 방송하기도 했다. 그를 살려 준 대가로 번역과 방송 일을 시킨 셈이었다.[114]

그러나 '반동세력'에 피동적으로 가담한 대다수 일반인들에 대해서는 '사상교양'이 실시되었다. 이들에게 김일성 장군의 노래, 빨치산의 노래 등을 가르쳤고 여러 차례 강연을 실시하였으며 주로 자서전을 쓰도록 하였다.[115] 그리고 스스로의 전력을 비판하는 글을 쓰게 한 다음 날마다 복창하도록 했다.[116] 그런데 교육과 강연 등도 지위와 계층에 따라 차별을 둔 것으로 보인다. 예를 들어 이화여자대학교에 재직 중이던 남한의 저명한 학자들은 북한 김일성대학의 교수들에게 강의를 들었다. 북한은 일반 회사원과 주민들을 대상으로 끊임없이 '사상교양'을 실시하였는데, 은행원들에게는 김일성대학의 4학년 학생이 강사로 오기도 했다.[117] 일정한 지식을 갖춘 사람들을 대상으로 한 강의에서는 북한의 노선을 일방적으로 주입하려 하기보다는 설득의 방법을 택한 것 같다. 이후 남한에서 살아남았던 사람들에게도 이러한 강의에 대한 인상은 그다지 나쁘지 않았다고 한다. 철학자 김태길의 경우 북한 치하에 있었던 달포 동안 공산주의에 대한 시각이 약간 긍정적으로 바뀌었다고 실토하였는데, 이러한 강의는 일부 지식인들에게도 상당한 의식의 변화를 가져왔던 듯하다.

해방 후 북한에서의 '반제반봉건·인민민주주의혁명'이 그러하였듯이, 점령 후 남한 지역에서의 반대자 처벌 역시 통상적인 혁명과는 다른 맥락, 즉 전쟁이라는 특수 상황에서 진행되었기 때문에, 이때의 '계급투쟁'은 대단히 적대적인 양상으로 전개되었다. 그러한 상황이 가장 잘 드러난 것이 바로 '피억압층'의 원시적인 계급 적대감정을 이용한 인민재판이었다. 1945년에서 6·25 이전까지 북한에 거주하면서 언론인이자 교수로 활동하였던 이동화는 북한의 반제반봉건혁명 노선이 '소련에 대한 지나친 찬양'과 '계급주의'에 기초해 있었다고 비판한 바 있다. 북한 사회주의 정권의 건설 과정에서 소련의 지원이 거의 절대적이었다는 점을 전제하고, 그러한 특수한 상황하에서 추진된 인민민주의혁명 과정에서 기득권세력의 희생이 어느 정도는 불가피했다는 점을 인정하더라도, 북한에서는 그것이 무리하게 진행되었다고 볼 수 있다. 특히 '당성'과 '성분'을 과도하게 강조하여, 상당수 지식인과 기독교 인사를 숙청한 것은 북한의 혁명노선에 동조하거나, 중간적인 입지에 설 수 있는 사람들을 적으로 몰아붙이는 결과를 가져왔다. 이중 대규모 혹은 중간 규모의 토지를 소유했던 농민들은 가장 강력하게 반발하였다.[118]

그런데 기본 혁명노선이나 김일성의 공식적 언사에서 나타난 북한의 계급정책은 대단히 온건한 것이었고, 심지어 부르주아민주주의적 성격으로 이해할 수 있는 측면도 있었다. 문제는 방법의 과격성이었다. 김일성은 '불순한 요소'의 척결과 당의 순결성을 대단히 강조하였는데,[119] '순결성'이라는 것은 반대파를 용납하지 못하는 태도로 나타날 수밖에 없다. 그것은 곧 종교적 근본주의fundamentalism와 통하는 것이다. 종교에서나 정치에서나 과도한 순수주의는 '적'에 대한 폭력을 수반하는 경우가 많다. 물론 정권 자체가 극히 불안정하고, 미국 및 남한의 우익세력과 적대하고 있었던 상황과, 남한에 대해 체제와 사상의 우위를 입증해야 한다는 압박감이 이러한 과격성과 근본주의를 더 부추겼을 것이다. 또 전쟁이라는 특수 상황, 극심한 빈곤과 좌절 등 민중들이 겪은 고단한 삶의 과정들이 새로운 국가권력이 추진하는 '계급투쟁'의 노선을 더 과격하게 만들었다고 볼 수도 있다. 따라서 이동화가 지적한 '과도한 계급주의'라는 것은 북한의 정책이나 노선 일반을 지칭하는 것이라기보다는 권력을 행사하는 방식을 주로 염두에 둔 것이라 생각된다. 사실 가장 과격한 계급투쟁은 사적인 감정이 그대로 폭발하는 것이며, 반대로 당과 국가권력에 의해 '통제된' 계급투쟁은 방식에서는 상당히 온건한 양상을 지닐 수도 있다. 전쟁은 계급투쟁이 가장 과격하게 전개될 수 있는 물리적 여건을 조성하는데, 이 경우 사적인 적대감과 보복심이 국가기관의 조직적인 통제를 받지 않은 채 원시적으로 분출되기 때문이다.

대체로 농민혁명은 노동자 주도의 혁명보다 더 과격한 양상을 보인다. 도시의 산업문명 속에서 성장한 노동자계급에 비해 농촌공동체의 문화와 관습을 견지한 농민층의 친밀감과 연대의식이 반대파에 대한 적대의식으로 돌변할 경우 '계급투쟁'을 명분으로 한 사적 보복의 양상을 더 크게 지니기 때문일 것이다. 즉 '과도한 계급주의'란 절제되지 않은 사적 보복심을 계급투쟁이라는 명분으로 포장하는 경우에 발생한다고 볼 수 있다. 그렇다면 북한의 '과도한 계급주의'는 바로 국가기구의 사회적 장악력이 아직 불완전한 상황에서, 민중들의 사적인 원망과 보복심리 혹은 분파적 감정 등 구태적 정치의 유산이 통제되지 않은 채 드러난 것으로 볼 수도 있다.[120]


**이승만 정권의 부역자 처벌**　　전선이 이동하는 내전 상황에서 남·북한 당국은 주민들이 자기 편인지 아닌지 거주지만으로는 알 수 없었을 것이다. 결국 각 진영에 대한 구체적인 충성 '행동' 여부가 기준이 될 수밖에 없었다. 예를 들면 이북에서 월남한 사람은 대한민국에 충성을 바치려는 반공주의자로 인정받을 수 있었지만, 반대로 6·25 이전 38선 이남에 거주하였던 사람들도 사회주의를 지지했으나 미처 북한으로 올라가지 못한 자일 수도 있기 때문이다. 그래서 전쟁 상황에서 양 국가에 대한 충성 여부를 확인할 수 있는 방법은 그들에 대한 구체적인 지지·반대 행동밖에 없지만, 아무리 전지전능한 국가라도 모든 국민의 지지·반대 행동을 일일이 감시하고 기록하는 것은 불가능에 가깝다.

우선 이승만 정권은 9·28서울수복 이후 서울에 다시 들어온 다음 피란을 간 자와 피란을 가지 못했더라도 전쟁 과정에서 북한에 부역하지 않은 사람을 충성스러운 국민으로 간주하였다. 따라서 '충성스러운 국민'과 '의심할 만한 국민'의 가장 일차적인 구분은 인민군 점령 직전 한강을 넘어서 피란을 갔던 '도강파'와 서울에 남아 있었던 '잔류파'의 구분에서 시작되었다. 앞서 언급한 대로 어떤 점에서 보면 이승만은 전쟁에 대비하지 않고 국민들에게 허위로 낙관적 보도를 하여 사실상 서울 시민들에게 인민군에 대한 '부역을 강요한' 책임을 지고 있으며, 정부 고위관리 중 '도강파'는 국민을 버리고 자신과 가족의 생명을 도모하기 위해 피란 간 자들이므로 다리가 끊어진 서울에서 생을 도모할 수밖에 없었던 사람들에게 정치적·도덕적 부채를 가진 사람들이라고 볼 수도 있다. 그러나 이들은 서울이 수복되자 마치 '정복자'처럼 서울에 입성하여, "서울에서 살아남은 사람이 '국민'인지 '적'과 내통한 자인지 심사하자"는 적반하장의 자세를 취하였다. 결국 9·28서울수복 후 서울에서는 북한에서 월남한 자와 피란을 간 자만이 '공산주의에 반대했다'는 가장 확실하고 안전한 신분증명서를 갖는 셈이었다.

　　그런데 서울 수복 직후에는 아직 부역자처벌법이 제정되지 않았기 때문에 실제 서울에 남아 있던 모든 사람들을 부역자로 간주하는 분위기가 조성되었다. 수복 후 전남 장흥에서는 경찰들이 인민군 치하에 남아 있던 전 주민에게 자수서를 받기도 했다. 그리고 자수서를 분류하여 주요 부역자를 추려 냈다.[121] 각지의 경찰서에서 부역 혐의자를 조사한 다음 풀어 놓으면 경찰국의 형사가 와서 잡아가고, 또 특무대나 헌병대가 와서 잡아가고 하는 일이 발생했다. 경찰, 우익단체의 부역자 색출과 처벌은 마구잡이로 진행되었다. 이들은 각 동을 돌면서 '인민가' 등 인민공화국 치하에서 강요했던 노래를 아는 이들을 전부 좌익 부역자로 몰기도 하였으며, 당시 우익 인사의 피신에 협력하지 않았던 자는 물론 원한관계에 있던 이웃의 신고에만 의거하여 덕망 있고 인심 있는 사람들까지 부역자로 몰기도 했다.[122] 한편 부역자 처벌의 명목으로 각종 사설 치안조직이 주민들을 괴롭히는 일이 만연하였다. 군·경과 청년단원들 및 권력을 가진 사람들이 사사로운 원한이나 감정으로 권력을 남용하여 무고한 사람들을 처벌하는 일이 비일비재하였다.[123] 그러한 상황에서는 "6·25 때 남쪽으로 피란하지 못한 사람은 걸리지 않은 사람이 없을 정도였다."[124] 만약 재수 없으면 부역자로 일괄 처리되어 총살당할 수도 있는 상황이었다.[125]

한편 좌익 연루자들이 버리고 간 재산을 사적인 목적으로 탈취하는 일도 많았다.[126] 수복 후 서울에서는 패자의 전리품을 사적인 소유물로 만들려는 사람들이 야만적인 부족전쟁이라도 치르는 듯했다. 그 도가 지나쳐 비판이 일자 9월 29일 군·검·경 합동수사본부에서 재물을 탐내어 무고한 시민을 체포, 구속하는 악질 사설단체를 엄중 수사하겠다고 발표하였다.[127] 10월 4일에는 장창국 헌병사령관이 "군·경의 역산逆産, 부역자의 재산 점거, 입주를 엄단한다", "부역자라고 하더라도 불법 구속하여 구타를 할 때는 그 책임자는 물론 담당자를 엄중 처벌하겠다"고 밝혔다.

같은 날 부역자 처리를 위한 공식 기구가 탄생하였다. 10월 12일 계엄사령관은 "시내 각 구, 동회를 통하여 적 치하에 부역한 자는 반원班員 연대책임하에 철저히 적발할 것"을 지시하였다. 국회를 필두로 하여 관청, 학계, 예술계 등에서 도강파가 잔류파를 심사하기 시작하였다. 우선 점령 정권에 채용되어 봉급을 받은 자, 각계에서 이들에게 협력한 자, 의용군에 간 자를 색출하는 작업부터 시작하였다.[128] 국회의원 중에서도 북한 당국에 체포된 사람은 그 '애국심'을 확실히 입증할 수 있었지만, 인민군 점령 후 며칠이 지나서 체포된 사람은 "기다리고 있었다고 해도 변명할 수 없다"[129]는 공격을 받게 되었다. 또한 이들은 특별위원회를 조직하여 남하하지 않은 국회의원들을 대상으로 체포를 당했는지 또는 당하지 않았는지 조사하고, 6월 25일부터 10월 당시까지 그날 그날의 일지를 기록하여 특별위원회에 제출하고 심사를 받게 하자고 제안하였다.[130] 즉 인민군 점령하에서 이들이 북한 당국에 어떤 정치적 입장을 취했는지 분명히 확인하자는 취지였다.[131]

그런데 이미 서울이 유엔군에게 수복될 무렵인 9월 17일에 조병옥 내무부장관은 「공비 지역의 동포에게 고함」이라는 포고문에서 "① 관에 협력 복종할 것, ② 법을 초탈하는 보복행위는 엄중 처단할 것, ③ 협력자에 대한 민중의 사적 제재를 엄금함"이라고 밝혔다. 조병옥은 서울 탈환 직후 삐라를 뿌려 부역행위자에 대한 보복행위를 엄중 경계하라는 포고문을 발표하였다. 그러나 사실 이승만 정부는 마녀사냥식의 대대적인 부역자 색출 작업을 즐기고 있었다. 그것은 전쟁 발발 직전에 제대로 방어 준비도 하지 않고 있다가 곧바로 수도를 버리고 갔으며, 한강다리를 조기에 폭파하여 많은 희생자를 냈고, 주민들에게 피란하라는 경고도 하지 않은 채 무책임하게 수도 사수를 주장했던 자신의 정치적 책임을 '잔류파'와 잔류 국민들에게 뒤집어씌우는 것이었다.

당시 국회의원이었던 윤길중은 국회 법사위원들과 함께 「부역행위 처벌특별법」과 「사형私刑금지법」 등 이른바 민권법안을 입안하여 9월 17일 부산 문화극장에서 열린 제8차 제24회 임시국회 본회의에 제출하였다.[132] 그 결과 9월 19일에 원안대로 가결되었고, 9월 29일 「부역행위 처벌특별법」도 가결되었다. 그런데 이 법안에 대해 군과 경찰에서는 "두 법안의 입법조치는 적을 돕는 행위다"라고 반대하였다. 이러한 분위기에서 대통령이 부역자처벌법안의 거부권을 행사하여 국회에 환부, 재의결을 요구하였다. 이 법을 발의한 윤길중은 이 법안의 필요성을 다시 역설하였다. 그는 "본 법안은 군이나 경찰에 대해 모욕적인 것이 아니며 오히려 그 사기를 앙양하는 데 도움이 될 것입니다"라고 말했는데, 결국 3분의 2 이상의 찬성으로 통과되었다. 그때 국회에는 인권을 존중해야 한다는 분위기가 살아 있었다.

한편 「사형금지법」에서는 사형私刑을 "역도 혹은 부역행위자에 대한 처벌을 이유로 법률이 정하는 바에 의한 수속 또는 재판을 경하지 아니하고 타인의 생명·신체·사유재산에 침해를 가함을 말한다"라고 정의하였다. 또한 비상사태를 빙자하여 사형을 감행하거나 명령 또는 용인하였을 때에는 "살인의 경우 사형死刑 혹은 무기징역을, 감금이나 고문 또는 타인의 재물 약탈·파괴에 대하여는 무기 또는 1년 이상의 징역에 처한다"라고 명시하였고, 여기서 "군사 또는 치안의 임무를 수행하는 자라 함은 군인·경찰관·청년방위대원·자위대원 등을 지칭한다"고 명시하였다. 그러나 정부는 군·경의 사기를 저하시킬 수 있다는 이유로 재의再議를 요구하였고, 결국 국회의 재의를 거쳐 12월 1일 공포된 것이었다. 그러나 이 과정에서 정부, 즉 이승만과 국회는 계속 충돌하였는데, 이러한 충돌은 피란 시 이승만이 보인 무책임한 태도에 대한 국회 측의 불만이 작용한 것이었다.[133] 이후 이승만은 부산 정치파동에서 국회에 보복의 칼을 들이대었다.

12일 1일 「사형금지법」과 함께 발표된 법률 제157호 「부역행위특별처리법」에 의하면 "국가보안법 및 비상사태하의 범죄처벌에 관한 특별조치령에 설정되어 있는 죄를 범한 자 중〔……〕역도의 압력으로 정치적 이용을 당한 행위가 불가피하다고 인정된 자, 〔……〕단순히 부화뇌동한 자, 학교·공장·회사 등 직장에서 단순히 그 직무를 수행한 자, 반도叛徒가 조직한 단체에 단순히 가입함에 그친 자〔……〕에 대해서는 죄를 감형 혹은 면제한다"고 하였다. 이것을 보면 당시 대한민국 정부가 누구를 '믿을 수 없는 국민'으로 그리고 누구를 '적'으로 간주하였는지 알 수 있다.

우선 부역행위자 중에서 '조직 계통에 속하는 공산당원', '가장 악질적으로 행동한 자', '반정부 감정의 소지자', '6·25사변 이후 돌발적인 파괴세력에 가담한 소극적인 공산분자'의 부류와 '일시적으로 부화뇌동하여 부역한 자', '일신의 명철보신을 도모하여 본의 아니게 피동적으로 부역한 자'의 부류로 구분하였다. 대체로 후자의 두 집단은 석방 대상으로 분류하였다.[134] 그러나 전자는 법적인 심판을 받았다. 또한 이 무렵에 부역행위특별심사위원회를 시·도·구·군에 각각 설치하여, 이 법에 의해 처리하는 범죄는 반드시 심사위원회의 심사를 거치도록 하였다. 부역자 체포를 위해서는 군·경 합동수사반이 편성되어 일단 자수 형식으로 출두하여 심사를 받도록 하였다. 각 동네에 공안위원회를 설치하여 동회장이 위원장이 되어 위원을 추천한 다음, 경찰서 사찰계에서 사람들을 조사한 후 공안위원회에서 갑·을·병으로 분류하면, 갑·을은 검사국에 유치하고 병은 공안위원회에서 신원을 보증하면 석방하였다.[135]

수복 이후 서울은 물론 지방의 각 경찰서에서는 군과 경찰의 수사에 의하여 부역 혐의를 받은 남녀 '동포'들이 잡혀와 초만원을 이루었다. 1950년 11월 13일 당시 남한 각 도에서는 5만 5,900명의 부역자가 검거되었다. 전국에 걸쳐 수십만을 헤아렸는데, 사형을 위시하여 무기징역, 30년 징역, 15년 징역, 5년 징역 등의 언도를 받은 부역자들이 우글우글하였다.[136] 조병옥 내무부장관은 본의가 아닌 피동적인 부역자에 대해서는 민족의 아량으로 관대히 포섭한다고 발표하였는데,[137] 자기 생명을 보존하기 위하여 수동적으로 부역한 경우가 많다고 보았기 때문이다. 그는 김준연 법무부장관과 상의하여 경무대를 방문하고 이 대통령을 동반하여 서대문형무소를 시찰하였다. 여기서 그는 이 대통령에게 진언하여 사형은 무기, 무기는 15년, 15년은 5년, 5년 이하의 징역 언도를 받은 사람은 모두 석방토록 하였다.[138] 당시 이 조치로 석방된 자는 서울에서만 3만 명이었다. 즉 부역 혐의가 있다 하더라도, 생존을 위해 마지못해 부역한 경우는 면제될 수 있었다. 이러한 조치는 수복 후 무차별적인 처벌이 이승만 정권의 국제적 신뢰를 떨어뜨리고 있다고 판단한 미국과 유엔한국위원단의 압력에 의한 것으로 보인다.[139] 그러나 이 당시에 「비상사태하의 범죄처벌에 관한 특별조치령」 위반으로 391명의 피고가 서울지방법원에서 사형 언도를 판결받았는데, 그중 242명은 이미 처형되었다.

당시 부역자 중에는 가족, 동네 사람 혹은 동료를 살리기 위해 부역한 사람도 적지 않았는데, 이들은 이웃의 탄원에 의해 구제되었다. 이들은 바뀐 세상에서 동료들이 다치지 않도록 협력하였다. 김재준의 수기를 보면 그는 점령하에서 자신을 보호해 준 학우의 석방을 요구하기도 하였다. 앞의 김태길이 언급한 인민군 치하에서 협력했던 이희재 교수의 경우도 이러한 범주에 속한다.[140] 이 또한 인민군 치하에서의 객관적인 행동과 더불어 전쟁 이전의 행동들, 이웃과의 관계에 기초한 '평판'이 부역자 심사 과정에 결정적 영향을 미친 것이라고 볼 수 있다.

그러나 이러한 법적인 제재의 완화와는 무관하게 사회적인 차별과 천대는 계속되었다. 즉 빨갱이라는 낙인은 사실상 개인을 매장시킬 수 있는 무서운 폭력이었다. 이후 조봉암이 지적한 것처럼 어떤 지방에서는 부역 혐의가 있는 사람은 아예 국민 노릇을 할 수 없었다. 그들은 모든 권리를 박탈당하였고, 아무리 억울하고 불합리한 일을 당해도 어디 가서 호소 한마디 못 하였으며 노예와 같은 생활을 하지 않으면 안 되었다.[141] 서울에 남아 있던 사람은 마치 '서자' 혹은 '이등 국민', '적으로 의심되는 사람' 취급을 받았다. 심지어 피란 가지 못한 사람들이 경찰들에게 잘 보이기 위해 밤마다 술과 고기를 대접하기도 했으며, 피란 떠났던 사람들이 남아 있었던 사람들을 등쳐먹는 일도 많았다. 경찰들이 부역자로 분류되거나 창고 등에 수감되어 있던 사람들을 끌고 나와 총살하는 등 공포 분위기가 조성되기도 했다.[142] 박완서의 자전적 소설에도 수복 당시 빨갱이로 분류된 가족들의 처지가 잘 그려져 있다.

> 그들은 나를 빨갱이년이라고 불렀다. 빨갱이고 빨갱이년이고 그 물만 들었다 하면 사람이 아니었다. 사람이 아니기 때문에 영장이고 나발이고 인권을 주장할 수도 없었다. 빨갱이를 색출하고 혼내 줄 수 있는 기관은 수도 없이 난립돼 있었고, 이웃이 우리를 계속 수상쩍게 여기는 한 나는 그들의 밥이었다. 〔……〕 그들은 나를 마치 짐승이나 벌레처럼 바라보았다. 나는 그들이 원하는 대로 돼 주었다. 벌레처럼 기었다. 그들에겐 징그러운 벌레를 가지고도 오락거리를 삼을 수 있는 어린애 같은 단순성이 있었다.[143]

빨갱이의 낙인을 받은 사람은 '사이비 한인韓人' 혹은 '비국민' 취급을 당하였고, 인민군과 공산당의 앞잡이 노릇을 한 사람은 아무리 동족이라고 해도, "심지어는 골육지친骨肉之親 간이라고 해도 총검거하여 토멸討滅해야 한다"[144]는 주장이 제기되었다. 따라서 부역자들은 목숨을 부지한 것만으로도 감지덕지해야 할 상황이었다. 「부역행위처벌특별법」은 바로 국민과 '비국민'을 구별하기 위한 법적 조치였으며 정치적·사회적 구별을 위한 것이기도 했다. 특히 월북자 가족은 '국민'으로서 자격을 인정받지 못하는 존재가 되었다. 상당수의 월북자 가족은 집단학살의 피해자가 되기도 했고, 그 이후에도 '국민', 심지어 인간으로서의 자격을 인정받지 못하였다. 재산을 박탈당하고, 자신이 살던 고향에서 살 수 없게 되었으며, 연좌제를 통해 공무원이 될 수 없음은 물론 직장 선택에서도 제약을 받았다.[145] 군, 경찰, 방첩대 및 사설단체들의 쉴 새 없는 조사와 압력에 직면하자 상당수 젊은 남성들은 '비국민'의 신세를 벗기 위해 자발적으로 군에 입대하기도 하였다.[146] 1980년까지 30년 이상 지속된 연좌제는 아무런 법적 근거도 없는 것이지만, 실제 부역자나 부역자로 의심받은 사람, 그리고 그들의 가족을 사실상 '이등국민'으로 대접하면서 사회적으로 배제하는 통제체제로 작용하였다.

그런데 부역자에 대한 처벌은 대한민국에 협력한 자에 대한 포상과 병행되었다. 대통령령 제488호 「공비토벌기장記章령」에 의하면 '6·25사변 이전 공비 토벌에 직·간접으로 공을 세운 사람'에게 기장(기념휘장)을 부여하도록 했는데, "기장은 본인에 한하여 이를 종신 패용하고 사후에는 유족으로 하여금 보존하도록 한다"는 조항이 있었다.[147] 바로 공비 토벌을 통해 '대한민국'에 공로를 세운 자에게는 자손들까지 그 영예를 누릴 수 있는 사회적인 보상을 해 준다는 의미이다. 이것을 뒤집어 보면 '공비' 혹은 '공비와 내통한 국민'에 대해서는 본인을 처벌하는 것은 물론 자손에게까지 그 화가 미치도록 하겠다는 것을 의미한다. 전쟁 상황에서 국가 내부의 '적과 나'의 구분이 얼마나 지독하고 철저했는가를 보여 주는 좋은 예이다.

# 전시동원

**김일성 정권의 동원**　　　　전쟁은 국가안보를 국가의 가장 중요한 목표로 승격시키는데, 그것은 국민의 생명과 재산을 국가라는 공동체의 유지 및 보존이라는 목적에 종속시키는 것이다. 국가조직은 군대같이 되고, 국민은 군인같이 되며, 국가의 법은 군대에서 통용되는 명령처럼 제정·집행의 절차를 무시하고 무조건적인 복종을 요구하게 된다. 정치가와 법원을 대신하여 경찰과 군대가 통치의 전면에 나서게 된다. 또한 억압적 국가기구인 군대와 경찰에는 막강한 재량권이 주어짐과 동시에 처벌의 강도도 훨씬 강해진다. 이제 군인과 경찰은 국가 내 정치적 반대자의 생사여탈권을 쥔 전지전능한 군주가 된다.

결국 전쟁은 군인을 지배자의 지위로 승격시키고 행정을 군대에 종속시킨다. 분명히 전투행위는 최고권력자인 대통령의 명령에 따라 수행되나, 군통수체제의 작전수행을 위한 대부분의 명령은 이제 각료회의나 대의기구의 심의와 논의를 거치지 않고 군 수뇌의 명령 한마디로 그대로 시행된다. 전쟁 발발 이후 북한이나 남한이나 이 점에서는 차이가 없었다. 결국 남북한 양 국가와 그 대리자들은 모두 누구도 그 명령을 거역할 수 없는 사실상 신과 같은 존재가 되었다. 그러나 '인민의 국가'임을 표방한 북한은 '형식적인 법'에 집착하는 자유민주주의와 달리 '인민'의 의지를 중시하여 '인민의 이름으로' 반대자를 처벌하였다는 점에서 차이가 있었다.[148]

전쟁 다음날인 6월 26일 북한 최고인민회의 상임위원회는 전시체제에 부합하는 최고권력기관으로서 군사위원회를 조직했다.[149] 군사위원회는 전쟁으로 말미암아 조성된 비상한 정세와 관련하여, 그리고 전쟁에서 전체 인민의 역할을 급속히 동원할 목적으로 조직되었다. 이 군사위원회는 일체 주권을 장악하였고, 모든 기관·정당·사회단체·군사기관들은 군사위원회의 지시와 결정에 복종해야 한다고 규정하였다. 군사위원회는 전시에 인민민주주의독재를 수행하는 최고집행기관이었다.

한편 북한은 「전시동원령」을 점령 지역으로 확대 실시하였다. 7월 1

일 「최고인민회의 상임위원회 정령」으로 「전시동원령」을 공포하였는데, "① 전 지역에 걸쳐 동원 선포 ② 동원 대상은 1914년 출생자에서 1932년 출생자까지 ③ 7월 1일부터 발효"를 내용으로 하였다. 북한은 발표 당일 의용군 지원자가 11만 5,000명이었고, 평양에서만 3만 명이 되었다고 발표하였다. 처음 의용군 모집에 자발적으로 응한 사람은 서대문형무소에서 출옥한 지방 출신의 남로당계와 서울에서 피신해 있던 지방 당 간부였다.[150] 초기에는 지원 자격의 문이 매우 좁았던 셈이다. 당국은 경찰에 검거되어 국민보도연맹에 들었거나 가정 형편상 지하공작을 포기하였던 사람들에게 "죄를 씻으라"면서 의용군으로 동원하였다.[151] 빈농 중에서 토지를 배급받은 사람이나 국민보도연맹 관련자들도 주요 모병 대상이었다.[152] 북한 지역에서 입당 연한이 1년 이상이거나 대학 2학년 이상인 학생들은 제2중앙정치학교에 입교하여 한 달간 훈련받고 중대장이 되어 전선에 배치되었다.[153]

일반 의용군은 주로 학생을 대상으로 하였는데 처음에는 자원 형식을 취하였다. 7월 3일 서울에서는 금화국민학교에 85개교 1만 6,000여 명을 모이게 한 뒤 "전선을 지원하자"는 구호를 외치면서 시가행진을 하도록 했다. 또한 그날 2시에 동대문과 광화문에서 '애국학생 궐기대회'를 연 다음 즉석에서 의용군을 편성하였다. 이때 좌익계 학생들을 중심으로 학생의용대가 조직되었다.

점령 지역에서의 의용군 모집은 7월 6일 당의 결정으로 「의용군 초모招募사업에 대하여」라는 방침이 내려지면서 본격화되었다. 그 내용은 ① 의용군은 18세 이상의 청년으로 하되 비농민, 청년을 많이 끌어들일 것, ② 각 도에 할당된 책임모집 수를 완수할 것, ③ 전 남로당원으로서 변절자는 의무적으로 가입시킬 것 등이었다. 거리에는 "우리의 손으로 원쑤를 무찌르기 위하여 의용군 대열에 참가하자", "한 줌밖에 안 남은 놈들을 우리가 의용군에 참가하여 우리 손으로 모조리 잡아죽이자" 같은 벽보가 게시되기 시작하였다.[154] 이후에는 궐기대회 등을 개최하였는데 그 자리에서 '의용군 신청서'에 서명한 사람은 곧바로 징집되기도 했다.

그러나 CIA 측은 "서울 학생의 절반 이상이 대거 북한군에 입대하였다. 이러한 사실은 북한군에 의해 강제된 측면이 있지만, 과거 이승만 정권이 얼마나 남한 민중들로부터 지지받지 못했는지 단적으로 보여 주는 것"[155]이라고 평가하였다. 미국 측이 인민군 포로를 심문한 자료에 의하면 의용군은 17세에서 37세까지의 남성을 대상으로 하였는데, 7월 중순까지는 학생들이 모두 징집되었고 그냥 길거리를 지나가는 남성들도 권유를 받았으나 강요되지는 않았다고 한다.[156] 그러나 그 이후부터 의용군 모집은 강제적이었고, 응하지 않으면 죽음을 각오해야하는 경우도 있었다.[157] 물론 당시 속초 지역에서 인민위원회 활동을 했던 김진계는 의용군 모집이 강제성을 지니는 경우가 있었지만 살벌하게 총으로 위협한 것은 아니었다고 증언한 바 있다. 남로당 전북도당 산하 연락책이었던 김문현 역시 전북 지역에서는 지원자만 보냈다고 증언했다.[158] 그 이유는 "자발성에 기초해야만 군인들이 전쟁에서 용감하게 싸울 수 있고, 만약 그렇지 않으면 모두 도망가 버릴 것이 뻔하기 때문"[159]이라는 것이다.

북한 점령군은 처음에는 동 단위로 모집을 했으나 나중에는 거리에서 무조건 잡아가기도 했다. 각종 직업동맹, 특히 문학가동맹 같은 단체도 처음에는 문학단체로서의 행사가 중심이었으나 차츰 문인들을 의용군으로 내모는 단체가 되었다.[160] 8월 말 이후에는 집집마다 수색하여 체포하는 방법도 동원되었다. 민청원, 내무서원, 인민군이 한 떼가 되어 새벽 두세 시에 집을 수색하여 청년들을 붙들어 가기 시작하였다.[161] 그 결과 충남의 경우 7월 말에서 9월 초까지 의용군으로 모집된 젊은이가 2만 3,000여 명이나 되었다. 남한에서만 약 20만 명에 달하는 젊은이가 의용군으로 징집되었다. 집결된 의용군부대 중 경북은 안동 여단, 충남은 대전여단, 전남은 광주여단으로 불렸다. 이렇게 반#자원 반강제로 모집된 의용군의 수는 전국에서 모두 40만을 헤아렸다고 한다. 직업동맹 측의 자체 사업평가를 보면 대체로 기대한 만큼의 성과를 거두지 못한 것으로 드러난다. 이들은 "선전사업이 부족하여 전출, 의용군사업에 소기의 성과를 거두지 못하였다"[162]고 평가하였다. 전선에 나가는 것이 죽음을 의미할 수도 있는 전시 상황에서 아무리 북한 사회주의 체제를 지지한다고 하더라도, 인민군에 입대를 자원하는 사람이 많이 나오기는 어려웠을 것이다.

한편 8월 이후 전세가 불리하게 진행되자 북한은 대대적인 인민군 원호援護사업을 실시하였다. 주로 군중집회를 통하여 필수품인 수건, 손수건, 양말, 칫솔, 비누 등을 수집하여 감사·격려 편지와 함께 인민군대에 보내고, 금·은·동 등 귀금속 헌성獻誠운동도 전개하였다.[163] 인민군은 주·부식을 현지에서 조달하는 것을 원칙으로 하였는데, 전시에 보급이 어려워지자 이를 더욱 강하게 실시하였다. 점령 지역의 주민들에게 "모든 역량을 전쟁 승리로"라는 구호를 내걸고 지역별로 '인민군 구호사업 연락소'를 설치하였다.[164] 이들은 피아노, 재봉틀 등을 '다와이'[165]하여 이북으로 보냈으며, "조국을 위하여 귀금속을 바칩시다"라고 하면서 귀금속 헌납을 요구하였다. 나중에는 고추장, 된장, 숟가락, 이불까지 요구하였다. 농촌에서는 집집마다 옷가지 한 벌씩을 내놓으라고 하였으며, 황소 한 마리를 내놓는 사람도 있었다. 당시 대한민국 측이 뿌린 삐라에서 많이 나타나는 구호는 "쌀을 감추라"는 것이었다.[166]

북한의 전시동원정책은 앞의 토지개혁에서 의도한 지지기반의 확대라는 기조와 상충하였다. 이것은 개혁 혹은 혁명 조치가 전쟁이라는 상황 때문에 퇴색될 수 있음을 의미한다. 인간에게 생명과 재산 보호는 '생활조건 개선'보다 더욱 일차적인데, 전쟁 상황이 전자와 관련된 것이라면 개혁 조치는 후자와 관련된 것이다. 만약 전쟁이 극히 단기간에 마무리된다면 후자의 긍정적인 측면이 더 부각될 수도 있었을 것이다. 그러나 전쟁이 지연되면서 '인민'을 위한다는 전쟁의 명분은 점점 퇴색되지 않을 수 없었다.

물론 이것은 북한 측의 입장에서 보면 '의도하지 않은 결과'일 수도 있다. 그러나 과연 어떤 전쟁이 민간인에게 고통을 주지 않을 수 있겠는가? '정의로운 전쟁'이라는 목표를 내세운다고 하더라도 전쟁 혹은 폭력이라는 수단은 그 목표 자체를 무의미하게 만들 수 있다. 또 변덕스럽고 이기적인 '인민'들에게 과정의 고통을 감내하라고 설득하는 것은 거의 불가능하다. 마르크스 – 레닌의 계급투쟁론과 혁명론은 '정의로운 전쟁'이라는 목적윤리를 지나치게 강조했고, 그리하여 노동자·농민들이 피해자가 될 수도 있다는 사실을 간과하였다. 전쟁은 "가난한 사람을 제일 먼저 굶기고, 제일 먼저 죽이기"[167] 때문이다.


**이승만 정권의 동원**　　　　　전쟁 발발 후 이승만 정권도 북한과 유사한 동원체제를 구축하였다. 전쟁이 발발하자 대통령령 제377호로 「비상시 법령 공포식의 특례에 관한 건」을 발표함과 동시에 긴급명령 제1호로 「비상사태하의 범죄처벌에 관한 특별조치령」을 발표하였다. 이 법에 의하면 살인·방화·강간한 자, 군사·교통·통신·수도·전기 외 관공서 중요 시설 및 그에 속한 중요 문서 또는 도면을 파괴 및 손상한 자, 군수품 및 중요 물자를 강취·갈취·절취 등 약탈하거나 불법 처분한 자, 형무소와 유치장의 재소자를 탈옥

케 한 자 등은 사형에 처한다고 되어 있다. 그리고 이러한 죄를 범한 자의 심판은 단심單審으로 하고, 기소 후 20일 이내에 공판을 열어야 하며, 판결은 증거·증명을 생략할 수 있도록 하였다. 사형집행은 교수 혹은 총살로 한다고 발표하였다.

전쟁 발발 후 10여 일이 지난 1950년 7월 8일 계엄령을 선포하고 "생활필수품의 은닉, 매점매석 등으로 민정자의 공정한 운영을 교란하거나 직장을 무단포기하거나 유언비어를 유포하고 모략을 자행하여 민심을 동요케 하는 등 작전을 방해하고 질서를 문란케 하는 소위所爲에 대해서는 법에 비추어 처단할 것"[168]을 경고하였다. 1950년 7월 26일 긴급명령 제6호로「징발에 관한 특별조치령」을 발동하였다. 비상사태시 군 작전상 필요한 물적·인적 자원의 징발이 목적인 이 명령은 국방부 제1국장, 특명의 사령관, 삼군의 총참모장, 군단장·사단장·위수사령관인 독립단대장 등을 징발관으로 정해 이들이 국가 내 거의 모든 자원을 징발할 수 있도록 하였다. 그리고 징발을 거부하거나 도피하는 자, 또 이를 은닉하거나 교사·방조한 자는 2년 이상 5년 이하의 징역에 처하였다. 사실상 전쟁 수행을 위해 군대가 무소불위의 권력을 행사할 수 있도록 길을 터놓은 것이다. 이승만 정권은 7월부터 대전 이남 지역에서 고등학생들과 청년들을 대량으로 모집하여 전선에 투입하였다. 아울러 병력의 이탈을 막기 위하여 탈영병은 즉시 총살할 수 있도록 하는 등 헌병의 감시와 독전督戰활동을 강화하여, 전쟁 직후 일시 와해되었던 군 병력을 7월 말까지 8만 6,000명 정도로 증강시킬 수 있었다.[169]

1950년 7월 22일 긴급명령 제7호로 대통령령인「비상시 향토 방위령」을 발표하였다. 이에 따르면 "만 14세 이상의 모든 국민은 향토 방위의 의무를 지게 되었으며, 만 14세 이상의 국민은 일치 단결하여 공산주의 사상을 방지함으로써 국난을 극복하고 대한민국의 유지·발전을 위하여 총력을 집중하여야 한다"[170]는 것이다. 그 내용을 보면 마을 단위로 자위대를 조직하였는데 자위대원은 17세 이상 50세 이하의 사상이 건실한 남자 중에서 대장이 선임하되 청년방위대원과 대한청년단원을 주로 한다고 되어 있다. 또 북한 괴뢰군과 이에 협력하는 자의 동태에 관한 정보를 수집·연락하여 마을의 방위와 방범을 담당한다고 하였다. 그런데 이 자위대가 이후 부역자 처단을 명분으로 한 민간인 학살에 개입하게 된 것이다. 이러한 '비상시' 제반 법령의 선포로 군과 경찰, 자위대는 엄청난 권력을 향유하게 되었다.

1951년 법률 제193호 「방공법」防空法을 공포하였는데, 이 조항 중에는 "내무부장관은 방공상 필요가 있을 때에는 대통령령이 정하는 바에 의하여 일정한 지역에 거주하는 자에 대하여 기간을 정하여 그 지역에서의 이전을 금지 또는 제한하거나 퇴거를 명할 수 있다"는 내용도 있고, "행정 관청은 방공의 실시에 제하여 필요 있을 때에는 대통령령이 정하는 바에 의하여 영업 및 기타의 업무를 행하는 자에 대하여 그 업무의 금지, 제한, 계속, 재개 등에 대해 필요한 명령을 할 수 있다"고 밝히고 있다.[171] 이것은 전쟁 수행을 위해 국가가 개인의 경제활동과 주거 이전을 실질적으로 통제했음을 의미한다.

그러나 6·25 발발 후 이승만 정권이 인적·물적 자원의 동원 과정에서 저지른 가장 큰 사건은 '국민방위군사건'이었다. 정부는 1950년 12월 21일에 공포된 「국민방위군설치법」에 의거하여 제2국민병역에 해당하는 만 17세 이상 40세 미만의 장정을 국민방위군에 편입하였다. 그런데 바로 이 시점에 서울과 지방에서 국군이 후퇴작전을 펴자 각 지역에서 징집된 방위군도 자연히 후방으로 이송해야 했다. 그런데 이송 도중이나 후방 도착 시 장정들을 수용하는 과정에서 간부들이 많은 돈을 착복하여 방위군에 대한 보급이 제대로 이루어지지 않았다. 결국 수많은 방위군이 질병과 추위를 견디지 못하고 사망하였다. 행군 도중 병자나 아사자가 생겨도 보살피거나 책임지는 사람은 없었다. 그 이동은 '끌어가고 끌려가는 슬픈 행군'이었다.[172] '포로'도 아닌 국군으로 징집된 그들은 굶주림과 질병으로 거의 인간 이하의 취급을 받으면서 죽어갔다. 당시 11사단 9연대 통역장교였던 리영희는 다음과 같이 증언하였다.

느닷없이 끌려 나온 그들의 옷은 누더기가 되었고, 천릿길을 걸어오는 동안 신발은 해져 맨발로 얼음길을 밟고 있었다. [……] 인간을, 포로도 아닌 동포를 이렇게 처참하게 학대할 수 있을까 싶었다. 6·25전쟁의 죄악사에서 으뜸 가는 인간 말살행위였다. [……] 교실이 틈도 없이 채워진 뒤에 다다른 형제들은 엄동설한에 운동장에서 몸에 걸친 것 하나로 밤을 새워야 했다. 누운 채 일어나지 않으면 죽은 것이고, 죽으면 그대로 거적에 씌워지지 않은 채 끌려 나갔다. 시체에 씌워 줄 거적이 어디 있단 말인가. 얼마나 많은 아버지가, 형제와 오빠가, 아들이 죽어갔는지! 단테의 지옥도 그럴 수는 없었다. 단테나 석가나 예수가 한국의 1951년 초겨울의 참상을 보았더라면 그들의 지옥을 차라리 천국이라고 수정했을지 모를 일이다.[173]

그런데 사실 1950년 당시 남북한 주민 모두에게 전시동원과 군사주의적인 동원체제는 별로 새로운 경험은 아니었다. 왜냐하면 당시의 모든 남북한 주민들은 한국전쟁 발발 불과 5년 전인 일제강점기의 전시동원체제하에서 이미 지겹고 힘든 동원과 배급의 경험, 그리고 강제징집을 겪었기 때문이었다. 따라서 주민들은 국가가 자신의 필요에 따라 인민의 생명과 재산을 멋대로 처분할 수 있다는 사실을 별로 이상하게 생각하지 않았다. 개인의 자유와 사사로운 생활 영역의 보장이라는 자유주의적 요구는 일제 말 이후 계속 전쟁 상태에서 살아온 우리 민족에게는 너무나 사치스러운 것이었다.

전선이 이동하고 서슬 퍼런 국가권력의 주인이 바뀌면서, 전쟁 속의 두 국가가 무조건 충성을 요구하는 가운데, 가장 많이 희생당한 것은 농민들이었다. 군에 입대하는 것이 더 안전한 일이기는 했으나, 인민군 혹은 국군에 입대하더라도 전선이 이동하면서 소속된 군대와 거주지가 분리되면 가족의 운명이 달라질 수 있었기 때문에, 그 역시 충분히 안전하지는 못했다. 국군은 청년들을 잡으면 "왜 군에 입대하지 않았는가"라고 위협하고, 반대로 국군을 피해 산으로 도망가서 "인민군에 입대하겠다"고 하면 간첩이라고 총을 들이대며 목숨을 위협하였다.[174] 어디에도 안전하게 깃들 수 없었던 청년들이 "모두 한 사람같이 낡고 때묻은 무명바지 고말을 움켜쥐고 굶주린 창자에, 춥고 무서워서 오들오들 떨며 절망에 빠져 허공을 처다보고 무겁게 발걸음을 옮기는 모습"[175]을 도처에서 발견할 수 있었다. 산간벽지 마을 주민들에게는 인민군과 국군으로 상징되는 인민공화국과 대한민국 모두 자애로운 '국가'가 아니었다. 숨을 곳은 아무 데도 없었고, 어떤 세력도 지친 민중들을 쉽게 내버려 두지 않았다. 전쟁 시의 국가는 개인의 정신세계와 생명에 대한 애착까지 짓이기면서 자신에게 충성을 강요하는 무서운 신이었다. 그것은 분노한 신이었고, 끊임없이 의심하는 변덕스럽기 그지없는 신이었다. 전쟁이 어떤 명분으로도 정당화될 수 없는 이유가 바로 여기에 있다.

# 4

# 정복인가, 해방인가

북한 점령 하에서 구성된 인민위원회의 성격이나 토지개혁 작업을 중심으로 한 점령정책 등을 살펴볼 때, 당시는 이후 남한의 공식 기록이 정리하듯 '지옥' 혹은 '피정복'의 상황이었다고 볼 수 있는가, 그렇지 않으면 북한 측이 주장하듯 '인민'이 주인으로 대접받는 진정한 '인민의 세상' 혹은 '해방'이었다고 보아야 하는가?

점령을 경험한 사람들은 김일성 체제, 즉 '인민의 세상'을 절망적인 암흑기 중에서도 아주 앞을 내다볼 수 없는 캄캄한 어둠의 세계,[176] 기만과 압박, 허위와 암흑, 음모와 독재,[177] 혹은 '지옥'이었다고 한다. 또한 한국전쟁 이전에 북한에서 김일성 체제를 경험한 이들은 공산주의의 반인간성을 비판하고 북한의 체제를 오직 '당'만이 절대적인 사회, 군대처럼 국민을 강제동원하는 사회, 허울만의 프롤레타리아 세상이라고 비판하였으며, 점령군인 소련군이 38선 이북의 주민들을 노예처럼 대하였다고 비판하였다.[178] 남한에서 점령을 경험한 사람들이 말하는 시각과 북한에서 월남한 인사들의 증언은 정확히 일치한다. 1945년 이후 월남한 사람들은 대부분 김일성과 공산주의자들이 "원래 자기들이 혁명과 독립투쟁 경륜이라도 있는 양 계급이니 노동자·농민의 나라 건설이니 봉건사상 타파니 하고 온갖 만행을 자행하니, 조선민주당원 또는 일반 선민들을 반동분자 또는 자본가, 지주 출신이니 반혁명분자니 및 일제 잔재니 하며, 그네들의 전매특허와 같은 용어를 구사하면서 밤과 낮을 가리지 않고 들볶았다"고 정리하였으며, "귀가 있어도 듣고 있을 수 없고, 입이 있어도 말할 수 없는 암흑세상이 되어 참다못한 정의감에 의분을 느낀"[179] 나머지 월남을 감행하였다고 자신들의 월남 동기를 설명하였다. 공산주의 통치를 피해 내려온 월남자들과 기독교 인사들은 점령 후 이 새로운 세력의 등장을 '악마'와 '마귀'의 등장으로 묘사하기도 했다.

인민군 점령 시 서울에 잔류하였던 남한의 엘리트층도 이와 비슷한 체험을 토로하였다. 중간층 지식인들인 모윤숙, 이건호, 박계주, 양주동, 백철, 김재준 등의 수기에서도 이러한 내용이 나타난다. 이들은, 과거 38이북에서 소련군이 그러하였듯이 인민군이 남한에 와서는 마치 정복자처럼 행동하였다고 증언한다.[180] 심지어 인민군의 점령정책은 일제가 조선인에게 했던 억압과 별로 다르지 않았다고 비판하였다. 그런데 이러한 이들의 판단은 자신이 남한에서 누렸던 특권적 지위나 권위를 인민군이 완전히 무시한 데 대한 반발일 수도 있다.

앞서 언급한 것처럼 '인민이 주인'이 되는 세상에서는 "누구 동무로 칭해야지 선생이니, 씨의 호칭을 붙이면 반동분자로 낙인찍는 세상으로 변하고 말았으니, 양식을 가진 사람들이 살 곳이 못 되고 말았다"[181]는 내용의 비판도 바로 자신의 지위가 도전받은 데 대한 분노의 표출이라고 할 수 있다. 결국 이들은 공산주의는 인류가 고안해 낸 수많은 정치사상 중의 하나가 아니라 "가치판단의 영역 외에 존재하는 인류의 영원한 적"[182]이라는 결론으로까지 나아갔다. 의사표현의 완전한 통제, 철저한 우민정책, 일방적 교육 내용을 강요한 학교, 형식적인 토론, 각본에 의한 회의 진행, 자발성의 형식을 띤 강제적인 의용군 동원 등으로 나타난[183] 3개월간의 김일성 통치는 자유주의적 지식인들에게 억압적이고 견딜 수 없었던 악몽으로 기억된다.

그런데 전쟁 발발 이전에 38이북에서도 그러했지만, 공산주의 이론에 어느 정도 공감했던 낭만주의적인 지식인이나 남북한 화해와 통일을 우선적으로 생각했던 민족주의적인 지식인들조차도 6·25 이후 북한 점령군의 지극히 억압적인 공산주의를 체험하고 난 이후에는 공산주의에 대해 상당수가 적대적이 된 경우가 많았다.[184] 김재준의 경우 1945년의 어느 집회에서 공산주의에 대해 우려하면서도 만일 사상과 종교의 자유만 보장된다면 공산주의자와 합작이 가능하다는 입장을 드러낸 바 있다. 그러나 서울에 잔류하여 북한의 실상을 경험하고 난 이후에는 철저한 반공주의자로 변하였다. 그는 공산주의에 대해 감상주의적인 생각을 버려야 한다며 "만일 인간이라는 의식이 있다면 무엇을 운위하기 이전에 질식해 버리지 않을 수 없는 고장이 그들의 산하이다"[185]라고 단언하였다.

지식인들이 체험을 통해 공산주의에 대해 비판적 생각을 갖게 된 예는 외국에도 많이 있다. 공산주의에 대해 동조적이었던 앙드레 지드 André Gide의 소련 방문이 그 대표적인 예이다. 그는 소련 사회의 몰개성과 질식할 듯한 분위기를 체험한 다음 "오늘날 소련에서 강조하는 것은 복종의 정신이며 순응주의이다", "히틀러의 독일에서조차 인간 정신이 이렇게 부자유스럽고 짓눌리고 공포에 떨면서 종속될 수 있을까 하는 의문을 갖게 되었다"[186]고 고백하였다. 그의 방문기는 소련 사회에 대해 기대를 갖고 있었던 유럽의 많은 지식인들에게 큰 충격을 준 바 있다.

물론 북한의 독재정치는 명령적이고 강제적이었다. '상부의 지령'은 거역할 수 없는 절대적 권위의 상징이었다.[187] 어떤 면에서 1948년 이후의 북한은 지드가 방문했던 1936년의 소련보다도 더 억압적이었을 것이다. 그런데 남한 지식인들이 북한 점령 체험 후 표현한 극도의 험악한 담론들은 일차적으로는 그 체험자들의 계급적·사회적 처지를 반영하고 있다는 점을 먼저 고려해야 할 것이다.[188] 북한을 암흑천지 혹은 생지옥이라고 한 대다수 월남자들의 묘사나 인민군 치하 서울을 '지옥'으로 묘사한 기록의 작성자는 사실상 그 출신이나 정치적 경력 때문에 '인민정권'의 탄압을 받았던 이들이었다. 이들은 대체로 교육 수준이 높은 자유주의적 지식인들이었으며, 그러한 교육의 기회를 누릴 수 있는 경제적 여유를 가진 지주나 부르주아 혹은 자영업자 출신들이 많았다. 1946년 초·중반에 초기 월남자의 대부분이 엘리트층, 지주 출신, 부일협력자, 기독교인들이었다는 점을 생각해 보면, 왜 그들이 '피정복지'의 백성과 같은 대접을 받았는지 이해할 수 있다. 지식인들은 기본적으로 자유주의적인 속성을 지니기 때문에 억압적 통제를 견디지 못한다. 하지만 이들이 프롤레타리아독재를 거부하는 더 큰 이유는 사회주의 체제에서 이들 지식인이 "소부르주아 중간계층으로 분류되어 가장 멸시되기 때문"[189]이다.

그런데 김일성 정권에 의해 적으로 분류된 지식인과 엘리트층이 아닌 보통의 노동자·농민·자영업자들의 생각도 이들과 동일했을까? T. R. 페렌바흐T. R. Fehrenbach가 말한 것처럼, 극심한 빈곤과 피비린내 나는 억압에 익숙하고 폭력으로 순종을 강요당해 온 민중들은 자유주의를 지향하는 지식인들과는 조금 다르게 공산주의를 받아들였을 것이다.[190]

우선 점령 치하에서 살았던 일반인들은 거의 대부분 북한의 인민군, 특히 간부들에 대해서 좋은 인상을 가지고 있었다. 김태길은 인민군이 입성한 후 전해들은 북한 사람들에 대한 소문은 나쁜 편이 아니었다고 기억한다. 당시에는 "인민군은 일반 시민은 해치지 않는다", "이들은 군기가 엄하며 시민에게서 물품을 조달할 때는 반드시 대금을 지불한다"는 등의 소문이 퍼졌다고 한다. 그리고 요금을 받지 않고 전차를 운전하던 인민군에 대한 인상이나 이화여자대학교의 관리책임자였던 허모 씨에 대한 인상도 상당히 긍정적이었다고 했다. 그는 북한정권에 대한 초기의 긍정적인 시각이 이승만 정권에 대한 부정적 시각 때문이었다고 실토하였다.[191] 5대 국회의원을 역임한 서태원은 자신에게 협조를 요구한 인민군 장교 역시 "교양미도 풍기는 좋은 인상의 얼굴"이었다고 하면서, 이들의 처우를 체험하고서 "이곳에도 인간 세상이 있구나. 동족임이 틀림없다"고 느꼈다고 한다.[192] 여수 지역 사람들도 인민군이 "행색이 남루했으나 겸손하고 책임감이 강했다. 전체적으로 모범적이고 훈련이 잘 되어 있었다"고 평가하였다.[193] 특히 당이 군을 확고하게 지배하고 있었으며,[194] 장교나 사병에게도 철저한 사상·교양교육을 실시했기 때문에, 이들은 자신의 존립기반인 인민들에게 억압적이고 군림하는 태도를 취하는 것을 매우 경계하였다. 당시 군 내부의 규율도 대단히 엄격하였기 때문에 인민군의 대민행동이 이러한 인상을 남긴 것은 어쩌면 당연한 일이었다.[195]

'인민'에 속하는 사람들의 판단은 더욱 그러했다. 한국전쟁 이후 엄한 반공주의 체제에서 인민군 치하 또는 인민군을 긍정적으로 평가하는 것은 대단히 위험한 일이었으므로 민중들의 솔직한 목소리는 거의 들리지 않았다. 그러나 은밀한 세간의 목소리까지 막을 수는 없었다. 다음의 목소리들은 간간이 흘러나온 인민군에 대한 좋은 기억들이다.

특별히 모난 사람들도 아니었던 것 같고 대체로 똑똑한 사람들이었던 것 같다. 틈만 나면 마을 소나무 아래에서 회의하였다.[196]

그 군인들은 공산주의 사상 아래 명령을 따르는 것뿐이지. 인간 심성 자체가 나쁜 사람은 아니었어.[197]

빨갱이들은 부자면 친일했다고 막 못살게 했지. 〔……〕 부자인 사람은 이상한 곳으로 보내고 그랬어. 숟가락 하나 안 주고 가난하게 살라고 다른 곳으로 보냈어.[198]

우리는 인민군을 기다린 거야. 그때 사람들은 사람 해친 것은 없으니까. 그러나 군인들은 협조 안 한다고 때리고……[199]

인민군들은 아무리 고약하게 사람을 죽여도 애를 낳은 집에는 들어가지 않았고, 여자들을 함부로 건드리는 일은 없었는데, 미군들은 한국 군인들에게 배워 늙은 사람이나 젊은 사람이나 여자라면 가만두지를 않았다.[200]

즉 이들 '인민'에 속한 사람들은 북한에서 내려온 스무 살 내외의 어린 인민군 병사와 장교들에 대해 비교적 우호적으로 느꼈다. 그런데 그들이 인민군을 주로 국군이나 미군과 비교해서 판단하고 있다는 점이 흥미롭다. 또한 이들은 김일성 정권에 대해서도 다소의 공포감은 있었겠지만 그다지 부정적으로 생각하지는 않았다.

그러나 앞서 언급한 대로 전쟁이라는 특수한 상황과 6·25 이후 9·28서울수복까지, 인민군 점령 후반기의 무리한 전시동원정책으로 농민들은 토지개혁을 비롯 일련의 개혁 조치를 열렬하게 환호하지는 않았을 것으로 추정된다.[201] 특히 전황이 불리해진 후 북한의 식량공급정책과 노무동원 및 군사동원에 대하여 불만이 고조되었다.[202] 인민군 점령 하에서도 대부분의 서울 사람들은 식량 부족으로 하루에 한 끼 내지 두

끼만 먹을 수 있었다.[203] 북한과 인민군은 '인민'들에게 여러 약속을 했지만, 불리한 전쟁 상황에서 그 약속을 지키기는 어려웠다.[204] 따라서 점령 당시 빈농이나 머슴 등의 소외층이 인민의 정권을 환영한 것은 틀림없지만, 이들이 계속 그런 태도를 취했는지는 의문이다. '혁명'의 대의가 '전쟁'의 논리에 압도당했기 때문이다.

그러나 '바닥 빨갱이'로 불린 지방의 좌익에 대해서는 거의 모든 사람들이 부정적인 평가를 하고 있다. 전쟁 경험자들에게 '바닥 빨갱이'는 공포 그 자체였다.

> 군대, 경찰들 그 사람 모두 숙청시킨 거야. 가족 모두 죽이는 것을 숙청이
> 라고 하거든. 그게 인민군들이 그런 게 아니고 다 아는 사람이거든. 근데,
> 또 사람들이 그리 안 하면 자기들이 죽으니까 시키는 대로 하는 거지.
> [……] 그래 이놈의 세상에 아버지하고 아들 사이도 말을 제대로 못해서
> 어른들이 '칼날 위에 선 세상'이라고 했지. 이 사람들이 뭐 아버지 동무,
> 뭔 동무 해 가면서 뭐 자기들 아버지나 식구들의 불손한 행동을 당에 신
> 고하면 아주 열성분자로 치켜세워 주거든.[205]

이 증언이 지적한 것처럼 인민군과 달리 이념이나 사상으로 무장되지 않은 지방 농민이나 하층민의 원시적인 보복심, 그리고 1948년 이후 이승만 치하에서 경찰에게 시달리며 살았던 좌익 관련자들의 보복심과 인민군 점령 하에서의 해방감과 출세 욕구 등이 뒤섞여 만들어 낸 이들의 존재는 사람들에게 상당한 거부감을 일으켰던 것으로 보인다.

그러나 당시 '바닥 빨갱이'가 등장하게 된 배경으로는 전쟁이라는 특수 상황도 고려해야 한다. 즉 전쟁 상황에서 '인민의 지배'는, 실질적으로 공명심을 앞세우거나 생존을 위해 타인을 해치는 일을 불사하는

인간 등 '인민'을 가장한 불량배와 가장 악질적인 인간이 영웅이 될 수 있는 환경을 조성하기 때문이다. 이것은 국군 치하이건 인민군 치하이건 마찬가지다. 천지개벽과도 같이 정치권력이 교체되면서 구정권의 기득권자가 죄인으로 돌변하는 순간 이들은 바로 신정권의 대리자로서 재산을 탈취하는 등 사적인 보복을 가하는 데 앞장섰다.[206] 보통 사람이 갑자기 무기와 권력을 얻게 되면, 그것을 평소 자신을 괴롭히거나 멸시한 사람이나 자기 욕망의 충족을 위해 사용하지 않을 정도로 이성적이기는 어려울 것이다. 불량배나 조직적으로 훈련되지 않은 자제력 없는 하층민에게 일단 권력이 주어졌을 때, 이들의 개인적인 원망과 복수심, 그리고 과시욕이 걷잡을 수 없이 분출되는 것은 당연한 일이었다.

인민군 점령 시 사람들이 가장 두렵게 여긴 것이 바로 '붉은 완장'이었다.[207] 이 붉은 완장을 찬 청년들은 주로 대학생들이었으나 원시적인 보복심과 증오감만을 가진 불량배도 상당수 포함되어 있었다.[208] 치안대 등의 명칭을 단 이 청년들은 허리띠에다 손가락만 한 빨간 헝겊을 감고 있었는데,[209] 몇 명씩 무리를 지어 다녔고 모두 손에 몽둥이를 질질 끌고 다녔다고 한다.[210] 이들이 바로 '바닥 빨갱이'였다. 그리고 이들처럼 집안 사정을 속속들이 알고 있는 동네 빨갱이들은 가장 무서운 존재일 수밖에 없었다. 인민군 점령군은 이 불량배들의 보복심을 활용하기 위해 이들에게 감투를 씌워 주었는데, 원래 좌익사상에 투철하지 않은 사람들도 많았다. 일반 주민들은 이들 뒤에 버티고 있는 인민군들이 너무 무서워 평상시 반말을 했던 종이나 상놈들에게도 존댓말을 하는 등 함부로 행동하지 못했다.[211]

앞장에서 살펴본 것처럼 당시 양 정권 어느 쪽에도 적극적으로 참여하지 않았던 대다수 농민들은 남으로 피란 가지 않았으며, 인민군을 따라 북상하지도 않았다. 그들은 인민군 치하를 지옥으로 생각하지도 않았으며, 국군이 들어오는 것을 '해방'이라고 여기지도 않았다. 대부분의 사람들이 그냥 살다가 사회주의 사상이 자기 사는 곳으로 들어오면 사회주의자가 되었다.[212] 그들이 진실로 두려워한 것은 바로 앞의 '바닥 빨갱이'의 보복, 즉 가까운 사람들 간의 원한관계였고, 믿었던 사람들이 체제가 바뀜에 따라 변신하는 것이었다.[213] 전쟁에 대해 민중들은 중간층적 지식인과는 달리 체제의 이념과 정책에 대해 이성적으로 판단해 인식하지는 않았다. 즉 민중들에게는 어느 정권이 자신의 생명을 보호해 줄 수 있는가가 중요했다. 따라서 그들의 판단과 행동을 이데올로기 잣대로만 평가할 수는 없다. 이들이 가장 고통을 느낀 것은 대한민국 혹은 인민공화국이라는 두 정권 그 자체가 아니라, 전선이 이동하면서 세상이 완전히 바뀔 때마다 어떻게 적응해야 하는지 판단하고 또 그러기 위해 그때마다 평소 알고 지내던 사람들이 각각 어느 편에 서는지를 식별해 내는 일이었다. 전쟁 상황에서 생명을 보존하기 위해 민중들은 이런 동물적 본능을 발달시켜야 했다. 지금까지 코리언들이 갖고 있는 전쟁에 관한 지긋지긋한 기억은 모두 이것과 관련되어 있다.

결국 우리는 점령정책에 대한 자유주의적 지식인과 민중의 판단을 구별해야 하며, 점령 시의 경험을 이후 남한 사회에 영향력을 행사한 자유주의 지식인의 담론에만 의거해 설명하는 경향을 극복할 필요가 있다. 그러나 분명히 부인할 수 없는 사실이 있다.

우선 앞서 김재준의 경우처럼 막연히 공산주의 이론에 공명했거나 그들과 연합이 가능하다고 생각했던 지식인들까지 인민군 점령을 체험한 이후에 이북의 사회주의를 극도로 비판하게 된 것은,[214] 북한의 체제에 분명 심각한 결함이 있었음을 말해 준다. 우리는 이런 부정적인 평가에 어느 정도의 진실이 담겨 있음을 부인할 수 없는데, 그 부정적 평가의 원인에 대해서는 여러 각도로 설명할 수 있다. 곧 프리드리히 하예크Friedrich A. Hayek가 비판한 바와 같이 필연적으로 전체주의적 성격을 지닐 수밖에 없는 사회주의의 어떤 측면들과 전시공산주의 또는 스탈린주의적 체제 일반의 한계, 소련 혹은 스탈린과 레닌에 대한 지나친 추종, 공산주의 이론과 품성으로 충분히 무장하지 못한 당시 북한의 당 간부와 인민군의 한계 등이 모두 작용했을 것이다.[215]

1946년 이후 북한에서 채택된 '민주기지' 건설을 위한 인민민주주의혁명 노선이나 전면전 발발 후 남한에서 실시한 개혁에 대해 이토록 극단적인 시각이 공존한 것을 보면 당시 조건에서 북한이 개혁이나 점령정책을 시행한 '방법'이 대단히 과격했다고밖에 평가할 수 없다.

국가의 제도 및 기구가 아직 정비되지 않은 조건에서 등장한 억압적인 권력은 그것에 편승한 많은 기회주의자를 양산하였다. 특히 일제강점기에 떳떳하지 못한 경력을 가진 자들이 과거를 은폐하고 그것을 만회하기 위하여 좌우를 가리지 않고 무조건 권력의 앞잡이를 자원했다.[216] 지금이나 옛날이나 강대국의 그늘 아래 살아온 보통의 코리언들 중에는 대세에 추종해 대단히 능숙하게 자기변신을 하는 사람들이 많다. 혁명·개혁을 빌미로 해 이러한 기회주의적인 인사들의 사적인 한풀이가 개입될 경우에 이들을 못마땅하게 생각하거나 이들에게 이유 없이 피해를 입고 처벌을 받은 사람들은 개인의 행동을 문제삼기보다는 아예 그들을 설치게 만든 체제 자체에 대해 극도의 환멸감을 가진다. 북한에서 월남한 사람들이나 인민군의 점령을 체험한 사람들이 보이는 공산주의에 대한 증오감도 이념 그 자체보다는 권력 지향적인 인물들의 비뚤어진 행태에 대한 거부감 때문인 경우가 많다. 사실 보통 사람들의 세상에 대한 판단력이나 정치적 견해는 핵심 정치세력권의 핵심인사들의 인물됨과 이력 혹은 그들이 표방하는 이념과 가치보다는 자신이 몸으로 부대끼며 접촉하는 지역에서의 체험에 의존하는 경우가 많기 때문에, 설사 상층부의 권력자들이 나름대로 개혁적이라고 할지라도 그들이 추진하는 정치적 프로젝트는 이들 밑바닥 '작은 권력자'들의 행태에 의해 도매금으로 비판받기 십상이다.

그러나 문제의 근원으로 더 들어가 보면, 해방 당시만 하더라도 생활수준이 상대적으로 비슷했고 내부의 계급갈등도 별로 크지 않았으며 기독교인과 엘리트층이 많았던 북한 지역에 소련군이 진주하고, 반대로 지주와 소작인 간의 갈등이 컸고 사회주의 성향도 상대적으로 강했던 남한 지역에 미군이 진주한 것이 갈등을 훨씬 증폭시키는 구조적인 배경이 되었다고 볼 수도 있다. 대지주가 존재했기 때문에 지주와 소작인 간의 계급갈등이 치열하였던 남한에 비해 북한, 특히 서북 지역은 소규모 자영농과 같은 '중간계급'이 더욱 압도적이었다. 그런데 이들은 북한의 소비에트화 과정에서 대지주나 대자본가와 마찬가지로 심각한 박탈을 당하였다. 이것은 북한 인구의 상당수를 차지하는 중간층을 이반시키는 결과를 가져왔다.[217] 여러 번 지적했듯, 월남자들이 보이는 북한정권에 대한 극도로 비판적인 태도가 그들의 계급적 지위를 위협당한 경험에서 나온 것이라고 하더라도, 그들의 언술과 기억에는 일정한 진실이 포함되어 있음을 인정해야 한다. 우선 자작농이 많고 일제강점기에 교육받은 사람들이 당시 전국에서 가장 많았으며 기독교가 빨리 보급되었던[218] 38선 이북인 평안도 지역에서, 소련의 후원하에 '급진적 계급노선'을 견지하며 사회주의적인 개혁을 추진한 것은 일종의 '어거지 혁명'으로 상당한 거부감을 일으킬 수밖에 없었다. 그리고 소련군정의 지배체제에 편승한 '기회주의자'의 득세는 단순히 체제에 대한 거부감을 넘어 도덕적인 차원에서 분노를 일으켰다. 그것은 다수의 중립적 인사들, 그리고 이승만 정권에 대해 비판적이었던 우파민족주의자들로 하여금 '민족'을 표방한 김일성 체제에 등을 돌리게 만드는 결과를 가져왔다.

한편으로, 북한의 점령정책에 대한 이러한 부정적 인식이 단순히 그들의 감시체제와 과도한 억압성 때문만이었다고 보기도 어렵다. 앞에서도 언급한 것처럼, 아직 봉건적·유교적 문화가 강하게 지배하고 있던 당시에는 남북한 권력층 모두가 도덕주의를 지향했을 뿐만 아니라 당시 지식인이나 일반 국민 역시 '합리적 기준'보다는 '도덕적 기준'으로 사태를 판단하는 경향이 있었음을 고려해야 한다. 점령에 대한 부정적 인식은, 당시 지식인들이 생각했던 유교적 기준, 즉 말과 행동이 일치해야 하며 앞뒤가 맞아야 하며 사람을 속이지 말아야 한다는 등의 기준과 점령정책이 배치되는 측면이 많았기 때문이다.

통상 마르크스주의 이론과 실천에서는 프롤레타리아트의 해방이 곧 도덕의 실현이라고 보면서 '도덕'이라는 개념을 추방하였다.[219] 하지만 어떤 정치적 행동이라도 그것이 프롤레타리아트의 지배로 나아갈 수 있다면 '도덕적'이라고 평가하는 무도덕주의amoralism나 과도한 목적윤리 지향은 현실에서 '수단과 방법을 가리지 않는' 냉혹함으로 다가왔으며, 동시에 좌익을 표방하기는 했으나 비양심적인 인사의 기회주의적인 행동은 사람의 행동을 통해 그 사람들이 주장하는 이념과 체제를 평가하는 보통의 코리언인 남한 사람들로 하여금 북한 점령에 대한 격렬한 거부반응을 일으켰을 것이다.

비록 적은 수지만 중간계급 또는 지식인들이 점령 체험을 통해 북한 사회주의에 완전히 등을 돌렸다는 것은 매우 의미심장하다. 잘 알려져 있다시피 1989년 동구 사회주의의 붕괴 역시 공산주의의 '약속'과 현실 사회주의의 괴리를 가장 날카롭게 인식한 지식인이 시민사회의 주역으로 등장함으로써 가능했다. 비록 북한의 정치 엘리트나 핵심 당원들이 주관적으로 '해방'의 열정을 가졌을지라도, 소련에 의존할 수밖에 없었던 정치적 정황과 주민들의 낮은 사회의식, 민주주의에 대한 훈련 부족, 전쟁이라는 비정상적인 상황은 결과적으로 많은 사람들에게 사회주의 체제에 거부감을 갖도록 만들었다고 볼 수 있다. 결국 오늘날 우리가 보고 있는 북한 사회주의의 문제점은 이미 한국전쟁 당시의 점령정책에서 상당 부분 드러났다고 볼 수 있다. 그러나 한국전쟁이라는 특수한 상황에서의 점령 체험에 기초해서 월남자나 자유주의 지식인들이 일반화시킨 북한 혹은 사회주의에 대한 기억들이 반드시 객관적이었다고 보기는 어려우며 그것들은 당시 평범한 남북한 주민 대다수의 기억이라고 할 수도 없다.

# 5
# 맺음말

점령은 전쟁에서 승리한 측이 패배한 지역의 주민들을 자신에게 복속시키는 과정이다. 점령이 전쟁의 연장인 한 점령의 정치는 권력의 극대화로서 그 자체가 독재이다. 점령은 피점령지의 민중들이 점령군을 완전히 지지한다는 보장이 없을 뿐더러, 저항 가능성이 상존하는 상황에서 군사적 위협 가운데 진행되는 것이므로 억압과 감시체제의 일상화라 볼 수 있다. 그런데 전쟁이 단순히 이해관계의 충돌이나 인종적 적대에서 발생하는 국가 간 전쟁의 성격을 지니는 것이 아니라 국가 내의 계급갈등 등 정치갈등의 연장선상에서 '혁명'을 명분으로 전개될 경우에는, 점령정책 역시 혁명을 수행하면서 그 과정에서 반혁명세력을 탄압하게 될 것이다. 이 경우 점령 시 일상화되는 극도의 억압·통제·감시·처벌 등은 '혁명'이라는 대의로 정당화될 것이다. 한국전쟁 당시 남북한 양측에 의한 상호 점령은 전쟁의 산물이었지만, 그 기원으로 거슬러 올라가 보면 분명 일제 잔재의 청산과 자주독립국가 건설을 위한 변혁의 요구가 출발점이었음을 염두에 두어야 한다.

북한의 선제 점령을 시작으로 남북한 각각의 정부가 동일한 주민을 '국민' 혹은 '인민'으로 편입시키고 적대세력을 배제하려 했던 방식을 보면, 북한의 경우 일제강점기하에서의 친일 경력을 배제의 기준으로 고려하였으나 남한의 경우는 주로 인민군 점령하의 부역 여부만을 주요 판단 기준으로 삼았다. 또 사회주의 북한은 일단 '적'으로 분류된 사람에 대해 즉각적인 처형을 하거나 납치를 하는 방법을 택했으나, 형식적으로나마 법원과 재판이라는 제도를 채택한 자유주의 남한은 사법적 절차를 거쳐 국민 자격의 승인 여부를 결정했다. 후자가 전자에 비해 권력 당국의 자의적 판단과 결정의 여지를 줄인 것은 사실이나, 전쟁 상황의 특수성을 고려한다면 그 차이는 극히 미미한 것이었다.

그런데 전쟁이라는 비상사태는 이러한 혁명이나 계급투쟁을 '전쟁의 필요necessity'에 종속시킨다. 그리고 모든 정치 과정과 동원, 경제적·정치적 정책은 전투의 일환으로 수행된다. 한편 전시체제에서는 모든 정책이 국가권력의 일사불란한 계획 아래 이루어지기 어렵다. 따라서 김일성 정권 치하이건 이승만 정권 치하이건 '사적인' 갈등과 증오가 법의 집행 혹은 공권력 행사를 압도하였다. 이러한 상황에서 북한이 주창한 해방과 혁명의 대의는 민중들의 즉자적인 분노와 보복심에 압도당할 수 있었다. 자연발생적인 원한과 그에 대한 보복은 '혁명'의 언술을 완전히 무력화시킨다. 그리하여 혁명을 기치로 내건 전쟁은 실제로는 그 최대 수혜자여야 할 세력에게 가장 큰 상처를 남길 수 있다. '혁명'의 기치를 내건 전쟁이 실제로는 전쟁 그 자체의 '혼란'과 '공포'에 의해 가려지고, '혼란'과 '공포'가 오히려 전쟁의 경험으로 내재화되는 일이 발생하는 것이다.

전쟁은 모든 사람에게 '적과 나'의 이분법을 강요한다. 그것은 모든 사람들에게 특정 이념, 즉 이데올로기를 견지하도록 강요하고 사람들을 그러한 이데올로기에 따라 구분한 다음 자신의 편에 선 사람은 용서하고 그렇지 않은 사람은 적으로 취급한다. 이것을 '과도정치화' 상황이라고 할 수 있다. 이 '과도정치화'는 '중간적 범주'를 용인하지 않는다. 그리고 경제적·사회적 차이를 정치적 차이에 종속시킨다. 왜냐하면 '과도정치화' 상황은 정치의 본질이 그러하듯이 '생과 사', 곧 목숨과 관련된 것이나, 전자는 삶의 처지와 조건에 관련되기 때문이다. 그리고 '과도정치화'는 모든 사람을 특정한 이념을 견지한 존재로 간주하거나 이념을 견지할 것을 요구한다. 전쟁이라는 '과도정치화'는 혁명과 전쟁의 복합 국면에서 발생하는데, 이 경우 민중들은 생활의 개선보다는 자신의 목숨을 부지할 수 있는 정치체제를 선택할 수밖에 없다.

과도하게 정치화된 전쟁 상황에서는 국가의 신격화, 곧 국가를 신앙의 대상으로 삼는 현상이 발생한다. 근대에 이르러 정치와 종교는 분리되었으나 전쟁 상황에서는 이념, 즉 반공이나 사회주의가 신앙이 되었다. 그리하여 모든 사람에게 특정 국가가 표방하는 정치의 신도가 되기를 요구하였으며, 설사 신도가 될 것을 서약한 경우에도 과거에 다른 신을 숭배한 전력이 드러나면 그의 전향과 세례 사실을 의심하여 죽음으로 내몬다. 주민들은 정치가 무엇인지 이념이 무엇인지 모르고도 그 신을 믿는다고 무조건 서약하지 않을 수 없었다. 또 서약해놓고도 목숨을 부지할 가능성은 '변덕스러운 신'의 뜻에 달렸다.

이 점에서 남북한 어느 국가를 선택할 것인가의 문제는 지식인들에게는 중요하였으나, 혼란스러운 상황에 있던 다수의 민중들까지 그렇게 느끼지는 않았을 것이다. 그들에게는 일차적으로 전쟁 중지와 평화 구축, 그들을 죽음과 고통으로 내모는 무서운 권력의 제거만이 희망이었을 것이다. 따라서 '해방'시켜 주러 왔다는 인민군의 명분은 민중들에게 고통을 주지 않는다는 전제하에서 타당한 말일 수 있으나, 이들을 더욱 고통스럽게 하는 한에서는 '거짓 구호'가 될 수도 있었다. 북한이 수행한 토지개혁이 아무리 농민들에게 매력적인 것이었다고 해도, 농민들을 전선으로 곧장 동원해야 하는 전쟁 상황에서는 빛이 바랠 수밖에 없었다. 인민군 점령의 경험을 통해 오히려 "대한민국은 튼튼한 반석 위에 놓이게 되었다"[220]는 평가는 비록 지식인들의 체험을 과도하게 일반화한 것이라고 해도, 전쟁을 거친 후 적극적으로 대한민국과 이승만을 옹호하는 세력이 형성된 것은 분명하다. 점령의 체험은 역설적으로 이승만의 권력을 안정화시켰고 대한민국의 국가 토대를 튼튼하게 해 주었다. 이것은 조국해방과 통일을 달성하기 위한 북한의 호전성이 결과적으로 대한민국의 극우정권을 더욱 단단하게 해 주는 역설적인 효과를 가져왔다는 의미이다. 그러나 이것이 이승만 정권에 대한 마음에서 우러나는 지지의 확대를 의미하는 것은 아니었다. 한국전쟁 이후 남한에서 국가의 상대적 안정성과 정권의 불안정성의 공존은 여기서 출발한다.

# 4부

# 학살

# 1

# 조직적 은폐, 강요된 망각

1980년 5월 『뉴욕 타임즈』*The New York Times*는 광주에서 공수부대가 시민에게 행사한 폭력과 학살을 목격한 현지 기자들로부터 "필설로 이루 다 할 수 없는 상황"이라는 보고를 받았고, 당시 현장에 있던 『동아일보』의 김충근 기자는 "만행, 폭거, 무차별 공격 등의 단어로는 너무나 밋밋해 〔……〕 궁여지책으로 떠올린 단어가 '인간사냥'이었다"고 실토하였다.[1] 그러나 이러한 참극이 발생하기 30여 년 전 광주 인근의 전남, 전북 지역은 물론 한반도 거의 전 지역에서 그의 수십, 수백 배 규모의 잔인한 학살이 동족 간에 벌어졌다는 사실을 이 기자들은 거의 알지 못하고 있었다. 한국전쟁 당시 남북한 국가권력의 방조와 묵인하에, 그리고 '자유세계'를 지키러 온 미군에 의해 훨씬 참혹한 '인간사냥'이 자행되었으며, 30년 뒤의 '광주'는 사실 그 후속편에 불과했다는 사실을 1980년 당시 어느 누구도 기억해 내지 못했다.

1960년 4·19혁명 직후 거창에서 합동묘지 제막식이 거행되었을 때 다음과 같은 추도사가 낭독되었다.

오호 애재라. 오호 통재라. 그 당시의 가해자는 흑인종이나 백인종의 이

민족이 아니었으며 우리 동포의 손에 의한 것이고, 그 수난 장소가 이역 만리 전쟁터가 아니라 그가 생장한 고국산천 정든 고향이었으며, 수난 방법이 총이나 칼, 무기는 말할 것도 없이 곤봉이나 젓가락 하나 가지지 않은 적수공권赤手空拳의 양같이 순한 인사들이었고, 수난 중에 한 사람이라도 반항하는 이나 거역하는 이가 없었고, 도리어 상대방 가해자들에게 신뢰감과 안도감을 주는 국군이라 하여서 식인息人으로 여겨졌던 그 군대의 기관총에 의하였던 것입니다.[2]

이 추도사는 한국전쟁 당시 지리산 양 자락에서 국군이 자행한 학살의 진상을 아주 잘 그려 내고 있다. 첫째는 적국 혹은 이민족 간의 전쟁이 아닌 동족 간의 의도되고 조직된 학살이었다는 점이며, 둘째는 학살의 주체가 국민의 생명과 재산 보호가 임무인 국가기관인 군대였다는 점, 셋째는 피학살자들이 전투를 위한 무기를 소지한 적군이 아니라 무장하지 않은 민간인이었다는 점이다. 이 학살은 분명히 국가가 저지른 전쟁범죄였기 때문에 4·19혁명 이후 국회에서 진상조사에 나섰고, 상당한 실태 파악을 하였다. 그러나 5·16쿠데타로 권력을 잡은 군부는 군의 치부를 건드리는 이 피학살자 명예회복운동을 좌경운동이라며 불법으로 간주해 '주모자'를 체포했다. 또 자기 대신에 끌려가 죽은 아내의 사인을 규명하기 위해 이 운동에 나섰던 대구의 이원식 등 유족회운동 주모자들에게도 "북쪽을 이롭게 한다"고 사형선고를 내렸다.[3]

그후 30여 년이 지난 1988년 11월, 연일 TV 화면을 통해 '광주사태' 관련 청문회가 보도되던 때 TV에서 광주의 학살 현장을 생생하게 보여주자, 38년 전 동일한 비극을 겪었던 경남 산청 지역 피학살자의 유족들은 너나 할 것 없이 울음을 터뜨렸다고 한다. 광주 사람들을 이해할 수 있을 것 같아서도 그랬고, 자신들의 억울하고 한 많은 사연이 서러워서도 그랬다.[4] 한국전쟁 발발 30년 뒤에 또다시 이 같은 '인간사냥'이 재발한 것은 한국전쟁 당시 발생했던 이 사건에 대한 역사적 규명과 책임자의 법적·정치적 단죄가 이루어지지 않았기 때문이 아닌가? 그러나 1980년 5월 당시 광주의 현장에 있었던 기자들은 물론이고 한반도에서 '비극적인 전쟁'은 피해야 한다고 지난 50여 년 동안 앵무새처럼 말해온 정부 당국이나 지식인, 그리고 광주의 학살에 분노하던 한국 국민들 중 어느 누구도 여기까지는 생각이 미치지 못했다. 한국전쟁에 대한 정말 완벽하고 철저한 망각이었다.

한국전쟁 전후 학살 현장에서 천운으로 살아난 사람이나, 부역자 혹은 좌익으로 몰려 죽음의 문턱까지 갔던 사람들은 그때 일을 "생각도 하기 싫다"고 말한다. 온 가족을 잃고 혼자만 살아남은 사람들은 "살아남은 것이 고통"이고 "차라리 죽지 못한 것이 한"이라고 신음하듯 말한다. 이들은 56년이 지난 지금까지도 인간이 인간에게 저지를 수 있다고는 상상할 수 없는 가장 야만적인 일을 자신의 눈으로 목격한 충격과 공포에서 벗어나지 못하고 있다. 또한 자신들이 개나 돼지 취급을 당하였다는 끔찍한 기억을 지우지 못한 채, 학살은 "천인공노할 만행", "동서고금을 통해 지구촌에서 발생한 가장 끔찍한 만행", "20세기 후반에 발생한 가장 큰 사건"이라고 하면서 "그때의 처절한 참상을 생각하면 지금도 마구 치가 떨리고, 원통하고 분한 생각이 솟구쳐서 가슴이 갈가리 찢어지는 것 같아 미칠 지경이다"[5]라고 말한다. 그런데 피해자들 대부분은 55년이 지난 지금까지도 여전히 침묵하고 있다. 학살 과정이 극히 잔인하고, 학살자의 공로가 권력에 의해 신화화될수록 피해자는 육체적으로도 정신적으로도 완전히 불구가 될 수밖에 없다. 평생을 그 지긋지긋한 체험을 안고 살아온 소수의 생존자와 그 가족들은 어떠한 정치세력을 통해서도 자신의 목소리를 표현할 수 없었다. 그들의 체험은 승리자가 유포한 공식적인 기억과 완전히 분리되어 주변화되거나 묻혀버렸다.

국가는 이들을 세 번 죽인 셈이다. 한국전쟁 당시의 학살이 첫번째이고, 1961년 5·16쿠데타 후 진상규명 요구를 탄압한 것이 두번째이며,[6] 유가족과 자식들을 모두 '빨갱이'로 취급하여 1980년까지 이들을 연좌제로 묶고 마치 상종 못할 문둥이 취급한 것이 세번째이다. 1949년 12월 24일 경북 문경 석달마을에서 국군에게 학살당한 사람들은 호적에 '공비'에 의해 학살당한 것으로 기록되어 있으며,[7] 경남 거창에서 국군에게 학살당한 사람들 역시 호적상에는 '사유미상'으로 사망했다고 기록되어 있다. 이러한 사실을 들추어 내는 것 자체를 반국가적인 행동으로 여겨 탄압해 왔기 때문에, 사실을 알고 있는 당사자는 '생존'을 위해 침묵하였으며, 좌익 혐의를 받지 않으려고 선거 때마다 계속 무소속이나 여당 후보만을 지지해 왔고, 그 자녀들 역시 '연좌제' 등의 불이익을 당하면서 살아왔다. 그리하여 생존자나 유족들은 자식들에게도 이 사실을 알리지 않았다. 봉건시대의 천형天刑이 이와 같았을까? 무슨 씻을 수 없는 잘못을 했기에 가족 모두 죽은 것도 모자라 살아남은 사람도 이토록 감시와 차별 속에 몸부림치면서 살아야 했던 것일까?

한국전쟁 시의 대량학살은 이미 『데일리 워커』Daily Worker의 앨런 위닝턴Alan Winnington 기자 등에 의해 당시 외국 언론에 일부 알려졌고,[8] 북한 언론이 미군과 한국군이 저지른 학살에 대해 보도하면서 계속 공격을 취해오기는 했다.[9] 그러나 전쟁 전후의 학살은 여전히 완벽하게 은폐되어 있으며 그 진상은 규명되지 않고 있다. 전 세계적으로 널리 알려져 학살의 상징처럼 되어 있는 베트남 미라이My Lai의 민간인 학살, 1990년대 이후 아프리카의 르완다나 유고슬라비아의 코소보, 동티모르에서 발생한 학살은 세계적으로도 널리 알려져 있으나 한국전쟁 당시의 민간인 학살은 외국인에게는 물론 한국인에게도 거의 알려져 있지 않다.[10] 특히 군부정권이 들어서고 엄혹한 반공체제가 구축됨으로써 주로 좌익에 의한 우익 인사의 학살 사실만이 일방적으로 부각되어 왔다.

그러나 자료를 찾아보면 인민군 혹은 좌익에 의한 학살의 규모나 양상 역시 제대로 정리되어 있지 않다. 이러한 사정 속에서 대한민국 정부 역시 제주4·3사건이나 신원면처럼 피해자들의 끈질긴 노력에 의해 국가기관의 책임이 드러난 경우에만 특별법 제정 등을 통해 마지못해 이들의 요구를 들어 주는 정도였다. 정부는 '불순분자'나 전쟁을 체험하지 못한 일부 세력이 정치적으로 혼란을 야기하여 국정을 어렵게 할 요소가 될 수 있다고 하면서 피학살자의 명예회복 요구를 묵살하였다. 공식적으로 "총력안보가 절실히 요청되는 때 국군의 신뢰도를 해칠 우려가 있는 점 등을 감안할 때, 희생자와 전 국민이 애석한 일이나 평화가 정착된 후 조치하는 것이 좋을 것으로 판단한다"[11]는 입장만 되풀이할 뿐이었다. 한국의 중앙 언론 역시 이 문제에 대해서는 철저히 침묵하였으며, 한국전쟁을 연구하는 많은 학자들도 이 문제를 피해 갔다. 일부 기자와 작가들이 사명감으로 약간의 사실을 발굴했으며, 최근 들어 학계에서도 약간의 관심을 기울이고 있다.[12]

사실상 한국전쟁 당시 발생한 집단학살만큼 한국전쟁의 성격과 경과, 의미와 그 결과를 잘 보여 주는 사실은 없다. 메릴이 이미 강조한 것처럼, 북한에 의한 전면전의 시작은 남북한 국가 간의 안정된 관계 속에서 돌출적으로 발생한 사건이 아니라, 이미 1945년 8월 15일 해방의 시점에서부터 지속되어 온 정치갈등이 가장 치열하고 극적인 형태로 발발한 것이다.[13] 그리고 전면전 발발 이전부터 유격투쟁이 활발했거나 학살이 빈번하게 일어났던 지역의 사람들에게 한국전쟁은 이미 1948년 말부터 시작된 것으로 기억되고 있다.[14] 학살에 초점을 맞추어 보더라도 내전으로서 한국전쟁은 1948년 초 이후 국가 수립을 향한 정치세력 간의 갈등이 내전으로, 나아가 국제전으로 비화된 20세기의 대표적인 전쟁이라고 볼 수 있다.

이미 1948년 제주4·3사건 및 여순사건의 참극과 공비 토벌 과정에서 국군의 무리한 작전수행 등을 목격한 정치가와 외국인, 그리고 일부 지식인들은 이미 남북한 간에 전면전이 발생한다면 그러한 잔인한 상호 학살의 비극이 전국적으로 확대될 것임을 예견하고 있었다. 머리말에서 언급하였듯이 동족상잔을 예언한 김구가 그러하고, 염상섭 등의 중도파 지식인들의 경고가 그러하며, 여순사건 당시 국방경비대 사령관 고문 자격으로 진압사령부에서 파견근무를 했던 미군사고문단원 하우스먼의 우려 또한 그러했다.[15] 이들이 당시 생각했던 것처럼 이미 전쟁 시작 전에 한반도에 '살인 냄새'가 풍기고 있었으며,[16] 전면전이 발생했다는 소식은, 1950년 6·25 이전 한반도의 남북에서 이미 저질러지고 있던 좌·우익 간의 유혈 충돌이 이제는 공식적인 국가권력에 의해 대규모로 그리고 조직적으로 이루어질 것이라는 사실을 알리는 음울한 신호탄이었다.[17]

해방공간은 봉건적 굴레와 식민지적 억압에서 벗어나려는 농민들의 열망이 끓어올랐던 때이며, 많은 해외동포의 유입으로 긴장과 갈등이 점증하였고, 빈곤과 실업이 만연하였으며, 이북에서의 사회주의 개혁을 피해 월남한 전직 경찰과 우익 청년들의 보복심리가 걷잡을 수 없이 분출하던 때였다. 남한의 1948년 5·10총선거와 단독정부 수립 과정에서 점화된 정치폭력, 제주4·3사건, 여순사건, 산악 지역에서의 유격대 활동, 남북한 양 정부의 호전성 등을 냉정하게 추적해 보면 전면전의 발생이 곧 '학살의 전면화'를 야기할 것이라는 점은 충분히 예상할 수 있었다. 전쟁이 발생했을 때 이러한 현상을 목격한 하우스먼은 "지휘자도 없고, 인솔자도 없는 수라장"이라고 규정하면서 "생명에 대하여 책임을 진다든가, 보장을 해 줄 사람은 아무도 없다. 마치 둥지를 흔들어 놓은 불개미떼와 같다"고 당시 상황을 증언하였다.[18]

그런데 한국전쟁과 관련된 지금까지의 수많은 연구는 이 학살의 진실을 캐기 위한 노력은 전혀 기울이지 않았으며, 단지 전쟁 발발의 국내외적 배경과 원인만을 따지면서도 과학적이고 실증적 연구인 양 행세해 왔다. 앞에서 지적한 것처럼 학살의 관점에서 보면 한국전쟁은 이미 1950년 6월 25일 이전부터 시작되어 전쟁 발발을 계기로 극적으로 발전해 절정에 이른 것을 확인할 수 있다. 그러나 지금까지는 경찰 및 우익 인사와 그 가족에 대한 좌익 측의 학살만이 주로 거론되어 한국전쟁의 성격을 일방적으로 해석하도록 만들었다. 전쟁의 최대 피해자인 민간인 학살에 대한 연구가 거의 전무한 만큼, 우리 민족의 입장에서 바라본 한국전쟁에 관한 연구는 아직 시작되지 않은 셈이라고 봐도 과언이 아닐 것이다. 그러나 '6·25'라는 신화가 흔들리는 것을 두려워하는 한국의 국가기관과 정치권력과 주요 언론은 이러한 문제에 대해 공식 논평을 피해 오다가 미국의 'AP통신'이 이 사건을 터트리자 마지못해 움직이는 인상을 주고 있다. 이 점에서 한국전쟁 당시의 학살에 대한 진상규명은 1960년대 베트남전쟁기의 미군에 의한 집단학살은 물론 1937년의 난징대학살보다 훨씬 더 강한 정치적 저항세력의 벽을 마주하고 있는 셈이다.

전쟁 당시 학살의 사실이 이렇게 은폐되고 또 학문적으로도 접근되지 않은 것은, 한반도 통일은 물론 21세기 동아시아에서 평화로운 질서를 모색하는 데에도 대단히 심각한 장애가 된다. 한국전쟁기의 학살을 거론하지 않고서 지난 시절 한반도 냉전의 역사를 정리하는 것은 사실상 불가능하며, 한국 사회 내의 통합을 이루는 것도 어려울 것이다. 형제와 친구가 적이 되고, '인간이 야수로 돌변한 사실들'을 정면으로 들추어내고 진지하게 성찰하지 않는 한 우리가 그런 반문명적인 사태를 또 맞지 않으리라는 보장은 없기 때문이다.

실제로 앞서 언급했듯이 과거에 대한 철저한 반성과 청산이 없었기 때문에 또 다른 비극이 발생했다는 사실도 기억할 필요가 있다. 즉 한국전쟁기 학살 사실이 규명되지 않았기 때문에, 1960년 4·19혁명과 1980년 5·18광주민주화운동 당시에도 그와 유사한 민간인 학살이 반복되었다. 그리고 군 내부에서도 이 문제의 진상이 확실히 규명되지 않고 가해자에 대한 책임도 추궁되지 않아 군의 사기와 명예가 높아지기보다는 오히려 군에 대한 불신이 높아졌다. 또 1965년 이후 많은 한국군이 베트남전쟁에 참전해 그 작전 과정에서 현지 주민을 학살하는 일까지 발생하였다. 그리고 베트남전쟁의 경우 학살에 가담했던 한국 병사들의 일부는 죽고 다쳤을 뿐 아니라 고엽제의 피해자가 되어 지금까지 고통을 받고 있다.[19] 피해자는 물론 가해자도 평생 그 지옥 같은 학살의 기억에서 자유로울 수 없다. 결국 학살은 전쟁의 비인간성과 비극성을 가장 잘 드러내 준다. 전쟁에서는 승리하는 자도 패배하는 자도 없다는 말이 전쟁 시 학살 사건보다 더 잘 드러나는 경우는 없다.[20]

# 2
# 학살의 실상

## 학살의 개념

20세기 들어 일어난 조직적이고 의도적인 대량학살genocide, 혹은 집단학살massacre은 대체로 국가와 국가 간의 전쟁, 혹은 국가 내 특정 종족들 간의 갈등 속에서 발생하였는데, 제국주의 침략과 냉전 초기 이념갈등과 비정규전, 사회주의혁명 초기 '반혁명자' 숙청의 명분하에 나타나거나 탈냉전 이후 내전과 종족 간 갈등 등과 결합되어 나타났다. 특히 제2차세계대전 종결 후 냉전체제 형성기에 구식민지 지역에 친미 반공국가들을 수립하려는 미국의 전략하에서, 그리고 1989년 사회주의 붕괴 이후 냉전의 해체기에 가장 많이 발생하였다. 이것은 내전을 수반하는 국가 형성기 또는 해체기에 정치세력과 종족 간의 갈등이 대량의 인명 살상이 발생하는 객관적 환경을 조성한다는 것을 말해 준다. 이 과정에서 민족주의와 인종주의racism, 종교적 배타주의, 그리고 이데올로기적인 대립은 전쟁과 학살을 정당화하는 논리로 동원되었다.[21]

이중에서도 전쟁은 집단학살, 혹은 학살을 수반하는 경우가 대부분이다. 20세기 중반기 이후의 전쟁은 우선 과학기술과 기계화된 첨단무기의 발달로 언제나 전면전의 양상을 지니기 때문에 군인보다 민간인 피해를 훨씬 증대시키는 결과를 가져오고, 또 전쟁과 정치의 경계가 흐려지고 민간인과 군인의 차이가 희석되어 전쟁은 국민들 간의 전쟁, 즉 캘러비 홀스티Kalevi Holsti가 말한 인민의 전쟁people's war의 양상을 띠기 때문에 집단학살이 거의 불가피해지는 경향이 있다.[22]

전쟁에서 승리한 측이 학살의 가해자일 경우에는 학살의 모든 기록이 삭제되거나 불태워지고 생존자들이나 목격자들의 기억이 억압된다. 공식 기억은 조작되고 학살의 역사는 반대로 승리의 신화로 정착된다. 설사 일부 학살의 사실이 드러나더라도 그것은 권력자 개인, 혹은 현장 군인이나 경찰들의 실수로 돌려진다. 수년 전 유대계 출신 소장 사회학자인 다니엘 골드하겐Daniel Jonah Goldhagen이 평범한 독일인 역시 유대인 대학살Holocaust의 잠재적 공범자라고 주장하였을 때 독일 사회가 크게 들끓어오른 적이 있는데, 이러한 현상은 유대인대학살을 정치화·객관화하기보다는 특정 명령자의 책임으로 돌리려는 조직적인 시도가 모든 학살의 역사에서 반복되고 있음을 말해 준다.[23]

프랭크 초크Frank Chalk와 커트 조나슨Kurt Jonassohn은 대량학살을 "국가와 여타 권력체가 '악'을 저지른 것으로 간주되는 집단이나 구성원이 포함되어 있는 특정의 집단을 파괴하기 위해 일방적으로 살해하는 양상"[24]이라고 정의하였다. 그들은 모든 전쟁이란 교전 양측이 방어력을 갖춘 것을 전제하므로 대량학살과 전쟁을 구별할 필요가 있다고 강조하였다. 그들은 학살을 가하는 측에서는 "실제적이거나 잠재적인 위협을 제거하고, 실제적이거나 잠재적인 적에게 공포심을 확산시키며, 경제적 부를 획득하고, 특정의 신조나 이론, 이데올로기를 주입시키기 위한 목적"을 가진다고 주장하였다. 물론 이들의 정의에서 가해자 측의 '의도성' 문제와 준전쟁 상황과 대량학살의 경계선 설정 문제 등이 모호한 것은 사실이나 여기서는 이들의 정의를 기초로 하여 '대량학살'이란 정당한 법적 절차나 재판 절차를 거치지 않고 국가권력 및 그와 연관된 권력체가 정치적 이유에 의해 자신과 적대하는 비무장 민간인 집단을 일방적이고 의도적으로 살해하는 것으로 정의하고자 한다.[25] 학살을 자행하는 주체는 반드시 군과 경찰 같은 국가기관이 아닐 수도 있으나, 민간단체나 특정 폭력집단이 적대관계에 있는 인사나 집단을 학살했다 하더라도, 대체로 그것은 그들의 행동을 정당화해 주는 공권력의 비호나 우호적 환경 아래에서 이루어지는 것이므로 순수한 민간 차원의 대량학살은 있을 수 없다. 그리고 대량학살이 반드시 전쟁 상황에서만 발생하는 것은 아니지만, 전쟁은 학살이 발생할 수 있는 가장 직접적인 환경을 조성한다.

크리스토퍼 브라우닝Christopher Browning은 현대의 대량학살을 두 유형으로 분류하였다.[26] 첫째는 국가정책에 의한 것이고, 둘째는 공식적인 권력으로 통제되지 않는 집단적인 증오와 광기에 의한 것이다. 그는 전자의 대표적인 예로 나치의 유대인대학살을, 후자의 예로 베트남전쟁 당시의 '미라이 학살'을 든다. 그러나 구체적인 학살의 과정을 살펴보면 양자를 명확히 구분하기 어렵다. 예를 들면 '난징대학살'의 경우 분명히 일본 최고위 권력층의 의도에 의해 저질러진 것이지만, 실제 작전이 시행되는 과정에서 군인들의 통제되지 않는 집단적 광기가 학살을 더욱 확산시켰다고 볼 수 있다. 그러나 대량의 살상무기를 갖고 조직적으로 계획해서 국가가 다른 인종이나 반대세력을 대규모로 학살하는 일은 상당히 이례적인 일일 수밖에 없다. 따라서 20세기 들어 발생한 대부분의 학살은 후자의 유형으로 분류될 수 있을 것이다. 따라서 이 글에서는 엄밀한 의미의 대량학살은 매우 드물다는 전제하에 집단학살을 주로 염두에 두면서 논지를 전개하고자 한다. '정당하지 않은 폭력

행사'로서의 집단학살은 '정당한 폭력 행사'로 분류되는 전쟁 시 작전 수행과 구분이 어렵고,[27] 또 집단이나 개인 간의 사적인 보복과도 구분하기 어렵다. 그리고 전쟁 시 계엄령 선포하에서 적으로 간주되는 사람들에 대한 집단처형 혹은 단심제로 운영되는 약식재판 역시 집단학살과의 차이가 매우 모호하다.[28]

전쟁 시에는 작전 중에 적을 살해하는 행동과 재판을 통해 적 혹은 적과 내통한 자를 처형하는 일이 사실상 동일한 것이 된다. 그런데 정규 군대와 군대 간의 전투를 '작전수행'으로 보고, 국가가 실정법에 기초하여 개인의 범죄를 규명하고 범죄자를 처벌하는 것을 '재판'이라고 본다면, 작전수행과 재판은 국가의 '정당화된' 공권력 수행이라고 볼수 있다. 베버가 말했던 것처럼 국가가 폭력장치를 완전히 독점하여 전쟁을 수행하면서 적군을 살해하거나, 법을 완비하여 질서를 어기는 자에 대해 정당한 재판을 거쳐 처형하는 것은 모두가 외양으로 보면 살인행위이나 그것은 '정당화된 살인'이다. 그러나 이러한 '공식성'과 '정당성'을 표방한 국가권력이 사실상 법적 절차를 거치지 않고 '적으로의심되는' 민간인을 살해하거나 마구잡이로 집단처형했을 경우 이는 학살로 분류함이 마땅할 것이다.

한편 이러한 공식적인 공권력 행사 이전의 테러나 정치폭력을 학살과 구분해 볼 필요가 있다. 즉 군인이나 경찰이 사적인 감정에 기초하여 민간인에게 폭력을 행사하는 경우가 있으며, 또 특정 정치조직이나 국가권력의 비호를 받는 민간단체가 자신과 대립하는 측에 폭력을 가하거나 요인을 살해할 수도 있다. 이러한 폭력들은 대체로 치열한 정치적 갈등 속에서 발생하는데, 대체로 국가권력이 완비되지 않아 사적인 폭력이 만연한 시점에서 발생한다.

전쟁은 정치폭력과 테러의 연장이라고 볼 수 있으며, 전제 혹은 독재정권하의 재판 역시 정치테러의 측면을 가질 수 있다. 예를 들면 앞서 언급한 대로 한국전쟁 시 남측을 점령한 좌익들이 자행한 인민재판은 재판의 형식을 빌린 사실상의 학살이라고 볼 수 있으며, 이승만 정권 측의 국민보도연맹원 혹은 좌익과 연루되었다고 추정되는 민간인에 대한 살해 역시 재판, 즉 공식적 처벌의 형식을 지닌 사실상의 학살이라고 볼 수 있다. 이승만 정권이 1959년 자신의 정적이었던 진보당의 조봉암을 사형에 처한 것은 '법살'法殺로 지칭되는데, 아직 진상이 명백하게 규명된 것은 아니지만 전쟁 전후 좌익에 대한 정치적 보복의 연장선상에 있다.[29] 국가권력이 자리 잡지 못한 조건에서는 작전수행도 테러와 학살의 양상으로 전개되고 재판 역시 테러와 폭력의 양상으로 전개된다.

한국에서 1946년에서 1950년에 이르는 과정은 국가의 형성기, 즉 '무력기구의 중앙집중과 국가독점화' 과정이었다.[30] 그것은 사설 폭력조직이 국가기관화되는 과정이었다. 대동청년단, 서북청년단 등 극우청년조직이 경찰과 군대의 일부가 되어, 그때부터는 경찰과 군대가 유일하게 합법적인 폭력조직으로 변하였다. 이것은 시민사회 내에서 발생한 사적인 적대와 이해관계의 충돌이 점차 국가기관의 공식적인 권력집행의 일환으로 변해간다는 것을 의미한다. 한편 1946년에서 1948년 사이에 발생했던 좌익의 저항과 투쟁이 점차 유격전의 양상으로 발전되는 과정 역시 우익청년단이 군대와 경찰에 편입되는 상황과 동시에 진행되었다.

국가 형성이라는 것은 확실히 법과 제도가 완비되는 '문명화의 과정'이지만, 1948년 8월 정부 수립 후의 2년은 베버가 말한 바 폭력기구를 완전히 독점한, '감정 중립적인 조직'으로 한국의 국가가 안정화되기에는 너무 짧은 기간이었다. 따라서 1950년 6월 25일 전면전 발생 이후 국가기관에 의해 자행된 조직적인 폭력, 즉 학살은 다분히 1950년

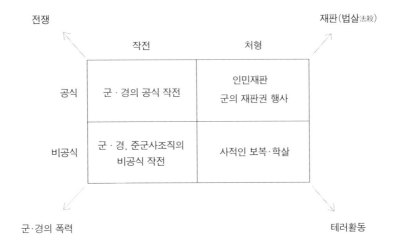

|  | 작전 | 처형 |
|---|---|---|
| 공식 | 군·경의 공식 작전 | 인민재판<br>군의 재판권 행사 |
| 비공식 | 군·경, 준군사조직의<br>비공식 작전 | 사적인 보복·학살 |

전쟁 ↖          재판(법살法殺) ↗

군·경의 폭력 ↙          테러활동 ↘

그림 4-1  한국전쟁기 학살의 유형과 그 외연

이전에 발생했던 좌우 정치세력 간의 정치폭력과 사적인 보복 등의 연
장이었으며 그것을 전면화·전국화한 것이었다.[31]

　그러면 대량학살, 불법 민간인 살상 행동, 집단처형, 민간인들끼리
의 보복 등은 그 경계가 매우 모호하다는 것을 전제로, 한국전쟁 당시의
학살들을 위의 그림과 같이 크게 몇 가지 유형으로 정리, 구분하고 그
외연을 도식화해 볼 수 있다.

　첫째는 군사작전을 수행할 때 발생하는 학살이다. 이 경우 작전명령
을 발동하는 군통수권자, 군 지휘부의 공식적인 재가를 얻어서 작전이
수행되고, 그 작전이 수행되는 과정에서 일어날 수 있는 학살에 대해 작
전수행자가 묵인하는 것까지 포함할 수 있다.

　이러한 학살은 주로 국가 간의 전면전, 특히 정복군과 피침략국 간
의 전쟁에서 발생할 개연성이 높다. 제주4·3사건 당시의 학살, 한국전
쟁 당시 미군이 좌익 게릴라를 제거한다는 명분하에 저지른 학살, 베트

남전쟁 당시 미군의 학살, 1980년 광주에서의 학살 등이 그 대표적인 예이다. 이런 학살의 사례는 많지 않더라도, 군 지휘부의 작전명령에 의해 조직적으로 이루어지므로 피해의 규모가 대단히 크다.

둘째는 군사작전의 일환으로 수행되지만 최고권력자나 군 수뇌부의 재가와 묵인 등의 정당한 명령계통을 거치지 않고 산하 군부대나 경찰 등 준군사조직paramilitary groups이 '적'을 공격하고, 예상되는 위험으로부터 보호받기 위해 일시적이고 비공식적으로 '위험한' 주민을 마구잡이로 학살하는 경우이다. 물론 이 경우 예하 부대나 기관의 장長, 극우·극좌 무장청년조직 등이 그러한 학살을 자행하기 위해서는 자신의 행동이 정당한 것이며 만일의 경우 책임이 돌아오더라도 정당하고 불가피한 행위로 인정되어 국가의 보호를 받을 수 있다는 자신감이 전제되어야 한다.

따라서 이러한 학살에 가담한 군과 경찰의 행동을 순수하게 즉흥적이고 비공식적이라고 말하기는 어려울 것이다. 그러나 작전수행 중 사전에 전혀 준비·계획되지 않은 상황에서 군·경의 통제되지 않는 위기감과 보복심이 학살의 더욱 중요한 동기가 될 경우 이러한 범주로 분류하여 볼 수 있다. 한국전쟁기 지리산 인근 지역에서의 인민군·게릴라 토벌작전 과정에서 발생한 민간인 학살의 예처럼 전쟁 중 사소하게 발생하는 대부분의 민간인 학살이 이러한 범주에 속할 것이다.

셋째는 군사작전이 진행되는 후방에서, 아군을 보호하기 위해 적과 내통했거나 적에게 도움을 주었거나 장차 줄 것으로 예상되는 사람들을 준 '사법적으로 처리'하는 과정에서 발생하는 '처형'으로서의 학살이다. 한국전쟁 당시에도 「비상사태하의 범죄처벌에 관한 특별조치령」과 같은 국가권력의 보증이 전제되어 있었고, 단심제로 운영되는 군법회의가 전쟁 시 범죄자를 처벌할 수 있도록 길을 터 주었기 때문에 이런 학살이 발생할 수 있었다. 또한 분대장 이하에게 총살권을 부여하는 등의 조치[32]를 통해 군기를 확립하면서 장교들이 현장에서 적을 처형할 수 있는 권한을 부여했기 때문이기도 했다. 대체로 전투행위의 일환으로서 학살이 수행되지만, 전투 대상이 되지 않는 일반 민간인들에 대하여 무차별적으로 총살을 감행할 때는 그들이 적과 내통하거나 사실상 적일 수도 있다는 전제를 갖고 있는 셈이다. 이때 군인보다는 경찰이 학살의 전면에 나서는 경우가 많다. 어느 경우에나 권력이 극도의 위기의식을 느끼는 상황에서 이러한 유형의 학살이 발생한다.

넷째는 이러한 처벌이 정치단체 혹은 민간인들 간의 사적인 보복의 형태로 전개되면서 훨씬 더 비공식적이고 개인적인 감정에 기초하여 진행되는 학살이다. 한국전쟁 당시 점령과 수복이 반복되는 과정에서 자연스럽게 결성된 치안대 등의 조직들이 자신과 대립하는 진영의 민간인들을 처형, 보복하는 경우가 여기에 속한다. 학살이 공식적인 처벌의 범위를 훨씬 벗어나 가해세력의 통제되지 않는 분노와 광기에 의해 주로 촉발되는 경우이다. 군인·경찰 등 국가기관 종사자가 개인적·집단적 보복심에서 자신과 동료들에게 해를 입힌 민간인 마을을 초토화시키는 경우도 여기에 속할 수 있다. 대체로 사적 보복은 공권력의 통제 밖에서 진행되기 때문에 비록 학살의 규모는 작다고 하더라도 대단히 잔인한 양상으로 전개되는 경우가 많다.

물론 이러한 여러 유형의 학살들 간의 경계는 대단히 모호하다. 어느 정도까지가 공식적으로 의도된 것이며 어느 정도가 비공식적이고 사적인 것인지, 또 어느 정도가 작전 혹은 처형에 속한 것인지도 판단하기 어렵다. 그런데 이 모든 학살은 전쟁이라는 정치적 상황, 즉 군이 민간인을 작전의 대상으로 취급할 수 있는 상황에서 발생한다고 볼 수 있다. 따라서 정치권력은 어떤 경우에도 이러한 학살의 과정에 개입하게 마련이며, 사실상 최고의 책임은 작전권을 지닌 권력자에게 있다고 보아야 한다. 또 학살이 처벌의 일환으로 수행되고 사적인 성격을 지닐수록 규모는 작지만 정신적인 상처나 원한은 더 깊을 수 있다. 따라서 앞에서 제시한 학살의 네 가지 유형 구분을 기초로 하여 한국전쟁 당시의 학살이 어떻게 전개되었는가를 살펴보면, 전쟁의 성격과 그 배경을 추론해 볼 수 있을 것이고 궁극적으로 학살이 왜 발생했는가를 이해할 수 있을 것이다.

결국 학살은 공식 전투 이면의 전투이며, '또 다른 전쟁'이다. 전쟁으로 인한 살상의 규모나 비극성은 공식 전투보다 이러한 '또 다른 전쟁'에서 더 심각한데, 한국전쟁도 예외는 아니었다.[33]

## 학살의 유형 및 전개

**작전으로서의 학살**    전투 상황에서 모든 군사행동은 작전명령의 틀에서 이루어진다. 이때 무장한 군인들은 적을 향해 총부리를 겨누지만, 그 총부리는 적과 내통한다고 간주되거나 적이 활동하는 지역 내에 거주하는 주민들을 피해 가지는 않는다. 1948년 정부 수립 이후에 발생한 학살 사건 중 가장 규모가 큰 것은 1948년 말 제주4·3사건 진압 과정에서 군대의 공식적인 작전명령에 기초하여 좌익 게릴라가 활동하는 지역의 주민, 특히 이들과 내통했거나 이들을 도와준 것으로 의심되는 제주도 중산간마을을 '초토화'시킨 경우라 할 수 있다.

우선 앞에서 언급한 것처럼 한국전쟁은 해방 이후 국가의 수립 과정에서 갈등을 빚은 세력이 남과 북의 구도로 재편되면서 남북 간의 전면전으로 발전된 것임을 환기할 필요가 있다. 1948년 5월 10일 남한만의 총선거와 단독정부 수립을 반대하는 좌익의 저항이 무장투쟁으로 발전하고, 조국전선의 결성과 남·북로당의 합당[34]으로 좌익활동의 중심이 38선 이북으로 이전한 이후, 군·경과 이들 좌익무장세력 간의 군사적 대결의 연장선에서 북의 전면적인 선제공격이 이루어진 것이다.[35] 제주 4·3사건과 국군의 공비토벌작전, 여수·순천 지역에서의 '반란군' 진압작전은 한국전쟁의 서막을 여는 사건이었으며, 그 자체가 이미 전쟁이었다. 당시 불법화된 좌익은 남한만의 단독선거를 반대하는 '2·7구국투쟁'을 조직적으로 전개하였고, 그후 북한이 제의하는 9월 총선거에 호응하여 '9월 총공세' 등을 전개하였으며, 여순사건 이후에는 본격적으로 무장투쟁에 돌입하였다. 우익과 좌익 간의 정치적 갈등은 군사적 대립의 양상을 지니기 시작하였고, 양자 간에는 화해할 수 없는 적대관계가 수립되었다.

　1948년 제주4·3사건에서 단독정부 수립에 항의하는 좌익과 민중들의 저항은 미군과 한국군이 진압 일변도로 몰아가면서 더욱 확산되었다. 특히 정부 수립 이후에도 저항이 수그러들지 않자 이를 대한민국의 정통성에 대한 도전으로 받아들인 이승만 정권은 대토벌작전을 시작했으며, 제주에 출동하려던 제14연대가 여수에서 '반란'을 일으키자 토벌작전은 더욱 강경해졌다. 이승만 정권은 제주도 해안선에서 5km 이상 떨어진 지역을 무조건 적성敵性 지역으로 지정하여 초토화작전을 감행하였다. 초토화작전은 애초 미국이 당시 9연대 연대장을 맡았던 김익렬 중령에게 제안하였는데 그가 거절하여 당시는 실현되지 않았으나,[36] 결국 1948년 11월부터 이듬해 3월까지 5개월 동안 본격화되었다. 토벌군은 게릴라들의 피난처와 물자공급원을 제거한다는 목적으로 100여 곳의 중산간마을을 모두 불태웠으며, 노인에서 젖먹이까지 남녀노소를 가리지 않고 주민들을 살해했다. 이러한 학살은 11월 17일 발표한 계엄령으로 정당화되었지만, 그 계엄령 자체의 적법성에 대해서도 의문이 제기되는 상황이므로[37] '토벌작전'은 사실상 집단학살의 양상을 지니는 경우가 많았다. 당시 제주도에서 토벌대가 파악한 무장대 수는 500여 명에 불과했지만 학살당한 사람은 모두 3만여 명으로 추산된다.[38] 분명히 '비상식적인 작전'이었다. 누가 그것을 지휘했으며, 무엇이 이러한 비상식적인 작전을 감행하게 만들었는가?

한편 여순사건 역시 좌익 군인들의 '반란'으로만 알려져 있지만, 더 심각했던 것은 반란군이 물러간 다음 발생한 진압군에 의한 민간인 집단처형이다. 당시 각처의 '진압군'은 정규 반란군뿐만 아니라 사실상 전체 시민을 '진압의 대상'으로 간주하여 초토화작전을 감행했다.[39] 탈환 과정에서 반란군으로 여겨지는 자들이 조금이라도 저항의 기척을 보이면 기관총 세례를 가했고 의심스러운 자들은 바로 사살하였다. 반란군이 이미 도주한 뒤 여수·순천 지역에 진입한 진압군은 누가 부역자인지 가려 낼 수 없었기 때문에, 전 읍민을 학교 또는 공공시설에 모아 놓고 집안배경·외모 혹은 우익 인사들의 지목에만 의존하여 심사하였고 의심스러운 자들을 그 자리에서 타살打殺·총살하거나 군·경에 이첩시켰다.[40] 육군사령부는 1949년 1월 10일 여순사건과 관련하여 군사재판에 회부된 반란군 혐의자의 재판 결과를 발표하였는데, 총 2,817명이 재판을 받아 410명이 사형되었고, 568명이 종신형을 받았으며 나머지는 무죄로 석방되었다고 한다. 그러나 복수심에 불타는 군과 경찰이 공식 재판 이전에 반란 가담자와 부역자를 처벌하여 이미 수많은 민간인들이 학살되었다.[41]

제주4·3사건 당시 군경이 저지른 학살은 1947년 타이완에서 일어난 2·28봉기에 대해 국민당 정권이 가했던 탄압과 대단히 유사하다. 제

주4·3사건과 마찬가지로 타이완의 2·28봉기 역시 국민당 정권을 향한 타이완 본성인本省人들의 자연발생적인 분노가 기반이 되었다. 당시 공산당이 이러한 저항의 분위기를 활용하여 무장투쟁을 전개하려 하자, 국민당군이 타이완에 진입하여 현지 주민들을 대상으로 무자비한 학살을 자행한 것이다.[42] 제주4·3사건과 마찬가지로 이 학살에서도 우익세력은 단지 내부의 반대세력을 진압하기 위한 치안상의 목적을 넘어, 미국의 후원하에서 반공정권을 안정화하려는 정치적 포석을 둔 것이었다.

1948년 12월 1일 국가보안법이 제정되자 좌익이 합법적으로 활동할 공간은 거의 사라졌고, 1949년 7월 초 이후 북한을 기지로 하는 좌익들은 이제 정치투쟁에서 무장투쟁으로 무게중심을 옮겼다.[43] 남로당계가 주도하는 인민유격대는 군·경의 탄압과 극우청년단체의 테러에 대비하면서 경찰서를 습격하는 등 저항을 계속하였으나,[44] 당 조직의 대거 와해와 전향, 국군의 조직적인 토벌, 민심의 이탈 등으로 인해 거의 궤멸되었다. 그러나 유격대가 활동하는 지리산 주변과 태백산맥 산간지역에서 '적'과 '우리'는 제대로 구분되지 않았다. 결국 군과 경찰은 유격대와 내통한다고 간주되는 지역 주민을 무차별적으로 살해했고, 유격대가 자신들을 신고하거나 비협조적인 민간인들에게 보복을 가하기도 하였다.[45] 토벌대는 반란군과 민간인을 제대로 구별하기 어려운 게릴라전 상황에서 적의 근거지를 완전히 초토화시키는 작전을 감행하였다. 당시 경북 영천·경주·영일·봉화 지역과 구례·순창 등 지리산 주변 지역에서는 유격대의 산발적인 공격과 우익 인사 살해에 맞선 군과 경찰의 보복작전으로 수많은 민간인들이 학살을 당했다.[46] 이들 지역에서의 학살은 토벌군과 해군헌병대가 주도하였으며 경찰과 민보단원, 대한청년단 등 청년조직도 합세하였다.[47]

경북 문경에서 발생한 민간인 학살도 그중 하나이다. 1949년 12월

24일 문경시 산북면 석봉리 석달동에 제25연대 3중대 소속 무장군인 100명이 들이닥쳐 주택 24가구 전체를 불태웠으며, 마을 주민 전체를 마을 앞 논바닥과 마을 뒤 산모퉁이 두 곳으로 끌어내 모아 놓고 무차별 사격을 가하였다. 1차 학살을 끝낸 군인들은 "산 사람들은 살려 둘 테니 일어나라"고 한 뒤 일어난 사람들에게 재차 사격을 하여 확인 사살까지 했다. 인근 금용국민학교에서 돌아오던 학생 10여 명에게도 무차별 사격을 가하여 이들을 몰살했다. 불과 한두 시간 만에 집들은 모두 불타고 주민 81명이 현장에서 즉사하였다. 미군사고문단의 로버츠 준장은 주민들이 게릴라에게 위문품 등의 편의를 제공한 것으로 의심한 한국군이 이러한 학살을 저질렀다고 보고하였다.[48] 이 사건은 6·25 발발 이전에 국군에 의해 발생한 대표적인 민간인 학살이었다.

1949년 겨울 경북 산간 지역과 지리산 주변에서 동계토벌 때 발생한 민간인 학살은 군 수뇌부의 직접적인 지시에 의해 이루어진 것이라기보다는, 주로 전공을 올리는 데 혈안이 되었던 각 부대장의 재량하에 이루어진 경우가 많았다. 초대 육군참모총장을 지낸 이응준은 당시에 군인들은 통상 전투가 끝나면 공비의 유기시체 수를 많이 늘려서 보고하곤 하였다고 기록하였다.[49] 즉 살해한 민간인도 모두 공비로 집계하는 일이 다반사였다는 이야기다. 문경양민학살사건의 경우 소대장이 학살을 감행하고 난 뒤 중대장에게 보고하였으며, 이후 국방부장관이 보고받은 다음 사건을 무마하기 위해 현지에 내려왔다. 이를 통해 당시의 토벌작전에서 사실상 현지 군·경의 말단 지휘관까지도 좌익이나 부역 혐의가 가는 주민들을 '적'으로 간주하여 살해할 수 있는 권한을 갖고 있었음을 확인할 수 있다.

한편 이러한 작전수행으로서의 학살은 6·25 발발 이후 전면적으로 확대되기에 이른다. 전쟁 발발 이후 국군의 후퇴, 미 지상군 투입과 38

선 이북으로의 북진 그리고 중공군의 개입으로 전선이 끊임없이 이동하게 되자 지리산 지역까지 내려왔다가 고립된 잔류 인민군이 지방 좌익과 합세하여 후방에서 유격전을 전개하였고, 전쟁은 사실상 누가 적이고 누가 아군인지 거의 구별하기 어려운 내전의 양상으로 전개되었다. 이 과정에서 미 지상군이나 유격대 활동 지역의 한국군은 언제나 기습의 위험에 노출되어 있었고, 때로는 예기치 않은 공격을 당하기도 하였다. 그리하여 한국군과 미군이 군사작전을 수행하기 위하여, 혹은 극도의 위기의식과 공포감 때문에 적이 활동하는 지역의 민간인들까지 모두 적으로 간주하여 무차별적으로 살해하는 일이 발생하였다.

작전의 이름으로 조직적으로 저질러진 학살로서는 미군이 저지른 무차별 폭격과 잔류 인민군이 활동하던 지리산 주변 지역 주민에 대한 한국군의 학살이 대표적이다. 미군에 의한 피해 중 현재 밝혀진 것은 전쟁 전에 일어난 전남 화순의 학살과 전쟁 중에 일어난 충북 영동 노근리, 경북 포항, 예천, 경남 마산·의령·창원 등지의 민간인 학살, 그리고 북한 지역인 신천 등지에서의 학살이 있다. 한국군의 경우 경남 거창·산청·함양, 전남 함평·남원·순창 등지의 학살이 대표적이다. 한편 북한 측은 미군이 38선 이북의 북한 지역을 점령한 40일 동안 수많은 민간인을 살해했다고 주장한다. 또한 평양 시내에서만 1만 5,000여 명의 민간인이 학살당했으며, 황해도 한 도에서만 12만 명이 학살당했다고 주장하고 있다. 특히 신천군의 경우 1950년 10월 17일에서 12월 7일 사이에 인구의 4분의 1인 3만 5,000여 명이 학살당했다고 주장한다.[50]

미 공군의 무차별적인 공중폭격과 기총소사는 '학살'이라기보다는 '작전'의 일환이라는 것이 통설이지만, 피란민 혹은 비무장 민간인 거주 지역에 무차별적인 폭탄과 총탄 세례를 퍼부은 것을 두고 학살이 아니라고 할 수는 없다.[51] 특히 전북 익산에서 1950년 7월 11일에 발생한

미 공군 B29기의 폭격은 전쟁 발발 후 며칠도 안 되었기 때문에 아직 주민들이 "전쟁을 피부로 느끼지 못하고 있으며 피란 가는 사람 하나 없는 평화로운 상황"[52]에서 이루어졌다. 경남 창녕·마산·사천 지역의 폭격 역시 아직 인민군이 이 지역 근처에도 오지 않은 상황에서 이루어졌고, 미군이 한반도 전체를 초토화하려 한 것이 아닌가 하는 의구심마저 들게 된다. 미군의 폭격은 들판에서 놀고 있는 햇병아리 한 마리를 보고 수십 마리 독수리떼가 달려드는 꼴이었다.[53]

조지프 굴든Joseph C. Goulden은 인민군이 민간인을 방패로 사용하는 전술로 말미암아 "우리 사병들은 극단적으로 야만적인 행동을 취하기 시작하였다. 적이 숨어 있으리라고 짐작되는 마을을 초토화시킨다든지, 북한군이 포함되어 있으리라고 추측되는 피란민들에게 사격을 가하는 일 등"을 했다고 지적하였다.[54] 물론 미군 측은 사실상 한국인 중에서 좌·우익을 전혀 구별할 수 없었을 뿐더러, 영문도 모르고 투입된 전쟁에서 어디서 적이 나타날지 몰라 극도의 공포감과 불안감을 갖고 있었다고 변명한다. 많은 인민군인들이 군복을 벗어던지고 마을에 숨기도 했기 때문에[55] 미군은 민간인 복장으로 마을에 거주하다가 미군에게 타격을 가하는 좌익 게릴라들에 대해 엄청난 공포감을 갖고 있었다고 한다.[56] 그러나 미군이 피란민이나 주민들을 무차별적으로 학살을 한 데는 미군들이 코리언들을 인종적으로 멸시하였다는 점도 중요하게 작용했다. 그렇지 않으면 미군이 이렇게 무차별적으로 폭격하거나 남녀를 불문하고 살해하지는 않았을 것이다.[57]

한편 국군에 의한 학살은 후퇴하고 난 뒤 잔류한 인민군 및 빨치산과 국군 간에 산발적인 전투가 전개되던 1950년 겨울에 주로 발생하였다. 1951년 2월 초순 제11사단 9연대는 경남 산청·거창·함양 지역에 주둔하면서 인민군의 춘계 공세 이전에 빨치산을 완전히 없애기 위한 작전을 펼치게 된다. 작전명령은 '견벽청야' 堅壁淸野, 즉 자신의 성은 견고하게 지키되 포기해야 할 곳은 인적·물적 자원을 모두 정리해서 적이 이용할 수 있는 여지를 모두 없앤다는 뜻이다.[58] 토벌작전은 '적성부락'으로 알려진 유격대의 거점에 대해 모든 것을 불사르고, 없애 버리는 초토화작전이었다. 9연대는 사단의 초토화 방침에 따라 "작전 지역 내 인원은 전원 총살하라", "공비들의 근거지가 되는 건물은 전부 소각하라", "적의 보급품이 될 수 있는 식량과 기타 물자는 안전 지역으로 후송하거나 불가능한 경우는 소각하라"는 명령을 내렸다고 한다.[59]

제11사단 9연대는 지리산 자락의 공비소탕작전에 투입되었다. 이 명령에 따라 1대대는 함양에서 산청으로, 2대대는 순천에서 산청으로, 3대대는 거창에서 산청으로 총공세를 펼치게 된다. 이들 부대는 본격적인 작전을 전개하기 전에 공비 출몰 지역의 가옥을 전부 태우는 작업을 했다.[60] 이것은 제주4·3사건 토벌 당시의 초토화작전을 반복하는 것이었다. 이제 가옥만 태우는 것이 아니라 사람까지도 "태워 없애고, 굶겨 죽이고, 죽여 없애는" 이른바 삼진=盡작전을 예고하고 있었다.

2월 8일 지리산 중턱의 산청군 금서면 가현마을에 군인들이 나타났다. 군인들은 마을을 포위한 뒤 집집마다 돌며 사람과 가축을 몰아내고 집에 불을 질렀다. 가죽, 베 등 돈이 될 만한 물건은 모두 따로 모아 놓은 뒤, 동네 사람들을 모조리 마을 앞 산신당 골짜기로 몰았다. 10m 벼랑 아래로 떨어지지 않으려고 주민들이 발버둥치자, 군인들이 달려들어 개머리판으로 내리치면서 주민들을 순식간에 골짜기로 밀어냈다. 그리고 4열 횡대로 앉으라고 명령한 다음, 주민을 향해 총을 발사하였다. 마을 주민 123명이 그 자리에서 사망하였고, 오직 여섯 명만이 생존하였다. 가현마을을 쑥대밭으로 만든 군인들은 이웃 방곡마을로 내려갔다. 그뒤 이웃한 방곡리·점촌리·자혜리·화계리·화산리·주상리에서도 학살이 반복되었다. 2월 8일 하루 동안 529명으로 추정되는 주민이 군인에게 학살당했으며, 그중 남자는 50여 명에 불과하였다. 젊은 남자들은 미리 피신하였기 때문에 피학살자는 60~70을 넘긴 고령자가 대부분이었고, 그중에는 열 살 미만 어린이도 100여 명 포함되어 있었다.

제11사단 9연대 3대대는 2월 10일 대대장 한동석의 지휘 아래 거창군 신원면 대현리와 중유리, 와룡리에 출동하였다. 이들은 먼저 청연마을에 도착하였다. 남자들은 대부분 피란을 가고, 마을에는 노인과 부녀자들만이 남아 있었다. 군은 마을 주민 76명을 마을 앞 논에 집결시킨 다음 이들에게 무차별 사격을 가하였다. 이날 청연마을의 참변 소식은 이웃한 여섯 개리에 퍼졌다. 군인들은 와룡리 주민들에게 가서 "공비들 때문에 위험하니 피란 가야 한다"고 하며 이들을 면 소재지에 위치한 신원국민학교로 몰았다. 가는 도중에 행렬을 끊어서 뒷줄은 탄량골로 밀어넣었다. "군인 가족이 있으면 나오라"고 한 다음, 나머지 사람들을 집단총살하였다. 신원국민학교에 수용했던 520명의 주민들 역시 이웃 박산골로 몰아가 총살하였다. 박산골 학살 현장에서는 오직 세 명만이 생존하였다. 인근 산청에서도 그러하였듯이 군인들은 주민들의 재산을 마구 약탈하였고, 젊은 여자들을 보기만 하면 끌고 나가 강간했다.

흔히 '거창양민학살사건'으로 알려진 지리산 동편 일대의 학살 사건은 실제로는 거창·산청·함양 등지에서 발생했으며, 주민 1,500여 명이 국군 9연대의 초토화작전의 희생양이 되었다. 이승만 정권은 이 사건에 대한 투서가 계속되자, "공비 협력자 187명을 군법회의에 넘겨 처형한 사건"이라고 발표하였다. 그러나 『워싱턴 포스트』 등 외국 신문들이 이 사건을 대서특필하자, 이승만 정권은 신성모 국방부장관과 조병옥 내무부장관을 동시에 해임하고 관련자들을 재판에 회부하였다. 1951년 7월 27일부터 12월 16일 사이에 열린 대구의 고등군법회의에서 재판장 강영훈 준장은 "애국 동포들의 생명과 재산을 보호하기 위함이라는 국군 작전의 근본정신과 계기繼起 투항하는 적군을 의법 처우하는 전쟁도의를 소홀히 하여, 즉결처분이라는 명령을 부하부대에 하달함으로써 천부된 인권을 유린하였으며, 부대장도 일부 피의자를 경솔히 총살하여 명령 범위를 이탈한 것"[61]이라고 판결을 내리고 경남지구 계엄민사부장 김종원을 징역 3년, 9연대장 오익경을 무기, 3대대장 한동석을 징역 10년에 처하였다.

거창양민학살사건이 발생하기 이전인 1950년 겨울에 전남 함평과 전북 남원·순창 등지에서도 대규모 학살이 일어났다. 남원에서는 공비 토벌작전을 감행하던 제11사단 소속 군인들이 대강면 강석리마을을 습격하여 주민 90명을 대검·일본도·M1소총으로 난자한 사건도 있었다. 여기서 70명은 총살당했으며, 19명은 일본도로 목이 잘리는 참극을 당하였다. 임실에서는 제11사단 13연대가 1950년 11월에서 1951년 3월에 걸쳐 수백 명의 민간인을 학살하였고, 고창에서는 제11사단 20연대가 1950년 12월에서 1951년 5월까지 수백 명의 주민을 학살하였으며, 순창에서는 1950년 10월부터 1952년 6월까지 주민 1,000여 명 이상을 학살하였다. 한편 전남 함평에서는 1951년 1월 12일까지 월야면 정산리 동촌마을을 비롯한 3개면 9개 마을에서 500여 명의 주민이 토벌대의 습격으로 학살당하였다. 경남과 전라도는 제11사단의 사냥터였다.

지리산 주변에서 1950년 말에서 1952년까지 진행된 제11사단의 학살은, 정부가 공식적으로 인정하듯이 대대 단위의 군인들이 작전상의 실수로 저지른 것이라기보다는, 사단장 이하의 군 고위층의 작전명령 하에 조직적으로 진행된 일종의 국가테러라고 볼 수 있다. 이 모든 학살은 거창양민학살사건에서 밝혀진 것처럼 "적에게 협조하는 주민은 적으로 간주하라"[62]는 연대 작전명령에 기초하여 이루어진 것으로 추정된다. 아마 이 지역 피학살 민간인의 수는 1948년 제주도와 여순의 경우에 그러했듯이 무장한 인민군이나 빨치산의 수를 훨씬 능가할 것이다. 이 모든 사건이 공식적으로 집단학살로 분류될 수 있는 것은, 전시의 계엄령 명분하에 공비를 토벌한다는 작전수행의 일환으로 진행되었으나, 어린이·여성·노약자를 포함한 비전투 민간인을 적으로 간주하여 집단살상을 했기 때문이다.

당시 국회에서는 윤치영이 "계엄 상태에서는 당연히 처단을 받아도 좋다"라고 말하였는데, 이에 대해 그렇다면 "계엄 상황에서는 양민을 총살해도 좋은가?"[63]라는 반론이 제기된 바 있다. 주목할 만한 것은 이 자리에서 법무부장관 이인은 사실상 계엄법이 없다는 사실을 시인하였다. 미군정에 의해 폐지된 일제강점기의 조선인 통제법인 계엄령을 자의적으로 다시 부활시켜 그것에 의거하여 민간인을 살해했다는 것을 정부가 스스로 인정한 셈이다. 설사 계엄법의 적법성이 인정된다 하더라도 무장하거나 저항하지 않은 일반 주민들에 대한 재판 없는 무차별적 살해는 학살로 분류되어 마땅할 것이다.


**처형으로서의 학살**　　　　　전쟁이라는 것이 원래 초법적인 것이지만, 전쟁 발발 직후 남북한 당국은 모두 계엄, 즉 군이 재판권을 행사하는 상황을 선포하였다. 이러한 무법·무질서 속에서 총을 가진 사람은 최고의 사형집행인이자, 생사여탈권을 가진 전제군주가 된다. 그리고 물리력과 재판권으로 상징되는 국가권력은 적에게 협력한 인사나 협력할 가능성이 있는 민간인들을 적으로 취급하여 처벌한다. 이것은 국가가 적과의 군사적 대결 '위기'에 처한 상황에서 방위를 위한 대책이기도 하고, 주민들의 복종을 유도하기 위한 전략이기도 하다.[64] 앞에서 살펴본 것처럼 남한을 점령한 김일성 정권은 초기에 인민재판을 통하여 우익 인사와 지주세력 등을 처형하였으며, 이승만 정권 역시 유사한 행동을 했다. 이승만 정부가 계엄령을 명분으로 하여 '적으로 의심되는 사람'을 집단살해한 대표적인 예는 수감된 정치범이나 국민보도연맹원을 집단처형한 일이었다.

전향한 좌익으로 구성된 국민보도연맹은 일제 말기 사상범 및 전향자 관리를 위해 결성된 대화숙大和塾, 시국대응전선사상보국연맹時局對應全鮮思想報國聯盟에서 유래한 것으로 보이는데, 정부 수립 이후 반체제 사상범·전향자에 대한 선도 방안으로 오제도에 의해 고안되어 1949년 4월 21일 결성되었다. 보도연맹은 표면적으로는 좌익 전향자 단체임을 표방하였으나 실제로는 정권 주도로 이루어졌다.[65] 흔히 국민보도연맹원에 대한 집단처형은 한국전쟁 발발 직후에 이루어진 것으로 알려져 있으나, 대구·경북·경남 지역에서는 이미 1949년부터 시작되었으며 1950년 3~4월 무렵에도 처형이 있었다고 한다.[66] 한국전쟁의 발발은 그것을 전면화·전국화시키는 계기가 되었을 뿐이다.

1950년 6월 25일 당시 38선 바로 이남에 있었던 개성시에서는 인민군이 내려오자 국민보도연맹에 가입했던 사람들이 인민군 측과 협력하여 우익 인사들을 학살했다고 한다. 이러한 사건이 발생하자 이승만 정권은 국민보도연맹원에 대하여 '예비검속'을 서둘렀다. 그리고 6월 25일 치안국장 명의의 「전국 요시찰인 단속 및 전국 형무소 경비의 건」이라는 공문이 각 경찰국에 하달되었는데, 그 내용 중에는 '전국 요시찰인을 즉시 구속할 것'이 포함되어 있었다. 이어 30일에는 「불순분자 구속 처리의 건」이, 7월 11일에는 「불순분사 검거의 건」이 각각 하달되었다.[67] 따라서 전쟁 발발 다음날인 26, 27일 정도의 극히 혼란스러운 상황에서 이승만 정부는 수감된 정치범들을 구금·처치할 계획을 세우고 이를 각 경찰서에 하달했던 것으로 추정된다.[68] 국민보도연맹원이나 좌익 사범의 학살 그리고 대전·대구의 정치범에 대한 집단처형 결정은 피란 수도 대전에서 열린 7월 1일 국무회의에서 결정된 것으로 추측되지만 현재로서 이를 확인할 결정적 증거는 없다.[69] 앞서 언급한 위닝턴 기자도 지적하였으며, 최근에 공개된 대전형무소 수감자 학살 관련 기록사진 자료에서도 암시되어 있듯 미국은 이 학살의 전 과정을 미리 알고 있었으며 처형 현장에도 입회한 것으로 보인다.[70] 이에 대한 법적인 근거는 6월 28일 발표한 「비상사태하의 범죄처벌에 관한 특별조치령」이다. 이 조치령에서 이승만은 다음과 같이 밝혔다. "공산군의 남침으로 인해 생긴 국가적 위기에 당하여 반국가죄는 될 수 있는 대로 조속히 또는 엄격하게 처벌하여야 될 것이오. 이 위기는 대한민국에 치안이 확보될 때에 비로소 해소될 것이다."[71] 즉 계엄하에서 좌익 사범에 대한 즉결처형을 인정한 것이다. 그후 이승만은 "반역도배들이 민간과 단체 사이에 끼어서 지하공작을 도모하는 폐단을 일일이 지적해서 불법한 행동을 감행하지 못하도록 만들어야 할 것입니다"라고 언급하였다.[72] 이러한 초법적인 명령에 의해 공식적 '처형'의 외양을 지닌 학살이 마구잡이로 이루어질 수 있는 조건이 마련된 것이다.

서울이나 강화 등 경기 북부의 경우 워낙 갑작스럽게 인민군이 남하하여 미처 국민보도연맹원을 구금하거나 수감된 국민보도연맹원을 어떻게 할 수 없었으나,[73] 평택 이남 지역에서는 강화 등 북한 점령 지역의 경험을 바탕으로 이들을 곧바로 구금하여 처형한 것으로 보인다. 서울에서도 6월 27일 밤 국군 포병부대의 안 소위라는 사람이 일단의 서북청년단원들을 데리고 노량진 쪽에서 한강다리를 넘어, 통행을 막는 헌병을 권총으로 위협하여 서대문형무소로 간 다음 "최상급의 악질 빨갱이"를 끌어냈다고 한다. 새벽녘에 한강 모래사장에서 이들은 비밀리에 총살되었다.[74] 전쟁의 발발이 '적'에게 협조하리라 추측되는 사람들에 대한 마구잡이 처형을 가져온 첫 사례였다.

남한 전역이 늦은 모내기로 바빴던 7월 중·하순경 전쟁 발발 소식을 전혀 알지 못했거나 어렴풋이 소문으로만 듣고 있었던 국민보도연맹원들은 경찰·우익청년단 등의 소집명령을 받고 정기적으로 행해지던 교육이거니 생각하면서 경찰서와 지서로 향하였다.[75] 당시 국민보도연맹 가입자는 전국에 걸쳐 최저 10만에서 최고 30만 명으로 추산되는데, 그중 상당수는 사상과 이념은 물론 좌·우익이 무엇인지도 모르는 일반 민간인들이었다. 특히 전쟁 전에 좌익단체에 가담한 적이 없었던 사람들도 비료를 타기 위해 혹은 정부에 잘못 보이지 않기 위해 가입하였다.[76] 군은 각 지역의 경찰들에게 국민보도연맹원을 소집하도록 하였다. 이것은 일제강점기 말에 조선인 독립운동가·사회주의자들이 불법 행동을 할 위험이 있다는 이유로 구금했던 불법적인 '예비검속'의 반복이었다. 국민보도연맹원들은 죽기 2~4일 전에 소집되어 마을 창고나 학교 등에 격리·수용되었다. 그러나 지역에 따라 위험을 감지한 경찰들이 명단을 제대로 제출하지 않은 경우도 있었는데, 이 지역의 국민보도연맹원들은 살아남을 수 있었다.

6월 하순부터 9·28서울수복 때까지 부산에서는 헌병·경찰·방첩대에서 과거 좌익단체에 가담했거나 전향한 사람 수천·수만 명을 잡아갔다. 이들은 특무대 지하실에 갇혔고 이후 경찰서에 분산 수용되었다가 학살당하였다. 누가 무슨 근거로 붙잡아 갔는지, 몇 명이 붙잡혀 갔는지, 어디서 어떻게 학살당했는지도 밝혀지지 않았다. 경남 김해시 대동면 골짜기, 영도 동삼동 골짜기 등에 분산 매장되었거나 오류도와 영도 바다에 수장되었다는 이야기만 들려올 뿐이다.[77]

국민보도연맹원, 좌익사건 관련 수감자·피의자·혐의자 들에 대한 학살은 대전·대구·경남 등 평택 이남의 거의 전 지역에서 발생하였다.[78] 당시 대전형무소에는 2,000여 명 정도의 제주4·3사건 및 여순사건 관련자들, 남로당원, 국민보도연맹 예비구금자들이 수감되어 있었는데, 특히 국방경비법·특별조치령·포고령 위반 등의 죄목으로 잡혀 있던 사람들은 모두 사상범으로 분류되어 7월 8~10일 사흘에 걸쳐 처형되었다.[79] 이후 대전의 다른 지역에서는 14~16일에 국민보도연맹원들을 마저 처형했다고 한다. 이 시점은 인민군이 한강을 건너 이남으로 물밀듯이 내려오던 국가 위기 상황이었다. 결국 이승만 정권은 남한 지역이 인민군에 의해 함락될 경우 인민군에게 동조할 것이 예상되는 정치범과 사상범들을 서둘러 처형한 것이었다.

대구·경북 지역에서는 이미 1949년 말부터 국민보도연맹원에 대한 학살이 저질러졌는데, 전쟁이 발발하자 대구교도소에서는 부산형무소로 이감된 400여 명을 제외한 1,400여 명의 수감자들을 모조리 처형하였다. 그리고 대전에서와 마찬가지로 국민보도연맹 관련자들을 예비검속하여 처형하였다. 미결수 300명은 헌병의 호위 아래 삼천포 앞바다에 모두 수장되었다. 경북 경주·포항·영덕 등지에서도 좌익활동 혐의가 있는 주민 200여 명을 군과 경찰이 총살한 뒤 수장하였다.

경남의 하동·사천·진주 지역이 인민군 치하로 들어가자, 군과 경찰은 후퇴하기 전에 국민보도연맹원 100여 명을 고성군 장구섬과 삼천포시 서금동 노산공원에서 집단학살하였다. 지리산 자락의 산청에서는 후퇴하던 경찰이 동네 사람들에게 무슨 일인지도 알리지 않은 채 무조건 도장을 찍으라고 한 후, 80여 명의 국민보도연맹원을 총살했다. 남해군에서는 국민보도연맹원 수십 명이 총살당한 후 시체 수십 구가 두세 명씩 줄에 묶여 바다에 떠내려 왔다. 거제도에서는 국민보도연맹원을 배에 태워 바다에 빠뜨린 다음 허우적거리는 사람들을 향해 총알 세례를 퍼부었다.[80] 창녕군에서는 200명의 국민보도연맹원이 살해된 것으로 추정되는데, 생존자들은 논바닥에서 50명의 국민보도연맹원이 학살당한 사건을 증언했다. 양산에서는 경남 지역 중에서 가장 많은 사람이 살해된 것으로 추정되는데 정확한 숫자조차 파악되지 않는다. 8월 초순부터 부산과 울산 등지에서 수많은 사람이 양산으로 끌려와 집단으로 총살을 당했는데, 당시의 현장인 사배골짜기와 동면 서락리 남락골짜기를 두고 사람들은 '피의 골짜기'라고 불렀다. 인민군 미점령 지역이었던 김해와 의창에서는 김해시 5개 지역에 걸쳐 750명의 국민보도연맹원을 총살하였다. 전쟁 피란지인 부산에서는 정치범으로 유치장에 수감되어 있던 사람들이 총살당했다. 사하구 구평동 골짜기에서 사흘에 걸쳐 수백 명의 국민보도연맹원들이 처형당했고, 해운대구 송정동에서도 상당수 사람들이 학살당했다고 한다.[81] 제주도에서도 예비검속자 200여 명이 구금되었다가 성산포경찰서에서 군에 인계된 후 실종되었다. 한국 어느 지역에 가더라도 국민보도연맹 관련 혹은 좌익 혐의로 예비구금되어 실종당하고 처형당한 사람이 있을 정도로 국민보도연맹사건은 한국전쟁 중 최대 규모의 민간인 학살이었다.

한편 한국군과 경찰은 1950년 9월 28일 서울을 비롯한 인민군 점령 지역을 다시 찾은 다음 인민군 치하에서 적에게 부역한 사람을 색출·처벌하였다. 그러나 사실상의 무법천지였던 당시 상황에서 경찰과 우익단체에 의한 보복적이고 자의적인 처벌도 많았다. 이른바 '나주부대'로 불린 경찰은 민간인 복장으로 변장한 다음 해남의 전 지역을 돌아다니면서 인민군이 들어오는 것으로 착각한 주민들이 인민공화국 만세를 부르면 이들에게 무차별 사격을 가하여 마을들을 피로 물들였다. 일부 지역에서 이들 나주부대는 인민군처럼 가장한 뒤 인민가를 부를 수 있는 사람들을 전원 색출하여 사살하기도 했다.[82] 다른 곳에서도 경찰은 군복을 입거나 복장이 단정치 않으면 무조건 즉결처분하였고, 무심결에 빨치산을 '동무'라고 부른 사람들도 모두 현장에서 사살하였다. 나주부대는 전남 지역의 청산도·노화도·소안도 등을 돌아다니면서 이와 같은 학살을 반복하였다. 이것은 국가권력이 '생명 보전'의 위기에 처한 민중들을 노리갯감으로 삼아 시험대에 올리고, 그들에게 보복을 가한 반윤리의 극치라 할 수 있다.[83]

앞서 지적한 것처럼 대한민국과 이승만은 국민들을 사실상 인민군에게 협조하지 않을 수 없는 처지로 내몰았다. 그리고 위기에 처한 인민군과 빨치산의 협력 요구 역시 이들 민간인들을 처벌로 내몰았다. 특히 소백산맥 양사면 경남·전남의 주민들은 "안 가면 죽인다니까 산에 들어갔고, 나오면 죽인다니까 산에서 내려오지 않았다"고 하였다. 양국가와 그 대리자인 군과 경찰은 사실상 '무섭고 보복적인 신'이었다. 주민들은 대한민국과 인민공화국 "양쪽에서 똑같이 보호받지 못하였으니 두 곳 다 똑같이 무섭기만 했다"고 말하고 있다. 그래서 시인 구상이 증언한 것처럼 "공비가 나오면 공비를 숨겨 주고 군·경이 가면 군·경을 숨겨 주는 기이한 현상"이 발생한 것이다.[84] 그러나 그것은 '기이한 일'이 아니라 '당연한 일'이었다. '기이하다'는 시각은 이들 민중들이 특정 국가나 이념에 대해 언제나 분명한 태도를 가질 것이라고 전제하는 지식인 중심의 판단, 혹은 "우리 편이 아니면 모두 적"이라고 생각했던 대한민국과 인민공화국 당국의 공식 시각일 따름이었다.

비상계엄 선포 이후 생활 터전에서 소개疏開된 사람들은 춘경기가 돌아오자, 계엄령이 있거나 말거나 죽이거나 살리거나 땅을 갈기 위해 마을로 되돌아올 수밖에 없었다. 대한민국의 작전상 이들의 귀가는 공비들에게 보급혈로를 제공해 주는 것을 의미했지만, 이들에게 국가보다 더 중요한 것은 생존이었다.[85] 죽음을 무릅쓴 농사는 전쟁 와중에서도 민중들이 어떻게 살아갔는가를 보여 주는 가장 좋은 예이다. 그들에게 정의와 도덕이란 대한민국과 인민공화국이 강요하는 어떤 체제를 지지하는가 하는 문제가 아니라 어느 편에도 서지 않은 채 그저 생명을 보전하는 것이었다.

전쟁 발발 후 안심한 채 피란하지 않고 있다가 희생당한 국민보도연맹 관련자들이나, 국군이 다시 들어왔을 때 피신하지 않고 남아 있다가 피해를 본 피학살자 대부분은 자신이 왜 죽어야 하는지도 모르고 죽었다. 만약 자신이 즉결처형을 당할 정도의 죄를 저질렀다고 생각했다면 이들은 충분히 피신할 수 있었을 것이다. 심지어 이들은 뭔지 알지도 못한 채 단지 인민군이 시키는 대로 행동했으며 그것이 죄가 되는지도 몰랐다. 인민군은 아무것도 모르는 농민들에게 무조건 도장을 찍으라고 했는데, 전쟁 종료 후 이승만 정부와 그 말단의 하수인들은 이런 무지렁이까지 총으로 쏴 죽이거나 장작으로 패 죽였다. 농민들은 "그냥 빨갱이들이 시켜서 도장을 찍은 것뿐인데, 그것이 맞아 죽을 만큼 큰 잘못인지 모르겠다"[86]고 실토하였다.

전쟁이 발발하자 1945년 8월 이후 해방정국에서 적극적인 좌익활동을 했던 사람은 위험을 감지하고 이미 모두 피신하였고, 자신은 아무런 잘못이 없다고 생각한 소극적 활동가들이나 중도적 인사들은 그대로 남았다가 체포되었다. 매우 기이한 현상이기는 하나 좌익에 가담한 사람 중에서도 피신해서 순간을 모면했다가 체포되어 재판을 받게 된 사람들은 살아났고, 피란 가지 않고 남아 있었던 사람들은 대다수 희생되었다.

한편 '무장하지 않는 적'에 대한 처벌로서의 학살은 38선 이남을 점령한 인민군이나 좌익 측에 의한 인민재판 혹은 처형의 형태로 광범위하게 이루어졌다. 우선 인민군의 점령은 지역사회 내의 권력관계의 재편, 곧 세상이 완전히 뒤집어진 것을 의미하였다. 인민군이 점령한 지역에서는 인민군의 후광을 입은 지방 좌익들이 다시 활개를 쳤는데, 그들은 우익 인사들과 그 가족들을 인민재판을 거쳐 처형하거나 고문하였다. 서울을 점령한 인민군은 미처 피란 가지 못한 경찰들을 체포하여 곧바로 인민재판에 회부하였으며, 체포를 거부하는 경우 그 자리에서 살해하기도 했다.[87] 물론 38선 이남 인민군 치하의 거의 모든 지역에서 동일한 방식으로 처형과 학살이 이루어졌는지는 확인되지 않고 있다. 이들은 이승만 정권의 공무원이나 지식인 등을 맨 먼저 학살하였는데, 특히 경찰 가족이나 지역 유지들을 끌고 가 견디기 어려운 고문을 가한 다음 무차별 살해하기도 했다. 그들 역시 연약한 부녀자와 어린이들을 살해하였고, 반동분자로 낙인찍은 온 가족을 몰살시키기도 하였다.[88] 국민보도연맹 관련 등으로 가족을 잃은 사람들은 경찰과 우익 인사에 대한 인민재판이나 처형 과정에 앞장서기도 했다. 특히 6·25 발발 직후 미대사관에서는 한국인 직원의 서류를 고스란히 남겨 두었기 때문에 미국인 밑에서 일한 한국 사람은 확인적발되면 무조건 처형되었다.[89]

그런데 북한 측은 전황이 불리해지자 1950년 9월 20일 수감자들에 대한 조치를 전체 점령 지역의 행정기구에 전달하였다. 수감자들을 북으로 후송하거나 후송이 곤란할 경우 현지에서 처치한다는 것이었다. 그 대표적인 경우가 대전형무소였다. 1,724명의 우익 인사와 그 가족이 대전형무소에 수감되어 있었는데 인민군이 북으로 후퇴할 때 모두 학살당하였다. 전주형무소에서도 수백 명의 우익 인사들이 학살되었다. 전남에서도 300명이 떼죽음을 당했는데, 무안에서는 퇴각하는 인민군이 주민 80명을 불에 태워 죽이기도 했다.[90] 전남 임자도의 경우 전 주민의 반 이상이 인민군과 지방 좌익에 의해 처형되었다고 한다. 서울에서도 인민군이 퇴각하면서 학살을 했다. 조병옥의 증언에 의하면 학살된 시체가 종로에서만 100여 구나 되었다고 한다.[91] 또한 국군이 인민군 포로들을 그냥 살해한 경우가 많았을 것으로 추정되지만 특히 인민군은 포로를 뒤에서 호위해 가는 번거로움을 덜기 위해 많은 포로들을 죽였다고 한다.[92]

미군이 38선을 넘어 진격할 때 인민군이 북으로 후퇴하면서 38선 이북 지역에서도 많은 학살이 일어났다.[93] 개전 직후 북한 지역에서도 남한과 유사한 '예비검속'이 이루어졌는데,[94] 이들에 대한 성분조사는 정치보위부에서 진행했다. 그리고 김일성 정권은 1950년 9월 이후 미군이 압박해 들어오자 결국 이들을 학살하였다. 미군 진주 후 확인된 사실이지만 북한 측은 사람들을 새끼줄로 묶어 총살한 다음 시체를 차곡차곡 쌓았다. 평양에서는 감옥 우물에 밀어 넣거나 근방의 방공호에 끌고 가 학살을 하였다. 평양의 칠골리에서 2,500명 정도, 승호리 근방의 사도리 뒷산에서 400명 정도가 학살당했고, 기림 공동묘지터와 용산 공동묘지에서도 학살이 이루어졌다고 한다. 함흥에서는 함흥감옥에서 700명, 충령탑 지하실에서 200명, 정치보위부 3개 처의 지하실에서 300명, 덕산 니켈광산에서 6,000명, 반룡산 방공굴에서 수천여 명이 학살당했다. 함흥에서만 모두 1만 2,000여 명이 퇴각하는 김일성 정권에 의해 학살당했다고 한다.[95]

결국 전쟁이라는 비상사태에서 군이 치안과 재판을 담당하게 되자, 남북한 모두 군의 명령에 기초하여 '잠재적 적'을 집단처형한 것이다. 전쟁은 분명히 군대와 적대하는 군대 간의 전투이지만, 인민 간의 전쟁·계급 간의 전쟁·전선이 없는 전쟁으로서 현대전은 민간인과 군인의 차이를 없애 버린다. 특히 한국전쟁만큼 그러한 성격이 잘 드러난 전쟁은 일찍이 없었다. 앞서 언급한 대로 한국전쟁은 양 국가의 구성원이 아직 국민으로서의 소속감을 명확히 의식하지 못한 상황 속에서 시작된 내전이었다. 따라서 양측 '국민' 내에 '적' 또는 적을 도와줄 것으로 예상되는 '잠재적 적'이 상존하고 있는 상황이었다. 이러한 상황에서 전쟁 수행의 가장 중요한 과제 중의 하나는 바로 '양민으로 위장한 적'을 제거하는 일이었다. 국가와 국가기관의 요원이 위협을 받을수록 '잠재적 적'에 대한 의심과 공격은 더욱 무차별적으로 진행되기 쉽다. 남북한 국가기관과 그 요원들에 의해 저질러진 집단학살은 이러한 상황에서 초래된 것이었다.

**보복으로서의 학살**　　　　국민 혹은 인민의 전쟁, 전선 없는 전쟁 상황에서 민간인들 간의 보복적 충돌은 거의 피할 수 없다. 이러한 보복으로서의 학살은 그 실태와 규모를 정확히 파악할 수는 없지만 한국전쟁 시 발생한 학살 중에서 큰 비중을 차지한다. 특히 전선이 수없이 이동하면서 통치권력, 즉 '국가'가 바뀌는 과정에서 적에게 협력한 사람들에 대한 군·경의 보복적 처벌과 좌우 양측에 자발적·비자발적으로 가담한 민간인들 간의 사적인 보복이 대단히 광범위하게 발생했다.

　대체로 1950년 7월에서 9월 사이 인민군이 38선 이남을 점령한 시기에는, 1947년경부터 전쟁 직전까지 우익이 득세하면서 탄압을 받았던 잔존 좌익들이나 국민보도연맹 피해자 가족들이, 미처 피란 가지 못한 경찰 가족, 우익 인사, 우익 청년단원 들에게 폭력을 가하거나 살해하는 일이 비일비재하였다. 그런데 이러한 폭력과 학살은 정규 군인인 북한인민군에 의해서가 아니라 대체로 현지 좌익('바닥 빨갱이') 주도로 이루어졌다. 또 그후 국군이 미군과 함께 진입하자 우익 측 피해자들이 인민군 치하에서 부역한 사람들과 그의 가족들에게 다시 보복을 가하였다.

양측에 의해 저질러진 보복적인 고문, 폭력, 그리고 살해는 순수한 사적 폭력이라기보다는 어떤 점에서는 각 점령 당국의 묵인·방조하에서 이루어졌다고 볼 수 있다. 남한의 이승만 정권, 경찰 당국이나 북한의 김일성 정권 지도부는 공식적으로 사적인 테러를 중지할 것을 공포하였지만, 그것은 대중들의 분노를 잠재우기에는 역부족이었다. 남한의 경우 앞장에서 언급했던 것처럼 1950년 9월에 발표한 「사형私刑금지령」과 12월에 통과된 「사형금지법」에서 사적인 보복을 엄금한다고 밝혔다. 이승만도 유엔군의 38선 진격 이후 평양의 환영대회에서 "보복을 중지하고 애매한 사람까지 빨갱이로 몰아서는 안 된다"[96]고 말한 바 있었다. 그러나 이러한 명령이 무법천지였던 시골 마을에까지 전달되지도 않았거니와 실상은 공권력이 사적인 보복행동을 막으려는 적극적인 의지도 없었기 때문에 마구잡이 보복은 피할 수 없었다. 또한 「비상시 향토 방위령」에서 자위대에게 경찰의 역할을 공식적으로 부여해 주었고, 또 1950년 9월 1일 「병역법 실시에 관한 담화」에서도 "연합군이 전진한 뒤에 무장한 청년군대들이 폭동을 일으킬 후환을 막기 위해서〔……〕 일일이 수색해서 반란분자들을 적발 처지해야 한다"[97]고 언급하였기 때문에 보복은 사실상 정당화될 수 있었다.

한편 북한 내무성에서는 내무서원들에게 "인권 존중과 구타, 신문 등의 비인간적인 악행을 금지할 것"을 교육하였다. 그런데 "숙청 기준에 대한 포괄적인 기준은 정해졌으나 양형 기준은 제시되지 않았기 때문에, 구체적인 행위에 대한 판정은 하위조직인 면·동·리 인민위원회 등에 맡겨질 수밖에 없었다."[98] "악질반동에 대해 복수하려는 것은 극히 정당한 일입니다"라고 한 김일성 역시 "아무런 법적 수속이나 심사도 없이 되는 대로 숙청한다면 심각한 과오입니다"라는 제한을 두었다.[99] 그러나 양 정권 당국의 이러한 공식성명에도 불구하고 보복행위는 어느 한쪽이 시작하면 다른 쪽은 더 심하게 앙갚음하는 식으로 악순환과 상승작용을 일으켰다. 이러한 보복적 테러와 사적인 살해는 단지 이념으로 대립하는 진영 간에 발생한 것이 아니라, 철천지원수가 된 개인·가족·씨족 간에 발생했다.

우익 측도 9·28서울수복 후에 약 3개월 동안의 인민군 치하에서 부역한 사람들을 마구잡이로 체포했는데, 그 주역은 대체로 인민군 치하에서 비밀리에 활동하던 여러 우익청년단체들이었다. 예를 들어 강화 지역에서는 대한정의단, 일민주의청년단, 민주청년반공결사대, 향토단 등이 조직되었으며, 이들은 수복 이후 강화치안대, 국군환영준비위원회, 비상시국대책회 등으로 발전하였다. 이들의 활동을 정리한 내용 중에는 '적색분자의 악행과 동태조사'라는 항목이 있으며,[100] 특히 수복 후 강화향토방위특공대의 활동을 보면 "6·25 당시 부역행위를 하다 북괴군과 후퇴하여 달아난 가족들의 동태를 살핀다"[101]는 내용이 있다. 이들은 치안이 부재하는 상황에서 사실상 국가권력의 대행자 역할을 하였다.[102] 경기도 고양 금정굴에서의 민간인 학살 사건을 보면 태극단, 치안대라는 청년조직이 경찰의 비호 아래 사실상 공권력 담당자로 행세하면서 부역자와 그 가족들을 체포·구금했다고 하는데, 경찰의 지휘 혹은 묵인하에 어떤 공식적인 심사도 없이 수백 명을 금정굴에서 학살했다고 한다. 당시 고양경찰서장이던 이무영은 자기 가족이 인민군에게 죽었다는 이유로 수복 직후 부역자로 의심되는 사람들을 집결시켜 권총으로 직접 살해하기도 하였다.[103] 박진목의 수기를 보면 전황이 유엔군 측에 유리하게 전개된 후 국군이 들어오기 직전에 지역의 우익 청년들이 사람들을 잡아다가 패는 장면이 나오는데, 당시 분위기를 짐작하게 하는 대목이다.

이들은 감정이 앞서서 그동안 자신들이 고생한 보복담으로 시종했다. 이들은 피란 가지 못하고 남아 있던 사람을 모두 공산당으로 몰았다. 잡혔을 때, 발과 손 모두가 빨치산이 틀림없다는 것이었다. 〔……〕 말끝마다 죽인다고 했다. 서울을 탈환할 때 많은 전우가 희생되었는데, 이놈들은 닥치는 대로 죽여도 분이 안 풀린다는 것이다. "이 사람들은 모두 후방에 남아 있는 빨치산입니다. 자백에 의해 즉결처단합니다." 모두가 흥분될 대로 흥분되어서 누가 누구인지 분간하지 못하는 상태였다. 어딜 가나 사람 때리는 것이 취미가 되어 있었다.[104]

『한국헌병사』에는 경남 지역에서 일어난 복수극의 사례가 풍부하다. 국군 진주 후 원래 우익 진영에 속했던 중요 인사들이 거제도경찰서 사찰주임, 육군 특무상사, 방첩대 파견대장, 전 방첩대 정보원, 해군 거제파견대장, 민보단원에 의해 학살당했는데, 당시 현장에서 경찰 일곱 명, 장승포 유지 다섯 명, 군 수사기관원 다섯 명이 방조한 것으로 기록되어 있다. 『한국헌병사』는 당시의 학살에 대해 전쟁 과정에서 거제도가 동부와 서부 양파로 분열되어 있었음을 지적하면서 다음과 같이 분석하고 있다. "6·25 이후 정부에서 계엄령을 선포하고 이적행위의 봉쇄, 좌익 분자의 소탕 및 비상사태를 수습하기 위하여 소도시까지 군 수사기관을 배치하여, 군·경으로 하여금 인신구속 및 좌익 불순분자 등에 대한 임시조치를 허용하게 되는 초비상시를 기화로, 가해자 중 민간인만을 밀회하여 차기에 피해자 전부를 살해하는 것이 자파自派세력의 부식을 위한 상책일 것이라 하여 수사기관에 있는 자들과 결탁하여 해상에서 즉결처분하였다."[105] 이는 평소에 사이가 좋지 않았던 지역 주민들이 인민군 치하에서 의심이 가는 행동을 했던 상대방을 국가권력의 힘을 빌려 살해한 대표적인 예이다. 따라서 이러한 학살은 앞의 모든 사례에서처럼 경찰의 묵인과 방조하에서 진행되었기 때문에 순수하게 민간인 차원의 보복이라고 보기 어렵다.

물론 앞에서 설명했던 '작전'의 일환으로 분류된 문경양민학살사건이나 거창양민학살사건 역시 말단 군인들의 공포와 '보복의 감정'이 개입된 것으로 보아야 한다. 전투 상황에서 군인이나 경찰들은 기습을 당해 자신의 동료가 죽어가는 모습을 보거나 동료들의 시체를 목격할 경우, 또 인근 부대가 적으로부터 공격당할 경우 이성을 잃는다. 여순사건 당시 진압군의 보복적인 부역자 색출과[106] 거창양민학살사건이 그러한 보복심의 결합을 잘 보여 준다.[107] 함평의 경우도 공비의 습격을 받아 국군 세 명이 살해당한 데 대한 보복심이 학살의 배경이 되었다. 즉 비정규 전투 상황에서 동료들이 몰살당하는 일을 보거나 들은 경남·전남의 11사단 군인들은 거의 패닉 상태에 빠지게 되었다. 보이지 않는 적이 자신을 죽일지도 모른다는 공포가 군인들을 광기로 몰아넣은 것이다. 베트남전쟁 당시 미군이나 한국군이 저지른 양민 학살 역시 다분히 이러한 환경에서 조성되었을 것이다.

이후 좌익 측의 보복은 주로 1948년 이후 좌익활동이 불법화되면서 경찰들이 좌익들과 그 가족들에게 가한 폭력과 학살, 그리고 전쟁 직후 국민보도연맹원들에게 가한 학살이 원인이 되었다. 경남 남해군 창선면에서는 경찰의 국민보도연맹원 학살에 대한 보복극으로 인민군 점령시 이 지역 치안대와 국민보도연맹 유가족 70여 명이 전직 경찰관과 우익단체 회원들을 살해하였다. 민간인들 사이에 일어난 이러한 사적인 보복은 사실상 전국 각지에서 발생했다.[108]

좌익 지도부 역시 사적인 보복을 감행하였다. 당시 좌익운동을 했던 이구영의 증언에 의하면, 서울시 임시인민위원장이던 남로당 출신 이승엽이 북으로 후퇴할 당시 월북하지 않고 남아 있던 좌익들을 상당수

살해했다고 한다. 그는 "간첩을 잡는다. 반동을 잡는다"는 명분하에 실제로는 자신의 일제 말 친일 경력을 알고 있는 사람들이나 자신을 반대했던 사람들을 잡아들여 살해했다고 한다.[109] 국군과 미군이 38선을 넘어 북상하자 북한 지역에서도 이러한 사적인 보복이 만연하였다. 대통령 비서관이었던 황규면의 증언에 따르면 일부 지역에서는 국군과 유엔군이 북진하자 원주민으로 조직된 임시치안대가 멋대로 보복을 하는 등 행패가 심했다고 한다. 신부 지학순은 다음과 같이 증언하고 있다.

> 우리 국군들이 이북에 진군해 들어가서는 마치 외국 땅을 점령해 들어간 군인들처럼 가정집에 침입해 들어가서 가산을 빼오는가 하면, 심지어는 가정 부인까지 범하는 등 실로 무수한 불행하고 야만적인 이야기들을 들으니, 참으로 나 스스로의 낯이 부끄럽고 원통하고 분해서 견딜 수가 없었다. 이것이야말로 수십 세기를 두고 민족적인 욕을 먹어야 할 그 당시 이남 군인들의 야만적인 행위였다. 국군들의 만행에 실망하지 않는 사람이 없었다.[110]

평양을 점령한 국군과 그에 편승한 불량배들의 행동은 거의 원시적인 부족전쟁의 모습을 연출하였다.

좌·우익 주민들 간의 폭력과 상호 살해는 그 출발점에서는 분명히 신분·계급 간의 갈등과 깊이 연관되어 있다. 당시에는 소작인·머슴 등 억압받고 못사는 사람들이 대체로 좌익에 공명하였으며, 지주층이 주로 우익 측에 섰다. 그러나 일제강점기에 그러했던 것처럼 지주나 양반층 자제들 중 상당수가 사회주의 이론의 영향을 받아 좌익에 가담하였고, 하층민 출신들이 신분상승을 위해 경찰과 군에 투신한 경우도 많았으므로 경찰과 민간인의 대립을 계급 간의 갈등으로만 보기는 어렵다.

특히 제주4·3사건 당시의 극우청년조직인 서북청년단과 제주도민 간의 갈등 역시 계급도식만으로는 설명하기 어렵다. 이들은 자신이 북한에서 좌익에게 당한 일을 분풀이하기 위해 아무런 관계도 없는 제주도민들에게 앙갚음한 것이다. 따라서 전쟁 전 혹은 전쟁 중 민간인들끼리의 충돌을 좌우대립으로만 보거나 커밍스·메릴 등과 같이 정치투쟁으로 보면 사태의 본질을 놓치기 쉽다. 일정한 시점부터 이미 정치적 성격은 약화되었고 오직 사적인 증오가 압도하게 되었기 때문이다. 이러한 상호 증오가 압도한 전쟁 상황은 엘리아스의 말을 빌려 '문명화 이전의 상황'이라고 할 수 있다. 그것은 더 많은 사람들의 행동이 서로 조율되고 행위의 관계망이 엄격하게 조직되지 못한 상황, 감정적·이성적 충동이 적대적으로 얽혀서 원시적으로 표출되는 상황, 인간이 상대방의 물리적 공격으로부터 자신의 생명과 재산을 보호하기 위해 최대한 열정을 풀어놓아야 하는 상황[111]이라고 볼 수 있다. 그것은 바로 사적 폭력기구를 아직 국가가 제대로 통제하지 못하는 상황, 즉 '문명화'의 미완성을 말하며, 아직 근대국가가 수립되지 않은 현실을 웅변해 준다.

가족·씨족 간의 갈등과 결합된 학살은 어떠한 이념이나 논리로도 정당화될 수 없는 것인데, 남북 양측 당국은 이를 끊임없이 이데올로기로 포장해 왔다. 따라서 전쟁 중 사적인 보복의 책임을 김일성 혹은 이승만 정권, 좌익 혹은 우익이라는 정치이념 일반의 탓으로 돌리는 것은 적절하지 않다. 한국전쟁은 국가와 국가의 전쟁이기 이전에 국가를 건설하기 위한 내전이었고, 전선이 남북한을 오가며 수없이 교차하였다. 이 과정에서 이념 혹은 공식 권력으로 통제되지 않는 사적인 보복을 피하기란 거의 불가능했다.

# 3
## 학살의 특징

### 학살의 장면들: 인간 사냥

한국전쟁 당시 좌우 양측에 의한 학살은 매우 잔인하게 진행되었다. 그런데 이러한 잔인성은 전쟁 발발 이전인 1948년 제주4·3사건과 여순사건 당시 '부역자'로 의심받은 사람들에 대한 군과 경찰의 처벌에서 이미 드러난 바 있다. 여수지역사회연구소의 조사에 따르면 여순사건 당시 반란군의 학살은 주로 총살의 형태였지만 진압군이나 경찰에 의한 학살은 총살·참수·타살打殺·수장 등 다양한 방법이 동원되었다고 한다.[112] 당시 경찰들은 일본도로 무장하였는데 그것이 집단처형, 즉 학살의 무기로 사용되었다. 좌익 측인 민중들은 총이 없었으므로 과거 동학 농민전쟁 때처럼 죽창 등으로 무장하였고 도끼·쇠스랑·괭이·곤봉·돌 등 원시적인 무기를 사용하였다. 실제 빨치산이 거주하던 지리산 인근의 아지트에는 대장간과 철공소까지 있었는데, 이들은 여기에서 장검이나 단검을 직접 만들기도 하였다.[113] 전라도 지역에서는 후퇴하던 인민군이 총탄이 없어서 우익 인사들을 곡괭이와 삽으로 찔러 죽이는 일도 있었는데, 정읍에서는 유치장에 휘발유를 뿌리고 불을 지르기도 하였다.[114] 무기를 갖지 않았던 민중들의 보복은 주로 죽창·삽·곡괭이 등으로 상대방을 난자하는 것이었다.[115]

좌익들이 전쟁 발발 이전에 자신들을 탄압한 경찰이나 우익 인사들에게 가한 테러와 학살 역시 대단히 잔인하였다. 44명의 치안대원이 경찰관과 그 가족들을 살해한 남해군에서는 극히 잔인하고 비인간적인 방법이 동원되었는데, 이들은 경찰관들을 살해한 다음 배를 갈라 간을 꺼내 씹거나, 절명한 경찰관의 배에 한 척이나 되는 소나무 말뚝을 박기도 하였다.[116] 이처럼 학살이 극도의 증오감으로 충만한 사적인 보복의 양상을 지니게 되면서, 원시적인 무기를 사용한 민간인들은 물론 총기를 사용할 수 있었던 군인과 경찰 역시 감정적 분노나 '보복심'을 더욱 직접적으로 표현할 수 있는 효수梟首 등의 방법을 동원하였다. 즉 개인적 복수심은 학살을 더욱 잔인한 양상으로 변화시켰다.[117]

군·경이 저지른 학살 가운데 가장 잔인한 양상을 띤 것은 제주도와 여수·순천 지역에서였다. 제주4·3사건 당시에는 전기고문을 비롯하여 여인의 옷을 벗긴 채 장작으로 매질하는 일, 가족 간에 서로 말 태우고 뺨을 때리도록 시키는 일, 여인의 유방을 도려내는 일, 강간 후 살해하기, 임신부의 배를 가르고 창으로 찌르는 일, 죽창으로 여인의 국부를 찌르는 일, 장모와 사위를 알몸으로 벗겨 성교를 시킨 다음 죽이는 일, 방금 출산한 부인을 아이와 함께 총으로 쏴서 죽이는 일, 자식을 죽인 다음 부모에게 간을 물리고 마을을 돌아다니게 하는 일 등[118] 인간이 인간에게 가할 수 있는 가장 잔인한 폭력과 학살의 방법이 동원되었으며, 목격자가 자신의 눈을 의심해야 하는, '차마 짐승에게도 할 수 없는 일'들이 벌어졌다. 당시 학살자는 상대방에 대하여 동족이라는 의식은 물론 인간이라는 의식도 거의 갖고 있지 않았던 것이다.

여순사건 직후 여수읍민 4만 명을 집결시킨 뒤 반란군에 부역한 자

들을 색출하여 처형한 현장의 목격자 김계유는 학살의 현장을 다음과
같이 증언한다.

이 종산국민학교에서의 부역자 색출 방법은 정말 인간으로서는 차마 볼
수 없는 천인공노할 것이었다. 500명의 장정들을 12월 중순께까지 팬티
만 입힌 알몸으로 맨땅에 앉혀 놓고, 한 사람씩 취조실로 불러들여 장작
개비로 반죽음을 시키면서 자백을 받아 내는 것이었다. 마치 동물을 다루
듯이 무조건 휘둘러 패는 모진 고문에 견디다 못한 장정들이 끝내는 동물
의 울부짖음 같은 처절한 비명을 지르다가 마지막에는 생똥을 빠락 싸면
서 까무라친다. 그러면 또 양동이로 물을 퍼붓고 다시 매타작을 계속한
다. 그쯤 되면 누구나 차라리 죽어 버리고 싶은 자포자기에 빠지게 된다.
〔……〕 즉결처분장에는 백두산호랑이로 악명 높은 김종원 대위가 일본도
로 목을 치다가 지치면 권총이나 소총으로 사격시험을 하는 등 그야말로
인간으로서는 차마 할 수 없는 만행을 저질렀다.[119]

전쟁 후 경남·거창·산청·함평 등지에서 학살을 자행한 군인들도
전쟁 이전과 마찬가지로 악마적인 방법을 동원하였다. 여자들 국부에
돌을 박아 놓는다든지, 유방을 도려내는 악랄한 방법으로 국군에 의해
학살이 자행되었다. 남원의 학살 현장을 목격한 후 생존한 사람들은 가
해 군인들을 "쥐약을 집어삼킨 미친개"[120]라고 표현하였다. 제주4·3사
건 당시에도 그러하였듯이 거창과 남원 등지에서도 살려 달라고 애걸
하는 어린아이 업은 여인네와 학생증을 보여 주며 살려 달라고 애걸하
는 학생들을 가리지 않고 패고 찌르고 죽였으며 도망하는 사람은 정조
준을 해서 총살하였다. 그야말로 인간 도살이었다.

전쟁 전후의 모든 학살, 특히 국군 측이 자행한 학살에서 공통적인

것은 어린아이와 여성 등 저항력이 전혀 없는 사람들에게도 잔인한 방법이 동원되었으며, 학살한 이후에는 시체를 불태워 없애는 방법을 사용하였다는 점이다. 앞서 언급한 1949년 문경에서도 14세 미만의 어린아이에게까지 총격을 가하여 모두 살해하였으며, 자취를 없애기 위해 사망자들을 불태워 버렸다.[121] 거창의 경우 총 719명의 피학살자 중에서 14세 이하의 어린이가 359명에 달했다. 산청과 함양의 경우 14세 이하의 사망자가 마을에 따라 15~51%에 이른다.[122] 거창 지역에서는 군인과 경찰의 가족들을 선별하기도 했으나, 함평 지역에서는 아예 군·경의 가족들을 선별하지도 않은 채 '초토화'로 일관하였다.

더욱 잔인한 것은 나주 및 전남 일대에서 군인과 경찰들이 피학살자들을 살해 전까지 노리갯감으로 가지고 놀았다는 점이다. 문경에서는 군인들이 학살 현장에서 용케 살아난 사람들을 살려 주겠다고 일으켜 세운 다음 살해하였다. 함평에서는 이를 무려 세 차례나 반복하면서 매번 일어난 사람들을 총살하였다. 산청군 삼장면의 경우는 군인들이 마을 사람들에게 배급을 준다고 나오라고 한 다음 전원 총살하기도 하였고, 함평의 경우는 도로공사를 하러 나오라고 한 뒤 총살하기도 하였다. 나주부대를 비롯한 제11사단이 벌인 전남 일대의 학살 사건은 생존본능에 따라 움직일 수밖에 없는 힘없는 민중들을 군인과 경찰이 노리갯감으로 여기면서 학살한 대표적인 예이다.

이러한 잔인한 학살은 한국전쟁 발발 15년 이후 베트남전쟁에서 그대로 반복되었고, 30년 후 광주에서도 재연되었다. 이렇듯 전쟁 시기 군으로 대표되는 국가권력의 폭압성은 맹수의 발톱처럼 그 존재를 숨기고 있다가 간간이 자신의 모습을 드러냈다.

## 비교 관점에서 본 한국전쟁 시의 학살

지난 20세기는 대량학살의 세기였다. 즈비그뉴 브레진스키Zbigniew Brezinski는 20세기 들어 정치적인 동기로 학살당한 사람을 1억 6,700만 내지 1억 7,500만 명 정도로 추산하고 있다.[123] 핵무기는 물론이고 과학 기술 발전에 따른 대량살상무기의 개발은 한꺼번에 수많은 사람을 죽일 수 있는 길을 열어 놓았다. 600여만 명의 유대인이 독일의 나치 치하에서 학살당했으며, 4,000여만 명의 러시아인이 스탈린 치하에서 학살당했다. 일본군은 난징에서 30여만 명의 중국인을 학살하였다. 스페인 내전에서도 프랑코 점령하에서 30~40만 명이 학살당했다. 캄보디아에서는 폴포트Pol Pot 정권하에서 100여만 명 이상이 학살당하였고, 수하르토 집권 후 인도네시아에서도 수만 명이 학살당했다. 미국 역시 베트남전쟁에서 수많은 민간인을 학살하였다. 최근에는 아프리카의 르완다, 수단, 부룬디, 1990년대 초반에는 유고의 보스니아와 코소보, 동티모르 등지에서 인종 간에 전쟁이 발생하여 수만 명의 무장하지 않은 민간인이 학살당하기도 했다.

우리는 한국전쟁 전후 좌우 양측이 얼마나 많은 사람을 학살했는지 정확한 자료를 갖고 있지 않다. 전쟁 중 좌익에 의한 학살에 대해서『한국전란 일년지』는 피학살자를 12만 명 정도로 추정하고 있으나, 이 수치가 어떠한 근거에서 나온 것인지는 확실하지 않다. 특히 전남 지역의 피학살자 수가 6만 5,501명으로 되어 있는데, 유독 전남에서만 왜 이렇게 피학살자가 많은지에 대해서도 설명이 없다. 우리가 확인할 수 있는 것은 전쟁 전 좌우의 충돌 과정에서 많은 군인과 우익청년단체 회원이 살해되었으며,[124] 대전·전주·원주·서울 등지에서 인민군이 후퇴하면서 수백 명에서 천여 명 이상의 군인·경찰 가족들과 우익 인사들을 학살하였다는 점이다. 그리고 유엔군 진격 시 후퇴하던 인민군 측이 수천 명의 우익 인사들을 원산·함흥·평양 등지에서 학살한 것도 분명하다.

그런데 '반공을 국시로 내세운' 역대 정부가 인민군이 후퇴하면서 저지른 좌익 측의 학살에 대해서 이제까지 본격적으로 조사한 적이 없다는 것은 매우 불가사의한 일이다. 과거를 제대로 돌아볼 여유도 없었고, 아직 국가 차원의 기록 관리 체계가 없다는 것이 변명이 될 수 있겠지만, 부분적으로는 정부 측이 조사 과정에서 반대의 결과, 즉 그동안 공산당의 만행으로 알려진 사건들이 실은 우익 측에 의한 민간인 학살 사건으로 판명되는 것을 두려워해서가 아닌가 생각된다. 예를 들어 공산당의 반란 혹은 양민학살 사건으로 가르쳐 온 제주4·3사건이나 여순사건의 경우에도 희생자 수의 대부분이 반란군 측이 아닌 군·경찰·우익에 의한 피학살자일 것으로 추정되고 있기 때문이다.[125]

국군과 경찰, 그리고 미군에 의한 민간인 학살은 아직 몇몇 사례를 제외하고는 대한민국 정부조차 공식적으로 인정하지 않고 있어 전모를 파악하기 어렵다. 1960년 4·19혁명 직후 국회에서 조사·확인한 한국전쟁 시의 피학살자 전체 수는 8,715명이었다. 그러나 1948년 제주도에서는 약 3만 명의 일반 주민이 학살된 것으로 알려져 있다. 평택 이남 전 지역에서 발생한 국민보도연맹원 및 좌익 혐의자에 대한 학살은 가장 큰 규모일 것으로 추정되지만 그 수를 확인할 방법이 없다. 충북에서만 1950년 7월 동안 5,000명 이상의 국민보도연맹원이 학살당한 것으로 보아 전국적으로 최소한 수만 명 이상 학살당했을 것으로 추정된다.[126] 당시 국민보도연맹 관련자가 10~30만이었다는 증언을 참작하고 평택 이남의 남한 거의 전 지역에서 한 군 단위로 최소 100명 이상이 학살당했을 것으로 본다면, 전체적으로 최소 수만 명에서 최대 수십만 명까지 학살당했다고 볼 수 있다. 이 사건을 최초로 취재한 정희상은 한국전쟁 전후 이승만 정권에 의해 자행된 학살은 100만 명 수준이 될 것으로 추정한다. 그러나 이 역시 추정일 따름이다. 분명한 사실은 대한민국 정부가 인정하는 제주도와 거창 등지의 양민 학살 규모의 수십 배에 해당하는 민간인들이 전쟁 전후에 학살당했다는 것이다.

전쟁 전후 발생한 학살을 살펴보면 몇 가지 중요한 특징을 발견할 수 있다. 우선 앞의 분류에 따라 구분해 보면 '작전으로서의 학살'과 '처형으로서의 학살'이 단연 압도적이나, 그 잔인성에서는 '보복으로서의 학살'이 더욱 두드러진다. 그리고 인민군이나 좌익에 의한 학살은 주로 처형이나 보복으로서의 학살이 압도적인 데 반해, '작전'으로서의 학살은 미군의 폭격 또는 한국군과 경찰에 의해 저질러졌다. 곧 작전의 명분으로 시행되는 대규모 학살은 사실상 한국군과 유엔군, 즉 미국 측에 의해 주도되었다고 볼 수 있다. 이러한 현상은 국가 건설을 향한 내전이자 냉전의 발화인 국제전이라는 한국전쟁의 특수성에서 기인한다. 북한이 전쟁을 개시한 것이므로 남한과 미국 당국이 학살을 의도했다고 볼 수는 없지만, 초토화작전에서 나타난 것처럼 극도의 반공주의는 그 자체가 이미 학살을 초래할 필연적 요인이었다. 특히 국민보도연맹원에 대한 집단처형은 단순히 개전 초기 이승만 정권이 느낀 극도의 위기의식만으로는 설명할 수 없고, 국가 위기를 틈타 내부의 적을 제거하려는 정치적 의도가 분명히 개입되어 있었다고 볼 수 있다.

그런데 작전·처형·보복 중에서 처형은 국가권력의 '의도성'이 좀더 두드러진다면, 사적 보복으로서의 학살은 특정 세력의 '의도'보다는 전쟁이라는 상황 그 자체 때문에 발생했다고 볼 수 있다. 그러나 작전·처형·보복 모두 국가권력의 의도가 전혀 개입되지 않을 수는 없으며, 또 거꾸로 그 권력을 행사하는 과정에서는 집행자인 개별 군인과 경찰의 보복심이 작용하고 있다. 이 모든 학살에는 전쟁이라는 상황 그 자체가 초래한 측면과 함께 전쟁의 명분과 이념, 교전 당사자인 국가 주도 세력의 성격, 주요 전쟁수단, 군대의 민주화 정도 등도 중요한 변수로 작용했을 것이다. 그러나 이 모든 학살에는 분명 민간인의 희생을 초래할지라도 전쟁의 승리 아래 모든 것을 종속시키는 정치권력의 공식·비공식 명령이 존재하고 있으며, 따라서 학살을 전쟁 탓으로만 돌릴 수는 없다. 전쟁은 피할 수 없더라도 비극적인 집단학살은 피하거나 충분히 줄일 수도 있었다는 말이다.

우리는 한국전쟁 당시의 학살이 여타의 학살과 비교해서 어떠한 특징이 있는지 정리해 보고, 그 원인을 추적해 볼 수 있을 것이다. 우선 한국전쟁 당시의 학살은 근대화된 국가권력이 매우 조직적이고 의도적으로 준비해서 진행한 나치 치하의 유대인대학살과는 성격이 다르다. 한편 보스니아·코소보·르완다 등지의 후기근대late-modern 혹은 탈냉전 시기post-cold war 인종 간의 분쟁에서 나타나는 것처럼 인종청소의 형태를 띠는 '사회적 학살'과도 다르다.[127] 한국전쟁 당시의 학살은 미군과 한국군이 초토화작전을 구사했으며, 국가권력이 집단처형 등 사실상의 학살을 주도한 것으로 보이고, 적어도 '빨갱이 사냥'을 묵인·조장할 수 있는 조건을 만들었다는 점에서 '의도성'을 가진 유대인대학살과 유사한 측면이 있다. 그러나 유대인대학살이 국가권력의 계획하에 철저히 관료적 방식으로 진행된 데 비해, 한국전쟁에서의 학살은 정치투쟁과 계급갈등의 연장인 내전 상황에서 발생한 것이므로 대단히 감정 개입적이고 잔인하였다.

한편 한국전쟁 당시의 학살은 1990년대 탈냉전기에 세계 각지에서 일어난 학살과도 성격이 다르다. 후자는 우선 인종 간 대립에 바탕을 두며, 상당수 사회구성원이 학살에 가담한 '사회적 학살'의 양상을 띤다. 물론 양자 모두 평소 알고 지내던 이웃과 동료들이 내전 상황에서

적으로 돌변하여 상호 학살을 자행했고, 또 모두 감정 개입적이었기 때문에 그만큼 잔인하였다. 그러나 탈냉전기의 학살은 인종주의racism·종족주의ethnicism를 정치적으로 활용하였으며, 한국전쟁의 학살은 정치 '이데올로기'를 그 정당화의 명분으로 활용하였다. 전자의 경우 한 인종이 타인종을 '청소'하는 과정에서 무장군인을 필두로 한 상당수 주민들이 학살의 가담자이자 범죄자인 반면, 한국전쟁의 경우는 좌익과 우익으로 갈라진 코리언 모두가 학살에 참가한 것이 아니므로 학살의 책임 역시 주민이 아닌 남북 양 정권에 있다.

한국전쟁 전후의 학살은 제국주의하 일본군이 만주와 난징을 침략하면서 저지른 집단학살과도 다르다. 우선 일제하와 한국전쟁기의 학살은 모두 국가권력이 직간접으로 개입한 것이고, 군의 초토화작전이라는 이름으로 자행되었다. 그러나 만주와 난징에서 있었던 일본군의 학살이 제국주의 국가가 이민족을 침략하는 과정에서 발생했다면, 한국전쟁기의 학살은 국가 형성 과정에서 일어난 동족 간의 내전 상황에서 발생했다는 점이 다르다.

한국전쟁 당시의 학살은 세계사적으로 보자면 부족·종족 간의 전근대적 학살이 국가권력이 주도하는 근대적 학살로 이행하는, 냉전질서 구축기의 반공국가 형성 과정에서 발생하였기 때문에 전근대성과 근대성을 함께 지닌다.[128] 지그문트 바우만Zygmunt Bauman은 나치의 유대인대학살을 연구하면서 대학살은 근대성과 배치되는 것이 아니라 근대문명의 어떤 보편적 현상으로 뿌리내리고 있다고 지적하였다.[129] 그것은 바로 근대의 주요 특징인 기술합리성과 관료주의 정신이 전쟁 정책을 지배하고 있었으며, 전쟁이라는 특수 상황이 가해자 집단의 도덕적 유대를 해체시켜 비인간적인 학살을 방조·용인하게 만든 결과라는 것이다. 그는 유대인대학살 이전에 독일인이 특별히 유대인에 대해 차별적이지 않았음을 지적하면서 정치적으로 선동된 인종주의와 그것에 기초한 대량학살이 '근대' 문명의 일부를 구성하고 있다는 점을 정확히 봐야 한다고 강조한다.

이렇게 본다면 한국전쟁 당시의 학살은 단순히 근대성의 산물이라고 보기도 어렵고, 전근대적 야만성의 표현도 아니다. 유대인대학살이나 난징대학살은 모두 제국주의의 침략 과정에서 인종주의적 편견이 가세하여 발생하였다는 점이 특징이다. 그러나 인도네시아나 캄보디아 등에서 일어난 냉전기의 학살처럼 한국전쟁 당시의 학살은 주로 동족인 한국의 국군과 경찰, 북한의 인민군이나 지방 좌익에 의해 이루어졌으며, 미군에 의한 피해는 규모는 컸지만 전체 학살에서 핵심적 중요성을 갖는 것은 아니었다. 따라서 흔히 학살의 배경으로 거론되는 인종주의는 한국전쟁에 관한 한 미군의 무차별 폭격과 노근리양민학살사건 등 일부 사건에만 부분적으로 적용된다. 무엇보다도 한국전쟁기의 학살은 전쟁의 정치화라는 배경과 더불어, 냉전 시기의 이데올로기 대립과 그 광기가 주요한 원인이었다고 말할 수 있다.

그래서 한국전쟁 전후의 학살은 인도네시아·베트남·캄보디아 등에서 나타난 것과 같은 정치적 학살political massacre, policide이라고 부르는 것이 가장 적합할 것이다. 제주4·3사건 당시의 토벌군에 의한 학살이나, 노근리 등지의 미군의 무차별 폭격에 의한 학살은 대량학살에 가깝고, 전쟁 당시 거창·산청·함평·남원 등지의 '초토화작전'은 특정 지역의 거주민을 전멸하려는 것이라기보다는 작전수행을 위한 부분적이고 제한적인 학살이었기 때문에 대량학살이라는 개념과 정확히 부합하지는 않는다. 전반적으로 한국전쟁 전후의 학살은 전 세계적으로 냉전체제가 수립되고 극우정권이 수립된 경험을 공유하는 타이완·그리스·베트남·스페인 등지의 내전 상황에서 발생한 학살과 가장 유사하다. 특히 스페인·그리스·베트남 등지의 내전에서는 모두 전선이 계속 이동하여 누가 적군인지 아군인지 불분명했다는 점, 국내 정치폭력의 과정에서 학살이 발생했다는 점에서 한국전쟁의 학살과 많은 공통점이 있다. 그리고 타이완·그리스·베트남의 학살은 미국이 주도하는 냉전질서의 구축 과정에서 발생하였으며, 우익정권 수립을 위한 미국의 정치적 의도가 개입되었으며, 미국 측의 적극적인 시행과 묵인 등이 학살의 가장 중요한 배경으로 자리잡고 있다는 점에서도 유사하다.

그러면 이제 이러한 점들을 전제로 한국전쟁 당시 학살의 구조적·주체적인 배경을 좀더 자세히 살펴보겠다.

# 4
# 학살의 정치사회학

## 구조적 배경: 국가 건설·혁명·내전의 삼중주

1945년 8·15에서 그해 말 신탁통치반대운동이 본격화되기 이전까지는 남한 지역에서 상호 증오와 적대의 징후가 별로 눈에 띄지 않는다. 해방 직후 잔류 일본인에 대한 한국인들의 폭력과 일본인으로 행세하면서 동족을 괴롭힌 악질 관리 및 경찰 등에 대한 폭력 사례는 있었지만, 1946년 이전에는 정치적 테러·폭력·학살의 사례가 거의 없다. 일제하에서 김구나 의열단 등 테러의 방법을 동원한 저항세력이 없었던 것은 아니지만, 전반적으로 한민족은 일제강점기 침략자인 일본인에 대해 상당히 태도가 온순했으며 대체로 적대를 폭력으로 표현하지는 않았다. 조선조 500여 년 동안 문인 지배의 역사 속에 있었던 당시 코리언들의 문화는 같은 문화권의 일본에 비해 군사주의와 거리가 멀었으며 "친절하고 점잖고 유순한 국민"[130]이었다. 올리버는 "외국인 누구나의 눈에 띄는 것은 코리언들이 온후하다는 점인데, 이것 또한 코리언의 기질을 설명하는 데 빼놓을 수 없다. 낙천주의가 코리언을 지배한다"[131]고 말하기도 했다. 19세기에 농민반란과 동학농민전쟁 등이 있었지만, 이들이 먼저 관청이나 지주 부호들에게 폭력을 가한 예는 매우 드물었다. 3·1운동 당시에도 주로 방어적인 폭력이 사용되었을 따름이며, 한국인이 미리 무장하지는 않았다. 다양한 외국인들의 관찰에서 나타나듯 코리언들은 유머감각이 풍부하고 어떠한 어려움 속에서도 웃음을 잃지 않는 낙천적인 민족이었다. 외세의 침략을 그렇게 많이 받고도 스스로 침략을 감행하지 않았던 평화를 사랑하는 민족이기도 했다. 그런데 왜 1946년 이후 한반도에서 이렇게 테러와 학살의 소용돌이가 몰아치게 되었는가?

이러한 집단학살은 분명 전쟁의 산물이다. 한국전쟁은 남한 지역에서 유격대 활동이 퇴조기에 접어들 때 시작되었는데,[132] 이는 좌익의 입장에서 보면 정치갈등과 정치폭력, 봉기 등을 통한 노선이 모두 실패로 끝난 뒤, 결국 그러한 적대와 갈등을 무력에 의해 완수하려 했다는 것을 의미한다. 만약 미·소가 군사적으로 개입하지 않았다면 이러한 정치폭력과 유격투쟁을 거쳐 어떤 형태로든 독립된 국가를 건설했을 것이다. 이렇게 되었다면 다른 제3세계 나라들처럼 한반도에서도 끊임없는 정치폭력과 유격투쟁, 정치불안과 사회혼란이 1960년대까지 계속되었을 가능성도 있다. 문제는 이러한 정치폭력이 남북한 단독정부의 수립으로 일단락되고, 결국 북한의 전면전 개시로 인해 내전으로 비화되었다는 점에 있다. 그런데 이 전쟁에서는 게릴라전과 정규전이 병행되었으며 남북한 군대의 후퇴와 진격이 반복되었고 미군과 중공군의 개입으로 전 국토가 전쟁터로 변했기 때문에, 민간인 피해나 학살이 더욱 전면화·대량화되었다. 전쟁 발발 후 남한 군대가 저지른 학살의 규모가 가장 컸던 것도 전쟁이 그 이전 정치폭력의 연장선 속에서 내전과 유격전의 양상을 동시에 지니고 있었기 때문이다. 베트남전쟁 당시와 한국전쟁 당시의 학살이 대단히 유사한 것도 이러한 이유 때문이다.

전쟁에서는 적을 완전히 제압·굴복시켜서 항복을 받아 내는 것이 목적이다. 적을 제압하는 가장 확실한 방법은 상대방의 전력을 완전히 무장해제시키고 상대방의 병력이 위협요소로 등장할 수 있는 모든 요인을 제거하는 것이다. 전쟁은 군인과 군인 간에 수행되지만 현대전, 특히 특정 영토 내에서 총력전·전면전이 발생하는 경우 전쟁은 정치화되고 민간인은 전쟁의 제3자가 아니라 교전하는 어느 한편의 물적·인적 자원을 공급하는 후방 예비대가 된다. 그러한 까닭에 교전 당사자는 이들 민간인이 상대방의 자원인가를 의심하고, 만약 그 의심이 사실로 확인되면 그들을 잠재적 적으로 취급하게 된다.

앞에서 살펴본 것처럼 현대에 들어와서 전쟁이 전면전과 유격전의 양상을 지닌다면, 전투 공간은 민간인이 거주하는 생활 공간 전체로 확산되고, 유격대가 출몰하는 지역의 민간인은 잠재적인 적으로 간주된다. 만약 유격대가 도시와 농촌 어느 지역에서 민간인과 구별되지 않게 잠복해 있다가 예측 불가능한 상황에서 출몰한다면, 영토 내의 모든 주민은 잠재적인 적으로 취급될 수 있다. 이때 유격대에 협력했거나 협력자를 방치한 민간인은 곧 적 또는 적과 내통하는 자로 분류되며, 그들을 살해하는 것은 전쟁의 목적 달성을 위한 불가피한 과정으로 정당화될 수 있는 것이다.[133] 그리고 전쟁 시 적에 협력한 사람, 나아가 장차 적에게 협력할 가능성이 있는 사람에 대한 처벌과 학살은 전투의 한 과정으로 정당화될 수도 있다.[134] 실제로 이승만은 여순사건 이후 경찰은 경사 계급까지, 군인은 소위계급까지 '좌익 폭도'에 대한 현장 즉결처분권을 주었다고 한다.[135] 그것은 전시하에서 사실상 모든 군인이나 경찰들이 '적'으로 의심되는 민간인을 죽일 수 있었다는 이야기이다.

혁명과 전쟁은 말 그대로 법의 효력이 정지되는 상황이므로 혐의가 있는 사람을 "즉각 총살해도 책임이 없는" 경우도 발생한다.[136] 그것은 사실상 권력이 가장 적나라하게 자신의 모습을 드러내는 상황이다. 권력의 본질은 사실상 폭력이며, 국가가 폭력에 기초하고 있다는 사실은 전쟁 시에 가장 분명하게 드러난다. 그리하여 무력, 곧 권력은 자신을 반대하거나 반대할 개연성이 있는 세력을 적으로 돌려 살해하거나 완전히 배제시킨다. '공권력'의 집행자인 인간은 감정적인 존재이다. 앞장에서 말한 것처럼 '작전'은 사실상 '보복'과 결합되는 경우가 많은데, 이 역시 어디서 적이 튀어나올지 모르는 내전이라는 특수 상황이 죽음의 위협에 놓인 군과 경찰을 감정 개입적인 존재로 만들어 버리기 때문이다. 이 경우 개별 군인의 입장에서는 자신이 살기 위해 상대방을 완전히 죽여 없애야 한다는 공포와 압박에 시달린다. 북한 당국과 인민군, 그리고 남한 당국과 국군 역시 이 점에서는 같았다. 북한 당국의 강경파들도 서울 점령 후 체포된 요인들에 대해 "주요 인물들을 모조리 체포해 정치적으로 활용 가능한 일부만 제외하고 모조리 처단해 버리자. 지금은 전쟁 중이지 않은가, 사정없이 처단해야 한다"[137]는 주장을 한 바 있다. 남한에서도 역시 "비상 시에는 당신 같은 사람 이 자리에서 즉각 총살을 해도 책임이 없다"[138]는 경찰들의 협박이 공공연하게 이루어졌다. 따라서 전쟁 상황은 신수가 사나우면 부역자로 분류되어 총살을 당할 수 있는 상황을 만들어 낸다.[139]

초크와 조나슨이 말한 것처럼 '위험의 제거'와 '공포심 유발'은 대량학살의 가장 중요한 동기이다. 전쟁이 유격전의 양상을 띨 때 토벌군은 사방이 적으로 둘러싸인 느낌을 갖게 될 것이다. 유격대는 생존을 위해 민간인 사이에 들어와 있다가 기습적인 공격을 가하기도 하고, 또 민간인의 삶의 근거지를 활동의 자원으로 활용한다. 여순사건 당시에도 여학생들이 무기를 소지하고 있다가 진압군을 안심시킨 다음 공격을 가하여 전멸시킨 경우도 있었다고 한다.[140] "흰옷 입은 사람은 모두 죽여라", "의심 나면 모두 죽여라"[141]라는 노근리양민학살사건 당시 미군의 명령 역시 작전상 '위험 요소'를 제거하기 위한 목적이었음을 확인할 수 있다. 이러한 상황에서 토벌군이 자신의 안전을 지키고, 적을 제압할 수 있는 방법은 가시적 위험과 잠재적 위험 모두를 제거하는 것이다. 이것이 바로 삼진=燼작전, 초토화작전의 배경이다. 이러한 방어적 동기는 작전과정에서 '공포심 유발'이라는 공격적 동기와 결합하여 학살을 더욱 잔인한 양상으로 전개시킨다.

그러나 모든 전쟁, 모든 내전에서 이러한 학살이 발생한 것은 아니다. 전쟁과 폭력은 정치적 목적을 위한 하나의 수단이므로, 단순히 적의 항복을 받아 내기보다 적으로 분류된 집단을 완전히 제거하고 정치권력을 장악하고자 할 때 주로 학살이 발생한다. 바로 전쟁이 국가 건설 과정이나 혁명과 결합되는 경우가 여기에 속한다.

스탈린 치하의 러시아, 그리스 내전, 폴포트 정권 치하의 캄보디아, 최근의 수단 등지에서 그러하였듯이 적대관계의 가장 극적인 표현인 정치폭력과 학살은 혁명과 반혁명이 교차하는 시기, 즉 국가 건설을 둘러싸고 정치세력 간에 폭력이 걷잡을 수 없이 번져 나가는 시기에 주로 발생하였다. 18세기 말에서 19세기 초까지의 유럽은 전쟁이 봉건국가의 몰락과 근대국가 수립이라는 과제와 맞물려 진행되던 시기였다. 1945년 직후의 한반도 역시 제2차세계대전 후 일제가 패망하고 한반도에서 새로운 국가를 건설해야 하는 시기였다. 그것은 바로 봉건 잔재와 일제 잔재의 청산을 통해 자주독립국가 건설을 추진하려는 일종의 민족혁명의 시기였으며, 어떤 국가를 건설할 것인가를 둘러싸고 자유민주주의와 인민민주주의혁명 노선이 대립하는 기간이었다. 이 시기는 일제강점기에 계속되었던 반제·반봉건 국가 건설 노선과 그에 저항하는 구친일파세력 사이의 대립, 나아가 사회주의적 국가 건설과 자유주의적 국가 건설의 노선대립이 중첩되어 폭발적으로 드러나는 상황이었다.

그런데 근대적 국민국가 건설이라는 것은 바로 봉건적 절대군주제와 식민지배에 대한 민중들의 반란 과정이었다. 민중들은 구체제의 기둥인 지주들의 재산과 권력에 대항하여 투쟁하였는데, 그것이 기성 정치세력의 새로운 국가 건설 노선과 맞물려 국가 건설의 변수로 작용하였다.¹⁴² 극심한 빈곤과 과중한 세금, 신분차별, 억압적인 지배를 벗어나고자 하는 농민들의 저항이 계속되는 조건에서, 어떤 형태로든지 급진적인 개혁 혹은 혁명은 불가피했다. 그러나 8·15해방으로 엄청나게 기대가 상승했지만 당시 남한에서는 과거의 억압적인 국가기구 특히 친일 경찰이 잔존하였으며, 이들이 지주 등 지배층을 옹호하자 농민들은 심한 거부감과 좌절감을 느꼈다. 북한에서의 사회주의 개혁 소식이 전해지는 가운데 남한은 일제강점기를 능가하는 심각한 경제난과 실업, 빈곤 등에 직면해 있었다. 이러한 상황에서 급진적인 현상타파운동이 지지를 얻게 되었다.

1945년에서 1948년 사이에 전개된 농민운동의 추세를 보면, 경찰서 습격이 압도적으로 많았으며 그 밖에 농지개혁 요구를 둘러싼 지주와의 충돌, 양곡수집반대운동 등이 활발하였다.¹⁴³ 그러한 요구가 가장 광범위하게 폭발한 것이 1946년 대구10·1사건이었다.

그런데 욕구와 좌절이 교차하는 국면에서 어느 한쪽이 타 세력이나 개인에게 가한 폭력은 두 배, 네 배가 되어 돌아오게 마련이다. 당시는 일종의 권력 공백의 상황, 즉 '국가 이전의 상황'이었기 때문에, 이해와 사상의 충돌에서 발생하는 갈등이 조정되고 통제되는 기회를 갖지 못한 채 극히 원시적으로 표출되었다.

상이한 정치·경제체제를 견지하는 초강대국 미·소에 의해 남북한

이 분할점령된 뒤 남한에서는 미군정이 실시되었고 북한에서는 반제반봉건혁명이 추진되었으며, 북한에서의 급진적 개혁을 피해 수많은 사람이 월남하면서 남한에서는 국가 건설을 향한 혁명의 이중적 과제가 대단히 복잡한 양상을 띠기 시작하였다. 미·소군정의 실시는 자신의 이념에 부합하는 세력을 육성하기 위한 정책을 억압적으로 전개함으로써 정치갈등의 양상을 예상 가능했던 궤도에서 이탈시켜 전혀 상이한 방향으로 이끌었다.[144]

우선 이승만 정권하에서 구친일세력과 군대·경찰이 다시 등장하였으며, 이를 용납하지 못하는 민중들과 더욱 격심한 갈등이 발생했다. 한편 북한에서는 소련의 적극적인 후원하에 민족혁명과 인민민주주의혁명을 동시에 추진하는 급진적인 노선이 자리잡았다. 이 과정에서 소련의 적극적인 지원을 받는 공산주의 세력이 등장하였고, 탄압을 받게 된 구친일세력과 지주·자본가를 비롯하여 급진적 혁명에 거부감을 느낀 상당수의 중간층, 자유주의 세력, 기독교인들은 저항을 택하기보다 대거 이남으로 내려왔다. 이러한 조건에서 북한의 인민민주주의혁명 또는 사회주의혁명 작업은 더욱 순조롭고 신속하게 진행될 수 있었으며, 반대로 남한에서는 현상유지세력과 개혁세력 간의 정치갈등과 폭력이 몇 배로 증폭되었다. 문제는 미·소의 분할점령에 의해 남한에서의 민족세력과 친일세력의 갈등이 우익과 좌익의 갈등으로 연결되면서 양자의 적대감이 극대화되었다는 것이다.

급진적인 혁명 과정에서 기득권세력은 극도의 공포에 빠지게 된다. 혁명의 위기와 그것에 대한 공포는 각종 유언비어의 유포, 적대세력에 대한 악마화 작업, 그리고 사적인 폭력과 보복을 낳는다. 특히 기득권층은 생명과 재산을 박탈당할 위기감을 가질 때 극히 감정 개입적인 적대행동을 자행한다. 김일성 정권이 추진한 급진적인 혁명노선은 구친일세력은 물론 자유주의 세력·기독교세력 등 민족주의 노선에 공감할 수 있는 상당수 중간층에게까지 반발을 사 이들을 반혁명세력으로 결집시켰다. 1946년 초의 반탁운동은 특히 그들을 결집시키는 계기가 되었다. 반탁이 '애국'운동이 되면서 혁명에 대한 그들의 공포감은 이제 '민족'의 자주독립을 지지하는 '성스러운 행동'으로 돌변하였다. 소련 군정과 북한정권하에서 가장 심각한 탄압을 받았던 친일세력은 김일성 집단의 친소사대주의 경향과 급진적인 사회주의 개혁, 스탈린주의적 통치체제가 정착하자 상당한 지지기반을 형성하였으며 반공의 투사로 변신하였다. 이들은 이후 남한에서 좌익 청소의 주역으로 등장한다.

우리는 전쟁 당시 민간인을 학살한 군인과 우익단체 회원들, 그리고 '반동세력'을 숙청한 인민군의 극단적 행동에 이글거리는 증오감이 깔려 있음을 확인할 수 있다. 그런데 그러한 증오감은 어디서 왔는가? 초기에는 가족과 친구 사이에도 노선을 달리하는 좌익과 우익이 공존하였으며, 양자 간의 다툼은 의견갈등의 수준이었다. 그러나 이러한 의견갈등과 충돌은 정치세력의 선동·동원전략과 맞물려 점차 증오의 상승작용을 일으켰다. 각 정치세력은 자신의 입지를 강화하기 위해 상대방을 원색적으로 공격하거나 테러를 감행하였고, 그러한 공격행위는 그 다음에 훨씬 강한 보복이 되어 돌아왔다.

국가 건설은 곧 국가가 무력을 독점하는 과정이다.[145] 미군정은 남한에서 경찰과 군대 창설을 가장 서둘렀고, 그것을 위해 기존 무력조직들을 해산시켰다. 미군정의 무력기구와 경쟁할 수 있는 무력조직의 존재는 바로 미군정 주도의 국가 건설 작업에 근본적으로 도전하는 것이었기 때문이다. 미군정은 10만의 예비병력과 1만 5,000의 상비병력을 가진 좌익계의 국군준비대와 2,000여 명의 회원을 거느리던 학병동맹을 무장해제시켰다.[146] 이것은 우익국가를 수립하기 위한 미군정의 가장 구체적이고 분명한 의사표현이었다. 그런데 바로 이 과정에서 해방 이후 국가 건설을 둘러싼 폭력과 테러가 가장 조직적으로 발생했다. 김두한의 우익청년조직이었던 대한민청이 국군준비대에 가한 일련의 공격과 학살이 바로 그것이었다.[147] 김두한은 해방 이후부터 인민공화국 본부를 습격하여 무차별적으로 부수고 기밀서류를 탈취·소각하고 전국의 세포조직을 분쇄하는 데 앞장선 인물이었다. 그는 1945년 12월 7일 조병옥, 장택상 등 경찰력의 비호하에 국군준비대에 대한 학살을 주도하였다. 김두한의 증언에 따르면 이들은 당시 좌익 측 국군준비대가 주둔하고 있던 "태릉에 쳐들어가서 1,300명을 학살한 다음, 죽창으로 가슴을 박아 일일이 사망을 확인한 다음, 건물에 쓸어넣고 소각하였다"고 한다. 이후에도 그는 조선노동조합전국평의회전평의 파업을 분쇄하기 위해 간부 여덟 명을 생매장하는 등 우익테러에 앞장섰다.[148]

김두한의 국군준비대 분쇄 작업이 미군정과 경찰의 비호하에 이루어진 사설 군사집단에 대한 공세적인 학살이었다면, 대구10·1사건은 정치갈등이 경찰과 민중 간의 무차별적인 폭력과 학살로 연결된 가장 대표적인 사례이자, 이후의 집단학살을 예고하는 부표가 되는 사건이었다. 1946년 당시 대구와 경북 전역으로 확산된 이 사건은 시위군중에 대한 경찰의 발포와 이에 대항하는 군중의 폭력으로 발전되었다.[149] 당시 분노한 군중들은 경찰들을 닥치는 대로 살해하였다. 이들은 경찰의 얼굴과 몸뚱이를 칼과 도끼로 난자하였으며, 손을 등 뒤로 묶어 출혈로 쓰러질 때까지 날카로운 돌을 던졌고, 큰 돌을 머리에 떨어뜨려 짓이기기도 하였다. 군중들은 죽창·낫·곤봉 등으로 무장하여 경찰을 살해하였으며 심지어 확인 타살打殺을 하기도 하였다.[150] 또한 앞장선 깡패와 양아치 등 부랑자들의 무분별한 폭력이 사태를 더욱 악화시켰다.[151]

그후 시위가 진압되자 다시 시위 가담자들에 대한 검거 선풍이 불었다. 피검자 280여 명은 군사재판을 거쳐 형이 확정되었고, 640여 명은 조사 또는 재판에 계류되었다. 그런데 이러한 법적인 처벌과는 별도로 경찰이 자신을 공격한 세력에 대해 사적인 보복을 가하기 시작하였다. 서북청년단 등 우익조직과 경찰은 복수심에 불타 과거 일제강점기에 경찰관들이 한국인에게 그러했듯이 피검자들에게 물고문과 린치를 가하였다. 독촉국민회, 서북청년단 등의 단체는 사건 관련자를 체포하는 데 협력한다는 명목으로 좌익들을 직접 체포·구타하는 등 사사로운 형벌을 감행하였다.

결국 이 사건을 계기로 좌우 양측의 대립은 극단화되고 양자 간에 유혈테러가 본격화되었다. 이제 서북청년단 등 우익청년조직은 전국 각지를 돌아다니며 좌익세력 타도의 선봉 역할을 하였으며,[152] 이에 대항하여 지하화된 남로당과 빨치산들이 이들에게 보복테러를 가하였고 많은 사람들을 살해하였다.[153] 일개 사설조직이 군·경찰과 같은 공조직과 혼연일체가 되어 테러에 나선 것을 보면, 당시 시점에서 공권력은 거의 기능을 못 했음을 알 수 있다. 그것은 국가의 부재, 즉 무법천지의 혼란기라고밖에 표현할 수 없을 것이다.

'광란과 유혈'로 얼룩진 대구10·1사건은 좌익에서 조직적으로 준비하였다고 알려져 있으나, 그것이 대중적 폭력으로 발전된 것은 친일 경찰에 대한 도덕적 분노 때문이다. 『수도경찰 3년사』에서도 "민중들은 왜정 시의 경찰관이라 하여 적대시하는 원차怨嗟의 울분이 등등騰騰하였으며, 〔……〕 학정하의 사감私感으로 살해·방화·구타·폭행 등이 처처에서 돌발하였다"[154]고 지적하였다. 경찰과 법은 "낯선 전제권력의 꼭두각시"[155]로 증오의 대상이었다. 영국 총영사의 보고에도 일제 경찰에 봉사했다가 미군정청의 사주를 받은 부류에 대한 한국인 일반의 분노가 대단했던 것으로 묘사된다. 북한에 들어가 초대 무임소상無任所相이

된 경상도 출신의 한 학자는 웨드마이어<sub>Albert C. Wedemeyer</sub> 특사에게 친일
경찰을 제거해 주면 한국인은 모두 공산주의를 반대할 것이라는 편지
를 쓸 정도였다.[156] 해방 직후부터 이들 일제 경찰에 대한 보복이 극심
하였는데, 피살과 폭행 사건의 대부분은 이들을 향한 것이었다. 1945년
8월 16일부터 23일까지 일주일 동안 경찰관에 대한 폭행·협박은 177건
이었는데, 그중 111건이 친일 경찰을 향한 것이었다.[157]

결국 미군정의 의도하에 진행된 친일 경찰의 등용이 저항적 폭력의
시발점이었다고 볼 수 있다. 일제의 편에 서서 동포들을 못살게 굴던
경찰들이 해방 후 또다시 치안을 담당하게 되자, 이에 격분한 민중들이
폭력을 행사하게 된 것이다. 당시의 모든 기록은 민중의 분노가 대구
10·1사건의 도화선이었음을 입증하고 있다. 대구 지역에서 친일 전력
이 있는 한 경찰서장은 스스로 발포를 거부하고 옷을 벗었으며, 미군정
에 몸담고 있던 도청과 부청의 중·하급관리들도 자리를 뜨거나 태업을
하였다. 과장급들은 따로 모여「시민에게 사과함」이라는 성명서를 발
표하고 전체 사직을 결의하기도 하였다.[158] 계엄령이 발표되었으나 이
것을 알지 못한 군중들은 경찰서 습격과 파출소 파괴, 부유층·고급관
리·우익 인사에 대한 습격을 계속하였다. 경북 전역으로 확산된 시위
와 폭력 역시 주로 경찰관과 관리 등을 겨냥한 것이었다.[159] 따라서 원
인 제공의 측면에서 본다면 미군정의 진주로 인한 현상유지정책과 미
군정의 적극적인 친일 경찰 기용이 남한에서 폭력을 불러일으킨 일차
적인 배경이었다고 볼 수 있다. 결국 6·25 이전의 학살은 이처럼 좌익
일반과 우익 일반이 대립한 결과가 아니라, 이미 국가 건설 작업을 서두
르던 미군정이 1947년경부터 분명한 목표와 방향을 갖고 좌익과 민족
주의 세력을 배제하기 시작하면서 일제 관료·군·경찰이 재등장하게
된 상황에서 발생했다.

아렌트가 말한 것처럼 분노는 희망과 기대가 전제될 때만 발생한다. 분노는 조건이 크게 바뀔 수 있는데도 그렇게 되지 않았다고 느낄 만한 상황, 오직 정의감이 좌절되는 상황에서 발생하는 경향이 있다.[160] 그리고 분노는 제 의지를 관철시킬 수 있다고 믿는 상황, 즉 정치적 변화의 가능성이 열려 있고 자신이 그 과정에서 상당한 역할을 할 수 있다고 판단되는 상황에서 발생한다. 어느 한 정치세력이 압도적인 힘의 우위를 갖고 있어서 대항세력이 감히 저항하거나 겨룰 수 없다고 판단되는 상황에서는 분노도 억제될 수밖에 없다.

일제가 물러간 뒤 여러 정치세력이 '국가의 주인'이 되기 위해 각축하고 있던 1945년 8월 15일 직후는 누적된 분노가 걷잡을 수 없이 표출될 수 있는 모든 조건을 갖추고 있었다. 미군정의 현상유지정책으로 자주독립국가 건설과 농민혁명의 기대가 좌절되었을 때 이러한 정치폭력이 발생한 것이다. 그런데 미군정이 탄압을 강화하고 조선공산당이 불법화되어 남한만의 단독정부 수립 과정에서 좌익 측 저항이 억제되면서 유격대 활동이 전개되었다. 이제 정치폭력이 군사투쟁으로 변한 것이다.

한편 1,300여 명의 국군준비대원을 학살한 김두한은 "후에 사가들은 말할 것이다. 내가 왜 1,300여 명의 내 민족을 일시에 학살하지 않으면 안 되었는가를, 그리고 1,300명의 희생이 없었더라면 역사가 어떻게 변했을 것인가를"[161]이라고 말한 바 있고, 사람을 그만 죽이라고 하는 이승만에게는 "우리 민족의 염원인 새 민주공화국이 수립되었는데 무엇 때문에 사람을 죽일 필요가 있습니까"[162]라고 대꾸하기도 하였다. 즉 사회주의 국가 건설의 기둥이 될 수 있는 국군준비대를 없앰으로써 반공국가를 건설할 수 있었으며, 폭력과 학살은 바로 이 국가 건설이라는 대의 아래 정당화될 수 있었다는 실토인 것이다. 이러한 사실은 지금까지 남한에서 우익 주도의 테러나 학살이 어떻게 정당화되어 왔는지를 잘 설명해 준다. 그것은 바로 우익 또는 자유주의 세력 주도의 국가 건설이 위협을 받는 상황에서는 적에 대한 어떠한 고문이나 폭력, 학살까지도 정당화될 수 있다는 극도의 반공주의 때문이다. 또 지금까지도 그러한 논리가 살아 있는 남한 사회와 정치는 여전히 전쟁 상황을 벗어나지 못했다고 볼 수 있다.

## 주체적 배경

### 취약한 권력 기반: 반공주의와 콤플렉스의 동원

전쟁 중 미군에 의한 학살이나 거창양민학살사건처럼 군사 '작전'의 일환으로 전개된 학살은 물론, 강화·고양 등지에서 발생한 우익단체 주도의 '보복적' 학살도 대체로 경찰의 묵인이나 입회하에 저질러졌기 때문에, 학살에 관한 한 국가가 폭력의 최종 보증자였다고 볼 수 있다. 여기서 국가기구인 군과 경찰이 직접 학살에 개입하였는가, 그렇지 않았는가 하는 점은 중요하지 않다. 전쟁 당시 군대와 경찰의 행동은 전쟁의 목표와 이념에 대한 자기확신에서 출발한다. 즉 군인들이 적으로 의심되는 주민들을 집단살해한 것은 그러한 행동이 국가나 최고권력자에 의해 용납될 수 있다는 확신에서 출발하였다. 만약 반공만능주의 체제에서 어떤 형태의 좌익 처벌도 '전쟁 수행'의 대의 아래 용납될 수 있다는 믿음, 최고권력자인 이승만이 자신을 확실히 보호해 주리라는 확신이 없었다면, 한국전쟁 시 군인들이 그렇게 무차별적인 학살을 자행하기는 어려웠을 것이다.

앞서 언급한 것처럼 전쟁 발발 직후 국민보도연맹원, 형무소 수감자들에 대한 집단처형은 분명히 이승만 정부의 최고위층 소수에 의해서 결정되었을 것이다. 가장 유력한 인물은 이승만의 최측근이었던 시경 국장 김태선과 방첩대장 김창룡이다. 김태선은 자신이 직접 공산주의자들을 처형했다고 실토한 바 있고, 김창룡의 경우는 김종필의 증언에서 책임이 드러난 바 있다. 즉 전쟁 발발시 육군본부 정보국G-2 제4과를 맡고 있던 김창룡이 학살을 명했다는 것이다.[163] 전쟁 직전 김창룡의 행적과 전쟁 무렵 그의 지위를 고려해 볼 때 충분히 개연성이 있는 이야기이다. 그러나 그가 지휘하던 한국 방첩대 역시 사실상 미군의 직접 지휘하에 있었기 때문에 과연 학살에 미군의 개입이 없었을지 의심할 여지가 많다. 한국에서 첩보활동을 해 왔으며, 전쟁 발발 직후 최후까지 서울에 남아 있다가 피란을 간 미 첩보요원 니컬스Donald Nichols가 6월 28일 수원의 집단처형 현장에 있었다는 증언을 참작해 보면, 이러한 어머어마한 학살 사건이 이승만, 그리고 그와 언제나 접촉할 수 있었던 미군 요원들과 무관하게 진행되었다고 보기는 어렵다.[164]

그런데 문제는 전쟁 상황에서 국가의 주권 혹은 작전권이 누구에게, 어떤 집단에게 귀속되어 있는가 하는 점이다. 우선 계엄령하에서 권력은 군대와 군대의 총수인 국방부장관, 참모총장에게 집중된다. 한국군의 경우 1948년 8월 24일 군정의 종료로 형식적인 군사적 주권을 획득했으나,「한미군사안전잠정협정」체결로 인해 미군이 완전히 철수하기까지는 여전히 모든 작전권을 미군이 행사했다고 보는 것이 타당하다.[165] 또 전쟁 발발 후 1950년 7월 14일 이승만이 유엔군에게 작전권을 이양함으로써 군사작전에 관한 한 주권을 또다시 미국에게 양도하게 되었다.[166] 이렇게 본다면 1948년 후반 정부 수립 후 제주4·3사건 진압군의 무리한 토벌이나 여순사건 진압도 형식적으로는 한국군에게 책임이 돌려질 수 있으나 당시 한국군은 사실상 미군사고문단의 지휘를 받고 있었으므로 미군에 궁극적인 책임이 있었다고 볼 수 있다.[167] 그리고 전쟁 발발 후 군사적 주권이 미군에게 이양된 조건에서 발생한 학살 사건 역시 미극동군사령부가 최고의 책임자가 되는 셈이다. 이는 한국전쟁 중 말단 한국군 부대가 공비 토벌을 명분으로 저지른 모든 학살 사건이 일관되게 미군의 작전방침하에서 발생했다는 뜻은 아니다. 이러한 연대·대대 단위의 작전들은 분명히 한국인 지휘관이 명령을 내린 것이고 미군은 오히려 한국군의 민간인 살상이 실질적 명령권자인 미국의 위신을 떨어뜨릴 것을 두려워해 경고·제지를 보냈을 수도 있다. 그러나 미군은 여러 학살 현장에 입회하고 그에 대해 상부에 보고하였는데, 미군 상부에서 그에 대해 어떤 조치를 취했는지는 알려져 있지 않다.

그런데 미국이 1948년 제주4·3사건 초기에 초토화작전을 종용했다는 점을 생각해 본다면, 미국은 자신들에게 공격의 화살이 돌아오지 않는 범위 내에서 군과 극우청년단체들이 좌익을 '청소'cleansing하는 작업을 묵인 혹은 지원했다고도 볼 수 있다. 미국은 자신이 형식적인 군사 주권을 가진 정부 수립 이전 시기에는 어떤 경우라도 학살이 발생하지 않도록 노력했으며, 되도록 모든 책임을 한국 정부와 군에게 떠넘겼다. 그러나 한국군에게 작전권이 이양된 1949년 후반부터 1950년 7월 14일 이전까지도 미군사고문단이 단순히 '조언자'의 역할만 했다고 믿는 사람은 아무도 없다.[168] 한국전쟁 발발 전후의 한국과 미국의 역학관계를 생각해 봤을 때, 한국군의 모든 작전이 미극동군사령부, 혹은 미군사고문단, 특히 방첩대의 지휘와 동의나 묵인 없이 이루어졌다고 보기는 어려울 것이다. 미국은 분명히 자신이 세운 대한민국이 정치적으로 안정되기를 원했을 것이고, 그래야만 남한 건국의 책임을 갖는 미국 자신에 대한 비난을 피할 수 있었을 것이다. 미국이 한국의 반공체제를 안정화시키려 한 것은 그 때문이다.[169]

이것은 이승만의 정치적 위기 극복 노력과 맞물려 있었다. 우선 행정상의 주권이 한국에 귀속되었던 1948년 정부 수립 후 한국전쟁 기간에 일어난 학살 사건의 모든 형식적 법적 책임은 한국군, 국가권력, 이승만에게 있다고 봐도 좋을 것이다. 그러나 이러한 학살은 정치기반이 극도로 불안했던 이승만과 대한민국이 국가의 적, 자신의 정적을 물리치고 안정된 반공국가를 수립하려는 과정에서 발생했다는 점이 중요하다. 국민보도연맹사건, 전쟁 중 미군에 의한 학살 사건, 제11사단에 의한 지리산 지역의 학살 사건들에 누가 최종 명령을 내렸는가를 밝히는 일도 물론 중요하지만 그것은 이후의 과제로 남겨 둘 수밖에 없다. 그러나 개인적·집단적 책임 규명 이전에 그것의 배경이 되는 '전쟁 이전의 정치', 즉 이승만의 권력 장악과 그것을 위한 동원의 과정, 그리고 국가 수립을 위한 반공이데올로기의 동원 과정을 살펴봐야 한다.

정부 수립 당시 이승만의 권력 장악 과정은 대단히 복합적이었다. 첫째 국내 좌익과 북한의 위협으로 국가의 존립이 극히 위태로운 상황에서 정권을 유지해야 한다는 압박이 있었다. 둘째, 대한민국의 집권층을 구성하던 친일세력에 대한 청산 요구를 제압하지 않으면 안 되었다. 셋째, 미국의 적극적인 지원이 없이는 정권을 거의 지탱할 수 없었다. 남한 단독정부의 수립을 가장 적극적으로 지지한 세력은 이승만을 비롯한 지주와 자본가, 그리고 친일·친미 엘리트였다. 이들은 일제 잔재의 청산을 통한 민족주의 혹은 사회주의 통일국가 수립이 자신들의 기득권을 완전히 박탈할 것을 가장 두려워하였고, 그 두려움 속에서 이승만에게 절대적 지지를 보냈다. 이승만은 권력 장악을 위해 친일 경찰과 군 출신, 북한에서 사회주의 개혁을 피해 남으로 내려온 극우청년단체를 적극적으로 활용하였다. 이승만은 일제 경찰 출신자들이 일제강점기에 훌륭하게 습득한 대중통제의 기술, 특히 고문·학대 등의 기법을 좌익 탄압에 적절히 활용하도록 부추겼다. 이들은 좌익세력을 탄압하면서 무고한 사람에게까지 좌익 혐의를 붙였다. 한국전쟁 발발 전후 남한의 좌익은 사실 '관제 빨갱이'라고 지칭되기도 하는데,[170] 이승만은 '관제 빨갱이' 곧 희생양을 만들어서라도 자신의 권력을 공고히 하려는 전략을 구사했다.

당시 이승만이 자신의 권력을 강화하기 위해 이용했던 극우단체 회원의 상당수는 사실상 테러집단과 다를 바 없었다.[171] 좌익에 대한 우익 테러집단의 학살 만행을 보면 이미 사실상의 전쟁이 6·25 이전에 시작되었음을 알 수 있다. 서북청년단은 요인테러단이나 살해청부업자의 역할을 했다고 볼 수 있다. 이들은 경찰의 협조를 얻거나 '좌익 청소'라는 명분으로 부호들을 위협하여 돈을 염출한 다음 이를 조직 운영에 사용하였다. 이들은 처음에는 제주도에 들어가서 이승만 사진과 태극기를 강매하였으며, 나중에 그것을 사지 않은 사람들을 총살하기도 했다. 제주4·3사건 당시 유혈 학살은 서북청년단이 주도했다고 해도 과언이 아니다. 목격자들은 "직업테러단이라고 할 수 있는 서북청년단의 잔학상은 차마 눈뜨고 볼 수 없을 정도였다"[172]라고 기억한다. 전쟁 상황에서 경상도 지역에서의 학살은 외형적으로는 주로 군인과 경찰에 의해 자행되지만, 실제 학살의 주역인 호림부대·백호부대원 중 상당수는 그 이전에 서북청년단원으로 활동하던 자들이었다.[173] 즉 전쟁 이전에 사적 폭력기구에 종사하던 자들이 이제는 국가기구의 구성원이 되어 공공연하게 학살에 가담하게 된 것이다. 좌·우 간의 갈등과 전쟁은 깡패와 별로 다를 바 없는 존재들을 애국자 또는 국가유공자로 만들어 버렸다.[174]

언제나 양지만을 찾는 기회주의적인 인간형, 파시스트적인 심성을 가진 인간들, 친일 콤플렉스를 갖는 일제 협력자들이 우익 정치깡패들을 옹호하는 이승만의 극우반공노선에 적극 충성하는 것은 당연한 일이었다. 우리 역사의 비극은 이들이 이승만 정권의 한 부분을 차지하는 수준에 그치지 않고, '잠시나마' 그러한 반민주적인 지배질서의 최선봉에 서서 '애국자'로 돌변하였다는 데 있다. 여기서 '잠시나마'라고 표현한 이유는 이들 역시 이승만에게 이용당했기 때문이다. 이승만은 자신의 정치적 필요에 의해 이들의 철저한 반공주의를 이용했고, 이들이 자신의 권력을 유지하는 데 더 이상 쓸모없는 짐이 되자 과감히 내팽개쳤다.[175] 이들의 등장과 활동은 오로지 미군정과 이승만이라는 막강한 후원자가 있었기 때문에 가능했다. 이승만은 자신의 정치적 반대세력을 없애는 데 수단과 방법, 절차와 명분을 따지지 않았다. 전쟁 발발 직전 이승만 정권이 그 정도로 위기에 내몰리고 있었음을 알 수 있다.

이러한 사실과 연관되지만 또 다른 한편으로 극우반공주의, 즉 정치적 반대자를 모두 빨갱이로 몰아가는 당시의 정치 상황이 '작전'·'처형'·'보복'으로서의 학살을 정당화했다고도 볼 수 있다. 이러한 반공만능주의 담론은 이미 이승만과 대한민국의 공식적인 실천에서 엿볼 수 있다. 이미 1946년 대구10·1사건에서 경무부 고문인 맥클린Allen Mclean 대령은, '공산폭도'들을 진압하면서 보복행위를 한 경찰관을 체포하라는 명령을 내리려 하였다. 그러나 이승만은 "보복행위를 한 경찰관은 '대구폭동' 진압 후에 내가 책임을 지고 체포하여 의법처단依法處斷할 것이니 지금 그런 명령을 내리지 말라. 지금 그런 명령을 내리면 폭동을 진압하는 경찰관들의 사기를 저상沮喪시키는 결과를 초래하게 되어 폭동 진압에 커다란 영향이 미칠 것이다"[176]라고 하며 막았다. 또한 이승만은 전평 간부 여덟 명을 생매장해 사형을 언도받았던 김두한을 특사로 석방해 주었다.[177] 당시 이승만은 육성으로 "빨갱이는 포살해야 한다"[178]고 말했는데, 이는 군인들과 경찰들이 마음 놓고 처벌권을 행사할 수 있게 해 준 든든한 보호막이 되었을 것이다.

그런데 전쟁이 발생하자 반공주의는 더욱 과격하고 전투적으로 되었다. 이인 법무부장관은 공비를 소탕하기 위해 국민과 관리의 왕성한 적개심이 필요하다고 하면서 "정실과 관용과 누락漏落이 절대로 있을 수 없다"[179]고 못박았다. 이미 공권력은 감정적 주체가 되어 사적인 폭력 조직이 사용하는 담론을 그대로 차용하였다. 이러한 과격한 언사들은 "부역자 처리에서 신중을 기하라"는 1950년 9·28서울수복 이후 이승만의 공식적인 명령과는 배치된다.

최근 공개된 자료에 의하면 이승만은 1949년 반공을 명분으로 반민족행위특별조사위원회반민특위 활동을 단순히 방해한 것이 아니라, 조사차 친일 경찰을 구금한 반민특위 조사관의 활동을 범죄시하였다.[180] 이승만은 친일 인사들의 친일 콤플렉스와 파시스트적 행태를 적절히 이용하였다. 이들은 이승만 자신의 권력을 강화하기 위한 기둥이었으며, 전쟁은 바로 이들이 가장 활개칠 수 있는 유리한 환경이었다.

실제로 피란지 부산에서는 특무대와 경찰이 일제 때부터 독립운동을 했다는 경력이 적을 이롭게 할 수 있다는 이유로 독립운동가들을 잡아가 학살했는데, 이는 학살이 누구, 어떤 세력을 겨냥하고 있었는지 극명하게 보여 주는 사례이다.[181] 이들은 전시하 부산에서 야당 인사까지 빨갱이로 몰아 죽이려고 했는데, 일반 시민들에게는 어떻게 대했을지 충분히 짐작할 수 있다. 결국 반공만능의 정치 상황 속에서 누구든지 마녀사냥의 희생물이 될 수 있었고, 전쟁 발발 직후 국민보도연맹원 처형은 바로 일종의 '희생양' 만들기였던 셈이다.

한편 이승만은 민중을 변덕스럽고 비합리적인 존재로 보았기 때문에 전적으로 "이들과 교섭하고 계약을 맺는 것은 불가능하며 책략이나 힘에 의해 지배할 수밖에 없다"는 마키아벨리의 논리에 입각해 권력을 장악했다. 슈미트가 마키아벨리적 독재자를 설명하며 말한 것처럼 이승만은 언제나 "국가의 구성원이 될 인간 대중을 '형성'의 소재로 보고 물질시하는"[182] 태도를 보였다. 정부 수립 이전과 이후 이승만이 보인 일련의 태도와 행동들을 보면 이승만 정권 치하에서 어떻게 군대와 경찰이 그렇게 많은 민간인을 괴롭히고 죽일 수 있었는지가 어느 정도 설명이 된다.

물론 전근대 시기의 정치, 그리고 그것의 연장인 군주들 간의 전쟁은 그 자체로 인간성을 말살하는 속성이 있다. 따라서 근대 이전의 전쟁, 곧 정치는 가장 반인간적인 상황, 인간을 동물 수준으로 전락시키는 상황을 만들어 내곤 했다. 마키아벨리는 잔인성을 권력의 한 속성으로 보았다. 그는 "민중들에게 위해危害를 끼칠 때는 복수의 위험을 없애는 것이 중요하다"고 강조하였다. 즉 "민중에게는 머리를 어루만져 주던가 없애 버리던가 둘 중 하나를 택하지 않으면 안 된다"고 말하였다. 민중들은 "보잘것없는 모욕에 대해서는 복수하려 들지만, 큰 모욕에 대해서는 감히 복수하려 들지 못하기 때문"이라는 것이다.[183] 즉 전쟁에서의 잔혹함은 권력 유지의 대단히 중요한 수단이다. 권력 장악 과정에서 불평분자를 모두 없애 버리면, 소수의 패배자들은 처참한 빈곤에 빠져 감히 저항할 수 있는 힘을 기르지 못하며 그러한 사실을 알고 있는 주변의 목격자나 주민들도 공포감 때문에 감히 권력에 도전하지 못하게 되기 때문이다.

우리는 이것을 '과잉진압의 정치학'이라고 불러도 좋을 것이다. 제주4·3사건 당시에도 그러했지만 토벌대가 여성들을 강간하거나 학살 후 시체를 불에 태우는 잔혹한 방법을 사용하는 것은, 이들을 완전히 절멸시켜 그 가족이나 친지, 또는 목격자들이 감히 권력에 저항하지 못하도록 하려는 무의식적인 동기가 작동한 것이다. 이것은 단지 군인들이 전쟁 현장에서 갖게 되는 감정적인 보복의 논리만으로는 설명할 수 없는 '학살의 정치학'이다. 마키아벨리가 강조하였듯이 "잔혹성 그 자체가 권력을 위태롭게 하기보다는 잔혹성을 반복하는 것이 위험하다"고 본다면, 초토화작전이란 국가 건설 과정에서 적 또는 '희생양'들을 완전히 재기 불능 상태로 만들어 국가의 위엄을 과시하며, 이를 목격한 일반 민중들에게 국가권력에 대한 공포심과 무조건적인 복종심을 갖게 하려는 정치적인 행동이라고 할 수 있을 것이다.

## 일제의 유산: 일본 군대와 경찰

이제 한국전쟁기의 테러와 학살이 왜 그렇게 잔인한 양상으로 전개되었는지 설명해야 할 때이다. 무엇이 동족 간에 그토록 잔인한 보복을 가능케 하였을까? 1945년 직후 냉전질서를 구축하는 상황에서 이념의 대립을 겪은 모든 나라의 정치적 폭력이 이처럼 잔인한 양상을 지니고 있었는가? 이에 답하기 위해서는 우선 '작전'·'처형'으로서의 학살을 주도한 군과 경찰의 이념과 조직, 군인들의 도덕적 자질 혹은 민간인에 대한 평소의 태도 등을 먼저 살펴볼 필요가 있다. 우익 측 민간인 학살의 대부분이 군인과 경찰에 의해 자행되었다는 점을 생각해 볼 때, 우리는 '국군과 경찰은 왜 '동족'에게 그렇게 잔인했는가, 누가 그들에게 명령을 내렸는가, 왜 그들은 명령을 그렇게 수행하였는가'를 먼저 고민해 봐야 한다.

앞에서 말한 것처럼 한국전쟁 당시 학살의 양상이 1945년 이전 일본군의 그것과 매우 유사했다는 점을 생각해 보면, 우리는 한국 군인과 경찰의 억압적 군사주의적 문화 자체에서 이미 학살이 예비되고 있었다는 점을 알 수 있다. 무장하지 않은 민간인에 대한 학살은 분명히 범죄행위이다. 전쟁 시 군대는 언제나 이러한 범죄의 유혹에 노출되어 있다. 군대는 사회의 일부이고 전쟁은 정치의 연장이므로 이러한 범죄행동의 발생은 바로 군대의 규율과 전쟁의 이념, 그리고 전쟁을 수행하는 국가의 정치적 민주주의 수준에 좌우될 것이다. 거창양민학살사건 당시 군법회의 판결문 속의 공식적인 해석을 보면, 이러한 사태가 "평소의 감독과 교육의 불충분", "건군정신에 배리背離된" 군기의 결여 혹은 "부대장의 상부의 착오된 방침정신의 악용"[184]에서 기인했다고 되어 있다. 즉 명령의 착오와 그것을 악용한 부대장에게 책임이 있다는 것이다. 물론 공비토벌작전을 편 제11사단에 의해 학살이 주로 발생했다는 점에서, 사단 단위의 작전명령권자와 부대장에게 일차적인 책임이 있다고 볼 수 있다. 그러나 전쟁 전에 이미 제주도와 여수·순천·문경을 비롯한 전라도·경상도의 여러 지역에서 이와 유사한 사건이 발생했다는 점을 생각해 보면, 제11사단이라는 특정 부대의 지휘관들만 유별난 사람이었다고 보기는 어렵다. 오히려 당시의 한국군과 경찰 일반의 규율과 조직문화를 먼저 살펴봐야 한다. 한국군과 경찰의 모태가 일본군과 일본 경찰이었으며, 그리고 전쟁 시점이 일본으로부터 독립한 지 5년도 지나지 않았던 시기라는 점을 염두에 둘 필요가 있다.

주지하다시피 일본의 식민지배는 무력에 기초한 억압 일변도의 지배였다. 경찰은 단순히 치안만 담당한 것이 아니라 학교의 등록, 재정 후원자 모집, 정보의 수집 등 광범위한 대민업무를 담당하였으며 주민 생활의 일거수일투족에 관여하였다. 작은 마을에 이르기까지 파출소가 설치되었으며, 이들 파출소에는 전화가 설치되어 지역 통신을 독점하였고, 또 무장경관이 주재하였다. 그들은 전쟁이 종료되기 전까지 정치·교육·종교·도덕·건강·공공복지 등 모든 대민업무를 담당하였던 지역사회의 실질적인 '군주'였으며, 인구통계에서 뇌물에 이르기까지 사실상 모든 것을 가장 일차적으로 수집하는 권력체였다.[185] 일본 경찰

중에 난폭하고 교육 수준이 낮은 하층 사무라이 출신이 많았듯이, 식민지의 일제 경찰 가운데 한국인들도 주로 기층 출신이 많았다. 경찰은 지위가 낮거나 가난한 가정 출신의 한국인들이 야망을 실현할 수 있는 중요한 통로였으며, 일제는 이들의 권력욕을 충족시켜 주었다. 일본제국주의는 이들 한국 민중들이 지닌 계급적 적대감을 적절히 활용하였으며, 한국의 전통적인 지배층에 대한 민중의 보복을 즐겼다. 대다수 코리언들은 사실 일본인들보다 새로운 지배자가 된 이들 코리언 경찰을 더 증오하였다.

보통의 코리언들에게 경찰은 억압적·관료적 지배를 상징했다. 그것은 코리언의 참정권을 완전히 배제하는 일제의 정책 일반보다 더욱 구체적이고 분명한 지배였다. 이 경우 통치는 경찰과 군대 혹은 억압적 행정기구에 의해 이루어진다. 경찰과 행정조직은 전국의 구석구석까지 미쳤고, 고도로 중앙집중적이었으며, 일반 국민들에게는 두려움의 대상이었다.[186] 일제강점기의 경찰과 군인을 다시 기용한 것은 이승만이 아니라 미군정이었다. 미군정은 총독부식과 인민위원회식 중에서 잠정적으로 총독부식을 택하였다.[187] 그리하여 군정의 첫 해 동안 미국은 일제 치하 40여 년간 한국인이 경험했던 것보다도 훨씬 더 복잡한 중앙정부기구를 한국에 만들어 냈던 것이다.[188] 따라서 한국전쟁이 발발할 당시 장교와 경찰 고급간부들은 대부분 일제 때 훈련받은 경찰과 군인 출신이었다. 그러면 일본군과 경찰의 조직문화는 무엇인가?

일제 식민지배의 특징은 총독제와 헌병경찰제에 집약되어 있다. 식민지 통치기구는 천황에게만 책임을 질 뿐 국민에게는 위압적인 지배만을 일삼는 절대군주제였다.[189] 일본 군인은 천황의 충복이었고, 일본 군벌 출신 관료의 지배는 무자비한 폭력으로 짓누르는 것이 그 전형적인 지배방식이었다.[190] 일본은 식민지배의 전 과정에서 매우 잔인무도

한 폭력 위주의 통치방식을 택하였다. 그들은 피지배자인 코리언을 언제나 반란을 일으킬 수 있는 적으로 간주하여 끊임없이 감시하면서 "조금이라도 독립의 의지를 보이는 자는 죽여 버려도 좋다"[191]는 권한을 치안 담당자에게 부여하였다. 행정관리와 마찬가지로 일본 군인과 경찰들은 철저한 기술관료적 성격을 갖고 있다. 이들에게 최고의 가치는 상관의 명령에 무조건 복종하고 업무의 효율성을 극대화하는 것이었다.

한편 일본육군사관학교이하 '일본육사'로 줄임는 "대일본제국 남아에게 천황을 위해 죽는 방법을 가르치는 곳"[192]이었다. 그 교육에는 인간이 설 자리가 없었다. 군인 자신이 미미한 존재이므로 상대방의 목숨도 중시할 수 없었다. 또 그곳의 훈련은 가혹했다. 맹훈련 중에 죽든지 아니면 살아남든지 양자택일하라는 식이었다. 당시 일본육사를 시찰했던 나치독일의 육군사관학교 교장조차도 "일본육사의 교육은 지나치게 스파르타식"[193]이라고 혹평했다고 한다. 영국의 장교는 1,372시간의 수업과 245시간의 개인학습을 마쳐야 했으나, 일본의 경우는 3,382시간의 수업과 2,765시간의 개인학습을 해야 했다.[194] 민주적인 국가에서처럼 국민에게 봉사한다는 개념은 없었으며 극우반공주의로 무장하고 있었다. 해방 후 한국군의 주력이 된 일본군 출신 장교들 역시 이러한 정신을 갖고 있었다.

최고권력자 일인 중심의 독재정치와 군국주의적·기술관료적인 합리주의는 상호 결합되어 있다. 이는 인민을 인권을 가진 주체로 보기보다는 통치의 대상으로 본다. 미국과 이승만은 민족주의 정서를 가진 원로 군인들보다는 기술관료적 자질을 가진 상대적으로 젊은 장교들을 선호하였다. 당시 구한말에 출생했던 원로 군인들은 민족 군대로서의 자의식과 약간의 유교적 도덕심을 갖고 있었지만, 젊은 군인들일수록 그러한 관심과 문제의식이 약했다. 물론 이들 기술관료적인 군인들이 한국전쟁 중 학살에 직접 개입한 것은 아니었다. 그러나 이들에게는 군대가 국민 또는 인민의 안전과 복지를 위해 존재한다는 관념 자체가 대단히 약했기 때문에, 작전수행이라는 명분하의 인민에 대한 억압과 통제, 그리고 '적으로 의심되는' 인민들에 대한 초법적인 권력 행사를 자제하지 않았다. 이승만은 일본식 훈련을 받은 군인이나 관리들의 군국주의적이고 기술관료적인 합리성을 존중하였다.

우선 한국군의 모태가 된 일본군, 특히 일본육사 출신의 정신을 먼저 살펴볼 필요가 있다. 일본육사는 미국육군사관학교와는 너무나 대조적이었다. 미국육군사관학교 출신들은 위관급尉官級이면서도 전투현장에서 전술이 아닌 전략을 공부하였고, 클라우제비츠, 나폴레옹, 브래들리, 맥아더 등의 저서를 열심히 읽는 존재였다.[195] 그러나 일본육사 출신들은 '패배를 모르는 강인한 의지'로만 단련되어 있으며, 엄격히 검열되고 통제된 지식을 습득해 애국주의와 군사적인 선전에만 몰두하는 존재들이었다.[196] 또한 일본 군인 출신들 사이의 경쟁의식은 무서울 정도였다. 일본제국주의 시대의 지배심리는 상하관계였다. 동아시아 유교문화 탓도 있을 것이지만, 이들은 인간관계를 협력과 분업의 관계로 보는 것이 아니라 매사 "누가 높고 누가 낮으냐"로 보았다. 그리하여 계급별, 학년별, 선후배별로 지배와 복종 관계가 철저히 관철되고 있었다.[197]

해방 이후 창설된 한국의 육사는 미군정청의 방침에 따라 제식훈련, 부대편성, 전술 등에서 미국식을 도입하였으나 내무생활은 일본식 그대로였다. 기합과 구타라는 일본식 통솔법이 군대에서 그대로 답습되었다.[198] 교장이었던 이형근은 1기생 훈화에서 "명예와 신의와 책임을 생명보다 존중하라. 늠름하고 고상한 기품을 견지하라, 솔선수범하라"는 등의 군인정신을 주입했으며, "장교는 책임에 죽고 책임에 살아야 한다"는 훈화를 해서 감명을 주었다고 한다.[199] 군인정신이 초창기 사관교육의 지상목표였다고 하는데, 여기서 군인정신이 어떤 가치, 어떤 현실적 목적을 이루기 위한 것인지는 분명하지 않을 뿐더러, 그것이 천황에 대한 충성과 국가주의 정신으로 충만하였던 일본군의 정신과 어떤 점에서 다른지도 알 수 없다. 초대 육군참모총장을 지낸 일본군 출신 이응준은 장병의 일상 지침으로 아침마다 전 부대에서 '사병훈' 士兵訓을 낭독하게 하였는데, 군의 근본적인 존재이유 또는 군과 민간의 관계보다는 주로 군 자체의 규율에 중점을 두었다.[200] 그가 만든 국군의 3대 선서 역시 '국민의 군대'라는 성격보다는 '반공국가 군대'로서의 성격을 강하게 풍겼다. 특히 "우리의 상관, 우리의 전우를 공산당이 죽인 것을 명기하자"는 항목이 선서에 명시되어 있어, 공산당에 대한 복수심을 늘 확인하도록 만들었다.[201]

　실제 건군 초기 한국군 장교들의 자질은 문제가 많았다. 급조된 장교들은 고등학생 수준의 지식을 겨우 갖추었고, 사적인 감정으로 무기를 동원하는 일이 비일비재하였다.[202] 앞서 언급한 것처럼 이들 중 상당수는 공비를 토벌할 때에도 자신의 전공을 올리는 데만 신경을 썼다. 그러나 이러한 자세는 주민의 목숨보다 전과를 중요시하는 군의 정신과 문화에서 이미 배태된 것이라고 봐야 한다. 왜 군대가 있는지, 누구를 위해서 전쟁을 하는지 등의 본질적인 문제에 대해 군 당국이 고민한 흔적을 찾기란 쉽지 않다.[203] 군기 역시 대단히 흐트러져 있었다. 전쟁 시 어느 연대장은 즉결처분권을 남용하여 사소한 일을 트집 잡아 많은 부하들의 목전에서 한 부하 병사를 총살하기도 했다. 많은 장교들은 부하를 하복 취급하여 사적인 심부름 시키곤 하였다.[204] 토크빌이 지적한 것처럼 전쟁이 발생하여 절대적인 무인武人 우대 분위기가 조성되면 저질의 군인들, 만용을 부리는 군인들이 활개를 친다. 해방 이후 한국군도 그러했다. 장교가 출근하지 않고 사병을 시켜 직인을 찍을 정도로 군기가 엉망이었다.[205] 일부 장교들은 일선에 나가지 않고 후방에 앉아서 권력관계를 이용해 훈장도 타고 진급도 하려 했으며, 육군본부 인사국을 찾아다니며 '국물 있는 자리'를 노리는 데 혈안이 되어 있었다. 절대권력은 절대부패를 낳을 수밖에 없었다.[206]

그러한 상황이었으니 전쟁을 수행하는 군은 민간인에게 세도가이자 전제군주나 다름없었다.[207] 한국군에게 주입된 일본군의 전통과 민주주의 정신의 결핍은 고급장교를 봉건시대 영주와 같은 존재로 만들었다. 한국전쟁 중 작전 지역의 백성들은 좌익으로 몰리지 않기 위해, 그리고 목숨을 부지하기 위해 일단 군이 마을에 들어오면 그들에게 향응을 베풀어야 했다. 만약 이들의 심기를 건드리거나 후한 대접을 하지 않으면 무자비한 보복을 당할 수 있었기 때문이다.[208] 군인들의 이러한 행동은 정상적인 국가권력 대행자의 모습과는 거리가 멀었다.

따지고 보면 당시 군의 행동은 사회의 실정을 반영한 것이라고 볼 수 있다. 말단 사병들은 단기 교육만 받고 곧바로 군대에 투입되었으므로, 제복만 입었을 따름이지 군인이 국민들에게 어떠한 존재가 되어야 하는지에 대한 교육을 제대로 받은 적이 없었다.[209] 이들은 군과 경찰이 오직 상관·권력자에게만 복종할 뿐 국민의 편에 서야 한다는 것은 생각조차 하지 않았던 일본 군대와 경찰 문화를 그대로 학습하였다. 전쟁 중 학살 현장에서 상관의 부도덕한 명령에 무조건 복종했던 군인들의 행동을 이렇게 설명해 볼 수 있을 것이다. 복종 일변도의 군대 문화에 민주적 훈련이 부족했던 민중의 정서가 사병들의 행동에 그대로 나타났다. 1965년 이후 베트남전쟁 당시 한국군이 저지른 학살 역시 이러한 군대문화와 무관하지 않을 것이다.

당시 지식인들도 국군을 대단히 불신했다. 이들은 국군에 의한 학살의 위험성을 실제로 알고 있었다.[210] 이미 전쟁 발발 이전부터 공비 토벌을 명분으로 국군이 민간인에게 부린 행패를 잘 알고 있었기 때문일 것이다. 백선엽도 그것을 시인하고 있다. 그는 1949년 가을 15연대를 따라 백운산 지구에서 토벌작전을 지휘하고 광주로 돌아오는 길에, 한 마을이 불에 휩싸인 광경을 목격했다고 한다. 통비通匪부락이라는 이유로 군인들이 방화한 것인데, 주민들은 공비들이 불을 지르고 달아났다고 보고했다.[211] 당시 민국당 최고위원이었던 김성수는 토벌작전 개시 직전에 백선엽에게 친서를 보내 "부디 국민을 애호하여 민간 피해를 끼치지 않고 국민들이 안심하고 살게 해 주십시오"라고 부탁한 바 있었다. 이러한 현장을 목격한 백선엽은 "이번 작전에 참여하는 모든 예하 부대에 작전 기간 중 절대로 부락 근처에 숙영宿營하지 말 것, 물 한 모금도 그냥 얻어 마시지 말 것, 식량은 여유 있게 지급하되 남는 것은 주민들에게 분배해 줄 것, 저항하는 자 외에는 절대로 사격하지 말 것"을 명령하였다고 한다.[212] 그도 군의 기강 해이와 부도덕성을 충분히 인지하고 있었던 것이다.

경찰 역시 일제강점기 헌병경찰제의 전통을 고스란히 이어받았다. 주지하다시피 일본의 식민지배는 경찰력에 기반을 둔 것이었다. 일제 치하의 경찰은 민사재판권까지 보유하였으며, 총독정치에 불만을 품은 자를 징역에 처하는 권한도 갖고 있었다. 피의자에게는 악형으로 자백을 강요했으며, 20여 종에 달하는 각종 형구를 갖추고 잔혹한 고문을 실시하였고, 증거 없이도 죄를 성립시켰다. 불법 처분에 불복하면 더 심한 보복을 가했다.[213] 경찰은 치안 외에도 수많은 대민업무까지 담당하였다. 해방 후에도 일제강점기에 했던 것처럼 국가보안법 위반자에 대한 고문이 공공연히 이루어졌다.[214] 마크 게인Mark Gain은 해방 이후 한국 경찰이 손톱 밑을 뾰족한 나뭇조각으로 쑤시는 일, 물고문, 쇠몽둥이로 어깨를 갈기는 일 등 일본 경찰의 수법을 그대로 답습했다고 고발하였다.[215] 공식적으로 한국 경찰은 일본 경찰의 폐습을 극복하기 위해 검을 휴대하지 못하도록 금하였다. 그러나 앞서 언급한 것처럼 전쟁 전후 군 장교와 경찰들은 일본도를 공공연히 소지하여 민간인 학살에 사용하였다. 초기 한국 경찰은 민중에게 군림하는 일본 경찰의 모습을 답습하였고, 이들이 민간인에게 가한 처벌은 푸코가 『감시와 처벌』Surveiller et punir: Naissance de la prison에서 말했듯이 그들에게 공포심을 불러일으킴과 동시에 일종의 보복적 성격을 지니고 있었다.[216]

일제강점기에도 그러하였지만 해방 후에도 말단 권력기관이자 지배의 첨병인 경찰과 군대는 주로 가난하고 야심 많은 청년들의 출세를 위한 통로였다. 또 이는 소외된 계층이 작은 권력을 행사할 수 있는 가장 중요한 통로이기도 하였다. 이들은 돈이 많아 상급학교에 진학할 수 있었던 지주와 부르주아 출신자들에게 본능적으로 계급적 증오감을 갖고 있었다. 일제가 이들 하급경찰과 군인들의 열등감을 조선에 대한 억압적 지배와 중국 변방에서의 저항세력 탄압, 민간인 학살에 이용하였듯이, 이승만도 이들의 열등감과 친일 군대·경찰 경력의 콤플렉스를 우익독재정권의 유지·강화에 적절히 활용하였다. 이들의 콤플렉스는 자신이 획득한 작은 권력을 마구잡이로 사용하는 자원이 되었다. 전쟁 당시 후방의 군인들은 "보이는 대로, 아무나, 아무 데서나 말을 잘 듣지 않는 사람들을 실컷 구타하고 기분을 풀었다"고 한다. 고문 담당 경찰관은 심지어 하루라도 사람을 안 패면 밥맛이 안 난다고 말하기도 했다.[217] 장교나 지휘관들은 진압명령과 함께 자신의 부하들을 풀어 놓으면, 그들의 행동을 전혀 통제할 수 없다는 것을 잘 알고 있었다.[218] 특히 자신의 동료들이 죽거나 위협을 당하면 이들의 이성이 완전히 마비될 수 있다는 것도 알고 있었다. 그런데도 이들은 부하들의 고삐 풀린 증오감을 그대로 방치하거나 부추겼다.

의회 속기록은 전면전이 발생하기 이전인 공비 토벌 당시 군인과 경찰들이 민간인들에게 한 행위들을 잘 보여 준다.

> 계엄령이라는 구실하에 일부 탈선한 군인들이 휘발유를 주지 않는다고 무관한 사람을 두들겨 패고, 요리집에서 여자 꽁무니를 따라 다니며 마음 대로 안 되니까 두들겨 패고, 경찰은 여행증명 발급을 악용하여 부정이득을 취하곤 하는 현상이 비일비재하다. 피해를 입을 때마다 혐의받는 부락을 불사르고 근거도 없는 용의자가 처형되는 일이 많았다. 비협조적이라는 이유로 구타하고 납치해다가 공산주의자가 아닌 자를 공산도배로 몰려고 하는 감이 없지 않았다.[219]

> 내가 부임하여 들으니 이들은 과잉충성을 한 나머지 주민들이 자기네 말을 듣지 않는다고 구타를 일삼는가 하면 마치 소, 돼지 다루듯이 하였다고 한다. 뿐만 아니라 도민이 생명처럼 아끼는 소를 뺏다시피 헐값에 구매하여 육지로 수송하여 비싼 값에 팔아 이득을 챙기는 장사를 일삼고 있어, 도민들은 이를 갈고 원수처럼 생각하고 있는 모양이었다.[220]

또한 장택상이 국회석상에서 한 발언은 당시 군·경찰·관리 등 국가권력의 대행자들이 민간인을 어떻게 대했는지 잘 보여 준다.

> 도대체 무슨 까닭에 건군 이후 걸핏하면 군인이 민간인을 때리고 관리를 때리고 〔……〕 그것은 무슨 까닭이오? 민주주의 대한민국을 위해서 희생한 2만여 영령에 부끄럽지도 않은가. 내가 국방부에 대해 정식으로 묻겠어요. 양민을 때리지 않으면 관리를 때리고, 가뜩이나 불쌍한 국민을 왜

툭하면 붙들어다 꿇어앉히는 그 버릇을 고치지 못하느냐 그 말입니다. 우리가 과거 일제 식민지 압박정치하에서도 지방 공무원을 군인이 큰길에 꿇어앉히고 따귀를 때리고 발길로 차는 것을 보지 못했어요. 법에 의하지 않으면 구속하는 일이 없고 때리는 일도 없는데, 우리가 민주주의 국가를 세운 오늘날 국가의 명예 있는 복장을 입은 사람이 관리를 길바닥에다 꿇어앉히고 때리는 것은 무슨 이유란 말이에요. 〔……〕 대한민국 국민을 정복한 줄 압니까. 우리가 피정복자예요? 왜 밤낮 사람을 때려요. 더욱이 국방부 직원이 각처에 파견되어 있어서 그들이 가뜩이나 점심을 못 먹고 집에 가도 저녁도 없는 그 불쌍한 노무자들을 돈 한 푼도 안 주고 때리고 학대하고, 그 무슨 까닭에 그러한 비인도적인 행동을 하느냐 말이에요. 〔……〕 총 들지 않은 사람을 피정복자 취급하는 그 원인이 어디 있어요.[221]

경찰서장 가운데 모모 정부 요인을 배경 삼아 가지고 부임한 자는 자기 치하에 있는 사설단체, 예를 들면 구국동맹이니 뭐니 이런 것들을 동원시켜 가지고 모든 농민들을 착취 약탈하고 있더란 말입니다. 임실군에서는 〔……〕 농민 41세대가 경찰서장에게 농우를 빼앗겼습니다. 임실에는 우리 국회의원 임병학 동지가 있는데 그분에게 보고를 안 했소 하니까, 그분은 아무리 활동해도 그 경찰서장님 권력과 배경이 어찌나 강한지 도저히 도리가 없다는 것입니다. 전라도 일대는 이것이 과연 법치국가인지, 대한민국 영토인지 아닌지 의심 날 지경이었습니다. 정읍이나 고창군민의 말을 들으면 농우 정도 빼앗아 가는 것은 태고 요순 시절이라는 것입니다. 사람 죽이기를 파리 죽이듯이 합니다.[222]

전쟁 시 후방에서 국민보도연맹원의 색출과 학살에 앞장섰던 헌병도 군기에서는 심각한 문제점이 있었다. 앞서 언급한 것처럼 전쟁 후 정보장교로 들어간 사람들은 주로 6·25 이전에 반공청년단에서 활동했던 사람들이다. 이들은 정보교육을 제대로 받은 사람들이 아니었기 때문에 주로 장정 속에 잠입해 있는 '오열'을 잡아 내는 역할을 했다. 이들은 반항하는 장정들을 미리 잡아서 공산당 혐의가 있다는 명분을 갖다 대고 두들겨 패기도 했다.[223] 경찰 임무를 맡은 헌병들은 유세를 떨며 타 병과의 군을 들볶고, 헌병 완장을 두르고 상급자가 하급자를 폭행하고, 일반 병과의 군인을 잡아 구타하고 돈을 뜯고, 무허가 음식점에서 먹고 마시는 일 등을 버젓이 하였다.[224] 해병대 역시 외출했다가 육군이나 공군 등 다른 부대원을 만나면 편싸움을 벌여 폭행하기 일쑤였고, 민간인 영업집에 들어가면 행패를 잘 부려 '개병대'라는 별명이 붙기도 했다.[225] 역대 헌병사령관은 군기 확립을 계속 강조하였으며, 군인은 월권행위를 중지하고 본분을 다할 것, 민간인에게 간섭하지 말 것, 일반 군인의 모범이 될 것, 제 규칙을 준수할 것 등 군의 풍기를 바로잡으라고 지시하였다.[226] 경찰력을 무기로 무차별적인 권한을 행사하는 헌병이 민간인에게 어떤 짓을 저질렀을지는 너무도 자명하다. 『해병전투사』를 보면 "민심수습을 위해 민폐 근절을 지상목표로 한다"는 내용이 많이 포함되어 있다.[227] 이는 해병들이 좌익 인사 색출을 명분으로 민간인들에게 무소불위의 권력을 휘둘렀음을 역으로 말해 준다.

당시 피란지 부산에서 부역자 색출과 처벌 및 학살을 주로 담당했던 특무대는 군 장교들에게까지 사상검사를 실시했다. 이들은 장교들에게 존경하는 인물이 누구냐, 무슨 단체에 가입한 일이 있느냐, 친척이나 친구 중에 이북으로 간 사람이 없느냐, 무슨 책을 읽느냐, 부모 형제들은 무엇을 하느냐, 친구가 누구냐, 보증인이 누구냐는 등의 질문을 했다고 한다.[228] 전형적인 파시스트적 사상통제였다. 장교들에게 이 정도의 사상검사를 할 수 있는 특무대가 이렇다 할 신원증명서도 없었을 일반 국민들에게는 어떻게 했을지 충분히 짐작해 볼 수 있다.

우리는, 한국전쟁 전부터 이미 빨갱이 잡는다는 명분하에 민간인 학살을 자행했고, 전쟁 당시 계엄민사부장으로 부산 지역 형무소 학살을 지휘했을 뿐 아니라 거창양민학살사건이 세상에 알려지자 이를 은폐하려 한 김종원과, 특무대장이자 군·검·경 합동수사본부장으로 부역자 색출과 학살에 가장 직접적으로 개입한 김창룡을 통해서, 일본군 출신들이 어떻게 이승만 정권에 맹목적 충성을 바치고 무고한 민간인들을 학살하는 데 앞장섰는지 확인해 볼 수 있다.

김종원은 가난한 집안 출신으로 일본군에 지원입대를 하였다. 군 입대는 가난한 청년들이 권력에 다가갈 수 있는 몇 안 되는 방법 중 하나였다. 그는 해방 이후 돌아와 경찰계에 투신하였다. 일본 군대에서 몸에 스미도록 훈련받았던 군국주의 정신, 즉 '야마도 다마시이'大和魂가 철저하여 모든 일에 배짱과 고집으로 일관하였다고 한다. 그는 다시 경찰복을 벗고 육군으로 적을 옮겼다. 육군 중위로 임관하였으나 곧 소령, 중령, 대령으로 승진하였다. 여순사건 당시에는 진압군 대위로서 일본도로 부역자들의 목을 쳤다. 전쟁이 나기 전에는 22연대장으로서 공비 소탕의 임무를 담당했는데, 불순분자로 검거되어 영덕경찰서에 유치되어 있던 서른한 명의 피의자를 아무런 심사나 조사도 없이 덕곡동의 두메, 속칭 두들골에서 기관총으로 일제사격을 가해 집단학살하였다.

1949년 8월 21일에는 국민보도연맹 가입자라고 낙인찍혀 경북 영덕면 남석동 협동미곡창고에 수용되었던 70여 명의 민간인을 적은멧골이라는 골짜기로 끌고 가 기관총으로 학살했다. 영해면 원구동에서는 학교에 불온삐라가 뿌려졌다고 해서 무고한 사람들을 잡아다가 마을 주민들이 보는 앞에서 죽이고, 이 광경을 보다 못해 도망치는 부녀자나 소년들을 마구 쏘아 죽이고, 기분이 내키는 대로 부녀자들을 끌어내어 살육을 감행하였다. 이후 한국전쟁 직전인 1950년 4월에는 거제군 동부면에서 학살을 자행하기도 했고, 전쟁 발발 직후에는 육군 제3사단 23연대장으로서 형무소 수감 정치범을 하루 1,500명씩 처형할 계획을 세우기도 했는데, 이는 곧 실행되었다.[229] 그후 부산에서 헌병사령부 부사령관 자리에 있다가 계엄지구 민사부장의 보직을 맡았다. 전남경찰국장 시절에는 선거간섭사건으로, 치안국장 시절에는 기자들을 상대로 식언을 한 사건, 국회의원 납치사건 등을 일으키기도 했다. 앞서 언급한 거창양민학살사건으로 3년형을 받았으나 이듬해 3월 대통령특사로 풀려났으며, 급기야는 내무부 치안국장 자리에까지 올랐다.[230]

김창룡은 일제 치하에서 일본군 헌병보憲兵補였다. 그는 관동군 헌병으로서 주로 중국공산당을 다루는 방공첩보활동에 많은 공적을 쌓으며 천황의 충실한 공복 노릇을 하였다. 그러나 해방 후 일본군 특무대원으로서 공산당원 탄압에 앞장섰던 전력 때문에, 소련군 비밀경찰인 '게페우'GPU에 검거되어 최고의 전범으로 분류되었고 사형 직전까지 갔으나 용케 탈출하여 남으로 내려왔다. 남한은 그의 구원처였고, 국방경비대는 이러한 과거를 갖고 있는 그가 새롭게 출세의 길을 도모할 수 있는 기반이 되었다.

1947년 육사 3기생으로 장교가 된 김창룡은 제1연대 안에 정보소대를 창설하였고 방첩대의 전신인 정보국 특별조사과SIS 요원으로 숙군작업의 주역으로 등장하였다. 그는 모든 사람을 빨간 렌즈로 투시하여 보았다. 그의 눈에는 모든 사람이 빨갱이였다. 그리하여 일단 의심하여 두들겨 보고, 어쩌다 '진짜 빨갱이'가 잡히면 그의 공적이 되었다.[231] 그의 별명은 스네이크(뱀)였다. 그가 좌익 혐의자로 걸고 넘어간 사람은 무려 3,000여 명 정도였다. 그런데 그중 서대문형무소로 간 사람은 300

명 정도밖에 안 되었으므로 90%에 속한 2,700여 명은 빨갱이 사냥의 무고한 표적이었던 셈이다. 이후 그는 이승만의 총애를 받아 출세 가도를 달렸다. 김창룡의 특무부대와 원용덕의 헌병사령부는 전쟁 발발 직후 부산과 경남 등지에서 형무소에 수용된 좌익수나 부역자 혐의를 쓴 양민들을 무수히 학살했으며, 이들 기관은 모든 국민 심지어 국회의원들에게까지 좌익 혐의를 씌워 위협하였다. 앞서 김종필의 증언처럼 그는 전쟁 발발 직후 예비검속자 혹은 국민보도연맹원 학살에 깊이 개입한 것으로 추정되는 인물이며, 1948년 이후 10여 년 동안 온 국민을 공포에 떨게 만든 '반공' 마녀사냥의 주역이었다.[232]

전쟁 전후 상당수의 민간인 학살은 김종원과 김창룡의 작품이라고 해도 과언이 아니다. 이들에게는 출세와 충성 외에는 아무것도 보이지 않았다. 부도덕한 과거를 가진 인간이 최고권력자의 측근이 되어 천하를 좌지우지할 수 있었다는 것이 역사의 희극이자 비극이었다. 이들은 '비적'匪賊과 반항자들에게 총검을 들이대며 무자비하게 군림하였던 일본 경찰의 정신을 계승했다.[233] 이들의 친일 컴플렉스와 권력 물신주의는 자신의 권력을 극대화하는 데 활용되었다. 그것은 일종의 한풀이였다고 볼 수 있다. 이들이 그렇게 설쳐 댈 수 있었던 것은 이승만이 적극적으로 비호한 극우반공주의가 그들의 행동을 정당화해 주었기 때문이다. 그것은 결국 반공국가를 수립하는 과정에서 우익파시즘이나 어떠한 부도덕한 요소도 국가 건설의 자원으로 모두 활용될 수 있었던 당시 상황을 반영하고 있다. 위기에 몰린 친일세력이 일제에서 배운 대로 학살에 앞장섰다는 것을 생각해 보면, 한국전쟁 시기의 대량학살은 바로 일제 식민지 지배의 직접적인 유산이라고도 볼 수 있다.

**반역 담론과
의사인종주의의 전통**

1999년 서해교전 당시 드러난 것처럼 타성적 반공주의에 물든 남한 언론들은 북한 병사들의 '죽음'을 '승리'라고 찬양하는 경향이 있다. 이러한 시각에는 북한 병사들 역시 남측 사람들처럼 한 부모의 사랑스러운 아들이며 우리와 유사한 정서와 문화를 간직한 젊은이 또는 가까운 혈육일 수 있다는 생각은 없고, 오직 남측 사람을 죽이러 온 '적'이라는 적대감만이 깔려 있다. 그러나 지금까지의 한국 정치를 돌이켜보면 국가 내부의 '실제적·잠재적인 적'을 향한 폭력과 적의는 한국전쟁 종료 이후에도 계속 조장되어 왔으며, 사회의 구성원 스스로도 자신도 모르게 그러한 적대감을 내면화하고 있음을 알 수 있다. "빨갱이는 죽여도 좋다"는 생각은 바로 빨갱이와 국민의 적대적 대립의식에 기초하는 것이고, 혈육이라 하더라도 '정치적으로' 빨갱이라면 더불어 살아가는 가족이나 사회구성원 그리고 국민이 될 수 없다는 생각이 전제되어 있다. 국가보안법상의 '불고지죄' 조항은 그러한 생각을 법제화한 것이다. 설사 혈육이라 하더라도 그가 빨갱이라면 신고하여 처벌받도록 해야 한다는 극도의 국가주의 정신이 이 법에 체현되어 있다.[234]

그런데 전혀 공산주의 사상에 동조할 것 같지 않은 노인과 부녀자, 어린아이라고 하더라도, 그들이 "빨갱이와 한 가족인 한 빨갱이로 취급되지 않을 수 없다"는 사고는 이미 제주4·3사건 당시의 초토화작전이나 전쟁 중 부역자 처벌 과정에서도 드러났다. "빨갱이는 씨를 말려야 한다", "반역자는 지옥으로 보내야 한다"는 생각은 좌익에게는 물론 그들과 연루되었다고 의심되는 가족과 친척에게까지 적용되었다. 이른바 '대살'代殺, 즉 아들 대신에 아버지가, 남편 대신 아내가 끌려가서 학살당한 많은 사례가 이런 상황에서 발생하였다. 한 사람이 빨갱이면 그

가족이나 친족까지도 처벌할 수 있다는 연좌제의 사고방식은 어디에서 기인할까? 일부 군인과 경찰의 잔인한 행동은 분명 이데올로기 대립으로만 정당화되는 것은 아니다. 그렇다면 우리는 전면전이 발생하기 이전에 남북한 당국, 이승만과 김일성, 좌익과 우익이 각각 상대를 없앨 수 있는 근거와 논리를 어디에서 찾았는지 생각해 볼 필요가 있다.

앞에서 언급한 대로 이승만이나 김일성이나 반자본주의 혹은 반공산주의 이데올로기를 명분으로 전쟁을 정당화한 것이 아니라, '민족'과 '통일'을 명분으로 하였다는 점을 새삼 기억할 필요가 있다. 북한은 "조선 인민의 이익을 반역하는 미제와 그 앞잡이들이 〔……〕 우리 조국을 완전히 미제의 식민지로 만들기 위해" 전쟁을 일으켰기 때문에, "조국의 자유와 독립을 위한 정의의 전쟁에 나서게 되었다"고 침략을 정당화하였다.[235] 남북한 양측이 이러한 당위를 내세우며, 상대방을 '반민족 집단' 또는 '괴뢰'로 몰아붙이는 전쟁의 정서 및 담론구도가 양자 간의 정치적 갈등과 폭력을 훨씬 적대적으로 증폭시킨 문화적 배경이다. 통상 민족주의 언술nationalist discourse은 사회과학적 논리보다는 대중들의 정서에 훨씬 쉽게 접근할 수 있다. 그것은 복잡한 현실을 단순화하고 구조적인 문제를 '의인화'시킨다. 그런데 남북한 모두가 사용한 민족 nation의 개념은 우리의 '가족' 공동체를 모델로 하여 성립되었다는 점을 주목할 필요가 있다.

소련의 지원을 받은 북의 공산주의자들과 미국을 등에 업고 외세를 전쟁에 끌어들인 이승만을 중심으로 한 반공주의자들은, 사실 민족/반민족의 정서적 대립구도―가家/비가非家의 대립구도―및 혈연적 민족 개념에 입각한 민족/비민족 간의 대립구도에 결합되어 있기 때문에, 극히 배타적이고 공격적인 양상으로 나아갈 수 있다. 북한의 김일성과 남한의 이승만을 비롯한 당시 남북한 모든 한국인들은 강한 가족주의

familism 전통 속에 살고 있었다.[236] 여타 동아시아 유교문화권 국가와 마찬가지로 가족은 한국에서 가장 중요한 사회 단위이다. 사회관계의 원형은 가족관계에 있고, 가족적 친소親疏관계는 사회적 거리감의 기초가 된다. 한국에서의 가족 개념은 혈연에 기반하며, 가장(父) 중심의 위계적 질서는 가족관계의 본질이다. 한국의 전통사회에서 가족 내의 개인은 독립적인 인격체가 아니다. 아버지의 일은 아들의 일이고, 남편의 일은 아내의 일이다. 연좌제는 여기서 나온 것이다.

한편 정치적 반대자와 '적'을 지칭할 때 사용되는 개념이 바로 반란 또는 부역附逆이었다. 이승만은 1948년 정부 수립 당시 「대통령 취임사」에서 "남의 도움을 받아서 제 나라를 결딴내고 남의 도움을 받으려는 '반역의 사상'을 버리자"고 하면서, "공산당을 반대하는 것이 아니라 공산당의 매국주의를 반대하는 것"이라고 말하였다.[237] 당시만 하더라도 이승만은 공산주의가 곧 반역적 사상이라고 규정하지는 않았다. 그러나 이후 그는 공산주의를 반역적 사상이라고 규정하였다.

> 모든 지도자 이하로 남녀 아동까지 일일이 조사해서 불순분자는 다 제거하고 조직을 엄밀히 하여서 반역적 사상이 만연되지 못하게 하며 앞으로는 어떤 법령이 발표되더라도 전 민중이 절대복종해서 이런 비행이 다시 없도록 방어해야 할 것이다.[238]

이승만은 전쟁 발발 이전인 제주4·3사건이나 여순사건 당시부터 정치적 반대세력 혹은 좌파세력에게 왕조시대 혹은 파시즘 상황에서나 주로 사용되는 개념인 '반역'이나 '부역'이라는 담론을 사용하였다.[239] 학살은 이러한 담론의 틀에서 정당화되었으며 무차별적인 처형 역시 그러한 논리하에서 가능했다. 여순사건 당시 「계엄령선포문」을 보면

"만일 반도를 은닉하거나 반도와 내통하는 자는 사형에 처함", "반도의 무기 기타 일절 군수품을 본 사령부에 반납할 것, 만일 은닉하거나 비장하는 자는 사형에 처함"이라고 밝히고 있다.[240] 국방부장관의 「반란군 투항문」 역시 "제군에게 내리는 국가의 단죄는 극히 준열엄격峻烈嚴格할 것이며 추호의 관용도 없을 것이다. 최후로 다시 한 번 총살당하지 않는 여유를 준다"고 밝히고 있다. 이미 국내의 대항세력과 적대세력에 대해서는 법을 무시하고서라도 처벌이 가해질 수 있다는 논리가 등장하였다. 이때부터 "부역자/민족을 배반한 자＝빨갱이는 무조건 죽여도 좋다"는 것이 공식적·비공식적 담론으로 형성되었다. 뿐만 아니라 당시 정부에 반대한 좌익 군인들은 반란군으로, 그들에 대한 진압은 '토벌'로 불러 온 것이다.

한편 '이승만 역도', '반역자' 등의 표현을 사용한 김일성 역시 이승만과 동일한 사고구조를 견지하고 있다. 김일성은 '매국노'라는 말과 '반역자'라는 말을 같이 사용하고 있다. 그것은 외세의 등을 업고 민족을 팔아먹은 자라는 의미이다. 앞서 지적한 것처럼 북한의 김일성 정권이 남한을 공격한 명분 역시 '조국' 해방이었다. 결국 이승만과 김일성 모두 '민족 담론'을 중심으로 상대방을 '반민족', 즉 민족공동체를 배반한 자로 낙인찍었다는 점을 새삼 확인할 수 있다.

반란 혹은 부역이라는 담론은 엄격히 말해 법치국가에서는 사용될 수 없는 개념이다. 즉 그것은 군주에 대한 일방적인 충성의 관계가 유지되는 군주제나 파시즘에서 지배-피지배를 나타내는 개념이다. 불법행동이라는 것과 반란행동이라는 것은 어감이 대단히 다르다. 후자는 '하늘로부터 받아 낸' 군주의 권력을 거부한다는 의미가 포함되어 있다.[241] 마루야마 마사오丸山眞男는 『충성과 반역』忠誠と反逆에서 일본의 근대화 과정에서 저항행동이 갖는 정치적 의미를 분석하면서, 반란에 대해

"본조本朝를 등지고 장차 오랑캐 나라에 투항하거나 성性을 번농飜弄하여 가짜에 따르거나 하는 것"[242]이라고 하였다. 그것은 부모에 대한 불경죄, 군주에 대한 충성의 철회와 같이 주인과 종 사이의 인격적인 관계를 위반한 것을 의미하며, 추상적이고 중립적인 조직이자 제도인 국가에 대한 거역 혹은 국법 위반과는 상이한 의미를 지닌다.[243] 충성은 무조건적이고 일방적으로 강요된 것인 만큼 그것에 대한 '자유로운' 저항 역시 허용되지 않는다. 반란과 부역의 담론은 이승만과 대한민국, 김일성과 조선민주주의인민공화국을 하나의 절대적 공동체, 군주 혹은 군주국가와 유사한 정치 단위로 전제하는 것이다. 그리고 그것은 태생적 공동체 혹은 백성과 군주가 피로써 맺은 체제에 대한 배반을 의미한다. 이러한 사고는 반란자와 그의 가족은 모두 한 사람의 반란행동에 연대책임을 진다는 가족주의와 같은 궤를 이루고 있다.

앞에서 정리한 '처형으로서의 학살'과 '보복으로서의 학살'은 '반역'이라는 앞서 언급한 가족주의 정치문화, 정치 담론의 전통과 일정하게 연관되어 있다. 전쟁 당시의 학살은 반역자에 대한 처벌이 '개인'에 대한 처벌이 아닌 가족과 혈족에 대한 연대책임의 성격을 지니고 있었기 때문에 더욱 잔인하였으며 더 규모가 컸다고 볼 수 있다. "삼족을 멸한다"는 전통사회에서의 반체제사상에 대한 처벌은 20세기 중반인 1950년 한국전쟁 때에도 어김없이 적용되었으며, 이데올로기를 명분으로 한 보복은 가해자의 온 가족을 대상으로 하였다. 이것은 좌익의 경우에도 마찬가지였다.[244] 다른 점은 좌익의 경우 '혁명적 정의'라는 구호 아래 반대세력에 대한 테러나 학살을 정당화하였다는 점이다.[245] 곧 피지배자들이 지배자에게 행하는 폭력은 '정의'의 원칙에 입각한 것이며, 혁명의 대의는 그러한 폭력을 정당화해 준다는 것이다. "피지배자의 반역은 정당하다"는 논리는 "반역자는 처단해도 좋다"는 논리구조를 정반대로 뒤집은 것이다. 이승만을 '반역자'로 몰아붙인 김일성의 논리 역시 이승만과 마찬가지로 민족/반민족의 이분법에 기초해 있었다. 그러나 레닌의 '정의의 전쟁론'에 기초해서 전쟁을 바라보았던 김일성과 좌익의 '반역론'은 우파와는 또 다른 흐름 속에 있었다고 볼 수 있다. 양자의 공통점은 모두 법이 적용되지 않는 비정상적 정치 국면을 나름대로 정당화하고, 폭력행사를 불가피한 것으로 보았다는 점이다.

한국전쟁 당시의 학살이 더욱 잔인하고 비참했던 것은, 전쟁이 국가 혹은 국민 간의 대립이 아니라 '민족'과 '비민족', 충성을 맹세하는 자와 배반하는 자, 혈연공동체를 지키는 자와 그것을 배반한 자 사이의 대립과 '반역'의 담론으로 현상화되었기 때문이었다. 즉 한국전쟁 시의 상호 폭력과 보복적인 학살은 단순히 국가의 체제유지를 위한다는 것만으로는 설명할 수 없는 역사적·문화적 기반이 있었던 셈이다. 한국의 농촌공동체는 씨족집단, 동족집단으로 구성되어 있는데, 이 경우 한 개인의 타인에 대한 폭력은 개인의 차원에서 끝나는 것이 아니라 가족과 씨족 간의 대립으로 비화된다. 이 경우 이데올로기보다는 혈육의 정에 기초한 증오감이 폭력의 기반이 된다. 따라서 상대방에 대한 폭력과 보복은 대단히 감정 개입적이고 잔인한 양상을 띤다.

예를 들어 앞에서 언급한 경기 고양 지역의 경우 좌익활동을 한 아들이 후퇴하는 인민군을 따라 월북하자 남아 있던 가족인 부친, 삼촌, 동생 등이 모두 희생되는 참변을 겪었다. 결국 상호 학살이 개인·가족·씨족 간의 대립에 기초하고 있을 뿐 기실은 어떠한 이념적인 기반도 갖고 있지 않았다는 말이 된다. 달리 말하면 정도 차이는 있을지 모르지만, 이승만 정권은 물론 김일성 정권 역시 이러한 씨족적·혈연적 보복을 통제할 수 있을 정도의 이념적·도덕적 기초를 갖추지 못했으며, '국민의 국가'로서 최소한의 기초도 갖추지 못했다는 것이다. 이는 전쟁범죄로서의 학살이 걷잡을 수 없이 확산되도록 만든 정치적 배경이 되었다. 증오가 걸러지지 않은 채 폭발했다는 사실 그 자체는 바로 '문명화의 결여', 즉 당시의 남북 양 분단국가가 아직 근대적 국민국가로서의 내용을 갖추고 있지 못했음을 웅변한다. 그것은 학살이 역설적으로 권력의 극단화가 아니라 아렌트가 말했던 권력의 부재, 좌우 이념의 극단화가 아니라 이념의 부재와도 연관되어 있다는 말이 된다. 따라서 아무런 명분도 이념도 사상도 정당성도 갖지 못한 상황에서 발생하는 보복적 학살은 더욱 잔인한 양상으로 전개될 수밖에 없었다.

반란 혹은 부역의 담론이 지배하는 한 적 혹은 적으로 의심되는 자를 처벌하는 과정에서 법적 절차는 더이상 중요하지 않다. 적과 내통하는 자가 '핏줄'을 배신했을 경우 죽여도 별로 문제가 되지 않는다는 것이다. 이 경우 교화와 회유, 포섭과 타협의 여지는 거의 존재하지 않는다. 전쟁은 모든 삶의 영역을 철저하게 정치화시키는 '과잉정치화' 과정이며, 그러한 상황은 적극적인 충성과 적극적인 반역의 중간지대를 없애는 경향이 있다. 학살은 바로 전통적 지배질서의 문화적 유산인 '반역'의 담론 혹은 '반역'에 대한 처벌논리에 의거한다. 반란자를 법적인 절차를 거치지 않고 학살할 수 있는 근거는 반란자의 행동이 적을 이롭게 하는 행동으로 간주되기 때문이다. 일본도를 휘둘러 가며 반란 가담자들을 마음대로 처형한 김종원의 행동은 바로 천황에 반대하는 식민지의 '반역자'에게 마구잡이로 징벌을 가한 일제 군인과 경찰의 행동을 그대로 재연한 것이었다고 볼 수 있다.

가부장적 권위주의 혹은 민족주의적 기반을 갖는 '반란'의 담론 역시 혈연적 유대와 공통성을 적과 나를 구분하는 가장 일차적인 기준으로 삼는다. 우리는 그것을 민족주의 혹은 인종주의 이론과 결부시켜 살펴볼 수 있다. 종족주의적ethnic 민족 개념 혹은 자민족중심적ethno-centric

세계관은 식민지 경험을 가진 후발자본주의 국가 수립의 과정이나 국가 수립을 위한 내전 상황에서 등장한다. 앞에서 말한 것처럼 종족 또는 부족 간의 전쟁은 바로 정복의 과정을 수반하며, 이때 상대방을 '죽일 수 있는 권리'는 1980년대 말 냉전체제 이완기에 발생한 유고·아프리카 여러 지역에서의 종족분쟁 과정에서 볼 수 있듯이 상대방이 다른 민족, 종족이나 인종에 속해 있다는 논리에 뒷받침된다. 인종주의 혹은 종족주의는 사실상 아무런 합리적·보편적 기초를 갖지 않으며, 사상과 이념은 그것을 포장하는 논리에 불과하기 때문이다. 사실 인종주의나 종족주의는 정치권력이 합리적인 방식으로 자신의 지배를 정당화할 수 없는 딜레마의 표현이라고 볼 수 있다.

한국전쟁 당시의 학살 역시 국가 수립 과정에서 나타났으며, 대량살상무기가 사용되었다는 점에서 근대적 현상의 하나임에 분명하다. 그러나 좌우 양측이 동족을 향해 자행한 한국전쟁기의 학살은 나치의 유대인에 대한 인종주의, 보스니아·코소보·르완다·동티모르 등지의 종족·민족분쟁과는 전혀 다르다. 한편 유럽에서의 학살을 정당화한 '종족주의' 논리와 한반도에서 남북한이 학살을 정당화한 '반란'과 '부역'의 논리는 아주 유사하다. 그 유사성이란 바로 푸코가 강조한 것처럼 정치 혹은 지배의 자원을 혈연적 기반에서 이끌어 낸다는 것이다.[246] 푸코는 전쟁관계가 권력관계의 기초라고 보면서 전쟁이란 법적인 관계의 단절, 즉 강자의 약자에 대한 무조건적 지배라고 말한다. 또 그는 "전쟁투쟁의 담론은 곧 인종투쟁의 담론"이라고 말한다. 즉 국가의 성립사, 주권의 형성사는 곧 인종투쟁의 역사이며, 이것이 정치의 본질을 이룬다는 것이다.[247] 현대사회에서 인종주의는 예외적인 것이 아니라 사실상 보편적인 것이고, 모든 정치의 본질을 이룬다는 것이 그의 주장이다.

나치하의 유대인대학살이 '열등한 인종'을 '죽일 권리'로 정당화되었다면, 한국전쟁에서 군·경의 학살은 이데올로기 형식을 빈 '빨갱이 청소'의 논리에 기초해 있었다. 여기서 '빨갱이'는 단순한 이념집단이 아니라 바로 반민족집단, 인종적으로 상종할 수 없는 집단으로 형상화된다. 9·28서울수복 직후 양주동은 빨갱이는 곧 "겉은 한인이나 속은 완전히 슬라브화된 사이비 한인"[248]이라고 지목하면서, 이들에 대한 무조건적인 토벌이 필요하다고 역설하였다. 한국의 우익 측이 사용한 '빨갱이 청소'의 논리는 바로 좌익이 핏줄을 나눈 형제 동포들을 배반하였다는 것이었다. 이것을 의사疑似, pseudo종족주의, 의사인종주의라 부를 수 있다. 부역과 반역의 담론은 당시 한국인 정치문화의 바탕이었던 가부장적 혈통주의에 기초하고 있지만, 그것은 동시에 국가 형성 과정에서 나타난 정치적 동원의 자원으로서 민족주의·인종주의의 기반 위에서 있음을 확인할 수 있었다. 이 의사인종주의는 바로 국가 수립이라는 목적하에 '좌익' 혹은 그와 연루된 사람을 '인간'으로 취급하지 않을 수 있는 논리이며, 학살자들이 자신의 행동에 대한 법적·도덕적 부담에서 자유로울 수 있는 논리였다.

우리는 한국전쟁이라는 가장 치열한 정치적 대결 상황에서 유럽의 파시즘과 혁명 후 러시아 공산주의가 그랬던 것처럼, 적대하는 정치세력이 '혈통이 다른' 사람들을 절멸시킬 수도 있는 의사인종주의, 혈통민족주의의 논리를 확산시켰다는 것을 확인할 수 있다. 그리하여 한국전쟁은 사실상 '반공주의자'와 '빨갱이 인종' 사이의 전쟁으로 해석·정당화되었다. 이러한 민족 대 비민족 간의 전쟁에서 자제, 전쟁 규범 준수의 기회는 사라지고 오직 증오와 물리적인 힘만이 적용된다. 좌익이라고 지목되는 자를 살해하고 그의 처를 빼앗아 첩을 만들고, 그의 재산을 강탈하는 것은 원시사회의 정복전쟁에서 정복민이 피정복민을 노예로 만드는 것, 근대국가 수립 과정에서 일어나는 귀족들 간의 피의 살육·재산 약탈·영토 분쟁 등과 기본적으로 유사하다.[249] 여기서 반공 민족 혹은 반공 국민은 빨갱이 '족속'과 빨갱이의 모든 가족들에 대해 어떠한 잔혹한 짓을 해도 용서받을 수 있을 뿐더러, 공비 토벌 공로자 포상에서 나타난 것처럼 오히려 자랑거리가 될 수도 있다. 학살 당시 아무런 저항력이 없는 어린아이와 부녀자까지 마구 살해한 것은 실제 이들이 자신을 위협할 존재로 돌변할 가능성 때문만은 아니다. 그보다는 학살을 정당화하는 이러한 논리와 문화가 존재했기 때문이다.

이 경우 '피의 순수성'은 나치의 유대인대학살과 또 다르다. 나치가 파시스트의 논리를 '인종'의 논리로 치장한 것이라면, 한국전쟁기에는 피를 나눈 형제들 사이에서 살육이 일어났기 때문에, 결국 정치권력의 논리를 '종족주의'로 포장한 것이었다. 생물학적인 혈육관계라고 하더라도 정치적으로 대립할 경우 '정치'가 생물학에 앞서는 것이다. 여기서 빨갱이는 정치적으로 다른 종족으로 분류되기 때문에 '빨갱이 자식'에 대한 살육에 대해 도덕적 책임을 느끼지 않게 된다. 따라서 한국전쟁 당시의 '반공이데올로기'는 사실상 전통적인 가족주의나 종족주의 그리고 혈통적 민족주의ethnic nationalism의 문화적 기반을 정치적으로 동원한 것이다. 김창룡과 김종원이 보여 준 철두철미한 반공주의는 공산주의에 반대하는 '사상'·'이념'과는 거리가 먼 것이다. 그것은 콤플렉스였으며 타협과 재고의 여지가 없는 무조건적인 국가주의이자 '변형된' 인종주의였다.

이승만이 반공주의 외에는 어떠한 정치적 신조나 이념을 갖고 있지 않았듯이 김두한, 김창룡, 김종원처럼 학살에 앞장선 사람에게는 어떠한 보편주의적인 이념이나 가치관이 없었다. 통상 민족중심주의, 종교적 확신, 인종주의에 기초한 모든 학살에는 이념이 없다. 그들의 행동은 모두가 전쟁 시 개인의 생존, 증오의 폭발, 권력의 안정화라는 동기에 지배된다. 북한의 점령을 전후로 한 군·경의 좌익 관계자 학살, 후퇴 국면에서 인민군의 우익 인사 학살, 점령과 수복 과정에서의 '보복적 학살'에도 아무런 이념적 동기가 없었다. '인종주의 정치'와 민족주의로 포장된 '학살의 정치'는 곧 몰이념, 몰사상의 정치다.[250] 우익 측의 '반공', 좌익 측의 '조국해방'이라는 각각의 담론은 '결과적으로는' 하나의 허울에 불과하였다.

그렇게 본다면 휴전체제인 지난 50년간 남북한의 적대구조 역시 아무런 명분도 목표도 이상도 없는 상호 파괴·자기 파괴의 과정이었다고 할 수 있다. 한국전쟁 자체가 명분 없는 전쟁이었다는 비판을 받듯이 전쟁의 가장 중요한 내용을 이루는 학살 역시 명분 없는 것이었다. 그것은 모두를 패배시키고 모두에게 상처를 주는 것이었다. 이 점에서 본다면 한국전쟁의 최대 피해자는 38선의 남북에 거주했다가 각각 대한민국의 국민, 조선민주주의인민공화국의 인민이 되어 버린 이름 없는 코리언 민중들이었다.

# 5
# 맺음말

한국전쟁 시기의 학살은 그 규모에서 나치의 유대인대학살에 못 미친
다 해도, 그 잔인성에 있어서는 20세기 전쟁에서 발생한 어떤 학살도
능가한다. 당시의 학살은 '전투'로서의 전쟁 뒤에 가려져 있는 '또 다른
전쟁'이었다. 그것은 바로 민중의 체험과 기억 속의 전쟁이다.

전쟁은 언제나 인간의 야수적 본능, 원초적인 복수심과 증오감을 통
제 불가능한 범위로 풀어 놓는다. 인간은 인간에 대해 야수가 되고, 인
간은 동물로 취급되어 사냥감이 되어 버린다. 캉유웨이康有爲가 말한 것
처럼 전쟁은 실로 "개의 무리가 싸움질 하는 것과 같고, 맹수가 서로 물
어뜯는 것과 같고, 강도가 빼앗는 것과 같다."[251] 공들여 쌓아 올린 '문
명화 과정'은 하루아침에 역전되어 버리고 야만은 문명을 비웃는다. 그
리하여 인류가 수세기 동안 축적한 규범과 법, 제도 등이 하루아침에 물
거품이 되어 버린다. 사실 국가의 수립 과정에서는 전쟁이 수반되는데,
이때 전쟁 그 자체가 바로 공인된 학살이며 조직되고 공인된 범죄라 할
수 있다.[252] 따라서 전쟁에서 대량학살, 강간과 성적 유린, 재산 탈취 등
의 야만적인 폭력이 수반되는 것은 어제오늘 일이 아니다. 그런데도 인
간들은, 특히 현대전을 수행한 권력자들은 그러한 공인된 범죄를 미화

하고 국가를 찬양한다.[253] 그렇다고 해서 전쟁이 인간의 의도 혹은 의지와 무관한 '주체 없는 과정'은 아니며, 인간의 원죄에 기인한 것으로 볼 수도 없다.[254] 대량학살이나 집단학살은 분명 피할 수 있다. 전쟁은 바로 권력의 행사, 권력의 방어라는 가장 정치적인 활동이다. 이때 무엇을 위해 누구를 위해 권력을 지키려 하는가에 따라 '사람을 죽인' '공적'이 그나마 약간이라도 정당화될 수 있는지 그렇지 않은지를 가름할 수 있을 것이다.

한국전쟁 전후 대부분의 집단학살 사건들은 공권력에 의해 주도된 것이며, 사적 보복의 양상을 지니는 경우도 결국 전쟁이라는 정치적 상황과 군·경의 실질적인 묵인하에 이루어진 것이었다. 규모에서는 공권력의 직접 개입에 의한 학살이 더 컸으나 전반적으로 보아 이 학살은 독일의 유대인대학살보다는 일제의 난징대학살과 같이 공권력의 무리한 작전수행, 무장군의 광기 어린 보복적 대응이 훨씬 더 압도적이었다. 학살의 모든 과정은 국가 수립과 이를 위한 정치혁명, 그리고 그 혁명의 연장으로서의 전쟁에 의한 것이었고, 그 전쟁은 이미 6·25 발발 이전에 시작되었다. 전쟁 그리고 학살은 1946년부터 시작된 정치변혁과 정치폭력의 가장 극적이고 치열한 형태이며, 1945년부터 구체화된 미국의 남한 단독정부 수립과 소련의 북한 정치체제 수립, 그 과정에서 일어난 한국인들 간의 정치폭력의 연장선상에 있다.

물론 전면전이 발발하지 않았다면 이러한 비극적인 학살은 제주4·3사건이나 여순사건 정도로 마무리되었을 것이다. 전면전은 살인·강간·방화·폭파·공공건물 및 사적 재산의 파괴 등을 수반하는 폭력이고 그 자체가 범죄이기 때문에, 이 점에서 남북한 내부의 정치적 적대를 곧바로 극히 무모하고 모험주의적 전면전으로 발전시킨 북한 김일성 정권에게는 중대한 책임이 있다. 전쟁은 공공의 복리를 도모하며, 평화를 회복하고, 침략으로부터 희생자를 보호하는 등이 목적일 경우에만 정당화된다고 볼 수 있는데,[255] 설사 김일성 측이 제한전으로 출발했다는 점을 참작하더라도 결과적으로 미국의 개입은 피할 수 없는 것이었으며, 결국 그 전쟁은 남북한 '인민'들에게 엄청난 고통을 가져다 줄 것이 너무도 명백했기 때문이다.

우리는 한국전쟁 당시에 발생한 여러 유형의 집단학살을 국가기구에 의한 학살 ─ 미국과 한국의 군대 및 경찰에 의해 조직적으로 저질러진 학살, 인민군이 후퇴하면서 저지른 학살 ─ 과 사실상 국가의 묵인하에 이루어진 사적 보복으로 크게 구분해 볼 수 있다. 그러나 국가권력의 통제 밖에 있는 군대와 경찰이 상부의 지휘나 명령을 무시하고 사적인 감정, 즉 동료에 대한 피해의식에서 보복적 폭력을 가하는 경우도 있다. 이러한 사적 보복을 더욱 촉진시키고 정당화해 준 것은 바로 전통사회에서 유지되어 온 '반역'의 담론과 일제강점기부터 이어온 군대와 경찰의 반민중성·비민주성·상명하복의 정신이었다. 후자가 폭력을 더욱 잔인하게 확대시킨 촉진변수라고 한다면, 전자는 원인변수라고 볼 수 있다. 한국전쟁 당시 학살의 잔인성은 일제의 폭압적 지배의 전통, 그리고 이것이 해방 직후 식민지 잔재 청산의 요구와 빚은 충돌, 친일세력의 위기의식 혹은 콤플렉스와 비례하였다.

전쟁 상황 속에서 인간의 원초적 부도덕성·범죄성·야만성이 어느 정도까지 통제될 수 있는가 하는 것은 교전 당사국의 정치적 민주화 수준에 달려 있을 것이다. 클라우제비츠가 말한 것처럼 문명 국민들 간의 전쟁이 야만인들 간의 전쟁보다 덜 잔인하고 덜 파괴적이라면, 그 차이는 각 국가가 향유하고 있는 사회적 조건과 각 국가 간의 상호관계 때문이라고 말할 수 있다. 이러한 사회적 조건에 의하여 전쟁은 규제되고 통제되며 또 변형되고 한정되는 것이다.[256] 그렇게 본다면 한국전쟁 당시의 학살은, 갓 태어난 남북한 정치권력 및 국가기구가 일제가 심어 놓은 폭력국가의 유산을 이어받은 상황에서, 그러한 폭력국가에서 길들여진 공권력 대행자나 주민들의 의식과 행동이 엘리아스가 말한 원시적 감정 표출의 상태에서 벗어나지 못한 상황에서 발생한 것이다.

당시 남북한의 '임시 국가'로서의 성격은 자기 영토 내의 주민에 대한 책임감보다는 무력으로 타 세력을 제거하여 국가를 안정화시키는 데 일차적인 목적을 두게 했다. 따라서 '불완전한 국가' 혹은 '임시 국가'로서 남북한은 각각에 대해 포용보다는 증오를 앞세웠고, 정치적 교섭 상대로 여기기보다는 군사적인 대결 상대로 여길 수밖에 없었다. 남북한이 모두 사용한 '외세의 앞잡이'라는 담론은 남북한 간의 전쟁이 통상적인 국가 대 국가의 전쟁이 아니라, 서로 국가임을 선포한 세력과 '외세에 기대어 국가임을 자임하는 반역자'와의 전쟁, 즉 내전을 의미하는 것임을 말해 준다. 이 경우 '반국가', 즉 '외세의 앞잡이'에 대해서는 무조건적인 폭력과 살해가 정당화된다. 결국 남북한 간의 잔인한 학살은 바로 탈식민국가 건설기의 진통이었다고 볼 수 있다. 이것은 왜 남북한이 자신의 학살은 신성한 것이고 타인의 학살은 용납할 수 없는 것이라고 규정했는지를 설명해 준다.

사실 근대 이전의 전쟁은 야만적인 학살에 다름 아니었다. 인간이 인격체로 대접받지 못하던 시대였으므로 모든 전쟁에서는 민간인에 대한 참혹한 학살과 생매장, 약탈과 강간, 그리고 노예화가 뒤따랐다.[257] 유럽은 물론 일본, 미국에서도 근대국가를 건설하는 과정에서는 반드시 잔인한 테러와 학살이 수반되었다. 국가 건설은 전쟁 과정에서 이루어졌으며 그 역사는 곧 학살의 역사라고 해도 지나친 말이 아닐 것이다. 캉유웨이가 강조한 것처럼 "국가의 건설은 무수한 백성들을 도탄에 빠뜨리면서 이룬 것이다". 그가 강조하였듯이 "국가란 인간이 만든 단체의 시초이므로 반드시 부득이한 것이지만, 산 사람에게 피해를 주는 것으로서는 이보다 막대한 것이 없다."[258] 우리는 지금까지 '국가 건설'이라는 대의를 앞세워 한국전쟁 전후의 '빨갱이 청소'를 정당화해 왔지만, 오늘의 시점에서는 누구를 위한 국가 건설이었는가를 다시 물어야 한다. 즉 피학살자가 국가 건설의 희생양이었다는 주장들은 그 국가가 어떤 국가이며, 누구의 국가이며, 그 국가의 정치가 어떤 내용을 갖는지의 관점에서도 비판되어야 하지만, 한반도의 '반쪽 국가가 과연 그러한 희생을 치르고서라도 건설되었어야 했는가?' 라는 또 다른 질문에 의해서도 도전받아야 한다.

전쟁 시의 학살은 국가 탄생의 비밀이다. 국가는 제 출생의 비밀을 철저하게 감추려 한다. 그러나 출생 시 만들어진 체질은 대체로 일생을 지배하기 마련이다. 학살은 과거의 일이지만, 학살을 저지른 국가는 그 이후의 정치 과정에서 민간인들에게 그러한 행동을 반복하기 때문이다. 그리고 피학살자는 국가 건설의 희생양으로 그냥 사라지는 것이 아니다. 그들의 원혼, 망가진 몸, 남은 가족들의 고통은 국가가 그 이후 계속 저지를 수 있는 추가적인 학살과 정치권력의 신뢰 상실, 권력 남용, 인권 침해, 도덕적 붕괴를 예고한다. 나아가 구천을 떠도는 피학살자들의 영혼과 학살 현장에서 용케 살아난 사람들의 망가진 몸은 우리로 하여금 근대국가의 진보성과 합리성을 다시 묻게 만드는 것이다. 그리하여 피학살자 문제를 비롯한 전쟁의 기억은 과거의 일로 끝나는 것이 아니라 왜 평화가 이루어져야 하는지, 인권은 어떻게 보장될 수 있는지를 경고하면서 국가라는 물신화된 단위를 넘어서는 새로운 인간공동체를 구축해야 할 필요성을 제기한다.

# 5부

# 국가주의를 넘어서

# 1

# 상처받은 반쪽 국가의 탄생

1953년 7월 27일 '휴전협정'의 체결로 3년간의 '전투'는 일단 종료되었으나 '전쟁'은 종료되지 않았다. 휴전체제란 곧 일상적인 군사적·정치적 대결체제이자 국민동원체제이다. 휴전협정 과정에 주체로서 참가하지 못했던 한국은 오늘날에도 여전히 한반도의 안보 및 군사 문제를 협의하는 과정에 주체로서 참여하지 못하고 있으며, 전쟁 당시 자력으로 북한에 맞서지 못했던 결과 미군의 상시 주둔을 받아들일 수밖에 없었다. 결국 1953년 이후 한국의 정치·경제·사회질서는 모두 휴전이 정치사회적으로 내재화된 것이라 볼 수 있다.

그런데 당시의 휴전협정은 개전의 원인을 확실하게 제거한 것이 아니었던 만큼, 1946년경부터 시작되었던 정치갈등과 자주독립국가 건설을 향한 민족구성원 내부의 정치폭력이 다른 방식으로 연장된다는 것을 의미하였다. 즉 6·25 이후 3년간의 전투는 그 이전에 시작된 정치갈등의 종착점이지만, 동시에 그 이후 50년간 지속된 남북한 정치·사회체제의 출발점을 이룬다. 그러나 우리 사회에서 한국전쟁을 '사실상의 전쟁'(정치폭력, 유격전) - 전면전(전투) - 휴전(전쟁의 지속 혹은 일상화)으로 연결되는 일련의 과정으로 접근한 연구는 거의 없었다. 1980년대에

들어와서야 해방 이후의 자주독립국가 수립의 열망, 계급갈등과 정치
폭력의 연장으로서 한국전쟁을 바라보려는 수정주의적인 시각이 본격
적으로 제기되었지만, 한 걸음 더 나아가 전쟁 과정에서 구축된 정치·
사회질서가 휴전 이후의 정치·사회체제로 어떻게 연결되었는지에 대
해서는 논의가 이루어지지 않았다. 그래서 남한 사람들은 한국전쟁의
군사적 측면에 대해서는 많이 듣고 배워 왔지만 그 정치적 측면에 대해
서는 거의 알지 못한다. 한국전쟁은 미국인에게만 '알려지지 않은 전
쟁'unknown war인 것이 아니라 사실은 한국인에게도 여전히 알려지지 않
은 전쟁이다. 군사작전의 후방에서 일어난 일, 그리고 군사작전의 주체
인 정치권력이 전투행위의 일환으로 편 정책들은 민간인들에게는 훨씬
중요한 전쟁 체험이었지만, 이들의 체험은 공식적인 전쟁 해석과 연구
의 한 영역으로 자리 잡지 못하고 있다.

　이 책은 "북괴가 내려왔고 유엔군이 '자유'를 지키기 위해 참전했
고, 압록강 근처까지 올라가 통일을 앞둔 시점에서 애석하게 중공군이
내려와 후퇴를 하게 되었고, 결국 38선보다 조금 위로 올라간 곳에 휴
전선이 만들어졌다"는 판에 박은 듯한 기존의 공식화된 한국전쟁 해석
을 비판하는 데서 출발한다. 이러한 공식 해석의 틀에서는 누가 전쟁의
승자이며, 누가 전쟁을 통해 가장 큰 이득을 누렸고, 누가 가장 큰 피해
를 입었는가라는 극히 상식적인 질문조차 던질 수 없기 때문이다.

　따라서 공식 해석에 대한 비판인 이 책에서는 전쟁 과정에서 이승만
정권과 김일성 정권이 '적'을 섬멸한다는 명분하에 남북한 주민들에게
어떠한 일들을 하였는지, 피란 과정에서 '국가' 그 자체였던 이승만은
국민에 대해 어떠한 태도를 취하였는지 조명함으로써, 그동안 무시되
고 억압받아 온 사실들과 기억들을 되살리려 하였다. 그리하여 공식화
되지 않은 기억들, 곧 전쟁의 최대 피해자인 피학살 민간인과 불의의 죽

음을 당한 말단 병사들, 전쟁 와중에서 다치고 상처받고 재산과 고향을 잃어 버린 사람들의 기억을 되살림으로써 그들의 '상처받은 몸'을 통해 전쟁이 우리에게 남긴 것들을 새롭게 조명하려 하였다. 그것은 곧 국가의 관점이 아닌 민족의 관점, 더 나아가 인권의 관점에서 전쟁을 재조명하는 일이 될 것이다.

따라서 이 작업은 일종의 '기억투쟁'이다. 그것은 전쟁의 기억이 남북한 양 국가가 공식적으로 설교하는 것과는 상당한 거리가 있을 수 있다는 전제에서 출발하여 조각난 기억들, 통제된 기억들을 되살리려는 것이다. 필자는 많은 자료들을 접하고 체험자들을 만나면서 전쟁 상황에서 적으로 대면하였던 인민군과 국군, 전쟁에 참전했던 모두가 피해자라는 생각에 도달하게 되었다.

그동안 자의 또는 타의로 전쟁 중 인민군에 징집되었던 사람들은 엄청난 탄압을 받아 목숨을 잃었거나, 살았다고 하더라도 죽은 목숨처럼 쫓기면서 숨죽이고 살았다. 지휘관 혹은 전쟁 당시 이미 기득권층이었던 사람들의 대다수는 전쟁 후 여전히 이 사회의 지배세력으로 등장하여 호의호식하며 살아왔지만 민초民草 혹은 민중들은 전쟁 이후에도 국가로부터 제대로 보상받지 못한 채 불행한 삶을 살아왔다. 전쟁에 동원되었던 민중들은 인민군이건 국군이건 모두 국가주의의 최대 피해자들이다. 양측 정치권력자들은 통일국가를 수립하겠다는 명분하에 인간을 동물 취급하였으며, 피를 나눈 형제를 원수 취급하였다.

'파편화되고 억압당한 기억'을 되살리고, 이데올로기 잣대에 의해 일방적으로 해석되어 온 사항들을 재검토하는 작업은 그와 반대되는 이데올로기나 정치적 관점에 서는 것을 의미하는 것은 아니다. 그것은 단순한 이데올로기 비판을 넘어 새로운 각도에서 한국전쟁에 접근하는 것이며, 전쟁을 정치사회학적 차원에서 해석하고 분석하기 위한 출발점이다. 이러한 방향에서 진행되는 한국전쟁 연구는 이미 더 이상 과거 사실을 재구성하려는 역사 연구가 아니며, 휴전체제하의 현대 한국의 정치사회에 대한 분석의 일환이 된다. 그리고 이러한 작업은 전쟁을 통해 드러나는 근대국가의 형성, 국가와 사회의 역학, 국가의 존재의미, 주권의 위상, 정치적 책임성의 문제, 군사적인 것과 정치적인 것의 긴장, 전쟁과 윤리, 국가폭력과 인권, 전쟁과 민중 등의 쟁점들을 더 깊이 천착할 수 있는 이론적 단서들을 제공해 줄 것이다.

# 2

# 민족구성원 대다수가 피해자인 전쟁

1954년 맥아더는 한 세미나에서 "한국이 우리를 구해 주었다"고 말한 바 있다. 커밍스는, 뉴딜New Deal이 금세기 미국의 제1차 국가부흥의 계기였다면 한국전쟁은 제2차 국가부흥의 계기였다고 지적하였다.[1] 한편 일본의 전 수상 요시다 시게루吉田茂 역시 한국전쟁을 두고 "신이 내린 선물"[2]이라고 하였다. 전후 일본의 부흥은 한국전쟁이라는 선물이 있었기 때문에 가능했다. 한국전쟁은 이승만이 예상했던 대로 위기의 이승만 정권을 반석 위에 올려 놓았다. 전쟁을 통해 아직 꼴을 갖추지 못했던 국가는 이제 미군의 주둔과 미국의 경제지원으로 군사적·경제적 토대를 구축할 수 있었고, 전쟁 이전에 이미 마련되었던 반공주의를 더욱 확고한 국가이념으로 정립할 수 있었다. 전쟁 과정에서 그리고 전쟁 이후에 북한의 김일성은 자신의 정적을 효과적으로 제거하게 됨으로써 '김일성 유일체제'의 기반을 닦았다.[3] 그리고 사회주의적 공업화를 더욱 급속하게 추진할 수 있는 계기를 얻었다.

그러나 한국전쟁으로 인해 남북한의 물적·인적 자산은 엄청나게 파괴되었으며, 말단 병사를 포함한 남북한의 평범한 구성원들은 가장 큰 피해를 입었다. 시먼즈가 말한 것처럼 미군의 무차별적인 폭격으로 인해 남북한은 모두 단테의 『지옥편』에 등장하는 참상을 재연하였다. 평양에는 단 두 채의 공공건물만이 본 모습으로 남아 있었다. 남한에서는 약 50만 이상의 군인과 민간인이 죽었으며 북한에서는 약 250만의 군인과 민간인이 죽었다.[4] 3만 7,000여 명의 미군병사가 목숨을 잃었고 중공군 역시 수많은 병사들이 목숨을 잃었지만, 피해 자체로만 본다면 이 전쟁은 국제전이 아니라 내전임이 분명하다.

이승만과 남한의 지배층은 미국이 한국을 하와이와 같은 미국의 한 주(州)처럼 소중히 여기면서 전쟁에 참전해 주기를 애타게 바랐고, 또 미국이 참전하면서 사실상 한반도가 그러한 위상을 갖고 있는 것처럼 과시하기도 하였다. 그러나 막상 전쟁이 발발하자 주민의 '삶의 터전으로서 국가'와 '이념으로서의 국가'는 일치하지 않았다. 즉 이승만과 남한의 지배세력은 그 전쟁을 미국을 포함한 '우리의 전쟁'으로 믿고 싶었겠지만, 그것은 작전수행의 주도권 측면에서 보면 사실상 미국의 전쟁이었으며 피해의 관점에서 보면 분명히 남북한 '우리' 민족의 전쟁이었다. 한반도에서 전쟁이 발발했을 때 미국과 한국은 이익도 손해도 같이 나눌 수 있는 '혈맹', 즉 공동운명체가 아니었다.

이 책에서 살펴본 피란·점령·학살의 과정에서도 이 점은 매우 분명하게 확인된다. 남한 내부에서도 전쟁을 통해 득을 본 세력과 피해를 입은 세력이 명확히 구분된다. 인민군이 급작스럽게 남하하였을 때 서울에 거주하던 미국인들은 100% 완벽하게 피란을 갔고, 이승만과 정부 각료 역시 100% 피란을 갔으나, '국민의 대표'인 상당수 국회의원과 서울 거주민의 대다수는 피란을 가지 못했다. 피란을 떠난 이승만은 서울의 '충성스러운' 주민 모두를 피란시킬 수도 없었고, 또 애당초 그럴 의지도 없었다. 이승만에게 풍전등화의 위기에 놓인 국가의 존립은 미국의 군사적 지원을 통해서만 지킬 수 있는 것이었으며, 국민의 지지는 차후의 문제였다. 이승만의 무책임한 피란과 '한강다리 폭파'는 근대적 '국민주권'의 이론에 기초해 보면 중요한 범죄였지만, 절대적인 대미 의존 및 극우반공주의 입장에 서 있었던 이승만의 관점에서 보면 '불가 피한 행동'이었다.

이승만이 국민을 기만하고 서둘러 떠난 서울에 남아 있던 대한민국 의 국민들은 인민군에게 '부역'할 수밖에 없었다. 전쟁이 지연되고 전 선이 교차되자 이제 대한민국 지배집단이나 월남자뿐만 아니라 어쩔 수 없이 '부역'할 수밖에 없었던 상당수 민중들도 '피란'의 길을 선택하 였다. 전선이 계속 이동하고 국군과 인민군, 그리고 대한민국과 인민공 화국이 교차되는 상황에서 모든 주민들은 양 군대와 국가로부터 의심 과 처벌을 받는 존재로 변했다. 이들은 '생존을 위해' 피란을 가지 않을 수 없었으며, 미군의 무차별적인 폭격을 헤쳐 나가다가 귀중한 생명과 재산을 잃기도 했다. 북한 측이 점령 당시 펼쳤던 정책들은 일시적으로 이들을 만족시켜 주었으나, 그조차 전쟁 수행을 위한 동원과 억압에 의 해 상쇄되었다. 특히 국가가 밤낮으로 바뀌었던 지리산 양안 지역의 주 민들에게 양 군대는 모두 포악한 군주였다. 이제 이들에게 중요한 것은 '인민의 세상'이나 '유엔의 구원'이 아니라 전쟁이라는 상황 그 자체의 종식이었다. 오직 무조건적인 전쟁의 종식과 남북한 평화체제의 구축 만이 이들을 보호해 줄 수 있었고, 이들에게 인간다운 삶, 자존심과 존 엄성을 되돌려 줄 수 있었다.

그러나 미군과 한국군이 저지른 민간인 학살과 인민군이 후퇴하면 서 저지른 학살이야말로 전쟁 시 최대의 비극이었다. 정확히 추산할 수 는 없지만 미군과 한국군, 경찰은 작전수행과 좌익 혐의자 처벌 과정에 서 최소 10만 이상의 민간인을 학살하였다. 좌·우익 주민 간의 사적인 보복을 합친다면 20만 이상의 민간인이 전쟁 과정에서 학살당했을 것으로 추산된다. 한국전쟁 전후의 대부분의 학살은 미군과 한국군 등 공권력에 의해 주도된 것이었고, 전쟁 중에 일어난 사적 보복의 양상을 지니는 학살의 경우도 전쟁이라는 정치적 환경과 정치권력, 경찰과 군의 실질적인 묵인하에 이루어졌다. 한국전쟁은 인간이 인간에게 얼마나 잔인해질 수 있는지를 보여 준 전쟁 백화점이었으며, 인간의 존엄성이 얼마나 무참하게 파괴될 수 있는지를 보여 준 살아 있는 인권박물관이자 교과서였다. 한국전쟁 당시의 학살은 '전투'로서의 전쟁 뒤에 가려져 있으나 민중들에게는 전투보다 더 중요한 전쟁이었다.

분명히 전쟁은 인류가 저지르는 가장 큰 죄악이다. 전쟁이 발생하면 인간이, 인간다움이, 인간의 존엄성이 설 자리가 없다. 전쟁 상황에서는 군인이건 민간인이건 한갓 전쟁의 도구이자 자원으로 변한다. 전쟁 하에서 인간이 적극적인 '권리'를 주장하는 것은 거의 불가능하고 '목숨'을 부지하는 것이 최고의 권리가 된다.

그러나 남북한 정권 간의 내전의 성격을 갖는 한국전쟁은 분명히 남북한의 정권을 안정시키는 결과를 가져왔다. 특히 남한의 극우세력과 군 수뇌부, 지배 엘리트들은 지난 50여 년 동안 확실한 기득권을 누릴 수 있었다. 말단 병사로서 참전한 민중들은 오로지 정신적·신체적 상처만을 얻었을 뿐이다. 특히 전쟁 과정에서 부역자로 몰려 처벌과 학살을 당한 민중들과 전쟁 부상자가 된 민중들에게는 치유할 수 없는 상처와 피해만을 남겼다. 한편 한국전쟁은 참전 당사자인 미국·중국·남한·북한에게 동일한 피해를 가져다준 것도 아니었고, 모든 한국인에게 동일한 피해를 가져다준 것도 아니었다. 이는 엄연한 사실이다. 하지만 50여 년의 시간이 흐른 지금까지도 아직 이 사실은 공론의 장에서 논의되지 못하고 있다.

# 3
# 정치의 연장으로서의 전쟁

한국전쟁은 분명히 내전으로 출발하였고, 내전의 성격을 갖고 있다. 전쟁이 정치사회적 갈등의 연장선에 있는 것이라면, 갈등이 폭력이나 무장세력 간의 전투로 변할 때 그것은 전쟁의 양상을 띤다. 그것은 1945년 해방 이후 '일제의 잔재를 어떻게 청산할 것인가', '어떤 국가를 건설할 것인가'의 과제를 둘러싸고 각축을 벌인 여러 정치세력 간의 적대적 갈등의 연장선에 있으며, 구체적으로는 북한 내부의 김일성과 박헌영의 권력투쟁, 남한 내 이승만의 권력기반 강화와 연관되어 있다.

우리는 전쟁을 전투로 제한해 바라보기보다는 후방의 정치, 즉 한국전쟁 당시의 정치와 사회에 주목해 볼 필요가 있다. 그것은 곧 '피란의 정치', '희생양의 정치', '무책임의 정치', '부역자 처벌의 정치', '학살의 정치'로 집약될 수 있다. 피란의 정치는 미국에 절대적으로 의존한 상태에서 아무런 전쟁 대비를 하지 않다가 막상 사태가 발생하면, 대책도 없이 무조건 도망가고 보는 권력집단의 행동을 지칭하는 것이며, 그것은 무책임의 정치와 동전의 양면을 이룬다. 무책임의 정치는 국가가 군사적·경제적 하부구조를 갖추지 못했다는 현실적 판단 위에서, 국가의 실질적인 버팀목인 강대국과 침략국인 '적'에게 전쟁의 모든 책임이 있으므로 전쟁 발발로 인한 국민의 희생은 이들 양자에게 책임이 있다는 사고를 집약하는 것이다. 희생양의 정치는 책임자 또는 '좌익 혐의자 처형' 과정에서 주로 나타나는데, 전쟁으로 인한 모든 책임이 '적'과 '강대국'에게 있다고 생각하기 때문에 국가가 국민들에게 책임성 accountability을 갖기보다는 최고의 주권자와 권력자는 슬쩍 빠지고, 국가기관의 말단 책임자와 국민 내부의 의심스러운 사람들에게 비판과 처벌의 굴레를 뒤집어씌우는 것을 말한다. 그것은 적극적인 국민통합·사회통합의 정책을 통해 국가권력의 정당성을 확보하기보다는 '내부의 적'을 희생양으로 삼아 정치적 정당성을 창출하고자 하는 전략이라고 볼 수 있다.

부역자 처벌의 정치 혹은 학살의 정치는 곧 이러한 희생양의 정치의 중요한 내용이다. 부역자 처벌의 정치는 국민을 버리고 간 정부의 무책임성을 은폐하기 위해 모든 국민들에게 의심의 화살을 퍼부으면서 국민들의 일사불란한 복종을 유도할 수 있는 억압 전략이다. 이러한 억압 전략은 만성적으로 적과 대치하는 상황에서 '국민의 구성원' 중에 적이 존재할 수도 있다는 전제 위에서 자신의 정치적 반대자를 '적'으로 모는 것이다. 학살의 정치는 적과 정치적 반대자 혹은 '잠재적인 정치 반대자'인 무고한 민간인들에게 무자비한 보복을 가함으로써 당사자는 물론 이것을 목격한 주변 사람들에게 권력에 대한 공포감을 갖게 함과 동시에 피해자와 그의 가족들이 다시는 재기할 수 없도록 만드는 전략이다. 전쟁 당시 발생한 처벌·보복·학살 사건들이 모두 의도된 것은 아니지만, 전쟁 발발 직전 이승만이 정치적 반대자를 제거하기 위해 취했던 전략들을 보면 전쟁을 빌미로 그가 이러한 '희생양의 정치'를 전면화시킬 수 있는 인물이었음을 어느 정도 예상할 수 있다.

전쟁 당시 남북한의 정치적 지배질서는 주민의 참여와 동의에 기초하기보다는 전제군주시대와 일제강점기 정치문화 유산에 깊이 의존하고 있었다. 그것은 사실 한반도에 거주하던 주민들의 의사와는 전혀 무관하게 미국과 소련에 의해 38선이 구획되고 그 남북에 독자적인 정권이 수립된 점, 특히 미국의 군사적 지원에 의존하지 않고서는 이승만 정권이 지탱될 수 없었던 점, 그리고 이승만 정권의 기반은 사실상 과거 일제가 육성해 놓은 군대와 경찰이었다는 점 등을 통해 잘 알 수 있다. 이 시점에서는 누가 군부와 치안조직을 장악하는가 하는 점이 곧 누가 국가의 주인이 되는가의 문제였다. 그런데 남한에서는 이승만이 경찰력을 얻었고, 북한 지역에서는 김일성과 빨치산세력이 군부와 치안조직을 획득하였다. '권력은 총구에서 나온다'는 신화가 그대로 현실화된 셈이다.

이러한 무책임의 정치와 희생양의 정치는 모든 권력이 최고권력자 일인에게 집중되고 그 외의 모든 국가기구 종사자들은 어떠한 책임도 질 수 없는 전제국가, 국가와 국민이 분리되는 비민주적인 국가, 모든 정치적 행동이 군사작전 수행을 위한 불가피한 조치로 해석되는 전시체제에서 나타날 수 있는 현상이다. 그러나 더욱 근본적인 정치경제적 배경은 전쟁 발발 당시 남북한 분단정권이 사실상 온전한 '국민국가'라고 볼 수 없었다는 사실에 있다. 특히 당시 대한민국은 군사적·경제적 기반의 측면에서 스스로를 지탱할 수 있는 능력이 없었음을 주목해야 한다. 엄격히 말해 대한민국의 운명은 미국이 쥐고 있었기 때문에, 군사적으로 대비하지 못해 전쟁에 밀리고 남한 주민들이 희생된 모든 책임이 미국에게 있다는 이승만의 판단은 틀린 것은 아니다. 국가의 무책임성, 즉 이승만의 무책임성은 그의 마키아벨리적 성격에서도 기인하지만 구조적으로 보면 당시 한국의 '국가 자율성'의 부재, 즉 국가의 미완성에서 기인하는 것이었다. 우리는 일제강점기에 '국가 없는 민족'이 얼마나 큰 고통을 당할 수밖에 없는지 충분히 체험하였지만, 사실상 한국전쟁 당시 민중이 겪었던 고통 역시 그와 다른 것이 아니었다.

전쟁은 폭력의 전면적인 확산이며 전쟁 그 자체는 곧 총구가 권력의 원천인 세상이 도래한 것을 의미하는 것처럼, 전쟁 중의 국가는 바로 적과 국민에게 폭력을 앞세우는 국가다. 피란 당시 이승만 정부가 보인 무책임한 태도는 9·28서울수복 이후 부역자에 대한 무차별적인 처벌, 국민방위군사건, 그리고 대량의 민간인 학살과도 무관하지 않다. 이러한 탈법적 혹은 법 이전의 국가폭력은 바로 혁명적인 상황이나 권력을 쟁취하려는 치열한 정치적 갈등 과정에서 '적'을 수단과 방법을 가리지 않고 제거해야 하는 상황의 산물이다. 무력의 독점을 통한 국가 건설 작업은 대항적인 세력이나 경쟁적인 세력에 대한 무자비한 억압과 살해를 수반하기도 했다. 동서양을 막론하고 '국가 만들기'는 거의 항상 살육을 동반해 왔다. 한국전쟁 역시 마찬가지였다. 그것은 남북한의 임시적 분단을 극복하기 위한 하나의 방법이었지만, 동시에 아직 확고하게 뿌리내리지 않았던 양 정권이 각각 상대방을 '외세의 앞잡이'로 몰아붙이면서 자신이 진정한 민족의 국가임을 선포하는 과정이었다. 이승만은 미국을 업고 통일을 하려 했으며, 김일성은 소련이 지원한 사회주의 개혁을 밑받침으로 하여 통일을 하려 했다.

이처럼 국가 형성을 향한 혁명의 과정에서 혼란은 어느 정도 불가피했다고 볼 수도 있다. 폭력 혹은 전쟁 수행 '과정의 혼란'은 국가가 궁극적인 목표로 삼는 이념이 무엇인가에 따라 이후에 어느 정도 정당화될 수 있지만, 문제는 우리가 과연 어떤 명분과 이념으로 한국전쟁기의 폭력을 정당화할 수 있는가이다. 즉 한국전쟁 과정에서 나타난 무책임하고 억압적인 정치권력의 모습은 전면전이라는 극히 비정상적인 상황이 종료된 이후 자동으로 사라진 것이 아니라, 전투가 새로운 형태의 전쟁휴전으로 연결되면서 더욱 구조화된 형태로 존재하게 되었다. 다시 말해 국가는 출생 과정의 비밀을 계속 간직한 채 좀더 부드러운 모습으로 나타나게 되었으며, 이로 인해 전쟁의 방식과 논리를 일상적인 국가의 운영에서 반복재생산하게 되는 것이다.

# 4
# 전쟁의 연장, 분단의 정치

작가 최정희는 인민군 치하에서 자신의 남편을 잃고 온갖 고초를 겪은 후 자신의 아들 익조가 군인이 되어 문을 열고 들어서는 것을 보고 다음과 같이 외친다.

> 나는 이때까지 민족은 사랑했어도 국가는 사랑해 보지 못한 것 같다. 이제 나는 익조와 함께 익조가 피 흘려 바치는 국가를 위해 나도 바치기를 맹세한다.[5]

그녀의 마음 속에서 애국심이 자리잡기 시작한 것이다. 국가는 곧 구원이었고, 신앙의 대상이 되었다. 반공주의는 건드릴 수 없는 터부, 신성함 그 자체가 되었다. 대한민국은 피로써 찾은 국가였고, 피 위에 세운 국가였다. 국가는 모든 청년들을 군인으로 동원하였으며, 그들에게 적이 누구이며 누가 우리 편인가를 가르쳐 주었다. '전쟁이 국가를 만든다'는 틸리의 테제가 이러한 개인들의 경험에 집약되어 있는 것이다.

전쟁을 거치면서 이승만 정권은 미국과 한미상호방위조약을 맺어 미국의 군사적 지원과 경제원조를 안정적으로 확보하게 되었으며, '대한민국을 사수해야 한다'는 논리가 곧 국가의 정신적·이념적 하부구조로 자리잡게 되었다. 그러나 이승만을 구원해 주고 남한의 지배집단을 위기에서 구제해 준 이 전쟁을 통해 형성된 국가는 '반공주의'의 신성함을 과시하기 위해 너무나 많은 희생양을 필요로 하였다. 그것은 이민족 혹은 적의 핏자국 위에 세워진 국가가 아니라, 사실상 '적으로 의심되는' 수많은 동족의 핏자국 위에 세워진 국가였다. 그 국가는 이제 '안보'를 위해 '아름다운 나라'[美國]와 완전히 한 몸이 되어 국가의 군사적·경제적 하부구조와 정신적·문화적 자양분 등 거의 모든 것을 그들에게 의존하게 되었다. 전쟁 과정에서 일어난 '전투의 기억'들과 '미국으로부터의 원조의 기억'들은 모두가 건국의 신화로 자리잡았으나 그 신화는 오직 전쟁 과정, 즉 틸리가 말했던 '조직된 범죄'로서의 전쟁과 국가의 탄생사를 일방적으로 해석하고, 탄생 과정에서 '희생된 자'들의 목소리를 강제적으로 차단함으로써만 가능했다. 따라서 이처럼 반석 위에 올라선 듯이 보이는 이 국가는 실제로 모든 국민들의 마음에서 우러나는 충성을 얻을 수 없었으며, 북한과의 적대를 정당성의 기반으로 삼고 미국에 의존해야만 존립을 유지할 수 있었던 '반半국가'에 불과하였다. 남북한의 '반국가적 성격'은 이후 50여 년 동안 남북한의 정치적 지배질서와 사회의 기본 논리 — 반공주의와 조국해방 — 에서 구체적인 모습을 드러낸다.

1950년 이후 한국의 정치와 사회는 전쟁의 내재화, 즉 전쟁이 정치와 사회의 운영원리로 정착된 것으로 볼 수 있다. 그것은 한국의 정치적 지배질서와 자본주의의 성격, 민주주의 및 자유의 위상과 의미를 통해 현상화되고 있다고 볼 수 있다. '빨갱이는 죽여도 좋다'는 원리는 실상 오늘의 자본주의적 경제질서와 법질서, 사회질서에 내재화되어 재생산되고 있는 것이다. 그것은 파시즘의 인종청소 논리와 본질적으로 동일하다. '빨갱이 사냥'이라는 권력 행사의 욕구를 억제할 수 있는 정도만큼 민주주의는 발전하였지만 현재 한국의 민주주의와 인권의 수준, 시민사회의 도덕성의 수준은 일개 신문사가 과거의 '국가기구'를 대신하여 개인의 사상적 순수성을 심사하고 추방을 선동할 수 있다는 사실에 집약되어 있다.

　그동안 한국에서 민주주의와 인권에 관심을 갖는 사람들도 그것을 한국전쟁, 그리고 이후의 휴전체제 혹은 분단체제하의 군사주의와는 별로 연관시켜 보지는 않았다. 양당제가 보장된 서구 민주주의 국가에서도 종종 보통선거권이 대중을 억압하는 교묘한 국가권력의 행사와 양립해 왔다. 1945년 이래 미국 전역에 걸쳐 일어난 히스테리적 마녀사냥인 '과격분자 색출운동'을 목격했던 사람들이라면, 어느 누구도 보통선거권만으로 인민이 자기 스스로 원하는 정부를 가질 수 있다거나 그 정부의 구성원들로부터 자신을 지키겠다고 약속하는 표준을 확보할 수 있다고 주장하지 못할 것이다.[6] 전쟁이 일어난 지 50년이 지나도록 국민으로부터 어떠한 감시와 통제도 받지 않는 초법적인 공안기구와 극우반공주의의 입장에 선 언론의 마녀사냥식 '좌익 색출'이 지속되는 나라, 그리고 전쟁이 사회의 운영원리로 내재화되고 냉전적 정치·경제질서가 가장 철저하게 뿌리내린 사회에서는 초보적인 인권도 민주주의도 달성되기 어렵다. 필자는 보통선거권을 희화화하는 국가 억압의 체제가 단순한 정치체제 혹은 지배체제로서 존재하는 것이 아니라 경제체제 혹은 사회질서와 맞물려 있다는 것을 강조하고자 한다. 군사적인 것은 정치적인 것이며, 정치적인 것은 곧 경제적·사회적인 것이다. 이 점에서 오늘날 한국의 학교·작업장·가정에서의 차별과 억압 그리고 폭력의 만연을 지적하는 사람들은 한국전쟁이라는 거시적인 차원에서 폭력이 구조화된 배경을 주목하지 않는 경향이 있다.

전쟁이 다른 방식으로 지속되는 휴전 상황에서 남북한의 '임시 국가'로서의 성격은 남북한이 영토 내의 주민에 대한 책임감보다는 적대하는 정치세력을 무력으로 제거하는 데 일차적인 목적을 두게 만들었다. '불완전한 국가' 혹은 '임시 국가'는 각각에 대해 포용보다는 증오를 보이며, 각각을 외교 상대로 여기기보다는 군사적인 대결 상대로 여기게 마련이다. 따라서 국가 건설기, 즉 한국전쟁기에 나타났던 학살은 이후 4·19혁명에서, 베트남전쟁에서, 5·18광주민주화운동에서 그리고 그 이후의 무수한 의문사·공권력의 폭력·인권 침해 등의 상황에서 반복되었다. 특히 5·18광주민주화운동은 한국전쟁 시 발생했던 학살이 완벽하게 재연된 것이었다. 전쟁 당시의 학살이 '반공국가'를 지키기 위한 성전聖戰이었고 피학살자는 국가를 건설하기 위한 희생양이었듯이, 1980년 당시 '화려한 휴가'는 국가를 뒤흔들고 안보를 위협하는 불순분자를 제거하기 위한 '성전'이었고 광주의 시민군들은 바로 군부독재의 연장을 위해 필요한 희생양이었다.

전쟁은 비상사태이며, 그것의 정치적 표현은 비상사태체제emergency regime이다. 한국에서 휴전 후 지난 50여 년은 항구적인 비상사태체제였다.[7] 비상시의 기본권 제한조치들, '국가안보'를 위한 국민의 기본권 제한, 사상과 토론의 자유 억제 역시 전쟁 시 통용된 지배질서의 연장으로 이해될 수 있다. 부역자, 즉 적에게 협력한 자에 대한 처벌도 다른 방식으로 반복되었다. 이승만은 정치적 반대파를 모두 빨갱이로 몰아붙이면서 '부산 정치파동'과 '사사오입개헌'을 감행하였으며, 박정희는 집권 18년 동안 그것을 잘 써먹었다. 전쟁 당시 부역자로 지목된 사람들과 그 가족들이 사실상 '죽은 목숨'과 같았듯, 이후 국가보안법 위반자들은 이 사회에서 정상적인 생활을 꾸려 나가는 것이 불가능했다. 국가보안법에서 말하는 '반국가단체'라는 것은 원래 북한을 지칭하는 것이었으나, 이제 한국 정부에 반대하는 모든 세력이 북한을 이롭게 하는 반국가단체로 규정되었다. 그리하여 민족통일을 주창하는 세력은 물론 정권에 반대하는 모든 형태의 조직과 단체행동은 '친북 혹은 좌익'의 혐의를 받게 되었다. 군사독재가 물러가고 남한의 경제력과 군사력이 북한을 압도하게 된 시점에서, 남북한이 군사적으로 대치하고 있다는 사실 하나만으로 모든 정치적 반대와 비판은 여전히 국가보안법의 서슬을 피할 수 없다. 노골적인 억압적 권력은 사라졌어도, 정치권력의 눈 밖에 날 경우 어떠한 처벌과 불이익을 당할지 모른다고 지레 겁먹은 '착하고 온순한 백성'들은 오늘도 권력에 대한 공포감 속에 살아가고 있다.

'피란의 정치'와 '무책임의 정치' 그리고 그 속에서 살아온 민중들의 처세의 논리 역시 전투가 종료된 후의 '사실상의 전쟁' 상황에서 계속 반복되었다. 전쟁 이후 최대의 국가적 위기라 할 수 있는 '국제통화기금IMF 위기' 상황에서 이러한 현상들은 더 두드러졌다. 경제협력개발기구OECD 가입을 선진국의 반열에 올라선 것으로 자만하면서 큰소리 치던 한국 정부는 최악의 상황에서 IMF의 요구를 일방적으로 받아들일 수밖에 없었고, 수백만의 노동자들을 실업자·노숙자로 내몰았다. 그러나 우리는 당시 대통령과 정부의 고위직, 정치권에 있었던 그 어떤 사람도 이 사태에 대해 분명히 책임을 졌다는 이야기를 들어 본 적이 없다. 역대 정부 각료 중에서 부패 스캔들, 뇌물수수사건으로 조사를 받거나 감옥에 간 사람은 하나같이 곧바로 풀려났으며, 4·19혁명 당시 경찰관들의 발포, 5·18광주민주화운동 당시 공수부대의 학살 사건 등에 대해 어떠한 정치세력이나 개인도 책임을 진 적이 없다. 대한민국 지배집단의 다수는 국가 기둥으로서의 역할을 하기보다는 자식들을 모두 해외에 유학 보내거나 정치적 압력과 뇌물 등을 통해 자신과 자식의 군복무를 면제받고, 고급정보를 빼돌려 투기와 부정축재에 앞장서 왔다. 국무총리가 증여세를 내지 않기 위해서 탈법행동을 하고 불명예 사퇴를 하는 등 이들의 도덕성이나 국가에 대한 헌신은 보통의 국민들보다도 훨씬 낮은 수준에 머물고 있다. 6·25 발발 다음 날 고위관리들이 식솔과 가재도구까지 챙겨 관용차를 타고 서둘러 도망가던 것과 크게 다르지 않은 행동들이 여전히 반복되고 있는 것이다.

전쟁 시 인민군에게 고초를 당한 남한의 지배층과 지식인층은 '애국자'가 되었지만, 이미 한국전쟁 과정에서 '애국적인' 국민들이 한강 다리를 건너려다가 물에 빠져 죽은 일을 알고 있는 대다수 민중들은 국가가 더 이상 국민의 생명과 재산을 보호해 주지 못하며, 또 책임져 주지도 않는다는 사실을 잘 알게 되었다. 그것은 가장 생생한 집단적 학습이었고, 그러한 학습은 이후의 의식적·무의식적 행동으로 반복되었다. 즉 민중들은 국가를 지지하고 지원하기보다 오직 자신의 살길만을 찾게 되었다. 과거 그들이 인민군이 오면 인민군 편을 들고 국군이 오면 국군 편을 들었듯이, 그들은 자유당 때는 자유당에 기대고 공화당 때는 공화당에 편승하고 민정당 때는 민정당을 섬겼다. 이 어떤 경우에도 민중들이 진심으로 국가와 정권을 신뢰하고 지지한 적은 별로 없었다고 판단된다. 물론 그들로서는 살아남기 위한 불가피한 행동이었으리라. 오직 자신의 머리 위에 포탄이 떨어지지 않기만을 빌면서, 당장 내일 무슨 일이 일어날지 모르는 상황에서 자신과 가족의 안위만을 단속하는 존재가 된 것이다. 여전히 한국 사회에는 염치와 도덕이 없으며 내일을 생각하는 마음, 이웃과 공동체를 생각하는 마음이 메말랐다. 말 그대로 전쟁 상황, 피란 상황의 연장이다.

이렇듯 전투는 끝났으나 전쟁은 정치·사회질서 속에 깊이 뿌리내려 재생산되었다.

# 5
## 21세기에 바라보는 한국전쟁

남북한의 평화질서 구축과 통일의 전망을 거론하면 언제나 한국전쟁의 책임 문제가 제기된다. 지금까지 발생한 세계의 모든 전쟁에서 교전 국가들이 언제나 상대방에게 책임을 떠넘겼듯이, 남북한이 국가로서 모습을 갖추고 자신의 생존을 최우선적 가치로 삼는 한 상대방에게 책임을 떠넘기는 일은 계속될 것이다. 즉 양 국가가 존속하는 한 어느 쪽도 '김일성책임론' 혹은 '미국책임론'을 철회하지 않을 것이다.

　물론 전쟁의 직접적인 발발 배경이나 먼저 총을 쏜 측에 대한 사실 규명이 무의미한 것은 아니다. 최근의 연구성과에 의존해 본다면 우리는 당시 김일성과 북한 지도자들의 호전적인 군사주의에 대해 일차적인 책임을 물을 수 있다. 그러나 1945년 이후의 정치 상황을 종합해 볼 때, 무력을 사용해서라도 상대방을 없애고 나아가 자신을 중심으로 하는 통일권력을 가지려 시도한 남북한 정치지도자와 핵심 지배집단 모두에게 책임이 있다. 또 단순한 정치적 갈등을 동족 간의 전쟁으로까지 나아가게 만들고, 극좌와 극우의 정치지도자들이 남북한에서 권력을 장악하게 만들었으며, 제2차세계대전 후 세계전략 및 자신에게 유리한 국가를 건설하려 했던 미·소 양 강대국의 점령정책에 더욱 근원적인 책임이 있다.

　서대숙이 강조한 것처럼 김일성의 전쟁 목적은 단순히 제한전의 개념을 구현하는 것은 아니었으며, 아시아에서 공산주의의 팽창이나 축소와도 큰 연관이 없었다. 그에게 이 전쟁은 무엇보다도 자신의 정치적 야망을 실현하는 것이었고, 한국의 분단이라는 문제를 해결하기 위한 노력이었다.[8] 이승만 역시 마찬가지였다. 이 전쟁은 그가 떠벌린 것과는 달리 '자유세계를 지키는 것'과는 거리가 있었다. 설사 전쟁 발발에 이승만이 덜 적극적이었다고 하더라도, 그에게 전쟁은 자신에게 닥친 정치적 위기에서 탈출할 수 있는 절호의 기회였고, 또 김일성과 다른 각도에서 분단 문제를 해결할 수 있는 길이었다. 한국전쟁의 구조적 배경이 어떠했든 전쟁을 결정하고 실제로 전쟁이라는 방법을 사용한 것은 김일성이었다. 그러나 이승만 역시 할 수만 있었다면 같은 방법을 사용했을 것이다. 김일성과 이승만의 차이는, 김일성이 그 계획을 실행에 옮길 수 있었고 그 일을 위해 군대를 준비할 수 있었다는 점뿐이다.[9]

　결국 남북 양측이 통일 혹은 새로운 국가 건설을 위한 평화적 방법을 포기하고 무력에 의한 통일을 추구한 결과로 나타난 것이 한국전쟁이다. 북한이나 남한이나 민족해방과 통일의 레토릭으로 전쟁을 정당화하였다. 이것은 1950년 무렵 무력을 쓰지 않는 민족통일의 가능성이 사라진 것을 의미하였다. 그러한 조건을 만든 것은 바로 미국과 소련이었다. 미국과 소련은 전쟁 촉발의 가장 중요한 행위자였다. 38선의 강제분할과 점령, 남북 양측에 대해 자신에게 우호적인 국가를 수립하려는 매우 적극적인 노력, 그것을 위한 군대의 육성은 이미 적대적인 두 정권의 수립, 그리고 전쟁의 시작을 의미했다. 즉 남북한 양쪽에 정부가 수립되었다는 것은 상호 선전포고였으며,[10] 이미 전쟁을 예고하는 것이었다. 1948년 3월 12일에 발표된 글에서 김구, 김규식, 김창숙, 조소앙, 조성환, 조완구, 홍명희 7인의 요인은 "소위 38선을 국경선으로 고정시키고 양 정부 또는 국가를 형성케 되면 남북의 우리 형제 자매가 미소전쟁의 전초를 개시하여 총검으로 서로 대하게 될 것이 명백한 일"[11] 이라고 외쳤다. 남북한의 적대적인 정권이 선전포고로 나아간 배경은 미·소군정의 적극적인 점령정책이었다. 특히 미국의 식민지 질서 현상 유지정책은 일제 잔재의 청산을 통한 국가 건설을 염원하는 대다수 민족구성원의 열망을 억누르는 것이었다. 이러한 무리한 현상유지정책은 그것에 저항하는 좌익 및 중도 민족세력과 극우세력 간의 갈등을 걷잡을 수 없는 폭력적 대결로 나아가게 만들었고, 기반이 취약하여 오직 폭력에 의해서만 통치할 수 있는 이승만 정권으로 하여금 권력을 장악하게 만들었다. 북한의 급진적인 사회주의 개혁 역시 남한에서의 정치갈등을 증폭시키는 데 기여하였다.

문제는 남북한의 민중들에게 외세 배격·통일을 명분으로 한 지배집단의 정치적 야망을 제압할 힘이 없었다는 것이며, 더 거슬러 올라가면 한반도 전후처리 문제를 논의하는 국제정치 과정에 전혀 개입할 수 없었다는 것이다. 이렇게 본다면 한국전쟁은 일제 식민지배의 직접적인 귀결이라고 볼 수 있다. 즉 한국전쟁이 발생한 배경은 조선왕조가 식민지로 전락한 과정과 다르지 않으며, 이 점에서 20세기 한국사는 바로 스스로 국가를 세울 수 없었고 외세의 힘에 의해 운명이 좌지우지되었던 식민지화의 역사라고 집약해 볼 수 있을 것이다. 일제 식민지로 전락하면서 국토는 황폐화되고 자원은 약탈당했으며, 수많은 문화유산이 유출·파괴되었고, 죄 없는 민간인의 재산이 약탈당하고 부녀자들이 강간당했으며, 가족이 흩어지고 고아들이 생겼으며, 많은 사람들이 정든 땅을 버리고 떠나야 했다. 당시에도 '원하지 않는' 전쟁이 터지자 나라를 다스린다는 사람들은 하루아침에 줄행랑을 쳤으며, 고귀한 생명은 파리 목숨이 되었고, 조상들의 자랑스러운 문화유산들은 무차별적인 폭격에 잿더미로 변했으며, 누대에 걸쳐 오순도순 살아온 마을과 가옥은 불살라졌고, 피란민들은 사냥감이 되었다. 따라서 남북한 정치권력과 국가기구가 일본제국주의가 심어 놓은 폭력국가의 유산을 그대로 이어받고 있었으며, 그러한 폭력국가에서 길들여진 대중들의 복종적인 의식과 행동이 별로 극복되지 않은 시점에서 전쟁 발발과 더불어 학살이 발생했다고 볼 수 있다.

우리는 지난 100여 년간의 외세 개입의 역사와 전쟁의 역사를 반추함으로써, 소수의 친일파에게 모든 책임을 덮어 씌우거나 분단을 조장하여 전쟁을 개시한 남북한 정치가들에게 모든 책임을 지우는 단순한 역사인식에서 한발 더 나아가야 할 것이다. 우리는 이들 정치지도자들이 등장하여 그러한 외세 의존적 행동을 할 수 있었던 내부의 정치사회적 기반, 그러한 지도자들을 추대한 민중들의 의식, 그리고 외세의 개입에 대해 무방비 상태에 빠진 민족 내부의 제반 조건들에 대해 먼저 질문을 던져야 한다. 톰 네언Tom Nairn이 말했듯이 과도한 반외세 민족주의는 '과정의 총체성'[12]을 놓칠 위험성이 있기 때문이다. 역사에서 '중요한 개인'의 역할이 과소평가될 수는 없지만, 역사의 진행을 중요한 개인의 책임 문제로 돌리면 역사를 현재화·사회화하는 것이 어려워진다. 따라서 우리는 김일성과 이승만을 탓하기 전에, 김일성과 이승만 그리고 그들에게 매달린 양측의 지배집단이 형성된 국내외적 조건, 그리고 해방 직후의 정치갈등이 정치폭력으로 시작하여 결국은 무장투쟁, 전면전으로 발전하게 되는 과정에 먼저 시선을 돌려야 한다.

한국전쟁의 최대 수혜자는 미국과 중국, 일본, 그리고 남북한의 지배집단이었고, 최대의 피해자는 참전했다가 죽고 다친 군인과 그 가족들, 이산가족, 피학살 민간인, 장기수, 미군범죄의 피해자, 기아선상의 북한 주민, 과도한 군사비 지출로 인해 응당 누려야 할 복지 혜택을 누리지 못하는 대다수 남북한 민중들인 것이다. 따라서 우리는 한국전쟁에 접근할 때에 냉전적·국가중심적 시각에서 벗어나 일단은 민족중심적 시각을 회복해야 하며, 더 나아가 민족 문제를 사회적·인간적 차원에서, 즉 사회구성원의 차별, 고통과 희생의 차원에서 접근해야 한다. 그렇게 본다면 우리는 전쟁을 통해 북한정권의 침략성을 비판하기보다는, 자주적인 통일국가를 건설하지 못한 상황─주권이 확보되어 있지 않아서 국가권력이 국민에 대한 책임을 지지지 못하는 외세 의존의 분단 상황─에서 발생한 내전이 민중을 얼마나 고통에 빠뜨릴 수 있는가를 배울 수 있으며, 더 나아가 지난 세기 민족국가를 건설하려는 근대화 프로젝트가 얼마나 많은 희생을 요구하였는가 하는 점에 주목할 수 있다. 이것은 근대국가 완성이라는 문명화의 길로 나아가야 할 필요성과 동시에 근대국가로 집약되는 문명화의 한계를 동시에 성찰해 보아야 하는 우리의 묘한 위치에서 기인한다. 따라서 벌거벗은 임금님을 보는 어린아이의 시각으로 지난 50여 년 동안 남북한이 서로 전쟁 상황을 조성하면서 무엇을 얻고 또 무엇을 잃었는가를 생각해 봐야 한다. 그제서야 우리는 어느 정도 진실에 도달할 수 있을 것이다.

국가와 민족이라는 것은 인간의 존엄성을 실현할 수 있는 한 존중받을 수 있는 가치이지만, 거꾸로 인간을 노예나 동물의 수준으로 전락시키는 상황에서 국가와 민족을 존중하자는 주장은 허구일 수밖에 없다. 민족국가를 건설하자는 열망은 문명화·인간화의 한 과정이기는 하나 문명화·인간화의 종착점은 아니다. 따라서 어떤 방법을 사용하더라도 통일된 국가를 건설해야 한다는 통일지상주의가 당위적으로 인정될 수는 없다. 국가를 건설하기 위해 지불해야 하는 구성원의 희생과 고통의 총량이 국가를 건설한 이후 얻을 수 있는 복리를 훨씬 능가하거나 국가 건설 과정에서 구성원 중 일부를 '희생양'으로 만들어야 한다면, 그러한 노선에 대해서는 반드시 '정당한 회의'를 표시해야 한다. 해방정국에서 한국전쟁에 이르는 기간은 일제의 압제에서 벗어나 자주독립 국가를 건설해야 한다는 당위와 열망이 모든 민족구성원 사이에서 워낙 강했기 때문에, 이러한 점은 문제로 제기될 수조차 없었으나 오늘의 시점에서는 상황이 다르다. 누구를 위한, 무엇을 위한 통일국가인가를 반드시 물어야 하는 것이다.

대체로 전쟁과 빈곤은 인간을 동물 수준으로 전락시키는 근대문명 최악의 양대 재난이라고 볼 수 있다. 전자의 경우는 대체로 국민 혹은 민족을 위한다는 명분하에 정치권력에 의해 자행되며, 후자의 경우는 자본주의적인 시장경제와 그것을 지탱하는 국가의 경제정책에 의해 조장되는 경우가 많다. 양자는 별개의 것으로 보이지만 세계자본주의체제, 열국inter-state체제의 틀 내에서 본다면 같은 부모가 낳은 다른 아들이라고 볼 수 있다. 결국 50여 년 전 한국전쟁 과정에서 민중이 당한 비참함과 인간 존엄성의 훼손은 오늘날 우리 사회에 잔존하고 있는 야만의 흔적들, 즉 극우반공주의의 광기, 소외계층의 궁핍과 사회적 배제 등의 현상과 그 뿌리가 같다. 우리는 한국전쟁을 인간의 존엄성을 앗아가는 이러한 세계자본주의, 그것의 정치적 표현인 국제적 군사대결체제라는 틀 속에서 보아야 하고, 한반도는 물론 전 세계에서 항구적인 평화의 구축과 인권의 실현이라는 전망을 놓치지 않은 채 그 부정적 유산을 청산할 길을 찾아야 한다.

# 주

개정판을 펴내며

1 커밍스는 한국전쟁과 펠레폰네소스 전쟁을 비교하면서 한국전쟁기 '점령'의 경험이 남북
   한 두 분단국가의 군사화, 한국민주주의의 굴절과 어떻게 연결되는지 분석한 바 있다.
   Bruce Cumings, "When Sparta Is Sparta but Athens Isn't Athens: Democracy and the
   Korean War", David McCunn and Barry S. Strauss eds., *War and Democracy: A
   Comparative Study of the Korean War and the Peloponnesian War*, New York: M. E.
   Sharpe, 2001, pp. 58~84.

2 Dong-Choon Kim, "Beneath the Tip of the Iceberg: Problems in Historical Clarification
   of the Korean War", Unesco, *Korea Journal*, vol. 42 no. 3, Autumn 2002; Dong-Choon
   Kim, "Forgotten War, Forgotten Massacres-the Korean War(1950~1953) as Licenced
   Mass Killings, *Journal of Genocide Research* vol. 6 no. 3, December 2004, pp. 523~
   544; Dong-Choon Kim, "The War against the 'Enemy within': Hidden Massacres in the
   Early Stages of the Korean War", Gi-Wook Shin, Soon-Won Park, and Daqing Yang eds.,
   *Rethinking Historical Injustice and Reconciliation in Northeast Asia: The Korean experi-
   ence*, New York: Routledge, 2007.

3 김계동, 『한반도의 분단과 전쟁:민족분열과 국제개입갈등』, 서울대학교출판부, 2000; 박명
   림, 『한국 1950; 전쟁과 평화』, 나남, 2002; 박태균, 『한국전쟁: 끝나지 않은 전쟁, 끝나야할
   전쟁』, 책과함께, 2005; 정병준, 『한국전쟁: 38선 충돌과 전쟁의 형성』, 돌베개, 2006.

4 기광서, 「소련의 한국전 개입과정」, 『국제정치논총』, 제40집 3호, 2000; 김명섭, 「한국전쟁
   연구를 위한 다국사료 교차 분석법과 그 국내적 기반」, 『정신문화연구』 제23권 2호, 2000년
   여름; 김명섭, 「한국전쟁 직전의 '애치슨 선언'에 대한 재해석-서유럽에서 동아시아로 확장
   되는 미국의 전략적 관심」, 『군사』 제41호, 2000년 12월; 김명섭, 「한국전쟁이 냉전체제의
   구성에 미친 영향」, 『국제정치학논총』 제43집 1호, 2003; 도진순, 「1951년 1월 산성동 폭격
   과 미 10군단의 조직적 파괴정책」, 『역사비평』 72호, 2005년 가을; 이완범, 『한국전쟁-국제
   전적 조망』, 백산서당, 2002; 이완범, 「6·25 전쟁의 종합적 이해: 기원·전개과정·영향의
   유기적 관계」, 『청계사학』 제18호, 2003년 8월; 이완범, 「한국 국내의 6·25 전쟁 연구동
   향」, 『군사』 제55호, 2005년 6월; 정용욱, 「한국전쟁 시 미군 방첩대 조직 및 운용」, 『군사연
   구총서 1』, 군사편찬연구소, 2001.

5 방선주, 「한국전쟁 당시 북한자료로 본 노근리 사건」, 『정신문화연구』 23권 2호(통권 79
   호), 2000년 여름; 방선주, 「KLO 문서 해제」, 『아시아 문화』 제15호, 2000년 11월.

6 전상인, 『고개숙인 수정주의』, 전통과 현대, 2001; 최형식, 「독일의 재무장과 한국전쟁」, 혜
   안, 2002; 국방부군사편찬연구소 엮음, 『한국전쟁사의 새로운 연구 1』, 군사편찬연구소,
   2001; 양영조, 「남북한 군사정책과 6·25 전쟁의 배경 연구」, 국민대학교대학원 국사학과

박사학위논문, 2001; 유영익·이채진 엮음,『한국과 6·25 전쟁』, 연세대학교출판부, 2002.

7  박명림,「미래를 위한 과거–21세기 한국전쟁 연구의 정신, 방법, 전망」, 한국전쟁연구학회
    편,『한국전쟁연구학회 학술세미나: 한국전쟁이 남긴 명제와 과제』, 조선일보사, 2003; 이
    완범, 앞의 글, 2005 참조.

8  和田春樹,『朝鮮戰爭全史』, 岩波書店, 2002.

9  김기진,『끝나지 않는 전쟁, 국민보도연맹–부산·경남지역』, 역사비평사, 2002; 김기진,
    『한국전쟁과 집단학살』, 푸른역사, 2005; 윤택림,『인류학자의 과거여행: 한 빨갱이 마을의
    역사를 찾아서』, 역사비평사, 2003; 권귀숙,『기억의 정치학』, 문학과지성사, 2006; 김귀옥,
    『이산가족: 반공전사도 빨갱이도 아닌』, 역사비평사, 2004; 김영택,『한국전쟁과 함평 양민
    학살』, 사회문화원, 2001; 김득중,「여순사건과 이승만 반공체제의 구축」, 성균관대학교대
    학원 국사학과 박사학위논문, 2004; 박찬승,「한국전쟁과 진도 동족마을 서등리의 비극」,
    『역사와 현실』제38호, 2000; 윤형숙,「한국전쟁과 지역민의 대응–전남의 한 동족마을의
    사례를 중심으로」,『한국문화인류학』제35권 2호, 2002; 염미경,「양반가문의 한국전쟁 경
    험: 전남 강진지역의 근대적 지배층 변화를 중심으로」,『호남문화연구』제29집, 2001; 정구
    도 엮음,『노근리 사건의 진상과 교훈』, 두남, 2003; 표인주 외,『전쟁과 사람들–아래로부
    터의 한국전쟁연구』, 한울, 2003.

10  Peter Richard and Xiaobing Li, *Voices from the Korean War: Personal Stories of
    American, Korean and Chinese Soldiers*, Lexington: University Press of Kentucky, 2004;
    Linda Granfield ed., *I Remember Korea: Veterans Tell Their Stories of the Korean War,
    1950~1953*, Clarion Books, 2003.

11  강정구,「맥아더를 알기나 하나요」,『데일리서프라이즈』, 2005년 7월 26일자.

12  박명림과 정병준이 대표적이다. 박명림은 한국전쟁 초기 상황을 치밀하게 정리하고 있지
    만 미국 측의 개입 과정은 생략한 채 중국의 개입에만 지나칠 정도로 많은 비중을 두고 있
    으며, 정병준 역시 한국 역사학자 중에서는 가장 방대하고 치밀한 작업을 완수했지만 커
    밍스 혹은 수정주의를 비판하면서도 미국의 정치적 개입은 언급하지 않은 채 북한의 군사
    작전에만 주로 초점을 두고 있다.

13  한국전쟁 첩보활동에 대한 개략적 소개로는 Richard J. Aldrich, *The Hidden Hand:
    Britain, America and Cold War Secret Intelligence*, London: John Murray, 2001, pp. 271
    ~292.

14  미국에서의 한국전쟁 연구사 정리는 Allen R. Millet, "The Korean War: A 50-Year
    Critical Historiography", *The Journal of Strategic Studies*, vol. 24 no. 1, March 2001, pp.
    188~224.

15  다음의 논저 참고 바람. Ron Robin, *The Making of the Cold War Enemy: Culture and
    Politics in the Military-Industrial Complex*, Princeton: Princeton University Press, 2001;
    Andrew D. Grossman, "The Early Cold War and American Political Development:
    Reflections on Recent Research", *International Journal of Politics, Culture and Society*,
    vol. 15 no. 3, Springer Netherlands, Spring 2002.

16 사실 미국이 주도해서 공식화한 모든 전쟁 이름은 잘못된 것이다. 베트남 사람들이 부르 듯이 베트남전쟁은 '미국전쟁'이었고, 냉전체제 이후 사실상 대부분의 전쟁은 미국전쟁이 었다.

17 James Irving Matray, *The Reluctant Crusade: American Foreign Policy in Korea 1941~ 1950*, Honolulu: University of Hawaii Press, 1985.

18 Richard M. Freeland, *The Truman Doctrine and the Origin of McCarthism: Foreign Policy, Domestic Politics, and Internal Security 1946~1948*, New York: Alford A. Knopf, 1972; Paul G. Pierpaoli, Jr. *Truman and Korea: The Political Culture of the Early Korean War*, University of Missouri Press, 1999 참조. 특히 피에르 파올리(Paul G. Pierpaoli)는 한국전쟁이 미국의 정치경제 지형을 영구히 변화시켰다고 주장한다. 스툭은 한국전쟁은 진정한 의미에서 국제전이었으며, 국제정치를 변화시켰다고 주장했다(William Stueck, *The Korean War: An International History*, Princeton: Princeton University Press, 1995).

19 미공군 첩보요원이었던 도널스 니컬스(Donald Nichols)는 북한의 남침 일자까지 알고 있 었고, 그것을 미극동군과 극동군사령부에 보고했다. 그는 이승만이 가장 가까운 사이에 있었기 때문에 그의 모든 정보는 이승만과 공유되고 있었다. 즉 그가 알고 있었던 모든 것 은 이승만도 알고 있었다고 보면 될 것이다. 그의 수기 Donald Nichols, *How Many Times Can I Die: The life Story of a Special Intelligence Agent*, Florida: Brownsville Printing, 1981, p. 112 참조.

20 맥아더는 자신의 회고록에서 자신은 한국의 갈등을 경찰행동이 아닌 전쟁이라고 이해했 기 때문에 견책을 당했다(해임되었다)고 실토한 바 있다. Douglas MacArthur, *Reminiscences*, New York: MaGraw Hill Book Company, 1964, p. 391.

21 트루먼의 개입 결정과정 참조. Gary R. Hess, *Presidential Decisions for War: Korea, Vietnam and the Persian Gulf*, Baltimore: The Johns Hopkins University Press, 2001, pp. 8~41.

22 정병준의 기습남침론은 한국전쟁의 정치적 성격을 무시한 것이다. 그는 "한국군에게 기 습남침이었다"고 주장하면서도 군의 입장을 곧 미국·한국 당국의 정치적 입장과 동일시 하고 있다(정병준, 앞의 책).

23 이에 반해 애치슨은 필리핀과 일본에 대해서는 '피할 수 없는 책임'(inescapable responsibilities)를 갖고 있다고 표현하였다. Dean Acheson, *Present as Creation: My Years in the State Department*, New York: W.W. Norton, 1969, p. 356.

24 이 쟁점은 한국전쟁 해석에서 가장 논란거리가 많은 부분이다. 과연 레이몽 아롱(Raymond Aron)이 지적했듯이 미국이 방관자로 남을 이유도 있었고, 그것이 소련과 북한을 오판케 한 것도 사실이다(정명환 외, 『프랑스 지식인들과 한국전쟁』, 민음사, 2004, 202~203쪽). 그러나 모든 정황을 고려해 보면 미국이 한반도의 분쟁에 개입하지 않을 가능성은 거의 없었다고 판단된다. 단지 복잡한 미국 내 정치의 역학 때문에 트루먼과 애치슨이 6·25 발 발 이전에 한국 방어를 공개적으로 천명하지 않았다고 하더라도, 제2차세계대전 후 이미

새로운 제국으로 부상하고 있던 미국 입장에서 한반도를 방치한다는 것은 세계 모든 지역에서 미국의 패권을 포기하는 위험한 대안이었다. 남한에서는 이승만과 극소수 지식인들만이 이 복잡한 역학을 이해하고서 미국이 개입할 수밖에 없고 결국은 승리할 수 밖에 없다는 사실을 인지하고 있었다.

25 해임 후 청문회에서 맥아더는 자신은 수많은 전쟁을 치렀지만 군사영역에서 정치적 통제를 도입한 이런 전쟁은 처음이라고 실토하면서 적을 이길 수 있는 상황에서 왜 그 힘의 사용을 제한하는지 이해할 수 없다고 항변하였다. D. MacArthur, *Hearing Before the Committee on Armed Services Committee on Foreign Relations United States Senate 1*, United States Government Printing Office, 1951, pp. 39~45.

26 이것은 모든 연구나 증언에서 완전히 일치하는 점이다. Clayton James, *The Years of MacArthur, vol 3: Triumph and Disaster 1945~1964*, Boston: Houghton Mifflin Company, p. 345, p. 400.

27 "To me, that(limited use of force) would mean that you have a continued and indefinite extension of bloodshed." 앞의 맥아더의 청문회 연설 중 p. 39. 제한전쟁이 큰 희생을 가져왔다는 점에 대해서는 Gabriel Kolko, *Century of War: Politics, Conflicts, and Society since 1914*, New York: The New Press, 1994, p. 404.

28 로버트 올리버 지음, 박일영 옮김, 『대한민국 건국의 비화―이승만과 한미관계』, 계명사, 1990, 324~327쪽. 1949년 9월 이승만의 편지는 그러한 의도를 명백히 담고 있다. 거기에는 "우리가 이 일(기꺼이 일어나 공산당을 소탕하는 일)을 결행하도록 허용되기만 한다면 당연히 단시일 안에 이 문제를 깨끗이 해결할 수 있으리라고 나는 확신하오"라는 내용이 포함되어 있다. 이 편지는 한국전쟁 발발 후 경무대를 점령한 북한군에 의해 발견되었고 이후 소련의 몰로토프 외상에게 전달되어 유엔총회에서 소련이 남한의 먼저 전쟁을 일으킨 증거로 활용되기도 했다.

29 남북한 민족주의와 한국전쟁의 상관성에 대해서는 Gi-Wook Shin, "Nationalism and War in Korea", 유영익·이채진, 앞의 책 참조.

30 미국은 기다렸다는 듯이 북대서양조약기구(North Atlantis Treaty Organization, NATO)를 증강시키고, 일본과의 방위조약 채결을 서둘렀으며, 국내적으로는 군비를 증강했으며, 매카시즘의 선풍을 조장하여 진보세력을 거세하였다.

31 함석헌, 『함석헌 전집 1: 뜻으로 본 한국역사』, 한길사, 1984, pp. 295~300쪽.


## 1부 또 다른 전쟁

1 Paul M. Edwards, *To Acknowledge a War: The Korean War in American Memory*, Westport: Greenwood Press, 2000. pp. 15~26.

2 강만길은 'Korea'를 '한국'으로 번역하는 것은 적절치 않다는 점에서 '한국전쟁'이라는 용어를 거부한다(강만길, 『20세기 우리역사』, 창비, 1999, 180~182쪽). 그래서 일찍부터 일

본인들은 조선전쟁이라고 불러왔다.

3  그는 '실재'라는 것은 전체를 향한 개인들의 행동들과 반작용으로 구성되어 있다고 강조했다(Friedrich Nietzsche, *The Gay Science*, Walter Kaufmann trans., New York: Penguin Books, 1974).

4  맥아더는 중공군의 대공세에 대응하여 1950년 12월 육군성에 원자탄 사용을 건의하였다. 그는 원자탄의 공격 목표를 정해 두었으니 이들 폭격에 26개의 원자탄이 필요하다고 역설하였다. 미 국방성 의회 일반에서는 원자탄 사용에 찬성하였으나, 미국의 원자탄 보유량이 충분하지 못하다는 점과 제3차세계대전을 유발할 위험이 있다는 이유로 반대 입장이 대세를 이루었다. 사실 그는 원자탄 사용 계획을 중공군 개입 이전부터 천명하였다(브루스 커밍스 외 지음, 박의경 옮김, 『한국전쟁과 한미관계』, 청사, 1986, 76쪽).

5  리영희의 글「전쟁과 인간」에 나타난 표현. 그는 전쟁 시 현역 군인으로 참전하면서 인간 말살의 범죄가 '공비', '빨갱이'라는 말 한마디로 정당화될 수 있는 이 나라의 현실에 대해 이렇게 생각하였다(리영희, 『역정: 나의 청년시대』, 창작과비평사, 1988, 191쪽).

6  Doug Dowd, "Cry 'Havoc!' and the let Slip the Dogs of War: McCarthyism, Korea, and the Other Nightmares", *Monthly Review*, April 1997에서 재인용했으나 원문에는 이 내용이 없다. 원 출처를 확인 중.

7  짐 하우스만·정일화, 『한국 대통령을 움직인 미군대위: 하우스만 증언』, 한국문원, 1995, 256쪽.

8  서중석, 『한국현대민족운동연구 2』, 역사비평사, 1996, 60쪽.

9  『조선일보』, 1948년 8월 15일자(국사편찬위원회, 『자료 대한민국사 7』, 국사편찬위원회, 1974, 797~799쪽에서 재인용).

10  북한의 한국전쟁 인식에 대해서는 류상영, 「북한의 한국전쟁 인식과 성격규정」, 최장집 엮음, 『한국전쟁연구』, 태암, 1990; 하영선 엮음, 『한국전쟁의 새로운 접근』, 나남, 1990 참조.

11  Carl Schmitt, *Positionen und Begriffe im Kampf mit Weimar-Genf-Versailles 1923~1939*, Hamburg: Hanseatische Verlagsanstalt, 1940(신일철, 「한국전쟁의 역사적 의의」, 양호민 외, 『한반도 분단의 재인식(1945~1950)』, 나남, 1993, 415쪽에서 재인용).

12  "The war ended in a truce, not a peace treaty, and the divided Korean peninsula remains technically at war," *AP*, October 13, 1999.

13  모윤숙, 「나는 지금 정말로 살아있는가?」, 유진오 외, 『고난의 구십일』, 수도문화사, 1950, 51~68쪽.

14  미셸 푸코 지음, 박정자 옮김, 『사회를 보호해야 한다』, 동문선, 1997, 25쪽.

15  김성칠, 『역사 앞에서』, 창작과비평사, 1993, 191쪽.

16  어떤 응답자는 "왜 전쟁이 일어났는가"라는 질문에 대해 "김일성 무리의 탐욕, 남쪽 사람들의 이기심, 허영, 방탕"이라고 대답하였다(성공회대학교 유통정보학과 K양의 보고서).

17  이기봉, 「6·25와 관련된 출판물들」, 『자유공론』 279호, 1990년 6월, 110쪽.

18  정은용 인터뷰(『중앙일보』, 1999년 10월 9일자).

19  이범선, 「적 치하 90일」, 조선일보사출판국 엮음, 『전환기의 내막』, 조선일보사, 1982,

410쪽.

20 『중앙일보』, 1993년 6월 26일자 사설.

21 김성례, 「근대성과 폭력: 제주4·3의 담론정치」, 역사문제연구소 외 엮음, 『제주 4·3연구』, 역사비평사, 1998, 266쪽.

22 아래턱이 총을 맞고 날아가 언제나 무명천을 두르고 있다고 해서 붙여진 이름(장윤선, 「4·3제주항쟁을 아십니까?」, 『참여사회』 41호, 참여연대, 2000년 4월 참조).

23 하영선 엮음, 앞의 책 참조.

24 스툭은 한국전쟁이 제3차세계대전의 대체물이었다고 본다(William Stueck, *op. cit.*). 하루키는 북한의 침략을 동북아시아 국제공산주의 운동의 내적 연관성이라는 관점에서 이해한다(와다 하루끼 지음, 서동만 옮김, 『한국전쟁』, 창작과비평사, 1999).

25 Paul G. Pierpaoli Jr., *op. cit.*; Paul M. Edwards, *op. cit.*.

26 수정주의는 소련의 팽창주의를 강조한 전통주의를 비판하면서 미국이 자신의 국익을 위해 팽창주의적 제국주의적인 정책을 펴 왔다는 것을 강조하는 일련의 지적인 흐름이다. 이러한 흐름은 사회적으로 보면 1960년대 미국의 학생운동과 진보적 사회운동과 신좌파의 사상적 지적 도전에 고무된 것이며, 1970년대 이후 미국의 외교문서의 공개 등에 힘입었다. 이에 대해서는 차상철, 「냉전의 기원과 수정주의 학파: 연구사적 검토」, 유영익 엮음, 『수정주의와 한국 현대사』, 연세대학교출판부, 1998 참조.

27 유영익은 수정주의가 국내 학계의 '지적 혁명'의 기폭제가 되었다고 지적하고 있으며(유영익, 「수장주의와 한국 현대사 연구」, 유영익 엮음, 앞의 책) 전상인은 1990년대 들어서서 "수정주의가 고개 숙였다"라고 말하지만(전상인, 「'고개숙인' 수정주의: 한국현대사연구의 새로운 시각」, 유영익 엮음, 앞의 책) 1980년대의 비판적 현대사 연구는 수정주의의 영향을 받았을지언정 수정주의의 한 흐름임을 자처한 적도 없고, 또 수정주의의 시각이 소개되면서 국내에서 비판적 인식이 확산된 것도 아니다. 커밍스의 저작이 자극을 준 것은 사실이나 그것은 사회운동의 성장 과정에서 한국전쟁과 현대사를 재해석하려는 밑으로부터의 움직임과 결합되었을 따름이다. 빨치산 출신의 출소 장기수 할아버지들의 이야기를 들어 보라. 그들의 북침론과 남한책임론이 과연 수정주의적 입장을 반영하는 것인가?

28 Bruce Cumings, *The Origins of the Korean War 2: The Roaring of the Cataract 1947~1950*, Princeton: Princeton University Press, 1990의 "Introduction"을 참조하라. 그는 한국전쟁 연구의 서문에서 미국 정치를 어떻게 이해할 것인가 하는 물음을 출발점으로 삼고 있다.

29 나가사키 평화박물관에서 관람자들에게 보여 준 필름의 내용. 1998년 11월 리츠메이칸(立命館) 대학에서 열린 국제평화박물관 심포지엄에서 참가했을 때, 그곳의 전시물과 각종 영상자료, 책임자들의 해설에서 확인한 사실들이다.

30 모든 국가는 자신이 일으킨 전쟁을 '정의의 전쟁'이라 칭하면서 적을 부정한 집단으로 몬다(김홍철, 『전쟁론』, 민음사, 1991, 139쪽).

31 박명림, 「한국전쟁의 기원과 성격」, 유영익 엮음, 앞의 책, 168쪽.

32 당시 미군사고문단은 미 국무성의 직접적인 관할하에 있었다. 그러나 도쿄의 맥아더 사령

부는 한국 내 독자적인 정보기관을 설치하였다. 맥아더의 부관인 윌로우비가 설치한 'KLO'가 그것이다. 한편 미중앙정보국(CIA) 역시 각종 정보를 수집하고 있었으며, 방첩대 역시 이와는 독자적으로 정보를 수집했다. 당시 미국은 적어도 서너 개의 정보기관을 통해서 북한의 남침 사실을 확인하였으며 그 정보는 남침의 날짜까지 알아맞힐 정도로 정확했다.

33  Martin Shaw, *Post-Military Society: Militarism, Demilitarization and War at the End of the Twentieth Century*, Cambridge: Polity Press, 1991, p. 10.

34  미셸 푸코 지음, 박정자 옮김, 앞의 책, 34쪽. 그는 클라우제비츠의 명제를 뒤집어서 "정치는 다른 수단에 의해 지속되는 전쟁"이라고 강조한다. 권력관계라는 것은 어느 역사적 시점에서의 전쟁 안에서 또는 전쟁에 의해 확립된 특정의 힘의 관계를 그 정박지로 삼기 때문이다.

35  같은 책, 26쪽.

36  억울하게 희생된 이들의 누명을 벗기기 위해 애쓰다가 돌아가신 할아버지의 유언을 받들어 평생 제주4·3사건의 진상과 (자신의 부친의 사망과 직접 관련된 사건인) 국민보도연맹 관련 학살사건의 진상을 캐다가, 한국 정부와 미국이 대전형무소 학살에 깊이 개입했다는 자료를 발굴한 이도영 박사의 경우가 바로 진정한 자유를 찾기 위한 인간의 승리를 보여 준다.

37  이러한 관심이 반영된 필자의 선행연구로는 김동춘, 「국가폭력과 사회계약」, 『경제와 사회』 36호, 1997년 겨울; 김동춘, 「한국자본주의와 지배질서: 안보국가·시장·가족」, 한국산업사회연구회 엮음, 『한국 사회의 변동』, 한울, 1994 등이 있다.

38  Bruce Cumings, *op. cit.*, p. 251.

39  "국가는 여러 가지 방법으로 그 존재를 드러내려 한다. 그렇지 않으면 존중을 받지도 못하고 사람들에게 겁을 주지도 못 한다"(한석정, 『만주국 건국의 재해석』, 동아대학교출판부, 1999, 38쪽). 그러나 전쟁은, 군인이 민간인에게 총부리를 겨누는 순간은 국가가 가장 강하게 자기과시를 하는 순간이다. 국가는 왜 자기과시를 하는가? 국가는 과연 실체가 있는가? 하는 질문은 국가론의 중요한 이론적 논쟁거리이다.

40  함석헌, 「내가 맞은 8·15」, 『함석헌 전집 4: 죽을 때까지 이 걸음으로』, 한길사, 1984, 278쪽.

41  카를 폰 클라우제비츠 지음, 김홍철 옮김, 『전쟁론』, 삼성출판사, 1998, 70쪽.

42  Benjamin O. Fordham, "Economic Interests, Party Politics and Ideology in Early Cold War Era U.S Foreign Policy", *International Organization*, vol. 52 no. 2, Spring 1998.

43  Hans H. Gerth, "Crisis Management of Social Structures: Planning, Propaganda and Societal Morale", *International Journal of Politics, Culture and Society*, vol. 5 no. 3, 1992, p. 342.

44  박명림, 앞의 글, 219쪽.

45  전쟁은 본질적으로 냉정한 정치적 타산의 산물만은 아니다. 전쟁 상황에서 국가는 감정을 품은 개인으로 돌변하기도 한다. 이 경우 클라우제비츠가 말한 것처럼 정치적 성격이 퇴색하고 군사적 성격만을 띠게 될 것이다(클라우제비츠, 앞의 책, 71쪽). 그러나 군사적인

것이 정치적인 것과 분리될 수 있는 여지, 즉 당사자의 흥분이 그대로 표출되는 경우는 전쟁이 발생하기 이전의 정치권력에 대한 민주적 통제가 결여된 경우에 가장 두드러질 것이다. 따라서 문명국의 전쟁과 비문명국의 전쟁은 차별적일 수밖에 없다. 군사적 논리가 작동하는 전쟁 현장에도 전쟁 주체인 국가의 민주주의 여부는 여전히 중요하다.

46 브루스 커밍스 외 지음, 박의경 옮김, 앞의 책, 59쪽; Bruce Cumings, *op. cit.*, p. 9.

47 존 R. 메릴 지음, 신성환 옮김, 『침략인가 해방전쟁인가』, 과학과사상, 1988, 338쪽.

48 박상섭, 『근대국가와 전쟁: 근대국가의 군사적 기초(1500~1900)』, 나남, 1996, 20쪽.

49 마이클 만은 마르크스와 자유주의 사회과학이 공히 자본주의가 군사주의 질서의 종식과 평화질서의 정착이라는 가설에서 출발한다고 비판한다. 인간 행위의 기초로서 합리주의의 가설은 모두 평화질서를 전제로 한다고 볼 수 있다. 그러나 루트비히 굼플로비츠(Ludwig Gumplowitz), 칼 슈미트, 오토 힌츠(Otto Hintze), 가에타노 모스카(Gaetano Mosca), 빌프레도 파레토(Vilfredo Pareto) 등은 현대사회에서 군사주의적인 흐름이 여전히 활력을 유지한 채 작동하고 있음을 밝힌 학자들이라고 본다(Michael Mann, *States, War, and Capitalism: Studies in Political Sociology*, Oxford: Blackwell, 1988, p. 126.).

50 카를 폰 클라우제비츠 지음, 김홍철 옮김, 앞의 책, 59쪽.

51 I. F. 스토운 지음, 백외경 옮김, 『비사 한국전쟁』, 신학문사, 1988, 268쪽.

52 Charles Tilly, "War Making and State Making as Organized Crime", in Peter B. Evans, Dietrich Rueschemeyer, Theda Skocpol eds., *Bringing the State Back In*, Cambridge: Cambridge University Press, 1985; Charles Tilly, *Coercion, Capital, and European States A.D. 990~1990*, Oxford: Blackwell, 1990.

53 Bruce D. Porter, *War and the Rise of the State: The Military Foundation of Modern Politics*, New York: Free Press, 1994의 "Prologue" 참조.

54 Randall Collins, "Imperialism and Legitimacy: Weber's Theory of Politics", John A. Hall ed., *The State: Critical Concepts* vol. 1, London: Routledge, 1994, p. 235.

55 박상섭, 앞의 책, 22쪽.

56 박명림, 앞의 글, 218쪽.

57 함상훈은 1949년 당시 외교에 의한 통일이 불가능한 이유로 북한이 응하지 않을 것이라는 점을 들었다. 그는 "대한민국 정부가 소위 인공정부에게 해산을 요구하고 불응하면 군사력으로라도 해체를 강요해야 한다"고 주장하였다. 그는 전쟁이 동족상쟁을 가져온다고 주장하는 사람들이 구체적인 방안을 제시하지 못한다고 비판하면서 대한민국이 군사적으로라도 해체를 강요할 국제적·국민적 권위를 가졌으니 남북통일의 길은 이것밖에 남지 않았다고 주장하였다(함상훈, 「외교와 무력에 의한 통일」, 『민성』 5권 3호, 1949년 2월). 그의 주장은 북진통일론을 내세우던 1949년 당시 이승만 정권의 분위기를 잘 보여 준다.

58 노르베르트 엘리아스 지음, 박미애 옮김, 『문명화 과정 1』, 한길사, 1996.

59 전상인, 「세계체제 속의 혁명과 전쟁」, 『사회변동과 성·민족·계급』(한국사회학회), 문학과지성사, 1996, 95쪽.

60 Anthony Giddens, *The Nation-State and Violence*, Berkeley and Los Angels: University

of California Press, 1985, p. 269. 한국은 여타 제3세계 국가와 마찬가지로 탈식민 국가의
한 유형이었는데, 이들 국가는 모두 국내적 기반보다는 국제정치적 역학에 더 의존하였기
때문에 국가기구는 억압적이고 비대화된 특징을 갖는다.

61  박찬표, 「한국의 국가 형성: 반공체제 수립과 자유민주주의의 제도화(1945~48)」, 고려대
학교대학원 정치외교학과 박사학위논문, 1995, 10~11쪽; 최장집, 『한국민주주의의 조건
과 전망』, 나남, 1996, 46~47쪽.

62  Michael Mann, op. cit. 참조. 국가는 전제적 힘과 하부구조적 힘이 적절히 결합되어 성립
한다. 전쟁 이전의 대한민국은 거의 억압적인 힘만으로 버티는 국가였다고 볼 수 있다.

63  이승만 대통령은 전쟁 직후 대전으로 피란 가서 충남지사 관사로 들어왔는데, 이때 수원
을 거쳐 대전으로 내려온 무초 대사가 의미심장한 말을 했다. "전쟁은 이제부터 각하의 전
쟁이 아니라 우리 미국의 전쟁이 되었습니다"(중앙일보사 엮음, 『민족의 증언 1』, 중앙일
보사, 1983, 36쪽).

64  이채진, 「한국전쟁의 숨은 뜻: 6·25가 남한에 미친 영향」, 『계간 사상』 4호, 1990년 봄;
Bruce D. Porter, op. cit. 참조. 전쟁은 부정적인 결과만 낳는 것은 아니며 전통적 질서를
파괴하고 새로운 질서는 낳는 산파 역할을 한다. 이를 전쟁의 역설(The Paradox of War)
이라 부를 수 있을 것이다.


## 2부  피란

1  이승만의 비서였으며 이후 야당 국회의원을 지낸 박용만의 경우 1956년 자유당 공천을 받
고 출마하려 할 때, 족청계의 후보로부터 "피란을 가지 않았으니 빨갱이고 부역자다"라는
공격을 받았다(박용만, 『제1공화국 경무대비화』, 내외신서, 1986, 217쪽). 당시에는 이런 일
이 비일비재했던 것으로 보인다.

2  일찍이 신채호는 한국을 '피난사회'라고 묘사한 바 있다. 한국인들은 이미 조선 말기부터
『정감록』의 신화를 쫓아 '십승지'(十勝地)를 찾아 남하하였으며, 그들의 사고방식이나 생
활태도는 피난민의 그것이었다.

3  당시 남의 우익이나 외국인들은 1948년 말 여순사건 당시 점령 지역에서 우익이 반란군에
게 처형당했던 경험을 나름대로 학습하여 내면화하고 있었다. 당시 주한미대사관 3등서기
관이었던 노블의 증언을 참조(Harold Joyce Noble, Embassy at War, Seattle & London:
University of Washington Press, 1975, p. 255).

4  강문봉, 「6·25 비화, 심야 파티에서 휴전까지」, 『신동아』 226호, 동아일보사, 1983년 6월.

5  박명림, 「한국전쟁의 발발과 기원」, 고려대학교대학원 정치외교학과 박사학위논문, 1994,
485쪽.

6  한국군 병력수를 정확히 추산하기는 어렵다. 통상 북한군이 한국군의 두 배 정도였다고 추
산하는 경우가 많다. 그러나 한국군에서 병력의 집계에서는 경찰을 제외했으나 북한에서
는 이를 포함시킨 경우가 많았기 때문에 병력에 관한 한 남북한 간의 현격한 차이는 없었던

것으로 나타난다(최광녕,「한국전쟁의 기원」, 하영선 엮음, 앞의 책, 306쪽).

7 佐佐木春隆〔사사키 하루타카〕 지음, 강창구 엮어옮김,『한국전비사(중)』, 병학사, 1977, 184~185쪽.

8 최광녕, 앞의 글, 314쪽.

9 짐 하우스만·정일화, 앞의 책, 247쪽.

10 유재홍,『격동의 세월』, 을유문화사, 1994, 116쪽.

11 유재홍의 다음 증언도 참고할 만하다. "병력의 3분의 2가 휴가 상황이었다. 적이 남침한 것은 내가 부임한 지 꼭 15일째였는데, 반년의 기간만 주어졌더라면 전투의 추이는 어느 정도 달라졌을 것이다"(유재홍, 앞의 책, 138쪽).

12 24일 오후 10시 이후 김종필은 이미 북한군의 이동 상황을 보고받았다. 그러나 25일 오전 3시경 포탄이 떨어지면서 북한군의 남침이 시작되었다고 한다(조성관,「1950년 6월 25일, 육군본부의 오판」,『월간조선』, 1992년 7월).

13 이창록,「한강 인도교 폭파」, 조선일보사출판국 엮음, 앞의 책, 356쪽.

14 佐佐木春隆 지음, 강창구 엮어옮김, 앞의 책, 183쪽.

15 이승만은 그를 "한국군의 아버지"라고 불렀다. 그는 장관들만이 참석하는 한국의 국무회의에 참석할 권한을 가진 유일한 미국인이기도 했다(짐 하우스만·정일화, 앞의 책 참조).

16 이형근은 "과거 대륙에서 3년 가까이 전쟁터를 전전하면서 여러 사령부나 지휘본부를 살펴보았던 경험이 있지만 이토록 혼란스러운 모습은 없었다"고 증언한 바 있다(이형근,『군번 1번의 외길인생: 이형근 회고록』, 중앙일보사, 1993, 50쪽).

17 고재봉의 증언(윤석오 외,『남기고 싶은 이야기들 2』, 중앙일보사, 1973, 171쪽) 참조.

18 프란체스카 여사는 이승만이 이날 아침 9시 30분경 청와대 앞뜰인 경복궁의 경회루로 낚시를 갔다가 북한의 남침 소식을 들었다고 증언한다(『중앙일보』1983년 6월 23일자「프란체스카 회고록」참조). 무초는 그보다 한 시간 30분 전인 8시에 소식을 들었다(http://www.trumanlibrary.org/oralhist/muccio1.htm).

19 김재명,「이승만 서울탈출기」,『월간 경향』, 경향신문사 1987년 6월, 203쪽.

20 『중앙일보』1983년 6월 23일자「프란체스카 회고록」참조.

21 중앙일보사 엮음, 앞의 책, 4쪽에 실린 당시 경무대 비서 민복기의 증언 참조.

22 같은 책, 14~15쪽.

23 U. S. Department of State, *Foreign Relations of the United States vol. 7 (1950), Korea*, Washington D. C.: United States Government Printing Office, 1976(이하 *FRUS*로 줄임), p. 130.

24 1950년 6월 26일 밤 이승만을 방문한 서울시경 김태선의 증언(중앙일보사 엮음, 앞의 책, 104쪽).

25 윤석오 외, 앞의 책, 172쪽 중 고재봉의 증언 참조.

26 중앙일보사 엮음, 앞의 책, 4쪽.

27 해럴드 노블 지음, 박실 옮김,『전화 속의 대사관』, 한섬사, 1980, 30쪽.

28 중앙일보사 엮음, 앞의 책, 35쪽.

29 *FRUS*, p. 142.

30 군정시대의 주요 수사기관은 정보참모부(G-2), 방첩대, 국립경찰의 세 기구였는데 이들의 관계는 대체로 일제강점기의 헌병대·특별고등경찰(特別高等警察, 특고)·경찰과 거의 같았다. 이들은 민간인의 사상검열을 비롯 방첩활동, 사보타지·전복활동의 적발 업무를 담당하였다.

31 제프리 존스 지음·김상민 옮김,『미국 대외 공작사: CIA와 미 외교정책』, 학민사, 1991, 88~89쪽 참조. 공산주의자들의 불의의 기습으로 미 정부는 정보 실수라는 비판을 받았다. 그러나 첩보망이 허술했던 것은 아니다. 정보기구는 1949년 7월 28일 미군 철수 이후 공격 가능성이 상당히 높다고 지적한 바 있다. 정보기구들의 보고가 "늑대야!"를 외치는 양치기 소년의 고함 같다는 이유로 정부가 이를 일축했다는 것이다. 민주당 소속 상원의원은 1950년 6월 27일 트루먼에게 정보기구들이 1년 이상 북한의 공격 준비를 보여 주는 증거들을 보고하였으나 아무런 대책도 세우지 않았다고 비판하였다.

32 스톤은 당시 펜타곤의 한 장교가 "침략이 기습적인 것이 아니었다는 증거로서 남한의 미군장교 가족들과 그 외 사람들을 위한 피란 선박이 준비되어 있었다는 사실"을 지적한 점에 주목한다(I. E. 스토운, 앞의 책, 25쪽 참조). 하리마오는 주한미대사관은 미국이 북한의 남침을 예상하고 이미 1년 전부터 후퇴에 관한 회동을 매월 한 차례씩 열었다고 주장한다. 이들은 극동군총사령부(U.S. Army Forces Far East) 및 미극동공군사령부(Far East Air Forces)와 협의하여 항공편으로 김포 미공군기지에서 일본으로 미국인들을 안전하게 실어 나를 계획을 짜 놓았다는 것이다. 이들은 유엔한국위원단은 물론 각국 외교사절, 중화민국대사관과 영국대사관 직원들까지도 함께 구출하여 피란할 계획을 세워 놓았다는 것이다(하리마오,『38선도 6·25한국전쟁도 미국의 작품이었다』, 새로운사람들, 1998, 115~116쪽 참조).

33 최태웅·진병천,『알려지지 않은 한국동란비사』, 청자문화사, 1970, 24쪽.

34 Michael Hickey, *The Korean War: The West Confronts Communism 1950~1953*, London: John Murray, 1999, p. 29.

35 이한림,『이한림 회상록, 세기의 격랑』, 팔복원, 1994, 133쪽.

36 더글러스 맥아더 지음, 반광식 옮김,『맥아더 회고록』, 일신서적, 1993, 393~398쪽.

37 UP 통신사의 사장인 휴베리 씨는 전쟁 초기에 다음과 같이 말했다고 한다. "정보기관은 공산주의자들이 무엇을 획책하고 있다는 것을 알고 있었으며, 대한민국이 6개월 이내에 침략을 당할 것이라는 것을 알고 있었으나 이미 결정된 정책이 한국을 포기하고 다른 곳에다가 반공의 교두보를 만들려고 했던 것이다"(최태웅·진병천, 앞의 책, 31쪽).

38 佐佐木春隆 지음, 강창구 엮어옮김, 앞의 책, 57쪽; 김재명, 앞의 글, 196쪽.

39 饗庭孝典〔아에바 다카노리〕·NHK 취재반 지음, 오정환 옮김,『한국전쟁』, 동아출판사, 1991, 55쪽.

40 유재흥, 앞의 책, 10쪽. 유격대 간부의 말을 종합해 보면 한국전쟁의 침략을 예언한 사람이 많았다. 이들은 가까운 시기에 무력 통일로 나올 공산이 있다고 경고하고 육군본부도 이러한 가능성을 인정하고 있었으나 미군사고문단의 의견을 너무 믿은 나머지 그와 같은

기습을 허용했던 것이다.

41 http://www.trumanlibrary.org/oralhist/muccio1.htm 참조.

42 1949년 12월 6일 김일성은 "조국의 통일은 무력 수단에 의해서만 가능하다"고 밝혔으며, 신년사에서는 "새해에는 인민군, 국방경비대, 보안대 등 모든 전투역량을 전투체제로 정비하여 언제든지 적을 적멸할 수 있는 각오를 하지 않으면 안 된다"고 말하였다.

43 정일권, 『정일권 회고록』, 고려서적, 1996, 130쪽. 정일권은 도쿄 연합군총사령부(General Headquarters Supreme Commander for the Allied Powers, GHQ)의 전략정보에서 "북한 공산당은 남침할 시기를 3월 및 4월로 정했다", "최근에 입수된 보고에 의하면 북한 괴뢰군은 6월에 남한을 침략할 것이라고 한다", "북한 괴뢰정권은 3월 중순에 38선에서 5km 이내의 지역에 거주하는 모든 주민들에게 후방으로 소개하라고 명령했다" 등의 내용을 들었다고 한다.

44 Le Monde, August 6, 1950(한국홍보협회, 『한국동란』, 한국홍보협회, 1973, 521쪽에서 재인용).

45 서중석, 앞의 책, 147쪽.

46 국회에서의 농지개혁을 둘러싼 논쟁과 갈등에 대해서는 김성호 외, 『농지개혁사연구』, 한국농촌경제연구원, 1989, 434~595쪽 참조.

47 장상환, 「농지개혁」, 한길사편집부 엮음, 『한국사18: 분단구조의 정착 2』, 한길사, 1994, 110쪽.

48 Matthew B. Ridgway, The Korean War, New York: Doubleday, 1967, p. 22.

49 대한민국국방부 전사편찬위원회, 『한국전란 일년지』, 대한민국국방부 전사편찬위원회, 1951, C3쪽.

50 임영신, 『나의 40년 투쟁사』(승당전집 1), 승당 임영신박사 전집편찬위원회, 1986, 270쪽.

51 선우기성, 『어느 운동자의 일생』, 배영사, 1987, 94쪽.

52 "미국은 한국에서 후퇴하지 않는다. 미국은 반드시 권토중래할 것이다. 아예 아는 사람들이 북한 당국에 있더라도 접촉하지 말아라"(정구영, 『정구영 회고록』, 중앙일보사, 1987, 271쪽).

53 김재준, 『(장공 김재준의) 범용기』, 5권, 풀빛, 1983, 52쪽.

54 주한미군사고문단과 로버트 준장은 "한국군은 북의 어떠한 공격도 격퇴할 수 있다", "한국군은 적당한 규모이며 훈련도 아시아에서 제1급의 수준에 있다", "한국군은 북의 공격을 격퇴할 수 있을 뿐 아니라 2주일 이내에 평양을 점령할 수 있다"라고 한국 측의 전쟁 위험 경고를 계속 묵살하였다(佐佐木春隆 지음, 강창구 엮어옮김, 앞의 책, 55~57쪽). 그러나 이러한 낙관은 실제 자신들의 한국군에 대한 전력평가와는 배치된다(최광녕, 앞의 책, 315쪽). 결국 미국은 한국인들에게 거짓말을 했거나 북한의 위협을 과소평가한 것이다.

55 서중석, 앞의 책, 318쪽.

56 강정구, 『분단과 전쟁의 한국현대사』, 역사비평사, 1996, 85쪽. 실제로 이승만은 1952년 대통령으로 당선될 가능성이 없자, 계엄령을 선포하고 국회의원을 감금, 협박한 상태에서 발췌개헌안을 통과시켰다. 조헌영 의원은 다음과 같이 발언하였다. "현 정부는 민족반역

자에게 정부를 갖게 하고 친일반역자 처벌을 주장하는 사람들을 공산당의 앞잡이, 민족분열을 일으키는 악질 도배로 몰아감으로써 국민의 지지를 받지 못하고 있다." 또 노일환 의원은 "이승만 정권은 대한제국 광무 11년의 법까지 동원하여 언론을 탄압하기 시작하였다. 반민주적이고 악질적인 파쇼의 길을 가고 있다"고 비판하였다(『한성일보』, 1949년 11월 5일자). 또 조헌영 의원은 행정기관에서 악질적인 친일 잔재를 완전히 소탕하고 양심적이고 애국적인 인물을 많이 등용하여야 문제를 해결할 수 있다고 주장하기도 했다(「제1회 국회정기회의 속기록」 제97호, 국회사무처, 1948년 11월 6일, 797~801쪽).

57  James D. Clayton, *The Years of MacArthur vol. 3: Triumph and Disaster 1945~1964*, Boston: Houghton Mifflin, 1985, p. 395.

58  이승만의 고문이었던 올리버는 이승만을 도박꾼으로 표현하였다. 사실 정치라는 것은 약간의 도박이기도 하다. 커밍스 역시 이승만의 이러한 태도에 대해 '완고한 도박꾼' 답다고 묘사한다(브루스 커밍스 외 지음, 박의경 옮김, 앞의 책, 61쪽).

59  박명림, 『한국전쟁의 발발과 기원 1: 결정과 발발』, 나남, 1996; 브루스 커밍스 지음, 김동노 외 옮김, 『브루스 커밍스의 한국현대사』, 창작과비평사, 2002, 361쪽 참조.

60  박상섭, 앞의 책, 192쪽.

61  김점곤, 『한국전쟁과 노동당 전략』, 박영사, 1973 참조.

62  중앙일보현대사연구팀, 『발굴자료로 쓴 현대사』, 중앙일보사, 1996, 363쪽.

63  강정구, 『좌절된 사회혁명: 미군정하의 남한·필리핀과 북한연구』, 열음사, 1989 참조.

64  전상인의 조사에 의하면 1946년 당시 정부 형태에 있어서는 대의민주주의를 원하는 입장이 전체의 85%를 차지하고 있으나 경제체제에 있어서는 사회주의를 지지한다는 입장이 전체의 70%를 차지하고 있다. 중도 혹은 좌익을 지지한다는 사람이 전체 조사 대상자 8,476명 가운데 각각 4,577명과 1,402명을 차지하고 있다(전상인, 「1946년경 남한주민의 사회의식」, 강인철 외, 앞의 책, 247쪽).

65  박찬웅, 『6·25일지』, 아우내, 1994, 1쪽.

66  조지프 굴든 지음, 김쾌상 옮김, 『한국전쟁, 알려지지 않은 이야기』, 일월서각, 1982.

67  성공회대학교 사회복지학과 L양의 보고서.

68  노민영·강희정, 『거창양민학살: 그 잊혀진 피울음』, 온누리, 1988.

69  박명림, 앞의 학위논문, 471쪽.

70  국회사무처, 『국회사 1』, 국회사무처, 1971, 507쪽.

71  "연간 부담의 가중이 순소작농 및 영세농에 부담을 준 것은 사실이나 〔……〕 보상·지가의 결정에서 지주보다 농민의 이익이 크게 반영되었다"(김성호 외, 앞의 책, 576쪽).

72  『서울신문』, 1948년 6월 20일자.

73  『조선일보』, 1950년 6월 15일자.

74  파냐 이사악꼬브나 샤브쉬나 지음, 김명호 옮김, 『1945년 남한에서』, 한울, 1996, 264쪽.

75  이승만 정권은 야당 후보들의 선거자금 출처 내사를 하거나, 이력서 기제사항이 아닌 본인이 관계하는 회사, 교회, 기타 개인적인 친분인사들에 관하여 조사하기도 하였고, 선거운동원에게 압력을 가하여 사퇴시키기도 하였으며, 국민회의 간부들과 청년단원을 침투

시켜 공포분위기를 조성하기도 하였다(신창균, 『가시밭길에서도 느끼는 행복: 조국통일 범민족연합 남측본부 의장 송암 신창균 회고록』, 해냄, 1997, 165쪽).

76 유엔한국위원단 역시 이승만 정권에 대한 반대표에도 불구하고 공화국은 안정되어 가고 있다고 지적한 바 있다(http://www.fordham.edu/halsall/mod/1950-korea-un1.html의 글 "Report of the United Nations Commission on Korea, 1950" 참조).

77 『동광신문』, 1949년 3월 15일자. 이범석 국무총리는 여순사건과 제주4·3사건의 종결을 위한 군·경·관의 임무에 대한 훈화에서 "앞으로는 사람을 함부로 쏘아 죽이지 말고, 악독한 고문을 실시하지 말라"고 당부하고 있는데, 이것은 거꾸로 당시 군과 경찰이 국민들에게 어떤 행동을 했는지 잘 보여 준다. 이 점에 대해서는 제4장에서 다시 언급할 것이다.

78 여기서 충성과 저항의 개념은 앨버트 허슈먼(Albert O. Hirshman)의 이론에 기초한 것이다. 그는 충성·저항·탈출의 행동 모델을 소비자 혹은 노동자의 행위에 적용하였다. 그러나 그는 합리적 개인을 전제로 하고 있기 때문에 충성 행동의 이중적 측면, 즉 내키지 않는 충성과 적극적 충성을 구별하지는 않는다. 실제 폭력을 독점하고 있는 국가 내 구성원의 행동은 국적을 쉽게 바꿀 수 없다는 점 때문에 이러한 경제영역에서의 합리적 행위자의 모델은 정치영역에서는 오직 제한적으로만 적용될 수 있을 것이다(Albert O. Hirshman, *Exit, Voice and Loyalty*, Cambridge: Harvard University Press, 1970).

79 강인덕 외, 『다큐멘타리 한국전쟁 1』, 구미서관, 1969, 173쪽.

80 국회도서관 입법조사국, 『국제연합한국위원단보고서 1949·1950』, 대한민국 국회도서관, 1965, 303쪽.

81 백선엽, 『6·25 한국전쟁 회고록, 군과 나』, 대륙연구소출판부, 1989, 223쪽.

82 서울 거주했던 한 노인의 증언(성공회대학교 사회복지학과 L양의 보고서).

83 김귀옥, 「정착촌 월남인의 생활경험과 정체성: 속초 '아바이마을'과 김제 '용지농원'을 중심으로」, 서울대학교대학원 사회학과 박사학위논문, 1999, 175쪽.

84 김귀옥, 같은 글, 174쪽.

85 「제2회 국회정기회의 속기록」 제59호, 국회사무처, 1949년 3월 21일, 152~159쪽.

86 스피노자는 "신민이 공포에 얽매여서 무기를 들지 않는 국가는 전쟁 속에 있지는 않다고 하겠지만, 그렇다고 평화 상태에 있다고 말할 수도 없다"고 주장하였다(바루흐 드 스피노자 지음, 김성근 옮김, 『국가론』, 서문당, 1986, 73쪽).

87 1946년 당시 국민들은 "미국인이 한국인을 경멸한다고 보는가"라는 물음에 40% 정도가 그렇다고 답변하고 있다(전상인, 「1946년경 남한주민의 사회의식」, 강인철 외, 앞의 책, 242쪽). 그러나 모든 조사에서 "모르겠다"는 의견이 압도적으로 많은 것을 주목할 필요가 있다. 이것은 피에르 부르디외(Pierre Bourdieu)의 말처럼 분명한 의견을 가진다는 것은 그 문제에 대해 평소에 관심을 갖고 있다는 뜻이기 때문이다. 교육 수준이 높을수록 분명한 의견을 가질 수 있는 가능성은 높아지고 어떤 사회집단이 정치적인 힘이 없을수록 그 집단의 구성원은 정치에 무관심해진다(피에르 부르디외 지음, 문경자 옮김, 『혼돈을 일으키는 과학』, 솔, 1994, 264~268쪽). 농민과 노동자의 의식은 지식인의 그것과는 성질이 다르다. 이것을 동일한 수위의 '판단'과 '의식'의 산물로 본다면, 농민과 노동자의 이중적

인 행동을 결코 설명할 수 없다.

88 경북 지방의 경우도 예외가 아니었다. 양반적 전통이 가장 강한 안동 지방에서 일제강점기 이래 많은 좌익 인사가 배출된 것은 우연이 아니었다(윤학준, 『나의 양반문화 탐방기』 1권, 길안사, 1994, 226쪽).

89 그런데 당시 이들이 민주주의, 자본주의, 공산주의를 제대로 이해했다고 판단하기는 어렵다. 농민들 중 우익을 지지한다고 말한 사람들 중에서도 체제 선택에서는 자본주의보다는 사회주의를 훨씬 더 많이 지지하였다(전상인, 앞의 글, 249쪽). 민주주의와 공산주의의 양립 불가능성 여부를 묻는 질문에도 모르겠다는 의견이 49%나 나온 데서 볼 수 있듯 이들의 정치 현상에 대한 의식은 불분명한 것이었다. 이런 경향에 대해서 부르디외는 민중들의 전형적인 태도라 말한 바 있다. 민주주의와 공산주의에 대한 인식은 막연하고 애매하고 관념적이었다.

90 거의 대부분의 동네에서 명망 있는 인사가 누구냐에 따라 동네 사람들의 사상 성향이 크게 좌우되었다. 당시 경기도 한 마을의 사례에서도 이를 확인할 수 있다(이용기, 「마을에서의 한국전쟁 경험과 그 기억: 경기도의 한 '모스크바' 마을 사례를 중심으로」, 『역사문제연구』 제6호, 역사비평사, 2001 참조).

91 따라서 해방정국이 일종의 혁명적 상황인 것은 분명했으나 대다수 농민들이 혁명의 주체로 등장했다고 보는 커밍스의 가설은 적절치 못하다. 강정구의 가설 역시 계급 도식에 기초하여 한국 농민의 행동을 설명하려 하는데, 당시 농민들의 전투적 저항은 지주나 자본가 등을 향한 계급적 분노보다는 주로 친일 경찰, 친일 우익 인사 등을 향한 민족적 분노에 기초했다. 농민의 급진성이 가장 두드러졌던 대구10·1사건을 돌이켜보면 이런 사실이 잘 드러난다.

92 김시중, 「남로당 지방당 조직 어떻게 와해되었는가」, 『역사비평』 계간4호, 1989년 봄, 352쪽.

93 김흥수, 『한국전쟁과 기복신앙 확산 연구』, 한국기독교역사연구소, 1999, 41쪽.

94 박형룡의 설교(김흥수, 위의 책, 108쪽에서 재인용).

95 배은희, 『나는 왜 싸웠나』, 일한도서주식회사, 1955, 92쪽.

96 *FRUS*, p. 142.

97 http://www.trumanlibrary.org/oralhist/muccio1.htm 참조.

98 프란체스카의 비망록에는 이승만이 6월 27일 새벽 서울을 떠날 시점에서도 서울을 떠나지 않으려 했다는 기록이 있으나, 전자의 기록들이 전후의 언급들과 더불어 더 명확하게 나타나 있고, 프란체스카의 그것은 이승만이 가필 수정한 흔적이 있기 때문에 이승만의 수도 사수 주장은 정치적 수사였을 가능성이 높다고 판단된다. 그러나 이승만이 무초 대사에게 천도 계획을 밝힌 것은 무기를 얻기 위한 홍정의 술수라는 시각도 만만치 않다(중앙일보사 엮음, 앞의 책, 105쪽). 즉 무초가 천도를 반대한 것은 미국인 거류민이 안전하게 철수할 때까지 한국 정부가 버텨 줄 것을 원했기 때문이라고도 볼 수 있다.

99 중앙일보사 엮음, 앞의 책, 23쪽. 전쟁 발발 후 중국에서 항일운동을 했던 조소앙·원세훈 의원은 다음과 같이 개탄하였다. "장개석 정부는 이럴 때마다 미리 국민에게 정부를 어디

로 옮길 테니 어떻게 대피하라는 공포를 하는데, 서울 함락이 눈앞에 닥쳤는데도 정부는 큰소리만 치고 있다"(윤길중, 『청곡 윤길중 회고록: 이 시대를 앓고 있는 사람들을 위하여』, 호암출판사, 1991, 91쪽).

100 강인덕 외, 앞의 책, 314쪽.

101 이형근, 앞의 책, 53쪽.

102 김재준을 이러한 방송을 두고 "소리의 시체", "기계의 음향"이었다고 질타한 바 있다(김재준, 앞의 책, 52쪽).

103 강인덕 외, 앞의 책, 315쪽.

104 "서울시민이 사실 납치를 많이 당했다든지 그 당시에 피해를 많이 당한 것은 이 대통령의 녹음테이프 때문에 많이 당했다고 나는 생각합니다. 그러나 누가 그것을 틀었느냐. 그런 녹음테이프를 어느 기관에서 틀었느냐 하는 것이 오늘까지도 해명이 안 됐다고 나는 보고 있어요"(윤길중 외, 「6·25전란 중의 국회활동을 되새기며」, 『국회보』 212호, 국회사무처, 1984, 54쪽 중 홍창섭의 발언).

105 선우종원, 『망명의 계절』, 신구문화사, 1965, 10쪽.

106 같은 책, 10쪽.

107 해럴드 노블 지음, 박실 옮김, 앞의 책, 30쪽.

108 목격자 이창록의 증언(이창록, 앞의 글, 349쪽).

109 임경택, 「최창식 대령과 한강교 폭파사건」, 『흑막』, 신태양사, 1960, 46쪽.

110 당시의 상황으로 보아 여섯 시간 내지 일곱 시간을 늦춰도 되었다는 것이 그의 판단이다.

111 이현희, 『한국경찰사』, 덕현각, 1979.

112 짐 하우스만·정일화, 앞의 책, 258쪽. 한편 이응준은 다음과 같이 증언했다. "이것은 군사적 측면에서는 도저히 폭파할 수 없는 비상식적인 행동이었다. 어느 때나 전투가 예상될 때는 먼저 시민을 소개시키고 하나 밖에 없는 한강다리는 마지막 부득이할 때 폭파해야 하는 것이었다"(이응준, 『회고 90년: 이응준 자서전』, 산경기념사업회, 1982, 282쪽).

113 김재준, 앞의 책, 58쪽

114 이형근 증언(佐佐木春隆 지음, 강창구 엮어옮김, 앞의 책, 532쪽에서 인용).

115 중앙일보사 엮음, 앞의 책, 155쪽.

116 국방대학원, 『한국전쟁사 6』(특별참고서지), 1974, 115쪽.

117 www.kimsoft.com/1997/hangang.htm 참조. 그러나 진실을 완벽히 규명하기 위해서는 더 조사가 이루어져야 할 것이다.

118 모윤숙은 다음과 같이 증언한다. "9월 30일인데 경무대에 가서 이 박사를 만났습니다. 어찌나 분한 생각이 가슴에 북받치든지 곧장 달려들어 넥타이를 붙잡고 대롱대롱 매달렸어요. '할아버지 도대체 나를 부려먹고 막판에는 방송을 시키고 혼자만 살려고 피란 가기에요'라고 바락바락 악을 썼어요. 〔……〕'나도 피란을 가려고 갔어야지. 그날 헌병 넷이 와서 내 사지를 번쩍 들어 차에 태워서 갔어'라고 변명합디다"(중앙일보사 엮음, 『민족의 증언 2』, 중앙일보사, 1983, 79쪽 중 모윤숙의 증언).

119 조봉암은 중요 문서 운반 등 작업이 끝날 때까지만이라도 폭파를 늦추어 달라고 요청하

고서는 국회와 정부의 중요 문서 일부를 옮기었다. 이를 목격한 윤길중은 "나는 책임감 있는 죽산의 일처리를 지켜보며 깊은 감명을 받고 그를 존경하게 되었다"라고 회고한다. 한편 장기영은 6월 27일 새벽 1시 정도에 열린 비상국무회의에서 "우리는 오늘 이 자리에 꼼짝없이 남아서 죽는 한이 있더라도 서울을 지켜야 한다. 우리가 죽어야 민주주의의 싹은 죽지 않고 힘차게 뻗어나갈 것이다"라고 주장하였다(중앙일보사 엮음, 『민족의 증언 1』, 17쪽).

120 최태웅·진병천, 앞의 책, 48쪽.

121 정구영, 앞의 책, 267쪽.

122 해럴드 노블 지음, 박실 옮김, 앞의 책, 47쪽.

123 유진오, 『구름 위의 만상』, 일조각, 1966, 23쪽.

124 배은희, 앞의 책, 28쪽.

125 김석원, 『노병의 한』, 육법사, 1977, 300쪽.

126 조병옥, 『나의 회고록』, 민교사, 1959, 283쪽.

127 윤길중 외, 앞의 글, 52~57쪽.

128 같은 글, 53쪽.

129 그중에서 조소앙의 경우가 대표적이다. 조소앙은 "나의 국회의원 출마이유와 정견"이라는 5·30선거 출마의 변에서 자신의 이념과 정책을 분명하게 표현하고 있다. 그는 독립을 완성시키고, 동족상잔의 비극을 없애기 위해 출마하였다고 밝히면서 경제 및 민생 문제에 대한 자신이 정견을 "계획경제, 농지개혁의 급속한 실시, 농민 본위의 협동조합으로 농촌경제 운영, 중교산업의 국·공유화, 노동자 최저임금제와 기업이익 균점제 실시, 국가 기본 건설사업으로 실업자 구제" 등의 방안을 제시하고 있다(강만길 엮음, 『조소앙』, 한길사, 1982, 281~286쪽). 이것은 그의 삼균주의 이념이 표현된 것인데, 그는 다른 기회에도 "국민교육의 의무화와 국비제도 실시", "사회보험제 확립", "일본제국주의의 잔재 법령을 전폐하고 민주적 신법령 제정" 등을 주장한 바 있다. 그는 이러한 정견을 그대로 제기하면서 출마하여, 전국에서 1위의 득표로 당선되었다. 그것은 전쟁 이전의 제헌의회와 같은 정치의 지형이 변해서 당시 이런 정책적 비전 제시가 통할 수 있는 조건이었다는 것을 말해 준다.

130 대한민국국회사무처, 앞의 책, 1971, 340쪽.

131 김석원, 앞의 책, 261쪽.

132 윤치영, 『윤치영의 20세기』, 삼성출판사, 1991, 249쪽.

133 "나라의 지도자들과 학교 교장에게 배신당한, 평소에 양순하고 가난했던 교사들에게는 호주머니 속의 그 돈뭉치만이 믿을 수 있는 것이었다"(리영희, 앞의 책, 146쪽).

134 Thomas Hobbes, Richard Tuck ed., *Leviathan*, Cambridge: Cambridge University Press, 1991.

135 엘리아스에 따르면 문명화의 과정이라는 것은 곧 "상호의존 관계에서 살아가는 인간들이 서로의 행위를 장기적으로 예측할 수 있는 평화의 공간을 만들어 가는 과정"이다(노르베르트 엘리아스 지음, 박미애 옮김, 앞의 책, 38쪽). 그것은 물리적 폭력의 독점체로서

국가 통제력의 확대 과정이자, 인간의 자기통제 과정이기도 하다.

136 홍사중, 「국민방위군사건」, 조선일보사출판국 엮음, 앞의 책, 573쪽.

137 성공회대학교 일어일본학과 C양의 보고서.

138 당시 육사교장이었던 이한림은 "못난 선배를 만나 세계 유래 없는 정규 사관생들의 전선 투입으로 희생되었으니 누구에게 그 억울함을 호소하랴" 하고 한탄하였다(이한림, 앞의 책, 143쪽).

139 중앙일보사 엮음, 『민족의 증언 2』, 75쪽.

140 지주, 예속자본가, 친일·친미파, 민족반역자, 반동분자에게는 독재를 실시하고 인민들에 게는 민주주의를 실시하자는 이른바 민주개혁에서의 계급정책을 지칭한다. 이에 대해서 는 3부에서 상술할 것이다.

141 중앙일보사 엮음, 앞의 책, 75쪽. 당시 유진오는 피란민의 7~8할이 이북에서 한 차례 공 산주의의 선풍을 겪은 사람들이라고 판단하였다(유진오, 앞의 책, 19쪽).

142 그중 출신지 분포를 보면 북경기, 북강원도 등지 출신이 40%인 40만 정도를 차지하고 있 다. 1949년 인구조사는 1945년 이후의 월남인을 48만 명 정도로 추산한다. 1960년 인구 조사는 이북 5도 출생자를 63만 명으로 추산한다. 이에 대해서는 이해영·권태환 엮음, 『한국사회: 인구와 발전 1』, 서울대학교사회과학대학 인구 및 발전문제연구소, 1978; 강 정구, 「해방후 월남인의 월남동기와 계급성에 관한 연구」, 한국사회학회 엮음, 『한국전쟁 과 한국사회변동』, 풀빛, 1992 등을 참조.

143 조선은행조사부의 월남인 월별 추이에 의하면 1946년 18만 5,000명, 1947년 16만 5,000 명 정도이다(조선은행조사부, 『조선경제연보』, 조선은행, 1948, I-9쪽). 공식 통계이므로 실제로는 이보다는 훨씬 많았을 가능성이 있다. 1948년 이후에는 월남인이 훨씬 줄었을 것이므로 6·25 이전 70~80만 정도가 월남했다고 추정해 볼 수 있을 것이다. 보도에 의 하면 해방 이후 약 23만 6,000명의 동포가 서울에 들어왔는데, 1948년 당시 그중 60%인 14만 7,700명이 38선을 넘어 온 동포였다고 한다(『조선일보』, 1948년 6월 27일자).

144 1945년 이후 1946년 초기까지 초기에 월남한 사람들은 북한이 '인민'의 적으로 분류한 사 람, 즉 일제 때 관직에 있었거나 상대적 고학력자들이었다는 점을 확인할 수 있다. 예를 들어 월남한 박천군민들이 간행한 박천군지의 역대 군민회장의 면면을 보면, 의학박 사·기업가·일제하 군수·총독부 관리·고등경찰 등을 역임했고, 일제하에서 경성제대 등 고등교육기관을 졸업한 이들이 대부분이다(박천군민회 엮음, 『박천군지』, 박찬군민 회, 1969).

145 강정구, 앞의 글 참조.

146 유진오 외, 앞의 책, 73쪽.

147 노민영·강희정, 앞의 책, 75쪽.

148 유진오는 피란과 잔류 사이에서 계속 고민했다. 처음 그는 주변 사람들에게 의견을 구한 다. 처음엔 주변 사람들이 "선생은 가서야죠. 무슨 의미로든지"라고 답변하자 피란을 선 택했다. 하지만 추격하는 적에게 붙들리는 것보다는 집에 앉았다가 잡히는 것이 낫다고 도 생각하고, 또 "무엇이 무서워서 도망을 가는가, 무슨 죄를 지었기에 나는 도망을 가야

하는가" 하고 생각하기도 했다. 그러다 결국 갑자기 "가야겠다"는 생각이 온몸을 휩쓸어, 명인과 일체의 신분증명서를 소각하고 6월 28일이 되어서야 피란길에 나서게 된다. 이 과정에서 그는 공산주의에 대한 자신의 생각을 다음과 같이 정리한다. "인간의 인간에 대한 착취를 저주하는 점에서 공산주의의 출발점에 이의가 없지만, 공산주의의 철의 통제를 싫어하고 무자비한 투쟁을 혐오한다. [……] 빵 있는 노예보다는 빵 없는 자유를 택할 것이다"(유진오 외, 앞의 책, 11~27쪽).

149 신창균, 앞의 책, 140쪽.

150 강원룡, 『빈들에서 1』, 삼성출판사, 1993, 317쪽.

151 채문식, 「6·25 전후 살아남은 자의 비극」, 『신동아』, 1992년 10월 참조. 조헌영은 일제하 신간회 도쿄지회장으로서의 독립투쟁 경력이 있고 해방 후에는 한민당에 가담하여 중앙 상무집행위원을 역임하기도 하였다. 1948년 국회가 국가보안법을 제정하려는 움직임을 보일 때, "선량한 국민과 애국지사까지 탄압할 우려가 많다"고 반대했다. 한편 그는 친일 파 및 민족반역자를 처벌하기 위해 구성된 반민족행위자특별조사위원회 위원을 친일세 력이 암살하려 한다는 계획을 입수하여 국회에서 폭로하기도 했다. 그는 제헌국회 회기 동안 368회의 발언을 행함으로써 가장 많은 발언을 한 진기록을 남기기도 했다(김도형 외, 『근대 대구·경북 49인』, 혜안, 1999, 191쪽).

152 그는 젊어서부터 독립운동에 참여하였고, 중국 대륙에서 항일전에 참여한 경력이 있었 다. 그는 국방경비대 총사령관직에 오래 근무하다가 나중에 5사단장으로 격하되고 6·25 당시는 청년방위대 고문단장이라는 한직에 있었다. 그는 잔류하였다가 이후 인민군 소장 으로 임명되어 낙동강 전선에도 출동했다고 한다(佐佐木春隆 지음, 강창구 엮어옮김, 앞 의 책, 565쪽).

153 신경완의 증언에 의하면 형무소에서 탈출하여 집으로 도망쳤다가 자진해 출두한 사람들 은 주로 국회 프락치사건 관계자들로 이들은 김약수, 노일환, 이문원, 박윤원, 김옥주, 강 욱중, 김병회, 황윤호, 최태규, 신성균, 배중혁, 이구수 등이며, 김의환, 양재하, 김장렬, 송호성, 김효석, 구덕환, 김칠성, 백상규, 류기수 등은 동료들의 권유나 압력을 받고 출두 했으며, 김규식, 조완구, 김붕준, 류동렬, 최동오, 윤기섭, 오하영, 원세훈, 엄항섭 등 임정 요인과 박열, 안재홍, 백관수, 정광호, 구중회, 신석빈, 신상봉, 김헌식, 이강우, 장연송, 조종승, 오정방, 조헌영, 김용무, 명제세, 김종원, 설민호, 김경배, 김용하, 이상경, 이만 근, 박영래, 박승일, 박보렴, 박숭호, 정인보,이광수, 최규동, 방응모 등은 강제로 연행되 었다(이태호 지음·신경완 증언, 『압록강변의 겨울』, 다섯수레, 1991 참조).

154 일본군 출신의 대령 안병범은 부상으로 잔류했다가 자결한 예이다. 국군이 서울을 탈환 한 이후 그는 의로운 군인으로 칭송을 받았으며 중령에서 준장으로 추서되었다(군사연 구실, 『의장안병범』, 육군본부, 1989).

155 김성칠, 『역사 앞에서』, 창작과비평사, 1993, 55쪽.

156 김태길, 「체험과 사색: 격동하는 시대에 살았다 3」, 『철학과 현실』 7호, 1990년 가을, 104 쪽.

157 같은 글.

158 중앙일보사 엮음, 앞의 책, 57쪽 김팔봉의 증언 참조.

159 윤인상, 『지나온 86년』, 광림사, 1989, 207쪽.

160 이동욱, 『계초 방응모』, 방일영문화재단, 1996, 464쪽. 점령 당시 북한 당국에 불려가서도 "육영사업으로 없는 이들 돈 대어 가르쳤고, 또 조림사업 간척사업밖에 한 것이 없소"라고 대답하였다고 한다.

161 정구영, 앞의 책, 267쪽.

162 성공회대학교 사회복지학과 K양의 보고서.

163 고양금정굴 양민학살사건진상규명 명예회복을 위한 범국민추진위원회, 『고양금정굴 양민학살사건 진상보고서』, 1999년 3월, 63쪽.

164 이구영, 『산정에 배를 메고: 노촌 이구영 선생의 살아온 이야기』, 개마서원, 1998, 137쪽(개정판: 심지연, 『역사는 남북을 묻지 않는다: 격랑의 현대사를 온몸으로 살아온 노촌 이구영 선생의 팔십 년 이야기』, 소나무, 2001, 186쪽).

165 소정자, 『내가 반역자냐?: 전향 여간첩의 수기』, 방아문화사, 1966, 70쪽.

166 장영창, 『한국전쟁실기, 서울은 불탄다』, 동지사, 1978, 26쪽.

167 김진계, 『어느 '북조선 인민'의 수기: 조국 상』, 현장문학사, 1990, 87쪽. "전쟁이라는 말에 나는 깜짝 놀라 작업장으로 돌아왔다. 이제야 친일파 세상이 물러가고 인민위원회가 정권을 잡는 세상이 올 수 있겠다는 생각과 함께 기나긴 도피 생활을 끝내고 마음 놓고 집으로 돌아갈 수 있겠다는 생각을 했다. 북한에서 온 사람들은 모든 일을 조직적으로 잘 꾸렸다"(김진계, 같은 책, 95쪽).

168 박찬웅, 앞의 책, 4쪽

169 김귀옥, 앞의 글, 184쪽; 강정구, 앞의 책, 1996, 286쪽.

170 박진목, 『내 조국, 내 산하: 지금은 먼 옛 이야기』, 계몽사, 1994, 143쪽.

171 박계주, 「지옥유폐 130일: 원산 대학살사건의 전모」, 『자유공화국 최후의 날』, 정음사, 1955, 75쪽.

172 서용선, 「한국전쟁시 점령정책 연구」, 서용선 외, 『한국전쟁 연구: 점령정책·노무운용·동원』, 국방군사연구소, 1995, 112쪽.

173 성공회대학교 사회복지학과 C양의 보고서.

174 서중석, 『조봉암과 1950년대(하): 피해대중과 학살의 정치학』, 역사비평사, 1999, 661쪽.

175 "Rhee was very intelligent person〔……〕 he had an excellent historical perspective. He understood the very complex world setup to a very high degree. But when he got emotional, then he reverted to his longstanding instincts of self survival of himself as an individual, as a leader of this independence move, and the survival of his people. But self·survival came first always. And with the experience he had, he was very distrustful, inordinately so. He didn't trust anyone. I doubt whether he trusted himself. He was a very complex personality"(http://www.trumanlibrary.org/oralhist/ muccio1.htm 참조).

176 막스 베버 지음, 임영일 외 옮김, 『막스 베버 선집』, 까치, 1991, 252~260쪽.

177 국방대학원, 앞의 책, 212쪽.

178 임영신, 앞의 책, 270쪽.

179 그가 제시하는 10대 불가사의는 다음과 같다. 일선부대의 적정보고를 군 수뇌부에서 묵살한 점, 즉 3월에서 5월 사이에 공비 토벌을 해서 이들에게 전면전이 시작될 것이라는 정보를 입수하였으나 육군본부에서는 묵살했다는 것이다. 둘째는 6·25 발발 불과 2주 전에 중앙 요직을 포함한 사단장과 연대장급의 대규모 인사이동이 있었다는 점이다. 셋째는 6월 13일에서 20일에 이르는 기간 동안 전후방 부대의 대규모 교체가 일어났는데, 이것 때문에 지휘관들이 적정, 지형은커녕 부하들의 신상조차 파악할 수 없었다는 것이다. 넷째 남측이 6월 24일 비상경계 태세를 해제한 것, 다섯째는 전 장병의 2분의 1에게 휴가를 준 것, 여섯째는 6월 24일 장교클럽의 댄스파티이며, 일곱째는 남침 직후 우리 장병들을 서울 북방에 수차 투입하여 불필요한 장병의 희생을 강요한 점, 여덟째는 군부와 국민의 상황 판단을 그르치게 한 허위 방송, 아홉째는 한강다리를 조기 폭파한 것, 열째는 최창식 공경감을 조기에 사형집행한 것이다(이형근, 앞의 책, 55~57쪽).

180 「공산분자의 반란 정부가 책임질 수 없다. 국회의 내각개조 요구는 유감」, 공보처, 『대통령 이승만박사 담화집』, 공보처, 1953, 9쪽.

181 1948년 11월 13일 46명의 국회의원이 미·소 양 군대의 한반도 철군을 요구하는 동의서를 제출했으며 1949년 2월 4일에는 훨씬 많은 지지자를 얻어 또 한 번 제출했는데, 모두 성과를 거두지 못했다. 1949년 3월 18일 63명의 국회의원들은 유엔한국위원단에 메시지를 보내 한국에 주둔하고 있는 미 전투부대의 철수를 요구하였다.

182 김득중, 「이승만 정부의 여순사건 인식과 민중의 피해」, 여수지역사회연구소, 『여수지역사회연구소 여순사건 연구총서 2집: 여순사건 자료집』, 여수지역사회연구소, 1999 참조.

183 공보처, 앞의 책, 36쪽.

184 같은 책, 36쪽.

185 장택상은 정부를 따라 국회의원들이 대전에 집결했을 때 이 문제를 둘러싼 일화를 소개하고 있다. "국회는 이승만 대통령으로 하여금 국민들에게 사과문을 발표하라고 의결하였다. 해공과 죽산과 내가 도지사 관저로 이 박사를 찾아가 그 필요성을 역설하면서 간곡히 청했으나, '어디 내가 당 덕종이야'(백성을 난에 휩쓸리게 한 것을 자기의 잘못으로 인정하고 사과문을 발표했던 당나라 덕종이냐는 말) 하고 한마디로 거절하면서 그 완고한 고집을 꺾을 줄 몰랐다. '내가 국민 앞에 왜 사과를 해. 사과할 테면 당신들이나 해요'" (장병혜, 『상록의 자유혼』, 영남대학교박물관, 1973, 338쪽).

186 유치송, 『해공 신익희 일대기』, 해공신익희선생기념회, 1984, 84쪽.

187 홍사중, 앞의 글, 572쪽.

188 김성례, 앞의 글, 244쪽.

189 유치송, 앞의 책, 588쪽.

190 군사연구실, 앞의 책; 佐佐木春隆 지음, 강창구 엮어옮김, 앞의 책, 564쪽.

191 정일권, 앞의 책, 131쪽.

192 이창록, 앞의 글, 359쪽.

193 강화군의 내무과장이었던 유진국은 "돌이켜보면 송구한 마음 가눌 길 없다"라고 하면서 공무원으로서 갑자기 발생한 사태에 속수무책이었던 자신을 반성하고 있다. 그는 미처 지급하지 못한 교사들의 급료를 챙겨들고 사무실을 지키다가 결국 피란 대열에 들었다 (유진국,『만용회고록』, 서광문화사, 1988, 119쪽).

194 홍천 중위는 "그 녹음방송 때문에 여러 시민이 피란 못간 데 대해 일련의 책임을 느끼"고 있다고 스스로의 자책감을 실토했다(중앙일보사 엮음,『민족의 증언 1』, 38쪽).

195 맥아더가 언제까지 그 속에 있을 것인가라고 묻자 한 하사관이 이렇게 답했다. "군인이 란 명령을 따를 뿐입니다. 저의 직속상관으로부터 철수하라는 명령이 있을 때까지 여기 있을 것입니다. 명령이 없을 때는 죽는 순간까지 여기를 지킬 것입니다. 우리는 지금 맨 주먹으로 싸우고 있습니다. 소총뿐입니다. 놈들의 전차와 대포를 까부술 수 있는 무기와 탄약을 도와 주십시오"(정일권, 앞의 책, 142~143쪽).

196 짐 하우스만 · 정일화, 앞의 책, 261쪽.

197 유재흥, 앞의 책, 117쪽.

198 같은 책, 128쪽.

199 같은 책, 143쪽.

200 니콜로 마키아벨리 지음, 강정인 옮김,『군주론』, 까치, 1994, 123쪽.

201 한나 아렌트 지음, 김정한 옮김,『폭력의 세기』, 1999, 67쪽.

202 한승인,『독재자 이승만』, 일월서각, 1984, 34쪽. 구미위원부의 조직, 단체의 직무, 재정 인사정책 모든 것을 집정관 한 사람이 자유롭게 결정하게 되어 있다. 조직 내용의 3분의 1이 재정에 관한 것이다(같은 책, 58쪽). 이승만은 미주에서 인구세, 애국금을 받고 독립 공채까지 팔아서 임시정부에 납입할 의무를 이행하지 아니하고 워싱턴에 외교활동을 한 답시고 호화생활을 하였다(같은 책, 72쪽).

203 같은 책, 25쪽.

204 송건호,『서재필과 이승만: 8 · 15와 지도자 노선』, 정우사, 1980, 13쪽.

205 Robert T. Oliver, *Syngman Rhee: The Man Behind the Myth*, New York: Dodd and Mead Company, 1955, p. 318.

206 한승인, 앞의 책, 74쪽.

207 박용만의 「시국소감, 1918년 갈리회 연합회 공고서」(한승인, 앞의 책, 43쪽에서 재인용). 김종학 총회장을 국민회에서 축출하고 이승만 측근인 정인수를 국민회장으로 선출하여 이승만은 재정보관인의 직명을 갖게 되었다. 1918년 개인적으로 운영하면서 연차대회도 열지 않다가 재정 문부에 불분명한 점이 발견되어 재정감사위원들이 이승만을 찾아가자 면회를 거절하였으며, 질의서를 제출하자 양측 간에 싸움이 벌어져 친이승만 인사들이 몽둥이로 후려갈겨 유혈이 낭자하였다. 이승만은 법정에서 재정감사들은 박용만의 추종 자들이며, 이들은 위험한 배일행동으로 일본군함 출항운호가 호놀룰루 항에 입항하면 파 괴할 것을 음모하고 있는 자들이며 미국과 일본 간에 중대사건을 일으킬 위험분자들이 라고 발언하였다. 이승만이 경찰을 불러 재정감사위원을 체포하게 하였다.

208 방선주, 「한반도에 있어서의 미 · 소 군정의 비교」, 강인철 외, 앞의 책, 51쪽.

209 정일권, 앞의 책, 151쪽. 1950년 2월 이승만은 일본을 방문하여 맥아더를 만났는데, 이때 그는 "워싱턴 당국은 애치슨 선언을 발표하는 등 서툰 것만 하고 있는 것입니다. 유럽에만 신경 쓰고 아시아에 대해서는 조금도 앞날을 읽어 볼 생각조차 안 하고 있습니다"라고 했다. 맥아더는 힘주어 "Mr. President, 너무 염려 마십시오. 소련이나 중공이 한반도를 군사적으로 노리는 경우에는 원자폭탄도 불사할 각오로 대처할 것입니다"라고 굳게 약속했다고 한다.

210 막스 베버 지음, 임영일 외 옮김, 앞의 책, 254쪽.

211 한석정, 앞의 책, 45쪽.

212 이승만이 전쟁 상황을 좌우할 수 있는 독자적 주체가 아니었다는 점에서 이승만에 대한 윤리적 평가는 부적절하다. 그러나 정치적 책임을 면할 수 있는 것은 아니다. 남경희는 이승만에 대한 윤리적 평가를 반대하면서, 그는 민족이라는 윤리적 노선을 택하지 않고, 독립국가 건설이라는 현실적 노선을 선택했다고 말한다. 그는 이승만은 보수적 민족주의자 혹은 부권적 자유주의자라고 보고 있다. 하지만 이러한 그의 판단에는 심각한 오류가 있다. 그는 미국의 눈치만을 보는 통상적인 사대주의자는 아니었지만, 독립된 국가 건설이 아닌 자신의 권력을 보장해 주는 분단국가를 선택했다는 점에서, 미국의 후원에 있더라도 자신의 권력만 보장된다면 전혀 상관하지 않았다는 점에서, 단순한 마키아벨리적 정치가라고 보는 것이 더 적절하다. 친일파보다는 공산주의를 더욱 미워한 것은 그의 민족주의의 한계를 잘 보여 준다. 반공주의는 하나의 이념이라고 볼 수 없다. 그에게 더욱 중요한 것은 이념이나 사상이 아니라 권력 장악이었다(남경희, 『주체, 외세, 이념: 한국 현대국가 건설기의 사상적 인식』, 이화여자대학교출판부, 1995 참조).

213 니콜로 마키아벨리 지음, 강정인 옮김, 앞의 책, 146~147쪽.

214 디트리히 뤼시마이어 외 지음, 박명림 외 옮김, 『자본주의 발전과 민주주의: 민주주의의 비교역사연구』, 나남, 1997, 91쪽.

215 임진왜란 당시 조선조와 명나라의 관계, 그리고 선조의 태도에 관해서는 한명기, 『임진왜란과 한중관계』, 역사비평사, 1999를 참조.

216 박영도, 「세계화시대의 민주주의, 그 딜레마와 전망」, 『경제와 사회』 45호, 2000년 봄.

217 Robert T. Oliver, op. cit., p. 282.

218 좌익들은 점령 직전 인민공화국을 결성하였는데, 이는 미 점령군의 주권을 인정하지 않으려는 조치였다. 실제 이들은 1945년 8월 14일 이후 일본의 주권에서 독립이 되었으며, "정부를 수립하는 권리는 인민에게만 있다"고 주장하였다(조선사회과학연구소, 「군정과 인민정권」, 『신세대』, 1946년 5월). 그러나 미군정의 인공 부인으로 이들의 주장은 일방적인 선언으로만 남게 되었다.

219 Chalmers Johnson, The Blowback: The Costs and Consequences of American Empire, New York: Henry Holt and Company, 2000, pp. 100~101.

220 『자유신문』, 1949년 5월 10일자(국사편찬위원회, 『자료 대한민국사 12』, 국사편찬위원회, 1999, 103쪽에서 재인용).

221 윤석오 외, 앞의 책, 172쪽.

222 김정렬, 『김정렬 회고록』, 을유문화사, 1993, 99쪽.

223 같은 책, 129쪽.

224 "우리들은 남한이 미국의 방위의 제1선에 해당한다고 생각하는지 아니하는지를 알고자 하는 바이다"(『연합신문』, 1949년 5월 8일자〔국사편찬위원회, 앞의 책, 81쪽에서 재인용〕).

225 佐佐木春隆 지음, 강창구 엮어옮김, 앞의 책, 176쪽.

226 라종일 엮음, 『증언으로 본 한국전쟁』, 예진출판사, 1991, 111쪽.

227 그런데 6월 27일 아침경부터 이승만이 점차 초조해하고 흥분한 것은 미국의 지원이 곧바로 이루어질지 불분명했기 때문이었다. 6월 28일 대전에 도착한 후 그는 미국사람들에게 속았다고 분통을 터뜨렸다. 그는 "미국 사람들을 어떻게 믿겠어? 전쟁 난 지가 벌써 사흘째가 아냐. 도대체가 연합군 최고사령부는 무얼 하는지 모르겠구먼. 큰일 낼 사람들이야. 내가 속았어 내가 속았어〔……〕" 또 부산으로 피란한 뒤 이승만은 "내가 잘못 판단했어. 이렇게 빨리 부산으로 오지 않아도 되는 것인데"라며 흥분하였다고 한다(부산일보사 기획연구실, 『비화 임시수도 천일(상)』, 부산일보사, 1983, 12쪽). 그는 25일부터 줄곧 미국이 도와 줄 것이라는 그가 애초에 한 판단의 확실성을 의심하면서 불안해했다.

228 김정렬, 앞의 책, 335쪽. 「항공의 경종」은 김정렬 본인이 1949년 4월 자비로 출간한 팸플릿으로 『김정렬 회고록』 323~325쪽에 전문이 실려 있다.

229 佐佐木春隆 지음, 강창구 엮어옮김, 앞의 책, 74쪽.

230 이원순 엮어지음, 『인간 이승만』, 신태양사출판국, 1965, 305쪽.

231 이승만의 미국책임론에 대해서는 『한성일보』 1948년 10월 9일자 참조.

232 이승만의 8.15 기념사(대한민국국방부 전사편찬위원회, 『한국전란 이년지』, 대한민국국방부 전사편찬위원회, 1953, C137).

233 이원순, 앞의 책, 329쪽. "구걸하고 있는 것이 아니다. 도의적 의무감과 미국 자신의 안전을 위해서이다".

234 『워싱턴포스트』는 6월 27일자에서 "국무성은 물론 남침사건에 대한 제1차적인 책임을 지게 되었으며, 국회의원들이 중앙정보국은 낮잠을 자고 있었느냐고 질의를 편 것은 당연하다"라고 지적하고 있다(Washington Post, June 27, 1950〔한국홍보협회, 앞의 책, 508쪽에서 재인용〕).

235 그러나 전쟁이 끝난 후 미국책임론은 사라지고 오로지 소련-북한책임론만 등장하게 되었다.

236 임영신, 앞의 책, 277쪽.

237 나는 정부의 말석에 참여할 일이 있어서 군사원조를 아무리 요청하여도 청이불문(聽而不聞)하던 미국의 태도를 약간 짐작하였는지라 우리나라의 국방이 탈났다기보다는 미국의 태도가 원망스럽게 짝이 없었다. 대체 미국 사람들은 무엇을 생각하고 있는 것일까? (유진오, 앞의 책, 19쪽).

238 유재흥, 앞의 책, 117쪽.

239 「무초 대사가 털어놓는 건국비화」, 『정경문화』, 한국정경연구소, 1986년 6월, 316쪽.

240 김정렬, 앞의 책, 335쪽.

241 서울신문사 엮어지음, 『주한미군 30년』, 행림출판사, 1975, 138쪽.

242 박광주, 「이승만의 집권과정과 정치적 성격」, 『현대사를 어떻게 볼 것인가』, 동아일보사, 1990, 446쪽.

243 Gregory Henderson, *Korea: The Politics of the Vortex*, Cambridge: Harvard University Press, 1968, pp. 162∼168.

## 3부 점령

1 한국홍보협회, 앞의 책, 254쪽.

2 김정훈, 「남북한 지배담론의 민족주의 비교연구」, 연세대학교대학원 사회학과 박사학위논문, 1999 참조.

3 1960년 4·19혁명 당시 내무부장관으로서 부정선거에 앞장섰던 최인규는 서울에 국군과 유엔군이 들어왔을 때 다음과 같이 생각했다고 한다. "공산군이 들어 온 날 저녁잠을 이루지 못하고 한 맹세를 되풀이하여 보았다. 첫째 정부나 대통령이나 국군이나 경찰에 대해 불평을 참고 살 것. 둘째 자유와 민주의를 위하여 투쟁하되 감상적으로 비관적인 면을 청산하고 자유와 민주주의 또한 대한민국과 그의 헌법을 공산 침략으로부터 수호할 수 있는 강력한 대통령과 정부, 그리고 또한 국방군을 가진 나라를 세우기 위하여 목숨을 내놓고 투쟁할 것. 셋째 공산당과 타협 없는 투쟁을 할 것"(최인규, 『최인규 옥중자서전』, 중앙일보사, 1984, 123쪽).

4 Francis Fukuyama, *The End of History and the Last Man*, New York: Free Press, 1992.

5 김일성, 『김일성 저작집 6(1950. 6∼1951. 11)』, 조선로동당출판사, 1980, 10쪽.

6 과학원 역사연구소, 『조선통사(하)』, 오월, 1988, 394쪽.

7 같은 책, 396쪽.

8 백철, 『(속)진리와 현실』, 박영사, 1976, 22쪽.

9 조성관, 앞의 글.

10 김시중, 앞의 글, 352쪽.

11 소정자, 앞의 책, 69쪽.

12 지방의 좌익들은 북측의 눈치를 살필 수밖에 없었다. 남한에 잔존하던 좌익들은 국민보도연맹에 가입하거나 당 활동을 사실상 중단하지 않을 수 없었기 때문이다. 북한은 이들을 불신하였다. 그래서 초기에 지방 좌익으로 당위원장이 구성되었다가 곧바로 교체되는 경우가 많았다. 광주의 경우에 대해서는 전남일보 광주전남현대사기획위원회, 『광주전남현대사 2』, 실천문학사, 1991, 215쪽 참조.

13 권영진, 「북한의 남한 점령정책」, 『역사비평』 계간5호, 1989년 여름, 80쪽.

14 김태길의 이화여자대학교 자치위원회에 관한 증언에 의하면 처음에는 현지인이 위원장을 맡았으나 곧바로 북에서 직접 파견된 위원장으로 대체되었다고 한다(김태길, 앞의 글,

89쪽).

15  한국홍보협회, 앞의 책, 257쪽.

16  장미승, 「북한의 남한 점령정책」, 한국정치연구회 정치사분과, 『한국전쟁의 이해』, 역사비평사, 1990, 181쪽.

17  전남일보 광주전남현대사기획위원회, 앞의 책, 229쪽.

18  권영진, 앞의 글, 86쪽.

19  A. 토크빌 지음, 朴智東 옮김, 『미국의 민주주의』, 한길사, 1983, 19쪽.

20  유럽과 미국의 선거사는 선거권 자격제한이 점차 완화되어 온 역사였다. 그런데 한국은 선거권 자격제한체제(regime censitaire)를 거치지 않고 전면적인 보통선서를 실시한 희귀한 예이다(박찬표, 앞의 학위논문, 321쪽).

21  Norberto Bobbio, *Democracy and Dictatorship: The Nature and Limits of State Power*, Minneapolis: University of Minnesota Press, 1989.

22  이춘식, 「선거독본: 남조선 반동보선법을 철저 분쇄하자」(국사편찬위원회, 『북한관계사료집 X』, 국사편찬위원회, 1990, 521~583쪽).

23  박찬표, 앞의 학위논문, 331쪽.

24  남한의 선거가 문맹자의 의사표현을 사실상 봉쇄했다는 점에서는 남북한 양측에서 모두 비판하고 있다. 북한은 거주 제한, 문맹자 제한 규정을 적용할 경우 5·10선거 당시 남한의 실제 투표인수는 820만 중 105만 명에 불과하다고 비판하고 있으나(이춘식, 앞의 글, 561쪽), 윤천주는 그중 국문 불해득자가 30% 이상, 즉 235만이 된다고 주장한다(윤천주, 『투표참여와 정치발전: (속)우리나라의 선거실태』, 서울대학교출판부, 1994, 21쪽).

25  김성칠의 일기를 보면, 반장이 모든 유권자를 사실상 강제로 동원하였으며, 의장단의 선출도 각본대로 진행하였으며, 입후보자 역시 군중 추천의 형식을 빌었으나 실제로는 사회자와 추천자의 각본에 의해 이루어졌다. 투표는 거수로 진행하였는데, 반대 거수자는 핀잔을 들었다고 한다(김성칠, 앞의 책, 132~137쪽). 이러한 단일입후보제하의 흑백함 선거는 소련의 제도를 모방한 것이라고 한다.

26  북한은 "우리 조국 북반부에는 인민들의 자발적인 창의로 인민정권인 인민위원회들이 창설되었고 인민을 위한 민주주의적 자유가 완전히 보장되고 있다. 하부로부터 상부에 이르기까지 인민정권은 벌써 두 번이나 선거를 실시하였다. 〔……〕 반대로 우리 조국 남반부에는 인민에 의해 선거된 정권이 없다. 거기에는 일본제국주의 지배시대의 통치제도가 그대로 남아 있다. 국회에는 대지주와 반동적 자본가들뿐이었고 로동자 농민의 대표는 한 사람도 들어가지 못하였다"고 주장하였다(국사편찬위원회, 『북한관계사료집 XI』, 국사편찬위원회, 1991, 374쪽).

27  "군인민위원장, 보안서장, 면인민위원장 들은 20대의 젊은이들이 많았다. 이들은 대개 사회적으로 불우한 가정에서 태어났으므로 별로 배운 것은 없으나 재질이 있는 사람들이기 때문에 옛날 사회에 대해 불만이 많은데 공산주의자들이 발탁하여 공산주의 사상으로 철저히 무장시켜 놓고 자기들에게 권리를 주며 이들에게 충성을 아끼지 않았다"(지학순, 『내가 겪은 공산주의: 체험실기』, 가톨릭출판사, 1975, 69쪽).

28 이주철,「북조선 노동당의 당원과 그 하부조직에 관한 연구」, 고려대학교대학원 사학과 박사학위논문, 1998, 54쪽.

29 박천군민회 엮음, 앞의 책, 207쪽. 중국의 경우에도 "공산주의 지도자들은 지주나 부농의 자식이었던 데 비해 국민당 지도자들은 상인이나 도시인 등이 많았다. 그러나 공산당도 오지로 들어갈수록 중류계급이나 상류계급보다 지식인들보다 농민의 자식이 당요원으로 대체되었다(에릭 R. 울프 지음, 곽은수 옮김,『20세기 농민전쟁』, 형성사, 1984, 150쪽).

30 이주철, 앞의 학위논문, 21쪽.

31 FRUS, p. 115.

32 김성보,「북한의 토지개혁과 농업협동화」, 연세대학교대학원 사학과 박사학위논문, 1997, 59쪽.

33 1945년 12월에는 13개도와 31개시와 22개의 군에 모두 인민위원회가 존재하였으며, 리 단위 지부도 2,82개나 있었다(이강국,『민주조선의 건설』, 조선인민사, 1946, 4쪽).

34 20일 인민대회 6개항 결정서의 내용은 "1. 인민위원회의 여수 행정기구를 접수한다. 2. 조 선 민주주의인민공화국에 대한 수호와 충성을 맹세한다. 3. 대한민국 분쇄를 맹세한다. 4. 남한정부의 모든 법령은 무효로 선언한다. 5. 친일파, 민족반역자, 경찰관 등을 철저히 소 탕한다. 6. 무상몰수 무상분배의 토지개혁을 실시한다"였다(여수지역사회연구소,『여순 사건 실태조사보고서 제1집』, 1998, 154쪽).

35 같은 책, 399쪽.

36 박천군민회 엮음,『박천향토지』, 박천군민회, 1979, 235쪽.

37 「국제연합관계 제보고서」(대한민국국방부정훈국, 앞의 책, C393).

38 김일성은 "새 조선은 자본주의의 길이 아니라 진보적 민주주의의 길로 나아가야 합니다" 라고 밝힌 바 있다(조선로동당 중앙위원회 엮음,『김일성 선집 1』, 대동, 1988, 412쪽).

39 여기서 일상화된 스탈린주의란 곧 공산주의의 조직원칙, 체제 운영원칙이 되어 버린 민주 집중제를 지칭한다(Ronard Tiersky, Ordinary Stalinism: "Democratic Centralism" and the Question of Communist Political Development, Boston: Allen & Unwin, 1985 참조).

40 모세 레윈 지음,「스탈린이즘의 사회적 배경」, 로버트 터커 엮음, 김광삼 옮김,『스탈린이 즘: 공산주의 혁명과 철학』, 문학예술사, 1982, 37쪽.

41 전쟁 중 조선노동당의 당내 규율 강화와 반대파 숙청 과정에 대해서는 방인후,『북한「조 선노동당」의 형성과 발전』, 고려대학교출판부, 1967, 140~147쪽 참조.

42 하루키는 이 점에서 북한을 유격대 국가라고 지칭한 바 있다.

43 "파시스트적 학살자 이승만은 인민들의 원쑤입니다"(1950년 1월 9일 중앙위원회에서 박 헌영이 발표한「남조선 현정세와 애국적 제정당·사회단체들의 임무」〔국사편찬위원회, 『북한관계사료집 VI』, 국사편찬위원회, 1988, 340쪽). "당 대열에 나쁜 놈들이 들어오지 못하게 할 뿐 아니라 이미 들어온 불순분자, 이색분자들을 적발하여 철저히 제거하여야 합니다."(조선로동당 중앙위원회 엮음, 앞의 책, 416쪽) 등의 표현에서 나타나고 있다.

44 김일성은 자신들이 추구하는 민주주의는 근로대중을 억압 착취하는 지주, 자본가 계급을 위한 미국식 민주주의도 아니며, 소련식 민주주의도 아니라고 말했다(조선로동당 중앙위

원회 엮음, 앞의 책, 368쪽). 그것은 "새 형의 민주주의이며 우리나라의 실정에 맞는 조선식 민주주의"라고 주장하였는데, 그 구체적 내용이 무엇인지 밝히지는 않았으나 모택동이 주장한 식민지 잔재청산을 주요 내용으로 하는 반제반봉건의 성격을 강조한 것이라고 볼 수 있을 것이다.

45 일제 잔재세력 숙청, 주요 산업의 국유화, 소작제 폐지, 토기개혁 실시, 8시간 노동제 실시 등이 그 내용이다. 이 정강은 1948년 9월 8일 채택된 「조선민주주의인민공화국 헌법」에 포함되었다.

46 과학원 역사연구소, 앞의 책, 306쪽.

47 1946년 3월 3일자 「북조선 농민연맹대회결정서」(국사편찬위원회, 『북한관계사료집 Ⅶ』, 국사편찬위원회, 1989, 341쪽).

48 김성호, 「남북한의 농지개혁 비교연구」, 홍선찬 엮음, 『농지개혁 연구』, 연세대학교출판부, 2001, 248~257쪽.

49 "공자·맹자라도 해결할 수 없었던 토지 문제를 김일성 장군이 해결"이라는 표현에서 알 수 있듯 김일성은 일약 민족의 태양으로 신격화·카리스마화되었다(김성호, 앞의 글, 253쪽).

50 이승엽, 「조국통일을 위한 남반부 인민 유격투쟁」, 김남식 엮음, 『「남로당」연구자료집 제1집』, 고려대학교 아세아문제연구소, 1974.

51 櫻井浩〔사쿠라이 히로시〕, 「한국전쟁의 기원에 관한 일고찰」, 김동춘 엮음, 『한국현대사연구 I』, 이성과현실사, 1988 참조.

52 Robert T. Oliver, *Why War Came in Korea*, New York: Fordham University Press, 1950, p. 284.

53 김성호, 앞의 글, 269쪽.

54 물론 점령 시 북한 측이 발행한 『해방일보』에는 남한의 농민들이 토지개혁을 열렬히 환영하였다고 보도하였다. 이 점은 추후 더 검토되어야 할 과제이다(『해방일보』 7월 말에서 8월까지의 기사 참조).

55 남한의 농지위원회는 "가급적 민의를 반영시켜서 민정에 적합한 농지개혁 사무를 추진하자"는 취지를 가졌으나 실제는 행정기관의 자문기관의 역할에 그쳤으며, 읍면의 농지위원회의 경우 농지를 매수당하는 측과 분배받는 측이 반반을 차지하였다(김성찬, 『농지개혁과 나의 할 일: 농지개혁지침』, 혜성사출판부, 1950, 34~35쪽). 한편 남한의 농지위원회는 관할 구청 행정장이 맡고 농지위원중 반은 지주들이었으며, 나머지 반이 농지를 받은 사람들이었다(강정구, 앞의 책, 1996, 136쪽).

56 1950년 7월 4일 공표된 '조선민주주의인민공화국 최고인민회의 상임위원회 정령'. 「공화국 남반부지역에 토지개혁을 실시함에 관하여」에 대해서는 국사편찬위원회, 앞의 책, 338쪽 참조.

57 같은 책, 339쪽.

58 「남반부 토지개혁 실시는 농촌경리 발전에 있어서 거대한 력사적 사변으로 된다」(같은 책, 558쪽).

59 그러나 남한에서도 실제로는 5정보까지만 경작하도록 한 것으로 보인다(김문현, 「한국현 대사의 증언: 남로당 지방당 조직의 활동상을 밝힌다」, 『역사비평』 계간 3호, 1988년 겨 울).

60 권영진, 앞의 글, 88쪽.

61 김문현, 앞의 글, 334쪽.

62 「남반부 토지개혁 실시는 농촌경리 발전에 있어서 거대한 력사적 사변으로 된다」(국사편 찬위원회, 앞의 책, 566쪽); 과학원 역사연구소, 앞의 책, 411쪽.

63 김진계, 앞의 책, 1990; 전남일보 광주전남현대사 기획위원회, 앞의 책, 173쪽.

64 토지를 평균 분배하는 줄 알고 제초사업을 등한시한다는 비판, 토지개혁을 하면 앞으로 더 좋은 토지를 살 수 없으므로 그리 좋은 것 같지 않다는 발언들에 대한 지적도 있었다. 어떤 곳에는 자작농이라도 고용노동력만 사용했으면 몰수된다고 규정하여, 강화군의 경 우 토지 5,000평만 있으면 모두 지주로 규정하여 몰수한다고 말하기도 하였다(「농림성 남 반부 토지개혁지도위원회 결정서: 서울시 및 경기도 토지개혁 실행위원회 사업정형에 대 하여」, 국사편찬위원회, 앞의 책, 490~492쪽 참조).

65 1950년 8월 15일자 「토지개혁사업 실행에 대한 사업 지시서」(국사편찬위원회, 같은 책, 509쪽).

66 전라북도경찰국, 『꽃피는 산하: 6·25의 흔적을 찾아서』, 전라북도경찰국, 1980, 241쪽. 옥 구 회현면의 두회철의 경우 자신의 노력으로 부농이 되었으며, 일제하에서 면장을 하였으 나 주민의 편에 서서 많은 일을 하였고, 사친회장으로서 많은 사재를 내놓는 등 주민들을 위해 많은 일을 하여 신망을 받고 있었던 독농가였으나 점령 시 체포되고 재산을 빼앗겼 으며, 결국 학살당했다고 한다.

67 한국농촌경제연구원, 『수복지구의 남북한 농지개혁에 관한 연구』, 한국농촌경제연구원, 1989, 82쪽.

68 간평은 벼의 경우 작물 1평을 곱게 떨어서 저울로 단 후 수확기까지의 수분감량률, 탈립 률, 풍수해 예상감률을 뺀 나머지를 실수확으로 잡는다. 수확량 조사는 50평 이상의 모든 농지에 대해 실시되었으며 하천부지, 화전까지 실시되었다. 그러나 수확량 조사는 엄밀하 게 시행되지는 않았으며 대부분 목측조사로 바뀌고 심지어는 전년도 수확량에 맞추어 책 상조사에 그치는 경우도 많았다고 한다(한국농촌경제연구원, 앞의 책, 85쪽).

69 김재준, 앞의 책, 75쪽. 당시 수원군인민위원회 서기장이었던 김시중은 그것은 "졸열한 처 사"였다고 비판하고 있다(김시중, 앞의 글, 353쪽).

70 인민군 측은 동네 사람들을 모아 놓고 남자와 여자가 같다고 선전하기도 했다. 그러나 어 떤 이는 "여자로 태어나 애 낳기가 제일 힘든데 여자가 남자랑 똑같은 북한에서는 남자가 애도 낳아 줍니까"라고 질문해서 모인 이들이 박장대소하기도 했다(성공회대 사회복지학 과 K양의 보고서).

71 「제8회 국회임시회의 속기록」 제40호, 국회사무처, 1950년 11월 1일, 6쪽.

72 이건호, 「폭력에 대한 항의」, 유진오 외, 앞의 책, 79쪽.

73 전라북도경찰국, 앞의 책, 136쪽.

74 이동욱, 앞의 책, 461쪽.

75 이건호, 앞의 글, 82쪽.

76 김성칠, 앞의 책, 74쪽.

77 카를 폰 클라우제비츠 지음, 김홍철 옮김, 앞의 책, 49쪽.

78 Kenneth N. Waltz, *Man, the State and War: A Theoretical Analysis*, New York: Colombia University Press, 1959, p. 81.

79 김일성, 앞의 책, 14쪽.

80 이건호, 앞의 글, 88쪽.

81 「반동분자 처단과 재산처리에 관하여」(국사편찬위원회, 앞의 책, 545쪽).

82 김재준, 앞의 책, 59쪽. 서울에 잔류하였던 김재준이 기독교인 혹은 목사에 대한 선별과정에 대한 증언을 들어 보면, 일제시대와 이승만 시기 당국의 시녀됨을 거부하고, 의를 위해 고생한 사람은 "유격대에다 편입시키자", "일제시대에나 이승만 시대에 조용하게 자기를 지켜 당국에 붙거나 이용당하는 일이 없던 사람"은 완전히 정권을 세울 때까지 건드리지 말자, "일제시대에나 이승만 시대에나 당국의 앞잡이가 되어 적극 협력한 사람"은 사형에 처한다고 되어 있다.

83 백철, 앞의 책, 415쪽.

84 김일성은 먹고살기 위해서나 강압에 못 이겨 억지로 친일한 것은 용서되어야 한다고 주장하였다(조선노동당 중앙위원회 엮음, 앞의 책, 410쪽).

85 박광섭, 「한국전쟁전후의 북한 형사법제」, 고병철 외, 『한국전쟁과 북한사회주의 체제건설』, 경남대학교 극동문제연구소, 1992, 46쪽.

86 김일성, 앞의 책, 273쪽.

87 함평군사편찬위원회, 『함평군사 2』, 함평군사편찬위원회, 1999, 67쪽.

88 이구영, 앞의 책, 139쪽.

89 김기림이 정치보위부에 끌려간 이후 백철 등 문인들이 진정서를 쓰려고 계획한 적도 있다(백철, 앞의 책, 409쪽).

90 서태원의 경우 해방 후 우익반탁운동에 주동역할을 했지만 그후 고향에서 농촌운동을 해 친일 경력이 상쇄되었다는 판단을 받았다. 또 그후 이승만 정권하에서 2대 국회에 입후보한 것도 문제가 되었는데, 어쨌든 지방 주민들의 진정에 의해 석방되었고 인민군 입대 권유를 받았다(서태원, 『서태원 자서전』, 일조각, 1984, 89쪽).

91 정치보위부에서 특별심사를 받은 계광순은, "외정 때는 고관을 지냈고, 8·15 이후에는 모리배로 성공했는데 그 비결을 말하라"는 질문을 받았다(중앙일보사 엮음, 『민족의 증언 2』, 188쪽).

92 사업가 윤인상은 다음과 같이 회고한다. "나의 죄목이라는 것은 큰 자식을 미국에 유학 보낸 것이고, 미군 비행기가 공중에 떠 있는 것을 보고 좋아서 손뼉을 쳤으며, 장판지 공장에서 일하는 직공을 변소에도 못 가게 학대했다는 것이었다"(윤인상, 앞의 책, 209쪽).

93 앞의 윤인상은 인민군 치하에서 서울에서 살았는데, 결국 보위부에 잡혀가서 자신이 민족과 인민의 편임을 강조하였다. "동무는 어찌해서 욕을 하느냐. 내 손바닥을 보아라. 일본

의 관립대학을 졸업한 자는 관리가 되든지 장사를 하더라도 무역상 같은 것을 한다. 나는 해방 후 적산을 하나도 산 일이 없으며, 내 자신 직공들과 같이 한지를 뜨고 가공을 해서 손이 이렇게 된 것이다" 즉 노동자로서의 모습을 보여 주자 풀려날 수 있었다. 이를 통해 서울을 점령한 북한의 처벌이 어떠한 기준으로 진행되었는지 추측할 수 있다.

94 부르주아로 분류될 것이라고 생각되는 사람들이 가장 두려워하였다. "당시의 이화여대는 가장 부르주아적이라는 평을 들었고, 이화여대의 교수들은 자신들의 신분에 대해 남달리 불안을 느끼는 경향이 있었다(김태길, 앞의 글, 87쪽).

95 김재준에게는 성분조사에서 "민족반역자"라는 명패가 주어졌다. "민청단원이 우리 집에 와서 '역산'이라는 딱지를 부치고 한 주일 안에 집을 비우라고 하였다"(김재준, 앞의 책, 62쪽).

96 「반동분자 처단과 재산처리에 관하여」(국사편찬위원회, 앞의 책, 543쪽).

97 「남조선 현 정세와 애국적 제정당, 사회단체에 관한 보고」(국사편찬위원회, 『북한관계사료집 VI』, 347쪽).

98 박광섭, 앞의 글, 33쪽.

99 여수지역사회연구소, 앞의 책, 144쪽.

100 이봉하, 앞의 글, 235쪽.

101 대한적십자사, 『이산가족백서 1·2』, 1986, 79쪽.

102 김팔봉의 증언(중앙일보사 엮음, 앞의 책, 58~60쪽).

103 이건호, 앞의 글, 81쪽.

104 "사람들 모아 놓고서 이자는 이러이러해서 반동분자다 하고 떠든다고. 그럼 동네 사람들이 발발 떨고 있다가 '이사람 죽여도 좋다는 사람 손 들어' 그럼 안 들면 자기 죽일까봐 다 들어. 그래서 그 사람 데려다 죽여 버려. 거 야단을 해대니 찬바람이 안 들겠어……" (성공회대학교 일어일본학과 C양의 보고서).

105 김성칠, 앞의 책, 79쪽.

106 같은 책, 85쪽.

107 전남일보 광주전남현대사 기획위원회, 앞의 책, 261쪽.

108 전라북도경찰국, 앞의 책, 256쪽.

109 이영식, 『빨치산』, 행림출판, 1988, 134쪽.

110 이태호 지음·신경완 증언, 앞의 책, 23~24쪽.

111 중앙여자중고등학교동창회 엮음, 『우리 황신덕 선생』, 중앙여자중고등학교동창회, 1971, 248쪽.

112 정인보, 이광수, 백관수, 명제세, 최린, 현상윤, 임용하 등이 그에 속한다.

113 이태호 지음·신경완 증언, 앞의 책, 19쪽.

114 박계주, 앞의 책, 125쪽.

115 김태길, 앞의 글, 89쪽.

116 전남일보 광주전남현대사기획위원회, 앞의 책, 224쪽.

117 장영창, 앞의 책, 78쪽.

118 *FRUS*, p. 115.

119 조선로동당 중앙위원회 엮음, 앞의 책, 416쪽.

120 이동화는 이에 대해 일제의 탄압 아래서도 민족주의자로서 절개를 굽히지 않았던 독실한 기독교인들도 포함되어 있었는데, 이러한 만행은 어떠한 구실 또는 어떠한 상황에 의해서도 정당화될 수 없다고 비판하였다(김학준, 『이동화 평전』, 민음사, 1990, 160쪽).

121 전남일보 광주전남현대사 기획위원회, 앞의 책, 286쪽.

122 같은 책, 227쪽.

123 김재준의 경우 다음과 같은 무고를 당하였다. "김재준이 거리에 나가 공산당 선전원 노릇하는 것을 봤다. 이북에 다녀왔다. 적기를 들고 가두행진을 하는 것을 봤다"(김재준, 앞의 책, 144쪽).

124 윤길중, 앞의 책, 98쪽.

125 백철, 앞의 책, 441쪽.

126 유재흥은 서울 수복 후 방첩대에 근무한다는 장교로부터 월북한 빨갱이의 집 한 채를 가지라고 권유받은 적이 있었다. 서정주의 증언에 의하면 시인 이호우는 대구에서 가슴에 피멍이 들어 합숙소로 업혀온 적이 있었는데 그는 자신의 소유 주택을 탐낸 어느 장교가 그를 유엔군을 따라온 일본인에게 빨갱이 협조자로 무고하여 붙들렸고 죽도록 고문당한 후 풀려왔다고 한다. 그러고는 무서워서 못살겠으니 문인들이 있던 합숙소에 부디 좀 같이 끼여 살자고 왔다는 것이다(서정주, 『미당 자서전 2』, 민음사, 1994, 276쪽).

127 『동아일보』, 1950년 9월 29일자.

128 서산정석해간행위원회 엮음, 『서산 정석해 그 인간과 사상』, 연세대학교출판부, 1989, 130쪽 이하. 서정주의 증언에 의하면 한국문화단체총연합회 부역자 심사의 경우 당국이 예술가의 일은 예술가 여러분이 잘 아실 것이니 이 명단을 잘 검토하여 그 죄상의 경중을 평가해 보라고 요구하였다고 한다. 평가기준은 a에서 e까지 5등급이고 a는 총살, b는 장기형, c는 단기형, d는 설유 석방, e는 무죄로 한다는 것이었는데, 당시 문인들은 일률적으로 d, e로 해서 그들을 모조리 석방시키도록 했다는 것이다(서정주, 앞의 책, 280쪽).

129 「제8회 국회임시회의 속기록」 제40호, 6쪽.

130 한독당의 경우 "한독당 간판이 정부 망명 이후에도 계속 걸려 있었다는 것, 당 운영을 했다는 것, 남북협상을 하려고 평양에 갔었고 또 양군 철수를 계속 주장하면서 평화통일정책으로 일관한 것은 이적행위"라고 규정되었다(신창균, 앞의 책, 175쪽).

131 그러나 이러한 작업에 대한 비판도 거세게 제기되었다. 즉 "수도를 사수하자고 결의한 다음 남하한 것은 나라를 위한 행동이 아니었으며, 남하한 의원이 결코 정당한 의원이 아니었다"는 반론이 제기된 것이다(신광균 의원의 발언. 「제8회 국회임시회의 속기록」 제40호, 7쪽).

132 그는 "전쟁이 나자 나라를 지키지 못하고 서울을 사수하겠다는 거짓 방송이나 하고 국민들에게 어떻게 하겠다는 지침도 제시하지 못한 행정부나 국회가 비록 전쟁 중이지만 국민을 마음대로 잡아가고 처단하겠다니 이 같은 인권 유린은 있을 수 없는 일이다"라고 판단하고 "이 사형금지법의 입법취지는 전쟁과 비상사태를 빙자하여 자행되기 쉬운 국

민의 기본권 침해 방지를 위해서이며 특히 전쟁 때는 사적인 보복을 금하고 이성적으로 민주 법질서를 회복하자는 데 있습니다"라고 밝힌 바 있다(윤길중, 앞의 책, 95쪽).

133 11월 3일 국회에서는 정부에서 지명한 신임 국무총리 백낙준을 100대 21표로 부결하였으며, 의원 85명의 연명으로 내각의 총사퇴를 요구하기도 하였다(대한민국국방부 전사편찬위원회, 『한국전란 일년지』, A77쪽).

134 박원순, 「전쟁부역자 5만 명, 어떻게 처리되었나」, 『역사비평』 계간9호, 1990년 여름, 186~187쪽.

135 박정근 의원의 발언(「제8회 국회임시회의 속기록」 제39호, 국회사무처, 1950년 10월 31일, 14쪽).

136 조병옥, 앞의 책, 309쪽.

137 『동아일보』, 1950년 11월 16일자.

138 조병옥, 앞의 책, 310쪽.

139 유엔한국위원단은 "본 위원단의 의사를 존중한 데 있고 대통령이 12월 13일 여러 형무소를 방문한 결과 수인들의 참상에 동정심이 생긴 데 있다"고 말하였다(「국제연합관계 제 보고서」, 대한민국국방부 전사편찬위원회, 『한국전란 이년지』).

140 김태길, 앞의 글, 87쪽. 앞의 김재준의 경우 인민군 치하에서 '동책'으로서 자신을 보호해 준 이 학우를 국군 치하에서 어떻게 보호해 주었는지를 잘 보여 주고 있다. 그는 "학우는 결코 공산주의자가 아니다. 가난한 집 자식도 아니다. 맏형은 『리더스 다이제스트』한국판 책임자이고, 둘째형은 저 산토벌대장인 국군헌병 소령이다. 〔……〕 보라 200여 호되는 큰 동네에 소나 돼지, 닭 한 마리, 쌀 한 톨이든 수탈된 적이 있었는가? 모두가 학우의 지혜로운 작전에서 거둔 열매다. 그는 애국자였고, 부역자가 아니었다. 〔……〕 심사당국의 신중한 고려를 바란다"고 하였다(김재준, 앞의 책, 82쪽).

141 정태영, 『조봉암과 진보당』, 한길사, 1991, 497쪽.

142 전남일보 광주전남현대사기획위원회, 앞의 책, 280쪽.

143 박완서, 『그 많던 싱아는 누가 다 먹었을까』, 웅진출판사, 1992, 273쪽.

144 오제도 외, 『赤禍三朔九人集』, 국제보도연맹, 1951, 13쪽.

145 연좌제는 1980년까지 지속되었다. 당시 국가보위입법회의는 전두환 상임위원장 이름으로 "6·25동란 중 불가피한 상황에서 본의 아니게 저지른 경미한 과오 또는 본인의 잘못이 아닌데도 좌경 입장에 있던 가족, 친지 등 제3자와의 관계에 의해 등록된 기록 때문에 많은 국민들이 공사생활에서 불편과 불이익을 당해 왔던 폐단을 시정하기 위해 연좌제를 전면 철폐한다"고 밝혔는데, 이는 역으로 그 동안 한국 정부가 부역자에 대한 기록을 관리하면서 가족과 친척들에게 불이익을 주어 왔음을 시인하는 것이다.

146 "국군이 서울 수복 후 조사도 한두 번이어야지 이런 조사를 언제까지 계속할지 모르겠으니 귀찮아서 종군을 원한다"(이종찬 장군의 동생 이종호 의학박사의 증언〔유재홍, 앞의 책, 204쪽〕).

147 대한민국국방부 전사편찬위원회, 『한국전란 일년지』, 1951, C82쪽.

148 북한은 소위 민족반역자, 친일파, 악질경관, 악질관리 등을 제거하기 위해 항일혁명전통

에 입각한 민중재판의 형식으로 전개하였다. 그러나 이것이 진정으로 인민의 재판이었다고는 보기 어려울 것이다. 그것은 인민이 스스로 조직하고 참여하는 외관을 띠고 있으나 지도하는 임무는 당에서 관장하였다(박광섭, 앞의 글, 33쪽).

149 헌법제정 시에 북한은 최고인민회의와 최고인민회의 상임위원회에서 채택하는 법률을 구별하기 위해 전자는 명령, 후자를 정령이라고 구분하였다. 그런데 전쟁 시 점령 지역에서 발표한 법률은 대체로 정령에 속한다.

150 김남식, 『남로당연구 I』, 돌베개, 1984, 450쪽. 김시중의 증언에 의하면 6월 28일 출옥한 당원들은 시청 앞에 군별로 팻말이 있는 곳으로 집결했다고 한다. 이때 경기도당 조직부 부부장인 '동지'가 와서 "동지들 지금 감옥에서 나와 몸들이 불편할 줄로 알지만 어쨌든 전쟁에 이기고 봐야 할 것 아니요. 의용군에 나가시오. 나갈랍니까"라고 물어서 모두가 "예" 하고 대답하였고, 이후 며칠 동안 목총으로 훈련받은 다음 도당의 심사를 거쳐 부대에 배속되었다고 한다(김시중, 앞의 글, 352쪽).

151 소정자, 앞의 책, 76쪽.

152 노민영·강희정, 앞의 책, 81쪽.

153 1999년 9월 필자와 최하종의 면담.

154 이건호, 앞의 글, 93쪽.

155 조지프 굴든 지음, 김쾌상 옮김, 앞의 책, 147쪽.

156 국사편찬위원회, 『남북한관계사료집 22권』, 국사편찬위원회, 1996. 미국의 포로심문 기록 참조.

157 "7월 10일경 동인민위에서 중대한 회의가 있으니 각 가정의 남자들은 현재의 중앙극장에 모이라고 해요. 여러 동에서 나온 소·청·장년들이 2,000명이나 꽉 찼어요. 동무들은 대한민국에 붙어사는 동안 많은 적든 죄를 졌으니 속죄의 뜻에서 의용군으로 나가야 한다는 거예요. 그래서 며칠을 집에 숨어 있다가 7월 하순께 하도 궁금해서 학교에 나갔다가 잡혔습니다. 직장에서 끌려온 사람, 길거리에서 잡혀온 사람, 심지어는 거지, 병신들도 많아요. 나이는 17~18세에서부터 50세에 이르는 정도까지 〔……〕 나는 몸이 아파 못나간다고 하니, '이왕 죽을 목숨이면 조국을 위해 죽으시오'라고 대꾸합니다. 1·2·3차에 걸쳐 거의 다 지원서에 지장을 찍었지만, 약 300명은 끝내 불응했어요. 그중 한 청년을 이끌어 내어 반동분자로 몰더니 철봉대에 묶어 놓고 공개처형을 집행합니다."(중앙일보사 엮음, 앞의 책, 80~82쪽).

158 김문현, 앞의 글, 336쪽.

159 응모 장소에 와서 신체검사 때 이 구실 저 구실로 기회를 보아 피신하는 사람들이 많아지자 자위대원들이 대상자를 강제로 동원하여 응모시키는 경우도 있었다. 그러나 살벌하게 총으로 위협해서 전쟁에 나가는 경우는 거의 없었다(김진계, 앞의 책, 99쪽).

160 백철, 앞의 책, 423쪽. 자발성의 형식을 빌린 강제성이라고 보는 것이 타당할 것이다. 장영창의 기록에 의하면 문학가동맹에서는 전위시인 이ㅇㅇ가 단상에 올라가 "전쟁이 치열해짐에 따라 우리 문학가동맹에서도 의용군을 조직하여 일선에 나가기로 했다. 전원이 다 날인하여 제출 해 달라"는 요구를 하고서, 분위기를 그 쪽으로 몰아갔다고 한다. 이

것은 아무런 예고 없이 이루어진 것이다. 그가 말하듯이 생명과 관련된 일을 이렇게 순간적으로 결정하게 만드는 점에서 공산주의적 동원 방식의 특징이 드러난다.

161 이건호, 앞의 글, 98쪽.

162 1950년 8월 9일 발표된 「영등포구 종합보고서」(국사편찬위원회, 『북한관계사료집 X』, 495쪽).

163 같은 책, 327~328쪽.

164 대한적십자사, 앞의 책, 80~84쪽.

165 '다와이'는 8·15 이후 북한에서 소련군 병사들이 물건을 빼앗아갈 때 사용된 용어였다. 6·25 이후 인민군의 서울 점령 시 인민군에 의한 물자의 강탈을 지칭하는 용어로 널리 사용되었다고 한다(이건호, 앞의 글, 110쪽).

166 당시의 삐라 내용을 보면 "농민들의 추수평가를 낮게 하라", "가축의 수를 덜어서 보고 하라", "세금을 낮게 사정하야 정부에 보고하라" 등을 내용으로 하고 있었다.

167 장영창, 앞의 책, 84쪽.

168 「포고 제1호」(대한민국국방부 전사편찬위원회, 앞의 책, C5쪽).

169 이태섭, 「6·25와 이승만의 민중통제의 실상」, 『역사비평』 계간5호, 1989년 여름. 133쪽.

170 대한민국국방부 전사편찬위원회, 앞의 책, C51쪽.

171 같은 책, C77쪽.

172 서태원, 앞의 책, 98쪽.

173 리영희, 앞의 책, 169쪽.

174 소정자, 앞의 책, 112쪽.

175 같은 책, 112쪽.

176 백철, 앞의 책, 413쪽.

177 오제도 외, 앞의 책, 7쪽.

178 한재덕, 『김일성을 고발한다: 조선노동당 치하의 북한 회고록』, 내외문화사, 1965, 22~27쪽; 김창순, 『역사의 증인』, 한국아세아반공연맹, 1956 참조.

179 박천군민회 엮음, 앞의 책, 207쪽.

180 "피정복지의 이민족에 대하여도 이 이상의 압박은 가할 수 없을 만큼 그들은 우리를 완전히 노예로 대하였다"(이건호, 앞의 글, 89쪽).

181 최강득, 「8.15 전후의 박천 사회상」(박천군민회 엮음, 앞의 책, 205쪽).

182 이건호, 앞의 글, 115쪽.

183 오제도 외, 앞의 책, 8~10쪽.

184 앞의 한재덕의 경우가 대표적이다. 그는 일제 때는 공산주의 사상에 공명하였으며, 공산주의운동에 앞장선 경력을 갖고 해방 후 관영통신사인 민주조선의 주필을 역임하면서 『김일성 장군 개선기』를 간행하는 등 김일성 찬양운동의 앞장선 경력도 있으나 점차 체제에 환멸을 느끼고 격렬한 반공주의자가 된다(한재덕, 앞의 책).

185 김재준, 앞의 책, 302쪽.

186 앙드레 지드 지음, 정봉구 옮김, 『소련방문기, 1936』, 춘추사, 1994, 58~64쪽.

187 김태길, 앞의 글, 85~86쪽.

188 물론 마오쩌둥은 "우리가 독재와 전체주의를 시행하고 있다고 비방하는 외국의 반동분자들은 사실상 그들이 한 계급의 즉 부르주아지의 독재를 인민에게 수행하고 있는 자들이다"라고 반박하면서 "프롤레타리아독재는 부르주아독재로부터 배운 것이다"라고 말하고 있다(존 K. 페어뱅크 외 지음, 김성환 옮김, 『중국 혁명운동 문헌사』, 풀빛, 1986, 255쪽).

189 백철, 앞의 책, 415쪽.

190 T. R. 페렌바하 지음, 안동림 옮김, 『한국전쟁: 이 특수한 전쟁』, 현암사, 1976, 173쪽.

191 "정권의 장악을 위해서라면 못할 것이 없는 악당이라는 인상을 버릴 수 없었고, 김구 선생을 죽인 것도 바로 그 사람일 것이라는 생각이 거의 확신처럼 굳어져 가고 있었다. 서양 여자를 데리고 사는 것도 마음에 들지 않았고, 특히 국민위에 군림하는 그 거만한 태도가 싫었다"(김태길, 앞의 글, 91쪽).

192 서태원, 앞의 책, 93쪽.

193 전남일보 광주전남현대사기획위원회, 앞의 책, 238쪽.

194 이주철, 앞의 학위논문, 206쪽.

195 1999년 9월 필자와 최하종과의 면담. 그는 인민군 문화부중대장 정치장교로서 한국전쟁에 참전하였다.

196 성공회대학교 일어일본학과 K군의 보고서.

197 성공회대학교 신문방송학과 L양의 보고서.

198 성공회대학교 전산정보학과 C양의 보고서.

199 성공회대학교 일어일본학과 K양의 보고서.

200 성공회대학교 신문방송학과 J양의 보고서.

201 "개들은 조정은 했는데 기간이 짧아서 못했지〔……〕하려고 하다가 다 쫓겨 올라갔지." 성공회대학교 일어일본학과 C양의 보고서.

202 1950년 8월 30일자 한윤도 심문보고서(국사편찬위원회, 『남북한관계 사료집 21권(북한군포로심문보고서 1-2호)』, 국사편찬위원회, 1996, 103쪽).

203 김호림 심문보고서(같은 책, 106쪽).

204 "인민군 치하가 됐을 때 면에서 몇 사람이 나와 우리가 원수를 갚아 주겠다는 말만 하고 갔던 일이 있었지요. 그렇지만 전쟁 중이라 어쩔 수 없다며 곡식은 곡식대로 다 거둬 갔어요. 불과 두 달 정도밖에 지나지 않아 다시 수복이 되었고, 정부도 역시 전쟁 수행에 필요하다며 농작물을 전부 거둬 갔지요. 1951년경에는 한 집당 모조건 벼 열 가마씩을 세금으로 내라는 독촉을 받았습니다"(정희상, 『이대로는 눈을 감을 수 없소: 6·25 전후 민간인 학살사건 발굴르뽀』, 돌베개, 1990, 34쪽).

205 성공회대학교 일어일본학과 C양의 보고서.

206 전쟁 후 신세계백화점의 지하실에 피신하던 김기림은 그 자리에서 이제 자기들의 세상이 왔으니 건너편의 여류인사 집 앞에 세워 둔 지프차를 보면서 "내가 접수해서 타야지"라고 말하는 것을 들었다. 김기림은 "왜 뭣하면 그 집까지 접수해버리지"라고 응수했다

고 한다(백철, 앞의 책, 411쪽). 이 청년은 정치보위부의 선발대원이었는데, 이후 보복차
원에서 김기림을 실어갔다는 것이다.

207 성공회대학교 사회복지학과 L양의 보고서 중 큰아버지 인터뷰.

208 신창균의 증언에 의하면 붉은 완장을 차고 나타난 청년들 중 상당수는 대개 마을의 불량
청년이었다고 한다. 신창균의 말처럼 민중의 처세 논리였을 것이다.

209 이범선, 앞의 글, 405쪽.

210 같은 글, 407쪽.

211 성공회대학교 사회복지학과 K양의 보고서.

212 성공회대학교 전산정보학과 C양의 보고서.

213 "아저씨 아저씨하며 쫓아다니던 사람이 빨간 띠를 두르고 돌아다녔다. 믿었던 사람에게
배반당한 느낌이랄까 전쟁이 난 것 보다 더 큰일이었다"(성공회대학교 사회복지학과 C
양의 보고서).

214 고정훈 외, 『명인옥중기』, 희망출판사, 1968, 21쪽.

215 Friedrich A. von Hayek, *The Road to Serfdom*, Chicago: University of Chicago Press,
1994.

216 최재서의 경우는 한국 지식인의 비극을 보여 주는 대표적인 예이다. 그는 일제 말『국민
문학』이라는 친일 잡지를 발간하면서 일제에 적극 협력하였다가, 해방 후 반민법의 재판
을 받게 되었다. 그러나 그는 해방 후 공산주의 서적을 가장 많이 읽는 작가로 소문나게
되었다. 그는 점령 시 북한 측에 협력하였다.

217 정봉욱 대령의 심문보고서(국사편찬위원회, 앞의 책, 252쪽).

218 함석헌, 『죽을 때까지 이 걸음으로』, 한길사, 1984, 287쪽. 실제 1947년 당시 선천군의 민
청원의 종교 분포를 보면 총맹원수 632명 중 201명이 기독교였고 나머지는 거의 무교였
다(국사편찬위원회, 『북한관계사료집 X』, 213쪽).

219 Steven Lukes, *Marxism and Morality*, Oxford: Oxford University Press, 1987 참조.

220 백철, 「사슬로 묶어서 삼개월」, 양주동 외, 앞의 책, 33쪽.


## 4부 학살

1 최정운, 『오월의 사회과학』, 풀빛, 1997, 96쪽.

2 거창군 남상면장 김용복의 추도사(차석규, 『남부군과 거창사건』, 창작예술사, 1988, 197~
198쪽).

3 한상구, 「피학살자 유가족 문제」, 사월혁명연구소 엮음, 『한국사회변혁운동과 4월혁명 2』,
한길사, 1990, 197쪽.

4 정희상, 앞의 책, 212쪽.

5 채의진 엮어지음, 『아! 통한 44년』, 문경양민학살 피학살자유족회, 1994, 5쪽.

6 5·16쿠데타세력은 1960년 4·19혁명 직후 대구에서 전개된 피학살자 유가족들의 진상규

명 요구를 '빨갱이' 운동으로 취급하여 이들이 스스로 작성한 자료를 모두 빼앗고 주모자를 감옥에 집어넣었다.

7 채의진 엮어지음, 앞의 책, 32쪽.

8 Alan Winnington, *I Saw the Truth in Korea*, London: People's Press Printing Society, 1950.

9 당시의 북측은 『조선인민보』를 중심으로 국군과 미군에 의한 학살사건을 집중적으로 보도하였다. 한림대학교 아시아문제연구소 엮음, 『빨치산 자료집 1~5』, 한림대학교 아시아문제연구소, 1995 참조.

10 리영희, 앞의 책, 187쪽.

11 1982년 당시 거창 신원면의 학살 피해자 유가족들이 명예회복을 요구하는 진정서를 제출하자, 청와대에서 공식적으로 답변한 내용(『항도일보』, 1989년 2월 11일자). 전쟁 상황이므로 '국가를 위해' 국가의 부당한 공권력 행사를 인내하라는 논리다. 전쟁 수행은 어느 정도까지 국민의 희생을 요구할 수 있는가? 과연 전쟁은 국민의 생명을 바치는 것 정도를 강요할 수 있는가? 만약 그러하다면 그러한 국가는 '국민'을 구성원으로 하는 국가라고는 볼 수 있을 것인가?

12 서중석은 『조봉암과 1950년대(하): 피해대중과 학살의 정치학』(1999)에서 이 문제를 다루었으며, 박명림은 『한국 1950: 전쟁과 평화』(2002)에서 학살 문제를 정리한 바 있다. 언론인으로서는 정희상이 가장 선구적으로 현장 취재를 하였으며(정희상, 앞의 책 참조), 김삼웅은 『해방 후 양민학살사』(1996)에서 학살의 개요를 정리한 적이 있다. 전사편찬위원회의 『한국전쟁사 1: 해방과 건군』(1967)에서는 1948년 제주4·3사건 당시 학살에 대해서도 "반도들이 쓰러진 사체 위에서는 그들의 가족과 친척, 그리고 30만 도민의 희생이 겹치고 있었다"고 언급하고 있으며, 여순사건 당시 진압군이 들어간 이후 "혼란과 무질서 속에서 군경부대에 의해 양민들이 무참하게 희생당하기도 하였다"(471쪽)라고 짧게 언급하고 있을 따름이다.

13 존 R. 메릴 지음, 신성환 옮김, 앞의 책.

14 제주4·3사건 당시 제주도 사람들은 그것을 독립항쟁이라고 불렀다. 해방이 잘못되어 38선이 생겼고, 그러므로 제주4·3사건은 진정한 해방을 위한 독립운동이라는 것이었다(현기영, 「우리들은 무엇이 되어 있는가」, 『작가』 12호, 1998년 여름, 43쪽).

15 하우스먼이 강조하듯이 전쟁의 발발은 바로 대구·여순·제주도에서 발생한 혁명을 위한 테러와 폭력, 또 그것을 진압하는 세력의 보복적인 테러·처형·학살을 전국적으로 확산시키는 결과를 가져왔다는 점이다.

16 짐 하우스만·정일화, 앞의 책, 257쪽.

17 존 R. 메릴 지음, 신성환 옮김, 앞의 책, 26쪽.

18 짐 하우스만·정일화, 앞의 책, 212쪽.

19 1965년부터 1975년까지 약 32만 명의 한국 군인이 베트남전쟁에 참전하였고, 이 중 약 5,000여 명이 사망하였다. 그리고 수만 명의 고엽제 피해자가 발생한 것으로 알려져 있다.

20 케네츠 월츠(Kenneth N. Waltz)는 전쟁에서 누가 이겼는가라고 묻는 것은 샌프란시스코

지진에서 누가 이겼는가라고 묻는 것과 같다고 말한다. 즉 전쟁에서 승리는 없고 오직 다양한 형태의 패배만 있을 따름이라는 것이다. Kenneth N. Waltz, *op. cit.*, "introduction" 참조.

21 대량학살 혹은 제노사이드는 1948년 유엔 제노사이드 협약 이후 국제사회에서 인정되는 공식적 법 용어이다. 그런데 유엔의 개념을 그대로 따를 경우 제노사이드의 범위, 그리고 제노사이드에 포함될 수 있는 학살이 크게 제한되는 한계가 있기 때문에 이후 각 나라 정부나 학자들은 이 문제를 둘러싸고 상당한 논란을 벌여 왔다. 특히 의도의 유무는 대안히 핵심적인 논점이다. 이 글에서 필자는 보통의 집단학살(massacres)과, 그것보다는 의도성과 목표집단 설정이 보다 뚜렷한 제노사이드 즉 대량학살(genicide)을 구분하고자 한다. 이에 대한 논의로는 Herbert Hirsh, *Genocide and the Politics of Memory: Studying Death to Preserve Life*, Chapel Hill: University of North Carolina Press, 1995, pp. 181~211; 최호근, 『제노사이드: 학살과 은폐의 역사』, 책세상, 2005, 21~73쪽 참조.

22 K. J. Holsti, *The State, War, and the State of War*, New York: Cambridge University Press, 1996, p. 39.

23 1996년 출간된 골드하겐의 저서는 독일에서 곧 베스트셀러가 되었다. 그는 히틀러의 반유대주의는 히틀러 주변의 광신적인 추종자들뿐 아니라 상류계층 및 중간층 심지어 노동계층에게까지 광범위하게 발견된다고 주장하였다. 즉 히틀러의 유대인대학살은 평범한 독일인들의 광범위한 참여에 의해 집행된 것이라고 보았다. 이에 대해 독일 내외에서 격렬한 비판이 제기되었다. Daniel Jonah Goldhagen, *Hitler's Willing Executioners: Ordinary Germans and the Holocaust*, New York: Alfred A. Knopf, 1996 참조.

24 Frank Chalk & Kurt Jonassohn, *The History and Sociology of Genocide: Analyses and Case Studies*, New Haven: Yale University Press, 1990, p. 23.

25 대량의 학살(mass murder)을 지칭하는 영어의 표현은 'genocide', 'massacre', 'holocaust' 등이 있는데, 이중 'genocide'는 인종적, 민족적 갈등으로 발생한 대량학살을 지칭하는 개념이라면, 'holocaust'는 국가권력에 의해 조직적으로 이루어지는 '전멸'·'대학살'을 지칭한다고 볼 수 있으며, 'massacre'는 일반적인 집단학살을 지칭한다. 그러나 앞의 초크와 조나슨의 정의처럼 'genocide'를 모든 경우의 정치적 대량학살을 지칭하는 개념으로 일반화시키기도 한다. 한국전 당시의 대량학살 혹은 학살은 'genocide' 혹은 'holocaust'와는 다소 거리가 있고, 그냥 'political massacre'로 부르는 것이 가장 적합할 것이다.

26 이삼성, 「전후 한반도 냉전의 내적기원」, 강인철 외, 앞의 책, 206쪽에서 재인용.

27 Charles Tilly, *op. cit.*, p. 173. 정당한 폭력은 오직 국가권력이 제도화되고 완비된 조건에서만 성립할 수 있다. 그러나 국가 간 전쟁에서 양측은 '정당성'을 주장하므로 사실상 정당한 것과 정당하지 않는 것의 구분은 거의 불가능하다.

28 거창양민학살사건의 가해자인 군 측은 이것이 국회에서 거론되어 비판이 일자 당시의 학살이 약식 재판을 거친 것이라고 변명한 적이 있다(한인섭 엮음, 『거창양민학살사건자료집 Ⅲ: 재판자료편』, 서울대학교법학연구소, 2003 참조).

29 당시 유병진 판사는 1심에서 징역 5년만을 선고하였으나 석연치 않은 이유로 2심, 3심에

서 사형이 구형된 것이다. 사람들은 이것을 '법살'이라고 하고 있으나 테러 성격을 가진 재판이라는 의미이다.

30 노르베르트 엘리아스 지음, 박미애 옮김, 앞의 책, 175~185쪽.

31 존 메릴은 무장투쟁이 남한의 '정치폭력'이 전쟁으로 연결되는 마지막 연결고리라고 본다. 이렇게 본다면 북한의 침략은 북한이 더 이상 선택할 수 있는 다른 정책이 없다고 생각했을 때 나온 것이 된다(존 R. 메릴 지음, 신성환 옮김, 앞의 책, 351쪽).

32 한국전쟁 시 참전하였던 지명관의 증언(지명관, 「한국 현대사와 인권」, 한국인권재단 엮음, 『일상의 억압과 소수자의 인권』, 사람생각, 2000, 9쪽).

33 홉스봄에 의하면 전쟁 발생 시 전투에서 죽은 군인의 숫자는 10% 이내라고 한다. 나머지는 위생상의 문제, 허술한 의료체계 등 전투 외적인 환경에 의해서 사망했다는 것이다(에릭 J. 홉스봄 지음, 박현채·차명수 옮김, 『혁명의 시대』, 한길사, 1984, 137쪽). 비전투 민간인의 사망과 전투군인의 사망 비율도 이와 유사할 것이다. 전쟁 시 사망자 중 군인과 민간인의 비율을 정확히 구분하는 것은 거의 불가능하지만, 전쟁의 비극이 전투 외적인 곳에서 더 심각하다는 것은 분명하다.

34 1949년 6월 25일 남한의 남조선민주주의민족전선과 북한의 북조선민주주의민족통일전선과의 결합으로 조국통일민주주의전선이 결성되었으며, 6월 30일 남로당과 북로당이 형식상의 합당을 단행하였다. 남·북로당의 합당은 전쟁(좌익 측의 관점에서는 통일)을 예고하는 것이었다. 당시 남로당 전북도당 산하 연락책이었던 김문현은 "합당 소식을 듣고서 이제 통일이 될 줄 알았어요. 조국통일을 이루려면 평화적으로 안 되고 완전히 해방투쟁이 전개되어야 한다고 생각했어요"(김문현, 앞의 글, 332쪽).

35 전라북도경찰국에서 편집한 『꽃피는 산하』라는 경찰들의 수기는 실제 전쟁 발발 이전과 이후를 구분하고 있으며, 이 지역에서의 경찰과 좌익세력 간의 충돌은 1948년부터 사실상 시작된 것이고, 6·25 이후의 상황은 그것을 연장한 것이라는 점을 모든 증언자가 인정하고 있다.

36 미국 측은 애초에는 초토화작전을 반대하였으나 나중에는 묵인, 장려하였다고 한다. 정부 수립 후 본격적인 초토화작전이 실시된 것은 일종의 떠넘기기로 보는 것이 타당할 것이다(서중석, 「제주 4·3의 역사적 의미」, 역사문제연구소 외 엮음, 앞의 책, 139쪽). 사실 제주도의 게릴라세력은 기껏해야 500명 정도로 추산되는데, 이를 진압한다는 명분으로 한국군 2,622명, 경찰 1,700명, 민보단원 5만 명을 동원한 것은 앞뒤가 맞지 않는다. 미국과 한국은 순수한 군사적 문제의 해결을 위해서가 아니라 극히 불안정한 이승만 권력을 강화하기 위해 희생양을 필요로 했다고 보는 편이 타당할 것이다.

37 당시 계엄령의 불법성에 관해서는 김순태, 「제주 4·3 당시 계엄령의 불법성」, 역사문제연구소 외 엮음, 앞의 책 참조.

38 김종민, 「제주 4·3항쟁, 대규모 민중학살의 진상」, 『역사비평』 계간40호, 1998년 봄, 29쪽. 미 당국은 1만 5,000에서 2만 명 정도가 죽은 것으로 추산하고 있으나, 한국군 측은 2만 7,719명으로 추산한다. 또 제주 지사는 약 6만 명이 죽었고 4만 명이 일본으로 도피했다고 말한 바 있다(Bruce Cumings, *op. cit.*, p. 258).

39 안종철, 「여순사건의 배경과 전개과정」, 여수지역사회연구소, 앞의 책, 402쪽.

40 어린 학생의 손목을 잡고 냄새를 맡아보던 진압 군인은 화약 냄새가 난다고 끌고 가 죽이
기도 했으며, 손바닥에 총을 든 흔적이 있다고 반란 가담자로 분류하기도 했다(김득중, 앞
의 글, 46쪽).

41 존 R. 메릴 지음, 신성환 옮김, 앞의 책, 221쪽; 여수지역사회연구소, 앞의 책들 참조.

42 란보조우, 「타이완: 2·28에서 50년대로 연결되는 백색테러」, 『역사비평』 계간40호, 1998
년 봄, 55~57쪽.

43 김점곤, 앞의 책, 205쪽.

44 이일재, 「해방 직후 대구지방과 조공, 전평활동과 야산대」, 『역사비평』 계간9호, 1990년
여름, 387쪽.

45 이일재의 증언에 의하면 경북 영천 지역의 경우 유격대가 한 동네의 젊은 남자들을 학살
한 사건이 있었는데, 이것은 유격대가 살려 준 농부가 약속을 어기고 경찰에 신고하여 1개
대대 병력의 군과 경찰이 유격대를 포위하여 대원들을 몰살시켰기 때문이라고 한다. 유격
대 활동이 점차 불리해지면서 유격대의 출몰이 결국 군·경의 지역민들에 대한 학살을 초
래하자 거주민들이 이들에게 동네에 내려오지 말도록 부탁하기도 했다(이일재, 앞의 글,
389쪽).

46 구례의 경우 토벌대가 산동리 마을 주민 100여 명 가운데 70여 명을 유격대에 부역했다는
이유로 학살했다(존 R. 메릴 지음, 신성환 옮김, 앞의 책, 237쪽).

47 「10년 후의 증언」, 『영남일보』, 1960년 5월 27일자.

48 「1949년 12월 24일 경북 문경시 산북면 석달마을의 민간인 학살사건에 대한 주한미임시
고문단장 로버트 준장의 비망록」(채의진, 앞의 책, 68쪽). 그러나 그는 이 동네 사람들이
실제로는 군과 경찰에 조력했다고 말하고 있으며, 유족 측도 학살 사전 이전에 주민들이
게릴라 측과 내통하거나 그들을 지원한 적이 없다고 주장하고 있다.

49 이응준, 앞의 책, 274쪽. 이응준은 허위 보고하는 사례가 많아서 유기사체 수에 첨부하여
노획무기의 수를 정확히 보고하도록 했다고 한다. 그는 당시 헌병대위가 군 범죄를 저지
른 적이 있어 이를 처벌하려 했으나 신성모 국방부장관이 이유 여하를 막론하고 그를 즉
시 석방하라고 요구하여 군을 멍들게 했다고 개탄하고 있다.

50 과학원 역사연구소, 앞의 책, 417쪽.

51 현재 피해자 측이 주장하는 미군 측의 폭격으로 인한 피해의 사례는 1950년 8월 왜관 득성
교의 폭파로 피란민 수백 명 이상 사망한 사건을 비롯하여, 충북 단양 영춘면의 300명, 고
령군 덕승교에서의 수백 명, 경북 구미의 100여 명, 경북 예천군 보문면의 50여 명, 경남
창녕의 60여 명, 함안의 30여 명, 의령의 30여 명, 사천의 60여 명, 마산의 80여 명, 익산의
300여 명 등이다(『한국일보』, 1999년 10월 15일자).

52 1950년 이리시 미군기 폭격사건 진상해결 익산시민대책위원회, 『1950년 7월 11일 한국전
쟁 당시 미군기에 의한 이리시 폭격사건 조사자료』, 1999.

53 김진계, 앞의 책.

54 조지프 굴든 지음, 김쾌상 옮김, 앞의 책, 187쪽.

55 당시 참전했던 한국 군인들도 같은 미군의 인종적 편견에 대해 큰 불만을 느끼고 있었다. "미국인들은 한국인들을 야만족으로 이해하며 그렇게 대우하였다. 공산주의 세계적 침략을 저지하기 위한 자유 진영의 모든 노력에 한국도 그 일익을 맡아야 하겠지만 이것 때문에 한국만이 초토화되며 한국만이 많은 청년을 잃어야 한다는 데에 나는 의문을 느낀다" (박찬웅, 앞의 책, 259쪽).

56 지학순, 앞의 책, 179쪽. "대부분의 미국 군인들은 우리가 보기에는 인간으로서의 수준이 우리보다 퍽 낮게 보이는데도 한국 사람들은 다 야만인이고 바보인 줄만 알고 있으니 참기가 막힐 지경이었다. 미국 사람들이 한국인들을 모두 도둑놈 취급하였다. 못된 친구를 만나면 한국 사람들을 무조건 멸시하여 우리를 마치 짐승처럼 취급하는 데는 아주 죽을 지경이었다." 인종차별주의는 태평양 전쟁 이후 미국이 동아시아 지역에서 벌인 군사작전을 이해하는 데 대단히 중요한 요소다(Charles J. Hanley, Sang-Hun Choe, Martha Mendoza, *The Bridge at No Gun Ri: A Hidden Nightmare from the Korean War*, New York: Henry Holt and Company, 2001, p. 17, p. 226).

57 Reginald Thompson, *Cry Korea*, London: Macdonald & Co, 1951.

58 중국의 하승천(河承天)이 쓴 『안변론』(安邊論)에 나오는 말로 성 밖을 말끔하게 다 치워버리고 성을 굳게 지키면서 적이 오기를 기다린다는 뜻이다. 적이 성 밖의 주민들 틈바구니에 있다가 불의의 공격을 해 올 것에 대비하여 주민들까지 모두 소개함으로써 공격의 기회를 없앤다는 뜻이 있다. 장개석이 이 작전을 폈다.

59 이태섭, 앞의 글, 131쪽.

60 거창양민학살사건이 발생하기 이전인 1950년 12월 14에 이 지역에서 발생한 일이다. 차석규의 증언(차석규, 앞의 책, 59쪽).

61 유엔한국위원단은 다음과 같이 요구하였다. "사형집행을 명령한 대대장을 파면시킬 용의가 있는가, 이 사건에 책임을 지는 사람들에게 대하여 어떠한 조치를 내릴 것인가, 이러한 사건을 야기하도록 만든 법령을 개정할 용의가 있는가—이때까지 나타난 증거에 의하면 이 사건 피해자 수는 정부에서 행한 첫번째 조사 보고보다 훨씬 더 많은 것이 증명되었다" (대한민국국방부 전사편찬위원회, 앞의 책, C391쪽). 그러나 재판 과정에 학살 진상은 제대로 규명되지 않았으며, 이후 오익경은 특사로 석방되어 군에 복직하였고, 한동석은 강릉시장, 춘천시장을 역임하였으며, 김종원은 치안국장에 이르는 등 출세 가도를 달렸다.

62 그러나 사단장이던 최덕신은 각 부대의 작전은 거의 부대장에게 맡겨 놓은 상황이었다고 증언한다(차석규, 앞의 책, 127쪽).

63 김병회 의원의 발언. 「제1회 국회정기회의 속기록」 제94호, 국회사무처, 1948년 11월 2일, 756쪽.

64 거창양민학살사건 당시 군법회의에 제출된 작전명령(「작정명령 제5호」)에는 "신원작전에 참가하는 대대장은 이동군법회의의 설치권한을 부여하는 동시에 현지에서 이적행위자로 판결된 자는 간이 재판에 의거하여 현지 집행하라"는 내용이 있는데, 이는 당시 군이 재판권을 행사했음을 보여 주는 증거이다(차석규, 앞의 책, 136쪽). 그러나 피의자들은 이것이 애초의 작전명령과 전혀 다른 것이라고 주장하였다.

65 김기진, 앞의 책; 김선호, 「국민보도연맹사건의 과정과 성격」, 경희대학교대학원 사학과 석사학위논문, 2002 참조.

66 주한미대사 무초의 회고에서도 지적되었다(www.trumanlibrary.org/oralhist/muccio2. htm). 경남 지리산 자락은 1949년부터 무법천지였다고 한다. 길 가는 군인을 쳐다보기만 해도 불러 세운 뒤 다짜고짜 개머리판으로 내리쳤다고 한다(『항도일보』, 1989년 9월 25일자〔정희상, 앞의 책, 52쪽에서 재인용〕).

67 대한민국에 전향한 사실만으로도 공산군에게 살해될 이유가 되므로 이들은 두렵고 불안하여 선제적인 행동을 했다는 것이다. "개성 보도연맹원의 잔인한 행동이 정부로 하여금 한강 이남의 보도연맹원들의 행동을 경계하도록 조치시킨 요인이 되기도 하였다"(한국반탁·반공학생운동기념사업회, 『한국학생건국운동사』, 한국반탁·반공학생운동기념사업회 출판국, 1986, 517쪽). 6월 25일 이후 국민보도연맹원 및 형무소 수감자를 대상으로 한 구금 및 처형을 암시한 관련 문서는 이도영 엮어옮김, 『죽음의 예비검속』, 월간말, 2000 참조.

68 김태선 시경국장이 26일 저녁 이승만을 방문해서 "서대문형무소에는 수천 명의 공산당 놈들이 갇혀 있습니다. 그들은 인왕산을 넘어 제일 먼저 여기 옵니다"라고 보고했다는 내용이 있다(중앙일보사 엮음, 『민족의 증언 1』, 104쪽). 그러나 이들을 어떻게 하라는 협의 내용은 전혀 알려져 있지 않다. 김태선은 전쟁 발발 직후 로이터 통신과의 기자회견에서 치안 상태가 아주 나빠서 1,200명의 간첩들을 처형했다고 인터뷰하였다(*The New York Times*, July 14, 1950; *The Worker*, July 16, 1950 참조). 주한미대사 무초 역시 김태선이 간첩들을 처형했다고 증언하였다(www.trumanlibrary.org/oralhist/muccio2.htm). 이승만의 최측근인 김태선의 발언은 처형 계획이 이승만 대통령 측근 몇 사람의 논의에 의해 이루어졌을 가능성을 말해 준다.

69 앞의 이도영 박사가 발굴한 문서에서는 "처형 명령은 의심할 바 없이 최상층부에서 내려왔다"고 되어 있는데, 이는 이승만 대통령을 비롯한 국방부장관 등의 결정으로 처형이 이루어진 것으로 볼 수 있을 것이다. 실제 이승만 대통령이 떠난 뒤 충남도 관사에서 임시 국무회의가 열렸는데, 이 자리에서 이선근 국방부 정훈국장은 "문제는 대전형무소에 있는 2,000여 명의 적색 수감자이다. 이자들이 폭동을 일으킬 것 같으니 막아야 한다"고 발언했다고 한다. 이 자리에서 중요한 결정이 내려진 것으로 보인다. 실제 이도영 박사가 발굴한 자료에 따르면 제주도에서 「해병 참 제16호」로 분류된 문서에는 당시 해병대 사령부 정보참모였던 김두찬 중령이 성산포경찰서장에 "계엄령 실시 이후 현재까지 귀서에 예비검속 중인 D급 및 C급 인물 중 총살 미집행자에 대해 총살 집행 후 그 결과를 9월 6일까지 육군본부 정보국 제주지구 방첩대(CIC) 대장에게 보고하라"고 되어 있다(『한국일보』, 2000년 1월 19일자) 그러나 국민보도연맹을 조직한 오제도 검사는 중앙정부의 지시에 의한 것이 아니라고 주장하고 있다(한지희, 「국민보도연맹의 조직과 학살」, 『역사비평』 계간35호, 1996년 겨울, 64쪽). 그러나 전국의 거의 전 지역에서 예비검속을 통해 처형이 이루어진 것으로 볼 때, 그의 주장은 신빙성이 약하다.

70 『데일리 워커』의 앨런 위닝턴 기자는 대전형무소 수감자 학살 현장을 돌아본 후 쓴 팸플릿에서 "미군사고문단의 지휘하에 있는 한국 경찰이 대전 근처의 낭월동에서 수천 명의

인민을 도살했고 학살의 목격자들에 의하면 사건 발생 3일 동안 두 대의 지프에 미군이 타고서 학살을 지켜보았다" ("ROK police under the supervision of KMAG advisors butchered seven thousand people in the village of Yangwul (Nangwul dong) near Taejon during the period of July 26 〔……〕 According to the witnesses the massacres continued for three days, and two jeeps with American officers observed the killings.") 라고 적었다(Alan Winnington, *op. cit.*, p. 4).

71 대한민국국방부 전사편찬위원회, 앞의 책, C388쪽.

72 공보처, 앞의 책, 37쪽.

73 강화에서는 1945년 이후 남로당원으로 지하조직을 해 왔으며, 1949년 국민보도연맹에 가입했던 전 공산당원의 독무대가 되었다고 기록하고 있다(강화사편찬위원회, 『강화사』, 강화문화원, 1976, 314쪽).

74 이것은 하우스먼의 증언에 기초한 것으로 다른 어떤 자료에서도 나타나지 않은 새로운 사실이다(짐 하우스만·정일화, 앞의 책, 257쪽). 사석에서 안 소위는 이들이 살아남았다면 우익 인사는 한 사람도 죽음의 사슬에서 벗어나지 못했을 것이라고 토로하였다.

75 정희상, 앞의 책, 224쪽.

76 한지희, 앞의 글, 61쪽.

77 김삼웅, 『해방 후 양민학살사』, 가람기획, 1996, 107쪽.

78 "6·25 난 후 옥천에 그대로 머물러 있었는데, 7월 23일인가 형사들이 와서 끌고 갔다는 거야. 경찰에서 그 애를 보도연맹원이라고 했다는 거야. 경찰인지 헌병인지 시골사람들 말로는 헌병대위라고 하는데, 그가 와서 지시를 해서 경찰에 갇혀 있던 사람 중 80명을 추려내어 2대의 트럭에 태워 가서는 행방불명이야." 정구영, 앞의 책.

79 「1950년 7월 8일 낭월동을 기억하라」, 『말』, 2000년 2월.

80 이는 현장을 목격한 미군의 증언에서도 나온다(Dean E. Hess, *Battle Hymn*, New York: McGraw-Hill, 1956, p. 133)

81 조성구, 「현장 취재: 경남·전라 지역의 보도연맹원 양민학살」, 『역사비평』 계간9호, 1990년 여름.

82 전남일보 광주전남현대사 기획위원회, 앞의 책, 276쪽.

83 나주부대 학살에 대한 증언은 김삼웅, 앞의 책, 114쪽 참조.

84 구상, 『구상 考現잡화집』, 남향문화사, 1953, 139쪽.

85 같은 책, 138~149쪽.

86 성공회대학교 사회복지학과 K양의 보고서.

87 인민군 포로 문형선의 심문보고서(국사편찬위원회, 『남북한관계사료집 22』, 55쪽).

88 전라북도경찰국, 앞의 책, 324쪽.

89 T. R. 페렌바하 지음, 안동림 옮김, 앞의 책, 172쪽.

90 목포시의 경우 연동의 미곡창고에서 300명의 우익 인사들이 살해되었으며, 목포시 석현동에서는 50명 정도가 학살당했고, 인민군 퇴각하기 3일전에 목포 전역에서 테러가 있었다(전남일보 광주전남현대사 기획위원회, 앞의 책, 224쪽).

91 "어린애가 어머니의 젖을 빨고 있는 시체도 있었음으로 〔……〕 공산괴뢰들의 잔인무도한 비인간적 죄악행위를 하나님 앞에 저주하였다. 공산주의자들은 인간이 아니라 이데올로기를 먹고서는 금수같이 생각되었다"(조병옥, 앞의 책, 307쪽).

92 조지프 굴든 지음, 김쾌상 옮김, 앞의 책, 198쪽.

93 유성봉, 「호림부대와 우리들」(박천군민회 엮음, 앞의 책, 291쪽).

94 박계주, 앞의 책, 44쪽.

95 같은 책, 73쪽.

96 윤석오 외, 앞의 책, 221쪽.

97 대한민국국방부 전사편찬위원회, 앞의 책, C10쪽.

98 장미승, 앞의 글, 192쪽.

99 김일성, 「조선노동당 중앙위원회 제3차 정기회의에서 진술한 김일성동지의 보고」, 김준엽 외 엮음, 『「북한」연구자료집 제2집』, 고려대학교 아세아문제연구소, 1974, 103쪽.

100 강화사편찬위원회, 앞의 책, 319쪽.

101 같은 책, 327쪽.

102 그런데 이들은 민간조직이었으나 해병연대장에게 가서 실정을 보고하고 총 여섯 정을 대여받았다(강화사편찬위원회, 앞의 책, 319쪽). 이는 이들이 6·25 전의 민보단원과 마찬가지로 준국가기구로서의 역할을 하고 있었음을 보여 준다.

103 그는 전쟁 당시는 물론 다른 지역으로 전보된 것 외에는 어떠한 처벌을 받은 바 없고, 이후 1961년까지 경찰에 근무하다 퇴직하였다.

104 박진목, 앞의 책, 156~160쪽.

105 헌병사편찬위원회 엮어지음, 『한국헌병사』, 헌병사령부, 1952, 제2편 75쪽.

106 "동지들의 시체가 늘비하게 널려 있는 것을 보고 나서는 병사들이나 나 자신이나 별안간 불길 같은 증오감이 솟아올랐다"(정비석, 「여·순 낙수 2」, 『조선일보』, 1948년 11월 21일자〔김득중, 앞의 글, 47쪽에서 재인용〕).

107 리영희는 거창양민학살사건이 9연대 미고문관 메인 소령이 남원 사단본부로 향하다가 함양을 지나 아흔아홉 고개에서 빨치산의 습격을 받아 1개 소대가 전멸된 일과 무관하지 않다고 말하고 있다(리영희, 앞의 책, 184~191쪽).

108 생존자는 다음과 같이 증언한다. "사람이 많이 죽었는데 가족들이라고 용심用心이 없을 것이어. 사람 다 죽이고 후퇴했다. 경찰 가족이 당했지. 죽은 사람 형제, 동기들이 순경 가족 때려죽인다고 했어"(김태광, 「현대사 발굴: (속)보도연맹사건」, 『말』, 1989년 2월).

109 심지연, 앞의 책, 189쪽.

110 지학순, 앞의 책, 194쪽.

111 노르베르트 엘리아스 지음, 박미애 옮김, 『문명화과정 2』, 한길사, 1999, 318쪽.

112 여수지역사회연구소, 『여순사건 실태조사보고서 제1집』, 89쪽.

113 전라북도경찰국, 앞의 책, 36쪽.

114 박정근 의원의 발언(「제8회 국회임시회의 속기록」 제39호, 13쪽).

115 선우기성은 서북청년단원이나 여타 우익청년단원들이 한국전쟁 전후 어떻게 좌익에 의

해 살해되었는지를 자세히 밝히고 있다(선우기성, 앞의 책, 45~50쪽).

116 대검찰청공안부, 『좌익사건실록 10』, 대검찰청공안부, 1973, 134쪽.

117 조성구, 앞의 글, 169쪽.

118 김삼웅, 앞의 책, 119쪽.

119 김계유, 「1948년 여순봉기」, 『역사비평』 계간15호, 1991년 겨울, 289~290쪽.

120 「대하실록, 이념 갈등의 희생양들: 남원 양민학살사건」, 『항도일보』, 1989년 7월 3일자.

121 피학살자 중에서는 여자가 41명, 15세 미만의 어린이가 26명(5세 미만 12명), 65세 이상
    의 노인이 13명이었다. 이 현장에서 생존자는 23명에 불과하였다(채의진, 앞의 책, 23쪽).

122 산청·함양사건 양민희생자유족회, 『산청 함양사건 관련자료』, 산청·함양사건 양민희생
    자유족회, 1999, 6쪽.

123 이삼성, 앞의 글, 49쪽.

124 선우기성에 의하면 서북청년단 활동을 하다가 "빨치산의 급습을 받아 일가를 몰살당하
    거나, 6·25 때 남침한 인민청과 싸우다가 순국한 동지들, 인민재판을 당한 동지들, 청년
    운동을 하다가 희생된 동지"들 중 인정된 것만 하더라도 1만 7,274명에 달한다고 한다(선
    우기성·김판석, 『청년운동의 어제와 내일』, 횃불사, 1969, 27쪽).

125 1949년 1월 10일까지 총 사망자는 3,392명인데(『동아일보』, 1949년 1월 22일자〔김득중,
    앞의 글, 78쪽에서 재인용〕). 반란군에 의한 피해는 90명에서 150명 내외에 불과하였다.
    1998년 설치된 4·3위원회의 조사에 의하면 접수된 1만 4,000여명의 희생자 중에서 토벌
    대, 즉 군·경·우익에 의한 희생자는 78%에 달한다고 한다(http://www.jeju43.org/).

126 한지희, 앞의 글, 303쪽.

127 후기근대 시기의 인종분쟁에 관한 연구로는 Rogers Brubaker, David D. Latin, "Ethnic
    and Nationalist Violence", Annual Review of Sociology vol. 24, 1998 참조. 여기서 '사
    회적 학살'이란 가해자가 전 사회에 흩어져 있는 경우를 말한다. 인종주의에 기초한 부족
    간의 학살이 이러한 유형에 속할 것이다. 물론 이 경우라고 해도 학살의 정치적 성격이
    무시되는 것은 아니다.

128 학살이 근대적 현상인가, 근대 이전의 '야만'인가에 대해서는 논란이 있다. 마이클 프리
    면(Michael Freeman)은 학살이 근대적 현상이라는 바우만의 명제를 비판적으로 검토하
    고 있다(Michael Freeman, "Genocide, Civilization and Modernity", British Journal of
    Sociology vol. 46 no. 2, June 1995).

129 Zigmund Bauman, Modernity and the Holocaust, Cambridge: Polity Press, 1989, pp.
    31~82.

130 메튜 B. 리지웨이 지음, 김재관 옮김, 『한국전쟁』, 정우사, 1981, 16쪽.

131 Robert T. Oliver, Syngman Rhee: The Man Behind the Myth, p. 244.

132 스칼라피노·이정식 지음, 한홍구 옮김, 『한국공산주의운동사 2』, 돌베개, 1986, 494~
    495쪽.

133 베트남전쟁 참전군인은 다음과 같이 말한다. "미군에게 노근리 주민들은 게릴라처럼 보
    였을 것입니다. 우리도 마찬가지입니다. 다들 게릴라로 보였습니다. 우리는 민간인들을

베트콩 식량생산 대원 또는 베트콩의 정보대원으로 보았습니다. 순수한 민간인과 양민은 없다고 봤지요"(『한겨레 21』 289호, 1999년 12월 30일자).

134 "정규군이 엄격한 훈련을 받을수록 또 군인과 시민을 정확하게 구분하여 제복을 착용한 적대자만을 적으로 간주하면 할수록, 상대편에 제복을 입지 않은 민간인이 전쟁에 참여하는 것을 목격할 때 더욱 민감하고 신경질적으로 반응하게 된다. 이때 군대는 가혹한 보복·총살·인질·촌락 파괴로 대응하게 되고, 그것을 술책과 간계에 대한 정당방위로 생각한다. 비정규적인 전사는 제복을 착용한 상대방이 적으로서 존중될수록 더욱더 가혹하게 취급된다"(칼 슈미트 지음, 김효전 옮김, 『파르티잔: 그 존재와 의미』, 문학과지성사, 1998, 61쪽).

135 전남일보 광주전남현대사 기획위원회, 앞의 책, 290쪽.

136 백철은 군복을 입은 경찰관에게 붙잡혀 "이러한 비상시에는 당신 같은 사람은 이 자리에서 즉각 총살해도 책임이 없다"는 위협을 받았으며, 이틀 동안 성북경찰서에 구속되기도 했는데, 결국 경찰관이 자신을 알아보아서 풀려 나왔다(백철, 앞의 책, 441쪽).

137 이태호 지음·신경완 증언, 앞의 책, 26쪽.

138 백철, 앞의 책, 441쪽.

139 같은 책, 440쪽.

140 이영식, 앞의 책, 164쪽.

141 오연호, 「노근리 양민학살사건의 성격과 AP에 의한 공론화의 교훈」, 『전쟁 속의 양민학살』, 학술단체협의회 99 제3회 정책토론회, 1999. 11.

142 Theda Skocpol〔테다 스코치폴〕 지음, 한창수·김현택 옮김, 『혁명의 비교연구』, 까치, 1981, 127쪽.

143 김동노, 「미군정기의 농민조직과 농민운동」, 강인철 외, 앞의 책, 204~205쪽. 당시 제기되었던 구호를 보면 "공출이 없는 세상이 와야 된다", "일본놈의 앞잡이를 쳐부수자" 등이었다. 물론 이러한 요구들은 다분히 좌익의 선동에 의한 것이라 볼 수 있다. 그러나 상당수 농민들이 그것에 호응하였으며 실제 행동했다는 점이 중요하다. 일제 말기에도 일본 행정당국은 전시 물자동원을 위해 농민들에게 수확물을 거두어 갔고, 해방 후에도 그러한 일이 벌어지자 농민들이 공출을 반대하는 구호를 내걸었다.

144 양 군정은 "교전국의 일방의 군대가 타방의 육지상의 영역에 진주한 후 피점령국의 권력을 배제하고 자국 고유의 권력을 수립하는 것을 말한다"(박정택, 「미군정의 정치행정적 충원에 관한 연구」, 서울대학교 행정대학원 행정학과 석사학위논문, 1976, 35쪽). 따라서 남북한은 모두 연합국의 적국이거나 패전국과 같은 취급을 당했다.

145 Charles Tilly, op. cit.; 한석정, 앞의 책, 9~50쪽.

146 하지는 우익단체에 패싸움을 했다는 이유로 국군준비대에 해산명령을 내렸다. 그는 "이러한 단체는 그저 존재하는 것만으로도 압력수단이 된다"고 보고하였다(하지가 1946년 1월 21일에 CIN-CAFPAC에 보낸 전문〔강준식, 「해방정국, 미군정의 이승만 옹립 드라마」, 『신동아』, 1989년 1월, 460쪽에서 재인용〕).

147 고정훈 외, 앞의 책, 71쪽. 그는 독립운동가 김좌진 장군의 아들로서 아버지의 사망과 모

친의 투옥으로 고아가 되었으며, 그후 20세에 종로 일대는 물론 전 서울의 '협객계'의 왕자 지위, 즉 주먹세계의 주역이 된 것이다. 그는 김좌진의 아들이라는 죄로 최소한 3년에 한 번씩 여덟 번이나 유치장에 예비검속을 당해 구류를 살았다. 김두한의 증언은 학살의 책임자가 스스로 학살을 정당화하면서, 시인한 거의 유일한 것이다.

148 같은 책, 73쪽.

149 10·1사건이 남로당에 의해 조직적으로 발생한 것인가에 대해서는 더 많은 검토가 필요하다. 그러나 모든 군중집회가 그러하듯이 노동자가 경찰에 살해되었다는 사실 자체는 이미 좌익 지도부의 의도적 지시와는 무관한 집단행동의 자체의 논리에 따라 움직였음에 틀림없다. 파업노동자와 학생들은 경찰에 대한 분노로 집결되었다. 경찰은 대구역 앞의 시위군중을 향하여 발포하였고, 이 자리에서 10여 명 이상의 노동자가 사망하였으며, 보복총격을 받아 경찰관도 4명 사망하였다. 이제 1만 명 이상의 군중들이 집결하여 "살인 경찰관을 처단하라", "때려 죽여라"라는 극언이 나오기 시작하였다. 군중은 결국 경찰서를 접수하였으며 각 지서를 공격하였다.

150 정영진, 『폭풍의 10월』, 한길사, 1990, 359쪽.

151 같은 책, 360쪽.

152 앞의 김두환 부대는 60명을 1대대로 하는 50명의 특공대를 편성하여 대구 지역의 경찰관과 합동작전을 펴서 '적도를 섬멸하는 데 공로를 세웠다(고정훈 외, 앞의 책, 75쪽).

153 선우기성에 의하면 포항지구의 경우 좌우의 충돌이 극심하여 좌익이 불법화된 이후에도 게릴라가 출현하여 서북청년단원들을 저격, 살해하였다고 한다. 5·10선거를 전후해서도 좌익들이 출몰하여 우익 인사들을 저격·살해했다고 한다(선우기성, 앞의 책, 29쪽).

154 수도관구경찰청 편, 『수도경찰발달사』, 수도관구경찰청, 1947, 89쪽.

155 Gregory Henderson, *op. cit.*, p. 80.

156 방선주, 앞의 글, 49쪽.

157 안진, 「미군정기 국가기구 형성과정에 관한 연구」, 서울대학교대학원 사회학과 박사학위 논문, 1990, 106쪽.

158 정영진, 앞의 책, 308쪽.

159 영천에서는 경찰서를 습격·방화한 뒤 군수 이태수를 사택에서 끌어내어 갖은 잔학한 방법으로 죽인 다음, 청사 내에서 생화장하였으며, 우편국·재판소·등기소·신한공사 출장소 등을 전소시켰다. 그들은 부호의 집을 습격하고 방화·사산을 약탈하였다. 경찰과 우익 청년들은 폭력으로 맞섰다.

160 한나 아렌트 지음, 김정한 옮김, 앞의 책, 100쪽.

161 고정훈 외, 앞의 책, 72쪽.

162 같은 책, 81쪽.

163 이것은 이도영과 김종필의 면담에서 김종필이 불쑥 뱉은 말이다(이도영, 앞의 책).

164 그의 미출간 자서전을 참조(Donald Nichols, *op. cit.*).

165 1948년 8월 24일 맺은 한미군사안전잠정협정 제1조에는 주한미군사령관은 미군이 주둔하는 동안 자기 직권 아래 현재 편성 중인 한국군을 계속하여 조직·훈련·무장시킬 것에

동의한다고 밝혔다. 그리고 한국군의 지휘권은 주한미군사령관이 공동안전이 가능하다고 생각할 때, 점진적으로 가급적 빨리 대한민국 대통령에게 이양한다고 밝혔다. 그러나 이것은 미군철수 이전까지의 잠정협정이었다. 미군은 미군사고문단 500명만을 남기고 1949년 6월 29일 완전 철수하였다. 임시군사고문단(PMAG)은 그해 7월 1일부터 활동하였는데, 행정감독 작전지휘권은 무초 대사에게 주어졌다. 이 조직은 육사의 창설 등 한국군의 육성을 지원하였으며, 지휘권을 갖지는 않았다. 군사고문단은 대대 단위에까지 상주하는 것으로 되어 있었으나, 한국군의 증강으로 그것이 충분히 실현되지는 못하였다(서울신문사 엮어지음, 앞의 책, 117~125쪽).

166 1950년 7월 7일 유엔 안전보장 이사회는 한반도에 투입된 모든 유엔 가맹국 군대의 작전이 단일 지휘체제하에 두어져야 한다는 것을 결의하였고, 트루먼은 맥아더를 유엔군 총사령관으로 임명하였다. 그런데 당시 한국은 유엔 가맹국이 아니었으므로 한국군의 작전지휘권은 별도로 이승만이 양도해야 하는 문제였다. 이승만은 작전지휘권 이양서신에서 "대한민국에 있어서의 유엔의 공동군사 노력에 있어 한국 내 또는 한국 근해에서의 작전 중인 유엔군의 모든 부대가 귀하에게 통솔되고 귀하가 그 최고사령관에 임명되어 있는 사실을 감안하여 본직은 현재의 작전상태가 계속되는 동안 일체의 지휘권을 위촉함을 기쁘게 생각함과 함께 이 같은 지휘권은 귀하 자신 또는 귀하가 한국 내 또는 한국 근해에서 행사하도록 위임한 여러 사령관이 행사함이 옳다고 생각합니다"라고 밝혔다.

167 이 중 핵심적인 인물은 하우스먼이었다. 그는 이승만이 '한국군의 아버지'라고 지칭한 인물로서 "한국군과 미군의 차이는 사실상 없었다"고 본 사람이다. 그는 원하는 경우 언제나 이승만과 독대할 수 있었고, 미국인으로서는 유일하게 한국정부의 각료회의에 참석할 수 있었으며, 작전은 물론 군 인사도 좌지우지하였다("James Hausman: The Ugly American in Korea?"〔http://www.kimsoft.com/1997/hausman.com〕; Allen R. Millett, *op. cit.*).여순사건의 경우도 앞에서 언급한 하우스먼, 리드 두 대위가 핵심적으로 활동하였다(백선엽, 앞의 책, 340쪽). 앞의 니콜스 역시 이승만과 필요할 때는 언제나 만날 수 있는 위치에 있었다.

168 미군사고문단 국방성이 아닌 국무부의 지휘를 받고 있었다. 그런데 미군 철수 이후 군사고문단은 형식상으로는 조언자(advisor)였지만 실질적으로는 명령자였다. 만약 한국군이 말을 듣지 않을 경우 고문단은 협박을 해서라도 한국군을 굴복시켰다(Robert K. Sawyer, *Military Advisors in Korea: KMAG in Peace and War*, Washington D.C.: US Army Military History, 1970, p. 14). 따라서 당시의 한국군이 극히 중요하고 민감한 결정을 군사고문단 상층부의 재가 없이 독자적으로 수행할 가능성은 거의 없었다.

169 미국 측이 왜 무리한 초토화작전을 감행했는가에 대해서는 논란이 있다. 이에 대해서는 김종민, 앞의 글; 서중석, 앞의 글, 135쪽 참조.

170 4·19혁명 직후 5~6월 『영남일보』에서 발굴된 경북 지역 피학살자들의 증언 참조.

171 우익청년조직들은 "사람을 구타하는 것이 즐거워서 참여하고 있었다. 그는 나와 같은 학생을 중간파라 하면서 공산당보다 더 나쁜 가장 위험한 악질분자라고 지목한다. 그러한 험악한 분위기를 만들어 놓은 놈이 이선근 학장이었다(박찬웅, 앞의 책, 166~167쪽).

172 윤학준, 앞의 책, 227쪽.

173 이승만과 신성모의 합의에 따라 서청원이 한국군에 6,500명, 국립경찰에 1,700명이 특채될 예정이었다(제민일보 4·3취재반, 『4·3은 말한다 4』, 전예원, 1997, 149~150쪽).

174 이선근의 경우 대표적이다. 그는 일제 말에 관동군을 특별지원하던 동남지구특별공작후원회 상무지사를 지내는 등 매우 적극적인 친일활동을 한 인물인데, 해방 후 서울법대 학장을 하면서 우익청년단체를 지원하였고, 6·25 당시에는 육군 정훈국장을 하였으며, 이후 이승만, 박정희 정권 내내 권력의 주변을 맴돌았다. 박찬웅은 그를 '대표적인 우익 깡패 어용학자'로 지목한다(박찬웅, 앞의 책, 202쪽). 그는 국가 유공자로 지정돼 국립묘지 국가 유공자 묘역에 안장되어 있다(정운현, 『나는 황국신민이로소이다』, 개마고원, 1999, 135쪽).

175 선우기성은 다음과 같이 탄식하고 있다. "나라를 위하여 일도 많이 하고 공산당을 타도한 위대한 업적을 지니고 있음에도 불구하고 젊었던 우리들은 그동안 이기적 정치꾼들에게 이리저리 끌려 다니면서 그들의 충실한 앞잡이 노릇에 이 모양 이 꼬락서니를 면할 수 없었던 것이다"(선우기성, 앞의 책, 106쪽).

176 조병옥, 앞의 책, 172쪽.

177 이범석, 장택상, 이인은 김두한을 석방시키기 위해 이승만을 찾았다. 이들은 "각하 이것은 백야(白冶, 김좌진)의 아들 김두한입니다. 반탁운동을 이끌었고 공산당과 싸운 반공투사입니다. 살리셔야 합니다. 하고 말하니 "아 내가 그것을 알았나" 하고 말했다고 한다. 이후 김두한이 인사를 가자 이승만은 "여보게 이제 나라도 섰으니 사람 고만 죽이게"라고 말했다(고정훈 외, 앞의 책, 80쪽).

178 선우종원, 『망명의 계절』, 신구문화사, 1965.

179 『동아일보』 1950년 10월 5일자.

180 이승만은 반민특위 활동에 대해 '무분별한 난동은 치안과 민심에 중대한 영향을 준다'고 보았으며 악질 친일 경찰 출신 노덕술을 반민특위 조사관이 반민특위 사무실 내에 수감하였다는 보고를 듣고 불법 조사관 2명과 그 지휘자를 체포하여 의법처리하며 계속 감시하라 지령하였다고 한다(정운현, 앞의 책, 80쪽 참고).

181 소설가 김정한의 증언(정회상, 앞의 책, 82~85쪽).

182 칼 슈미트 지음, 김효진 옮김, 앞의 책, 32쪽.

183 니콜로 마키아벨리 지음, 강정인 옮김, 앞의 책, 19쪽.

184 강영훈 중장의 형 선고 내용(차석규, 앞의 책, 145쪽 참조).

185 Gregory Henderson, *op. cit.*, p. 79.

186 한승주, 「제1공화국의 유산」, 진덕규 외, 『1950년대의 인식』, 한길사, 1981, 35쪽.

187 그란트 미드 지음, 안종철 옮김, 『주한미군정 연구』, 공동체, 1993, 89쪽.

188 같은 책, 90쪽.

189 이태일, 「일제의 식민통치와 관료주의」, 『한국사회연구 2』, 한길사, 1984년 2월 219쪽.

190 박문옥, 『한국정부론』, 박영사, 1963.

191 이태일, 앞의 글, 221쪽.

192 이형근, 앞의 책, 17쪽.

193 같은 책, 19쪽.

194 유재흥, 앞의 책, 59쪽.

195 리영희, 앞의 책, 161쪽.

196 아이리스 장 지음, 김은령 옮김, 『난징 대학살』, 끌리오, 1999, 45쪽.

197 짐 하우스만·정일화, 앞의 책, 143쪽.

198 장창국, 『육사졸업생』, 중앙일보사, 1984, 91쪽.

199 같은 책, 72쪽.

200 사병훈의 내용은 "우리는 대한민국의 진정한 군인이다. 진정한 군인이란, 1. 군기가 엄정하여 상관의 명령에 충심으로 복종할 것이며, 2. 상관을 존경하고 부하를 사랑하며 화목 단결할 것이며, 3. 각자 맡은 책임에 성심성의 사력을 다하며 이것을 완수할 것이며, 나라와 백성을 사랑하며 그들로부터 신뢰를 받을 것이며, 5. 공전에 용감하고 사투에 겁내며 특히 음주 폭행을 엄금할 것이며, 6. 청렴결백하며 부정행위가 절무할 것이며, 7. 극렬 파괴분자를 단호 배격하며 그들의 모략 선동에 엄연 동치 말 것"이었다(이웅준, 앞의 책, 266쪽).

201 국군 3대 선서, 우리는 선열의 혈적을 따라 민족 국가를 지키자. 우리의 상관, 우리의 전우를 공산당이 죽인 것을 명기하자. 우리 군인은 철통같이 단결하여 군기를 엄수하여 군의사명을 다하자(이웅준, 앞의 책, 267쪽).

202 『한국헌병사』에서도 자체의 문제점을 지적하고 있다. "국가 비상사태인 전란에 다달아 헌병의 임무는 평상시의 자칫하면 헌병은 국가기관이라는 자훼(訾毀)를 받기 쉬운 렴이 없지 않았고 헌병의 질적 열등도 없지 않아 헌병 본래의 임무 완전 수행에는 아직도 日暮途遠의 감이 없지않았던 분위기였다"(헌병사편찬위원회 엮어지음, 앞의 책, 제2편 19쪽) 해병사를 보면 사령관 신현준 대령이 "군인이란 특권이 부여된 사람이 아니라 오직 국가와 민족을 위하여 멸사봉공하는 의무 외엔 아무것도 없으며"라고 훈시를 하였는데(박원준 엮음, 『해병전투사』, 해병대사령부, 1962, 19쪽) 이는 역으로 당시 군인들이 특권이 부여된 사람처럼 행동했다는 것을 보여 준다.

203 박찬웅, 앞의 책, 215쪽.

204 같은 책, 184쪽.

205 홍사중, 앞의 글, 559쪽.

206 "우리나라의 군대는 군대라기보다는 군상배의 집단이라고 해도 좋을 것이다"(박찬웅, 앞의 책, 184쪽).

207 "방위군이란 정규군에게는 뒤진다고 하더라도 경찰보다는 세도가 높았다. 시청이나 군청은 방위군의 밥이었다"(홍사중, 앞의 글, 176쪽).

208 구상은 당시의 실정을 다음과 같이 기록한다. "경북의 M사촌에서는 공비의 출몰보다도 공비들이 도주한 이후 오는 토벌대들을 더 두려워했다. 〔……〕 그때마다 부락민들은 공동갹출로서 돼지를 잡는다, 닭은 잡는다하여 향연을 베푼다. 공비 출몰죄를 사과하였는데, 요행이면 부락민 인치가 없고, 감정이 상하게 되면 부락에서 끌어간다는 것이다."(구

상, 앞의 책, 50쪽). 한편 영천군 화북면에서는 당시 면장이었던 정만식이 토벌군인 백골 대의 소 잡아달라는 요구를 거절했다가 죽도록 맞기도 했다(「10년 후의 증언」, 『영남일 보』, 1960년 5월 26일자).

209 다음 이한림의 지적을 참고할 필요가 있다. "군은 처음부터 그 자체를 뒷받침할 만한 분 명한 이념이 없었기 때문에 그 정신적 기조가 소박한 일반 민중의 영역을 벗어날 수 없었 다. 따라서 그 본질은 지극히 유동적이고 충동적인 민중 심리를 그대로 반영하고 있었 다. 이러한 점은 자연 민중과 대치되고 있는 경찰에의 소박한 적의로 발전해 가는 것은 당연한 결과였는지 모른다"(이한림, 앞의 책, 89쪽).

210 정구영은 아들에게 다음과 같이 당부한 바 있다. "이 전쟁은 명목 없는 무모한 싸움이야. 그러니 너는 어떻게든 살 궁리를 해라. 네가 비겁한 소리를 듣더라도 병신인 체 바보인 체하고 목숨을 보전하여라. 그러다가 미군과 전투를 하게 되면 투항을 해라. 결코 국군 부대에는 투항을 하지 마라. 내가 이렇게 말하면 현재의 군인들이 나를 비난할지 몰라도 그 무렵 국군의 질은 낮았어. 국군은 위험하다. 힘이 없고 능력이 없어. 투항하면 죽이고 말지도 몰라. 미군은 국제법을 지킬 거야. 그러니 투항하는 사람에게 관대할 거다. 나는 국군에 대한 신뢰감이 없었으니까. 전체적으로 사기는 떨어져 있었고, 규율도 없고, 보급 품도 없고 그러니 투항자 처리를 못할 듯한 생각이 들어. 귀찮으니까 총살할 염려가 있 어"(정구영, 앞의 책, 277쪽.).

211 백선엽, 앞의 책, 222쪽.

212 같은 책, 223쪽.

213 이현희, 앞의 책, 115쪽.

214 『동아일보』 1950년 4월 20일자.

215 마크 게인(Mark Gayne) 지음, 까치편집부 옮김, 『해방과 미군정』, 까치, 1986, 87쪽.

216 미셸 푸코 지음, 박홍규 옮김, 『감시와 처벌: 감옥의 역사』, 강원대학교출판부, 1990.

217 박찬웅. 앞의 책, 250쪽.

218 최정운, 앞의 책, 251쪽.

219 노민영·강희정, 앞의 책, 540쪽.

220 유재흥, 앞의 책, 97쪽.

221 장병혜, 앞의 책, 112쪽.

222 제11회 국회 66차 회의석상에서 장택상의 발언(「제11회 국회임시회의 속기록」 제66호, 국회사무처, 1951년, 9월 29일, 27〜28쪽)

223 홍사중, 앞의 글, 559쪽. 굴든은 한국군이 미심쩍은 공산주의자들을 죽도록 두들겨 패는 것을 보고 충격을 받았다고 말한다(조지프 굴든 지음, 김래상 옮김, 앞의 책, 198쪽).

224 박찬웅, 앞의 책, 183쪽.

225 같은 책, 215쪽.

226 『한국헌병사』에는 당시 군인들의 요정 출입을 자제하는 기록도 있다. 10월 27일 장병 요 정 출입단속을 일제실시하면서 "일반인의 정신도 전쟁의식을 망각하고 안일과 향락을 탐하는 경향이 없지 않으나 더욱이 군인으로서 후방 근무를 기회로 간혹 요정 출입을 감

행하는 예 허다하며 일선 지구로부터 공무 출장한 장병이 정당한 이유와 수속을 밟지 않고 요정에 출입하는 예 다유(多有)하며 군기를 문란케 할뿐만 아니라"(헌병사편찬위원회 엮어지음, 앞의 책, 제2편 70쪽)의 내용이 당시 헌병 사병들의 실상을 드러내 주고 있다.

227 박원준, 앞의 책, 19쪽.

228 박찬웅, 앞의 책, 209쪽.

229 김기진 기자의 발굴자료(『부산일보』 2004년 7월 7일자).

230 정해윤, 「김종원과 공비가장 총격사건」, 『흑막』, 신태양사, 1960 참조.

231 김정렬, 앞의 책, 113쪽. 그는 당시 육군참모차장이던 정일권 대령과 육군정보국장이던 백선엽 대령도 빨갱이로 몰았다.

232 김교식, 「실록 김창룡」, 『월간조선』, 1982년 10월.

233 일본군은 중일전쟁 시 중국 북부를 점령하고 이른바 삼광정책(모두 죽이고, 모두 빼앗고, 모두 불태우는 정책)을 폈다(한석정, 앞의 책, 39쪽). 난징대학살 역시 일본군의 삼광정책의 표현이었다.

234 국가보안법 제10조 불고지죄 조항은 "제3조(반국가단체), 제4조(목적 수행), 제5조(자진 지원, 금품수수), 1·3·4항의 죄를 범한 자라는 것을 알면서 수사기관 또는 정보기관에 고지하지 아니한 자는 5년 이하의 징역 또는 200만 원 이하의 벌금에 처한다. 다만 본범과 친족관계에 있을 때는 그 형을 감경 또는 면한다"로 되어 있다.

235 과학원 역사연구소, 앞의 책, 394쪽.

236 한국의 가족주의적 전통에 대해서는 김동춘, 「1950년대 한국 농촌에서의 가족과 국가: 한국에서의 '근대'의 초상」, 역사문제연구소 엮음, 『1950년대 남북한의 선택과 굴절』, 역사비평사, 1998 참조.

237 1948년 7월 24일의 「대통령 취임사」(우남실록편찬회, 『우남실록』: 1945~1948, 열화당, 1976, 553쪽).

238 1948년 11월 4일의 이승만 담화(『수산경제신문』 1948년 11월 5일자〔김득중, 앞의 글, 28쪽에서 재인용〕).

239 "공산분자의 반란 정부가 책임질 수 없다"(공보처, 앞의 책, 9쪽).

240 「계엄령 선포문」, 육군본부 엮음, 『공비토벌사』, 육군본부, 1954, 부록 1쪽.

241 마루야마 마사오 지음, 박충석 외 옮김, 『충성과 반역』, 나남, 1998, 16~24쪽.

242 같은 책, 17쪽.

243 같은 책, 21쪽.

244 유진오는 서울에 돌아온 이후 자신의 누이가 자신 때문에 고통을 겪은 일을 다음과 같이 기록하고 있다. "누이집이라 하여 추궁하는 것은 삼족을 멸하는 봉건사상인가? 우리나라의 공산주의는 진보적 민주주의이기는커녕 민중 가운데 아직 농후하게 침투되어 있는 봉건사상과 결합된 공산주의라는 것을 이 일례로써 알 수 있다"(유진오, 앞의 책, 17쪽).

245 Jennifer Turpin and Lester R. Kurtz, "Introduction: Violence—the Micro/Macro Link", Jennifer Turpin and Lester R. Kurtz eds., *The Web of Violence: From Interpersonal to Global*, Champaign-Urbana: University of Illinois Press, 1997, p. 85.

246 미셸 푸코 지음, 박정자 옮김, 앞의 책, 110~115쪽.

247 같은 책, 85쪽.

248 오제도 외, 앞의 책, 11쪽.

249 고양금정굴 양민학살사건 진상규명·명예회복을 위한 범국민추진위원회, 앞의 책 참조.

250 이렇게 본다면 남북한의 이데올로기적 적대는 단순한 이해의 대립의 문제만도 아니고 사상적 거리감만도 아니다. 이렇게 본다면 국가주의·민족주의·가족주의가 결합된 것, 특히 반공산주의(anti-communism)를 혈연적 개념으로 포장한 것이 한국전쟁 시 한국의 반공주의이며, 당시 반공주의의 진면목은 이것들을 모두 고려할 때 제대로 드러난다고도 볼 수 있을 것이다.

251 캉유웨이 지음, 이성애 옮김, 『대동서』, 민음사, 1991, 195쪽.

252 Charles Tilly, *op. cit.* 참조.

253 즉 "다른 나라를 멸망시키고 사람을 죽이는 일을 공이 있다 하고, 정(鼎)에 조각하고 비석에 세기고, 동상을 만들고 사서를 지어 후세에 크게 호령하면서 스스로 자랑스럽게 여기고는 도백(屠伯)과 민적(民賊)이 된 것을 알지 못했다"(캉유웨이 지음, 이성애 옮김, 앞의 책, 195쪽).

254 Kenneth N. Waltz, *op. cit.* 참조. 전쟁은 개인의 잘못은 아니지만, 분명히 인간이 만든 것이고, 전쟁의 모든 과정은 인간과 그들이 만들어 낸 조직(국가), 혹은 인간들 사이의 갈등의 산물이다.

255 이민수, 『전쟁과 윤리: 도덕적 딜레마와 해결방안의 모색』, 철학과 현실사, 1998, 24~25쪽.

256 카를 폰 클라우제비츠 지음, 김홍철 옮김, 앞의 책, 50쪽.

257 캉유웨이는 중국에서의 전쟁이 얼마나 참혹한 결과를 자져왔는지 잘 정리하고 있다(캉유웨이 지음, 이성애 옮김, 앞의 책, 151~194쪽).

258 같은 책, 151~195쪽.


## 5부 국가주의를 넘어서

1 Bruce Cumings, *op. cit.*, p. 761.

2 John W. Dower, *Empire and Aftermath: Yoshida Shigeru and the Japanese Experience, 1878~1954*, Cambridge: Harvard University Press, 1979, p. 316에서 재인용.

3 고병철, 「한국전쟁과 북한정치체제의 변화」, 고병철 외, 앞의 책, 1쪽.

4 시먼즈의 언급은 Simons, Robert R., *The Strained Alliance: Peking, Pyongyang, Moscow and the Politics of the Korean Civil War*, London: The Free Press, 1975, p. 242를 참조. 사망자 수치는 전광희, 「한국전쟁과 남북한 인구의 변화」, 한국사회학회 엮음, 앞의 책, 67쪽 참조.

5 최정희, 「난중일기에서」, 오제도 외, 앞의 책, 52쪽.

6 해럴드 라스키 지음, 김학준 엮어옮김, 『라스키: 현대국가에 있어서의 자유』, 서울대학교출

판부, 1987, 36쪽.

7 최장집, 앞의 책, 71쪽.

8 서대숙 지음, 서주석 옮김, 『북한의 지도자 김일성』, 청계연구소, 1989, 97쪽.

9 같은 책, 98쪽.

10 김시중, 앞의 글, 352쪽.

11 1948년 3월 12일에 발표된 글에서 김구·김규식·김창숙·조소앙·조성환·조완구·홍명희 등 7인요인은 "소위 38선을 국경선으로 고정시키고, 양 정부 또는 양 국가를 형성케 되면 남북의 우리 형제자매가 미·소전쟁의 전초를 개시하여 총검으로 서로 대하게 될 것이 명백한 일"이라고 외쳤다(『새한민보』 1948년 4월 상순, 9쪽[서중석, 앞의 글, 119쪽에서 재인용]).

12 Tom Nairn, "Modern Janus", *New Left Review*, no. 94, November 1976.

# 참고문헌

국내 문헌

강만길 엮음, 『조소앙』, 한길사, 1988.
_____, 『20세기 우리역사』, 창비, 1999.
강문봉, 「6·25 비화, 심야파티에서 휴전까지」, 『신동아』 226호, 1983년 6월.
강원룡, 『빈들에서 1』, 삼성출판사, 1993.
강인덕 외, 『다큐멘타리 한국전쟁』, 구미서관, 1964.
강정구, 『좌절된 사회혁명』미군정하의 남한·필리핀과 북한연구』, 열음사, 1989.
_____, 「해방 후 월남인의 월남동기와 계급성에 관한 연구」, 한국사회학회 엮음, 『한국전쟁과 사회변동』, 풀빛, 1992.
_____, 『분단과 전쟁의 한국현대사』, 역사비평사, 1996.
_____, 「5·10선거와 5·30선거의 비교연구」, 『분단과 전쟁의 한국현대사』, 역사비평사, 1997.
_____, 「맥아더를 알기나 하나요」, 『데일리서프라이즈』, 2005년 7월 26일자.
강준식, 「해방정국, 미군정의 이승만 옹립 드라마」, 『신동아』, 1989년 1월.
고병철 외, 「한국전쟁과 북한정치체제의 변화」, 『한국전쟁과 북한사회주의체제 건설』, 경남대학교 극동문제연구소, 1992.
고정은, 『(비록)軍』(上), 동방서원, 1967.
고정훈 외, 『명인옥중기』, 희망출판사, 1968.
과학원 역사연구소, 『조선통사』(하), 오월, 1988.
구상, 『구상 考現잡화집』, 남향문화사, 1953.
군사연구실, 『의장안병범』, 육군본부, 1989.
권기숙, 『기억의 정치학』, 문학과지성사, 2006.
권영진, 「북한의 남한 점령정책」, 『역사비평』 계간5호, 1989년 여름.
그란트 미드 지음, 안종철 옮김, 『주한미군정 연구』, 공동체, 1993(Meade, E. Grant, *American Military Government in Korea*, New York: King's Crown Press, Colombia University, 1951).
그레고리 헨더슨 지음, 박행웅·이종삼 옮김, 『소용돌이의 한국정치』, 한울, 2000.
기광서, 「소련의 한국전 개입과정」, 『국제정치논총』 제40집 3호, 2000.
김계동, 『한반도의 분단과 전쟁: 민족분열과 국제개입갈등』, 서울대학교출판부, 2000.
김계유, 「1948년 여순봉기」, 『역사비평』 계간15호, 1991년 겨울.
김교식, 「실록 김창룡」, 『월간조선』, 1982년 10월.
김귀옥, 「정착촌 월남인의 생활경험과 정체성: 속초 '아바이마을'과 김제 '용지농원'을 중심으로」, 서울대학교대학원 사회학과 박사학위논문, 1999.

_____, 『이산가족: 반공전사도 빨갱이도 아닌』, 역사비평사, 2004.

김기진, 『끝나지 않은 전쟁, 국민보도연맹─부산·경남지역』, 역사비평사, 2002.

_____, 『한국전쟁과 집단학살』, 푸른역사, 2005.

김남식, 『남로당 연구 I』, 돌베개, 1984.

김도형 외, 『근대 대구·경북 49인』, 혜안, 1999.

김동노, 「미군정기의 농민조직과 농민운동」, 강인철 외 엮음, 『미군정기 한국의사회변동과 사회사』, 한림대학교아시아문제연구소, 1999.

김동춘, 「한국자본주의와 지배질서: 안보국가·시장·가족」, 한국산업사회연구회 엮음, 『한국의 사회변동』, 한울, 1994.

_____, 「국가폭력과 사회계약」, 『경제와 사회』 36호, 1997년 겨울.

_____, 「1950년대 한국 농촌에서의 가족과 국가: 한국에서의 근대의 초상」, 역사문제연구소 엮음, 『1950년대 남북한의 선택과 굴절』, 역사비평사, 1998.

김득모, 『남으로 가는 길: 홍남 피난민 탈출실록』, 천풍인쇄주식회사, 1982.

김득중, 「이승만 정부의 여순사건 인식과 민중의 피해」, 여수지역사회연구소, 『여수지역사회연구소 여순사건 연구총서 2집: 여순사건 자료집』, 여수지역사회연구소, 1999.

_____, 「여순사건과 이승만 반공체제의 구축」, 성균관대학교 박사학위논문, 2004

김명섭, 「한국전쟁 연구를 위한 다국사료 교차 분석법과 그 국내적 기반」, 『정신문화연구』 제23권 2호, 2000년 여름.

_____, 「한국전쟁 직전의 '애치슨 선언'에 대한 재해석─서유럽에서 동아시아로 확장되는 미국의 전략적 관심」, 『군사』 제41호, 2000년 12월.

_____, 「한국전쟁이 냉전체제의 구성에 미친 영향」, 『국제정치학논총』 제43집 1호, 2003.

김문현, 「한국현대사의 증언: 남로당 지방당 조직의 활동상을 밝힌다」, 『역사비평』 계간3호, 1998년 겨울.

김봉현·김민주 엮음, 『제주도 인민들의 4·3무장투쟁사 자료집』, 文友社, 1963.

김사엽, 『한국헌병사』, 헌병사령부, 1952.

김삼웅, 『해방 후 양민학살사』, 가람기획, 1996.

김석원, 『노병의 한』, 육법사, 1977.

김선호, 「國民保導聯盟事件의 과정과 성격」, 경희대학교대학원 사학과 석사학위논문, 2002.

김성례, 「근대성과 폭력: 제주 4·3의 담론정치」, 역사문제연구소 외 엮음, 『제주 4·3연구』, 역사비평사, 1998.

김성보, 「북한의 토지개혁과 농업협동화」, 연세대학교대학원 사학과 박사학위논문, 1997.

김성찬, 『농지개혁과 나의 할 일: 농지개혁지침』, 혜성사출판부, 1950.

김성칠, 『역사 앞에서』, 창작과비평사, 1993.

김성호 외, 『농지개혁사 연구』, 한국농촌경제연구원, 1989.

_____, 「남북한의 농지개혁 비교연구」, 홍선찬 엮음, 『농지개혁 연구』, 연세대학교출판부, 2001.

김순태, 「제주 4·3 당시 계엄령의 불법성」, 역사문제연구소 엮음, 『제주 4.3 연구』, 역사비평사, 1998.

김시중, 「남로당 지방당 조직 어떻게 와해되었는가」, 『역사비평』 계간4호, 1989년 봄.

김영택, 『한국전쟁과 함평 양민학살』, 사회문화원, 2001

김영호, 『한국전쟁의 기원과 전개과정』, 두레, 1988.

김일성, 「조선노동당 중앙위원회 제3차 정기회의에서 진술한 김일성동지의 보고」, 김준엽 외
　　　엮음, 『「북한」 연구자료집 제2집』, 고려대학교 아세아문제연구소, 1974.

_____, 『김일성 저작집 6(1950.6～1951.11)』, 조선로동당출판사, 1980.

김재명, 「이승만 서울탈출기」, 『월간 경향』, 경향신문사, 1987년 6월.

김재준, 『(장공 김재준의) 범용기』, 5권, 풀빛, 1983.

김점곤, 『한국전쟁과 노동당 전략』, 박영사, 1973.

김정렬, 『김정렬 회고록』, 을유문화사, 1993.

김정훈, 「남북한 지배담론의 민족주의 비교연구」, 연세대학교대학원 사회학과 박사학위논문,
　　　1999.

김종민, 「제주 4·3항쟁, 대규모 민중학살의 진상」, 『역사비평』 계간40호, 1998년 봄.

김진계, 『어느 북조선 인민군의 수기: 조국 상』, 현장문학사, 1990.

김창순, 『역사의 증인』, 한국아세아반공연맹, 1956.

김철범, 『강대국 정치와 남북한 갈등』, 평민사, 1989.

_____ 엮음, 『한국전쟁을 보는 시각』, 을유문화사, 1990.

_____, 『한국전쟁과 미국』, 평민사, 1995.

김태광, 「현대사 발굴: (속)보도연맹사건」, 『월간 말』, 1989년 2월.

김태길, 「체험과 사색: 격동하는 시대에 살았다 3」, 『철학과 현실』 7호, 1990년 가을.

김학준, 「한국전쟁의 기원에 대하여」, 진덕규 외, 『1950년대의 인식』, 한길사, 1984.

_____, 『이동화 평전』, 민음사, 1990.

김홍수, 『한국전쟁과 기복신앙 확산 연구』, 한국기독교역사연구소, 1999.

김홍철, 『전쟁론』, 민음사, 1994.

나윤주, 『누가반역자냐』, 서음출판사, 1981.

남경희, 『주체·외세·이념: 한국 현대국가 건설기의 사상적 인식』, 이화여자대학교출판부,
　　　1995.

노가원, 「미군총에 살육된 남북한 양민의 피바다」, 『월간 다리』, 1990년 6월.

노르베르트 엘리아스 지음, 박미애 옮김, 『문명화 과정 1, 2』, 한길사, 1996, 1999(Elias, Norbert,
　　　*Über den Prozeβ der Zivilisation*, Basel: Haus zum Falken, 1939).

노민영·강희정, 『거창양민학살: 그 잊혀진 피울음』, 온누리, 1988.

니콜로 마키아벨리 지음, 강정인 옮김, 『군주론』, 까치, 1994.

더글러스 맥아더 지음, 반광식 옮김, 『맥아더 회고록』, 일신서적, 1993(MacArthur, Douglas,
　　　*Reminiscences*, New York: McGraw Hill, 1964).

도진순, 「1951년 1월 산성동 폭격과 미 10군단의 조직적 파괴정책」, 『역사비평』 통권72호,
　　　2005년 가을.

라종일 엮음, 『증언으로 본 한국전쟁』, 예진출판사, 1991.

란보조우, 「대만: 2·28에서 50년대로 연결되는 백색테러」, 『역사비평』 계간40호, 1998년 봄.

로버트 터커, 『스탈린이즘』, 문학예술사, 1982.

디트리히 뤼쉬마이어 외 지음·박명림 외 옮김, 『자본주의 발전과 민주주의: 민주주의의 비교 역사연구』, 나남출판, 1997.

류상영, 「북한의 한국전쟁 인식과 성격규정」, 최장집 엮음, 『한국전쟁연구』, 태암, 1990.

리영희, 『역정: 나의 청년시대』, 창작과비평사, 1988.

마루야마 마사오 지음, 박충석 외 옮김, 『충성과 반역』, 나남, 1998.

마크 게인〔Mark Gayne〕 지음, 까치 편집부 옮김, 『해방과 미군정: 1946. 10~11』, 까치, 1986(Mark, Gayn, Japan Diary, New York: William Sloane Associates, 1948).

막스 베버 지음, 임영일 외 옮김, 『막스 베버 선집』, 까치, 1991.

매튜 B. 리지웨이 지음, 김재관 옮김, 『한국전쟁』, 정우사, 1981.

모세 레윈 지음, 「스탈린이즘의 사회적 배경」, 로버트 터커 엮음, 김광삼 옮김, 『스탈린이즘: 공산주의 혁명과 철학』, 문학예술사, 1982.

모윤숙, 「나는 지금 정말로 살아있는가?」, 유진오 외, 『고난의 구십일』, 수도문화사, 1950.

문제안, 『종군기, 남북 3천리』, 낙산각, 1956.

미셸 푸코 지음, 박정자 옮김, 『사회를 보호해야 한다』, 동문선, 1997.

미셸 푸코 지음, 박홍규 옮김, 『감시와 처벌: 감옥의 역사』, 강원대학교 출판부, 1990.

바루흐 드 스피노자 지음, 김성근 옮김, 『국가론』, 서문당, 1986.

박계주, 「지옥유폐 130일: 원산 대학살사건의 전모」, 『자유공화국 최후의 날』, 정음사, 1955.

박광섭, 「한국전쟁 전후의 북한의 형사법제」, 고병철 외, 『한국전쟁과 북한사회주의 체제건설』, 경남대학교 극동문제연구소, 1992.

박광주, 「이승만의 집권과정과 정치적 성격」, 『현대사를 어떻게 볼 것인가』, 동아일보사, 1990.

박동운, 『북한통치기구론』, 고려대학교 아세아문제연구소, 1964.

박명림, 「한국전쟁의 발발과 기원」, 고려대학교대학원 정치외교학과 박사학위논문, 1994.

_____, 『한국전쟁의 발발과 기원 1: 결정과 발발』, 나남, 1996.

_____, 「한국전쟁의 기원과 성격」, 유영익 엮음, 『수정주의와 한국현대사』, 연세대학교출판부, 1999.

_____, 『한국 1950: 전쟁과 평화』, 나남, 2002.

_____, 「미래를 위한 과거−21세기 한국전쟁 연구의 정신·방법·전망」, 한국전쟁연구학회 엮음, 『한국전쟁연구학회 학술세미나: 한국전쟁이 남긴 명제와 과제』, 조선일보사, 2003.

박문옥, 『한국정부론』, 박영사, 1963.

박상섭, 『근대국가와 전쟁:근대국가의 군사적 기초(1500~1900)』, 나남, 1996.

박영도, 「세계화시대의 민주주의,그 딜레마와 전망」, 『경제와 사회』 45호, 2000년 봄.

박완서, 『그 많던 싱아는 누가 다 먹었을까』, 웅진출판사, 1992.

박용만, 『제1공화국 경무대비화』, 내외신서, 1986.

박원순,「전쟁부역자 5만명, 어떻게 처리되었나」,『역사비평』계간9호, 1990년 여름.

박원준 엮음,『해병전투사』, 해병대사령부, 1962.

박정택,「미군정의 정치행정적 충원에 관한 연구」, 서울대학교 행정대학원 행정학과 석사학위논문, 1976.

박종성,『강점기 조선의 정치질서: 인종과 저항의 단층변동』, 인간사랑, 1997.

박진목,『내 조국, 내 산하: 지금은 먼 옛 이야기』, 계몽사, 1994.

박찬승,「한국전쟁과 진도 동족마을 서등리의 비극」,『역사와 현실』제38호, 2000.

박찬웅,『6·25일지』, 도서출판 아우내, 1994.

박찬표,「한국의 국가 형성: 반공체제의 수립과 자유민주주의의 제도화(1944~48)」, 고려대학교대학원 정치외교학과 박사학위논문, 1995.

박태균,『한국전쟁: 끝나지 않은 전쟁, 끝나야 할 전쟁』, 책과함께, 2005.

방선주,「한반도에 있어서의 미·소 군정의 비교」, 강인철 외,『미군정기 한국의 사회 변동과 사회사 1』, 한림대학교 아세아문제연구소, 1999.

_____,「한국전쟁 당시 북한자료로 본 노근리 사건」,『정신문화연구』23권 2호(통권 79호), 2000년 여름.

_____,「KLO 문서 해제」,『아시아 문화』제15호, 2000년 11월.

방인후,『북한「조선노동당」의 형성과 발전』, 고려대학교출판부, 1967.

배은희,『나는 왜 싸웠나』, 한국인쇄주식회사, 1995.

배혜득,『눈으로 약속한 시간에』, 지문출판사, 1973.

백선엽,『6·25 한국전쟁 회고록, 군과 나』, 대륙연구소출판부, 1989.

백선엽,『길고 긴 여름날, 1950년 6월 25일』, 지구촌, 1999.

백철,『(속)진리와 현실』, 박영사, 1976.

변영태,『나의 조국』, 자유출판사, 1956.

부르스 커밍스 외 지음, 박의경 옮김,『한국전쟁과 한미관계』, 청사, 1986(Cumings Bruce ed., *Child of Conflict: The Korean American Relationship 1943~1953*, Seattle & London: University of Washington Press, 1983).

브루스 커밍스 지음, 김동노 외 옮김,『브루스 커밍스의 한국현대사』, 창작과비평사, 2002.

부산일보사 기획연구실 엮음,『비화 임시수도 천일(상)』, 부산일보사, 1983.

櫻井浩〔사쿠라이 히로시〕,「한국전쟁의 기원에 관한 일고찰」, 김동춘 엮음,『한국현대사연구 I』, 이성과현실사, 1988.

佐佐木春隆〔사사키 하루타카〕지음, 강창구 엮어옮김,『한국전비사』(중), 병학사, 1977.

사회과학출판사 엮음,『력사가 본 조선전쟁』, 사회과학출판사, 1993.

서대숙 지음, 서주석 옮김,『북한의 지도자 김일성』, 청계연구소, 1989.

서산 정석해 간행위원회,『서산 정석해, 인간과 사상』, 연세대학교 출판부, 1989.

서용선,「한국전쟁시 점령정책 연구」,『한국전쟁 연구: 점령정책·노무운용·동원』, 국방군사연구소, 1995.

서울신문사 엮어지음,『주한미군 30년』, 행림출판사, 1975.

서정주,『미당 자서전 2』, 민음사, 1994.

서중석,『현대 한국민족운동연구 2』, 역사비평사, 1996.

_____,『조봉암과 1950년대(하): 피해대중과 학살의 정치학』, 역사비평사, 1999.

서태원,『서태원 자서전』, 일조각, 1984.

선우기성·김판석,『청년운동의 어제와 내일』, 횃불사, 1969.

_____,『어느 운동자의 일생』, 배영사, 1987.

선우종원,『망명의 계절』, 신구문화사, 1965.

선우종원,『사상검사』, 계명사, 1992.

소정자,『내가 반역자냐: 전향 여간첩의 수기』, 방아문화사, 1966.

송건호,『서재필과 이승만: 8·15와 지도자 노선』, 정우사, 1980.

송광성,『미군점령 4년사』, 한울, 1993.

스칼라피노·이정식 지음, 한홍구 옮김,『한국공산주의 운동사』, 돌베개, 1986.

신병식,「이승만의 정치관 연구(1): 그의 저작을 중심으로」,『상지대학교병설 전문대학논문집』(제15집), 상지대학교병설전문대학, 1996.

신복룡,「한국전쟁의 기원:김일성의 개전의지를 중심으로」,『한국정치학회보』제30집 3호, 1996.

신일철,「한국전쟁의 역사적 의의」, 양호민 외,『한반도 분단의 재인식(1945~1950)』, 나남, 1993.

신창균,『가시밭길에서도 느끼는 행복: 조국통일범민족연합 남측본부 의장 송암 신창균 회고록』, 해냄, 1997.

饗庭孝典〔아에바 다카노리〕·NHK 취재반 지음, 오정환 옮김,『한국전쟁』, 동아출판사, 1991.

아이리스 장 지음·김은령 옮김,『난징 대학살』, 끌리오, 1999.

I. F. 스토운 지음, 백외경 옮김,『비사 한국전쟁』, 신학문사, 1988(Stone, I. F., *The Hidden Story of Korean War*, New York: Monthly Review Press, 1952).

안용현,『한국전쟁의 허와 실』, 고려원, 1987.

안종철,「여순사건의 배경과 전개과정」, 여수지역사회연구소,『여순사건실태조사 보고서 제1집』, 여수지역사회연구소, 1998.

안진,「미군정기 국가기구 형성과정에 관한 한 연구」, 서울대학교대학원 사회학과 박사학위논문, 1990.

앙드레 지드 지음, 정봉구 옮김,『소련방문기, 1936』, 춘추사, 1994.

양영조,「남북한 군사정책과 6·25 전쟁의 배경 연구」, 국민대학교대학원 국사학과 박사학위논문, 2001.

양조훈,「제주 4·3 역사, 어떻게 볼 것인가」,『4·3과 역사』통권 제31호, 제주4·3연구소, 1998.

에릭 R. 울프 지음, 곽은수 옮김,『20세기 농민전쟁』, 형성사, 1984.

에릭 J. 홉스봄 지음, 박현채·차명수 옮김,『혁명의 시대』, 한길사, 1984.

A. 토크빌 지음, 朴智東 옮김,『미국의 민주주의』, 한길사, 1983, 19쪽.

역사문제연구소 엮음, 『제주 4·3연구』, 역사비평사, 1999.

염미경, 「양반가문의 한국전쟁 경험: 전남 강진지역의 근대적 지배층 변화를 중심으로」, 『호남문화연구』제29집, 2001.

오연호, 「노근리 양민학살사건의 성격과 AP에 의한 공론화의 교훈」, 『전쟁 속의 양민학살』, 학술단체협의회99 제3회 정책토론회, 1999년 11월.

오제도 외, 『赤禍三朔九人集』, 국제보도연맹, 1951.

와다 하루끼 지음, 서동만 옮김, 『한국전쟁』, 창작과비평사, 1999.(和田春樹, 『朝鮮戰爭』, 東京: 岩波書店, 1995).

우남실록편찬회, 『우남실록: 1945~1948』, 열화당, 1976.

유성봉, 「호림부대와 우리들」, 『박천향토지』, 박천군민회, 1968.

유영익·이채진 엮음, 『한국과 6·25 전쟁』, 연세대학교출판부, 2002.

유재흥, 『격동의 세월』, 을유문화사, 1994.

유진국, 『만웅회고록』, 서광문화사, 1988.

유진오 외, 『고난의 90일』, 수도문화사, 1950.

_____, 『구름 위의 만상』, 일조각, 1966.

유치송, 『해공 신익희 일대기』, 해공신익희선생기념회, 1984.

윤길중 외, 「좌담회: 6·25 동란 중의 국회 활동을 되새기며」, 『국회보』212호, 대한민국국회사무처, 1984년 6월 52~57쪽.

_____, 『청곡 윤길중 회고록: 이 시대를 앓고 있는 사람들을 위하여』, 호암출판사, 1991.

윤봉찬, 「6·25동란 참전기」, 『박천향토지』, 박천군민회, 1968.

윤석오 외, 『남기고 싶은 이야기들』 2권, 중앙일보사, 1973.

윤영, 『농지개혁과 나의 할 일』, 조선일보공무국, 1950.

윤인상, 『지나온 86년』, 광림사, 1989.

윤종현, 『6·25 당시 북괴남한 점령정책에 관한 연구』, 국토통일원정책기획실, 1977.

윤천주, 『투표참여와 정치발전: (속)우리나라의 선거실태』, 서울대학교출판부, 1994.

윤치영, 『윤치영의 20세기』, 삼성출판사, 1991.

윤택림, 『인류학자의 과거여행: 한 빨갱이 마을의 역사를 찾아서』, 역사비평사, 2003.

윤학준, 『나의 양반문화 탐방기』, 길안사, 1994.

윤형숙, 「한국전쟁과 지역민의 대응-전남의 한 동족마을의 사례를 중심으로」, 『한국문화인류학』제35권 2호, 2002.

이강국, 『민주조선의 건설』, 조선인민사, 1946.

이건호, 「폭력에 대한 항의」, 유진오 외, 『고난의 90일』, 수도문화사, 1950.

이구영, 『산정에 배를 메고: 노촌 이구영 선생의 살아온 이야기』, 개마서원, 1998.

이기봉, 「6·25와 관련된 출판물들」, 『자유공론』279호, 1990년 6월.

이도영 엮어옮김, 『죽음의 예비검속』, 월간말, 2000.

이동욱, 『계초 방응모』, 방일영문화재단, 1996.

이민수, 『전쟁과 윤리: 도덕적 딜레마와 해결방안의 모색』, 철학과 현실사, 1998.

이범선,「적 치하 405일」, 조선일보사출판국 엮음,『전환기의 내막』, 조선일보사, 1982.

이봉하,「내가 겪은 여순반란사건」,『박천향토지』, 박천군민회, 1979.

이삼성,「전후 한반도 냉전의 내적기원」, 강인철 외,『미군정기 한국의 사회 변동과 사회사 1』, 한림대학교 아세아문제연구소, 1999.

이승엽,「조국통일을 위한 남반부 인민 유격투쟁」, 김남식 엮음,『「남로당」연구자료집 제1집』, 고려대학교 아세아문제연구소, 1974.

이완범,『한국전쟁–국제전적 조망』, 백산서당, 2002.

_____,「6·25 전쟁의 종합적 이해: 기원·전개과정·영향의 유기적 관계」,『청계사학』제18호, 2003년 8월.

_____,「한국 국내의 6·25 전쟁 연구동향」,『군사』제55호, 2005년 6월.

이용기,「마을에서의 한국전쟁 경험과 그 기억: 경기도의 한 '모스크바' 마을 사례를 중심으로」,『역사문제연구』제6호, 2001.

이영식,『빨치산』, 행림출판, 1988.

이원덕,「한국전쟁 직전의 주한미군철수」, 하영선 엮음,『한국전쟁의 새로운 접근』, 나남, 1990.

이원순 엮어지음,『인간 이승만』, 신태양사출판국, 1965.

이응준,『회고 90년: 이응준 자서전』, 산경기념사업회, 1982.

이일재,「해방직후 대구지방과 조공, 전평활동과 야산대」,『역사비평』계간9호, 1990년 여름.

이주철,「북조선 노동당의 당원과 그 하부조직에 관한 연구」, 고려대학교대학원 사학과 박사학위논문, 1998.

이창록,「한강 인도교 폭파」, 조선일보사출판국 엮음,『전환기의 내막』, 조선일보사, 1982.

이채진,「한국전쟁의 숨은 뜻: 한국전쟁이 남북한에 미친 영향」,『계간 사상』4호, 1990년 봄.

이태섭,「6·25와 이승만의 민중통제의 실상」,『역사비평』계간5호, 1989년 여름.

이태일,「일제의 식민지 통치기구와 관료주의」,『한국사회연구 5』, 한길사, 1984년 2월.

이태호 지음·신경완 증언,『압록강변의 겨울: 납북 요인들의 삶과 통일의 한』, 다섯수레, 1991.

이한림,『이한림 회상록, 세기의 격랑』, 팔복원, 1994.

이해영·권태환 엮음,『한국사회: 인구와 발전 1』, 서울대학교사회과학대학 인구 및 발전문제연구소, 1978.

이현희,『한국경찰사』, 덕현각, 1979.

이형근,『이형근 회고록: 군번 1번의 외길인생』, 중앙일보사, 1993.

임경택,「최창식 대령과 한강교 폭파사건」,『흑막』, 신태양사, 1960.

임영신,『나의 40년 투쟁사: 승당전집 2』, 승당 임영신박사 전집편찬위원회, 1986.

장미승,「북한의 점령정책」, 한국정치연구회 정치사분과 엮음,『한국전쟁의 이해』, 역사비평사, 1990.

정병준,『한국전쟁: 38선 충돌과 전쟁의 형성』, 돌베개, 2006.

장병혜,『상록의 자유혼』, 영남대학교박물관, 1973.

장상환, 「농지개혁」, 한길사편집부 엮음, 『한국사 18: 분단구조의 정착 2』, 한길사, 1994.

장영창, 『한국전쟁실기, 서울은 불탄다』, 동지사, 1978.

장윤선, 「4·3제주항쟁을 아십니까?」, 『참여사회』 41호, 2000년 4월.

장창국, 『육사졸업생』, 중앙일보사, 1984.

전광희, 「한국전쟁과 남북한 인구의 변화」, 한국사회학회 엮음, 『한국전쟁과 한국사회변동』, 풀빛, 1992.

정구도 엮음, 『노근리 사건의 진상과 교훈』, 두남, 2003.

정용욱, 「한국전쟁시 미군 방첩대 조직 및 운용」, 『군사연구총서 1』, 군사편찬연구소, 2001.

정희상, 『이대로는 눈을 감을 수 없소: 6·25 전후 민간인 학살사건 발굴르뽀』, 돌베개, 1990.

전남일보 광주전남현대사기획위원회, 『광주전남현대사 2』, 실천문학사, 1991.

전라북도경찰국, 『꽃피는 산하 6·25의 흔적을 찾아서』, 1980.

전상인, 「세계체제 속의 혁명과 전쟁」, 『사회변동과 성·민족·계급』(한국사회사학회), 문학과지성사, 1996.

_____, 「'고개 숙인' 수정주의: 한국현대사연구의 새로운 시각」, 유영익 엮음, 『수정주의와 한국 현대사』, 연세대학교출판부, 1998.

_____, 「1946년경 남한주민의 사회의식」, 『미군정기 한국의 사회 변동과 사회사』, 한림대학교 아세아문제연구소, 1999.

_____, 『고개숙인 수정주의』, 전통과 현대, 2001.

전쟁기념사업회, 『한국전쟁의 역사적 재조명』한국전쟁 40주년기념 국제학술회의』, 1990.

정구영, 『정구영 회고록』, 중앙일보사, 1987.

정명환 외, 『프랑스 지식인들과 한국전쟁』, 민음사, 2004.

정영진, 『폭풍의 10월』, 한길사, 1990.

정운현, 『나는 황국신민이로소이다』, 개마고원, 1999.

정일권, 『정일권 회고록』, 고려서적, 1996.

정태영, 『조봉암과 진보당』, 한길사, 1991.

정해윤, 「김종원과 공비가장 총격사건」, 『흑막』, 신태양사, 1960.

정희상, 『이대로는 눈을 감을 수 없소: 6·25전후 민간인 학살사건 발굴르뽀』, 돌베개, 1990.

제민일보 4·3취재반, 『4·3은 말한다 4』, 전예원, 1997.

제프리 존스 지음, 김상민 옮김, 『미국 대외 공작사: CIA와 미 외교정책』, 학민사, 1991.

조병옥, 『나의 회고록』, 민교사, 1959.

조선로동당 중앙위원회 엮음, 『김일성선집 1』, 대동, 1988.

조선로동당출판사, 『김일성 저작집6(1950. 6~1951. 11)』, 1980.

조선사회과학연구소, 「군정과 인민정권」, 『신세대』, 1946년 5월.

조성관, 「1950년 6월 25일, 육군본부의 오판」, 『월간조선』, 1992. 7.

조지프 굴든 지음·김쾌상 옮김, 『한국전쟁, 알려지지 않은 이야기』, 일월서각, 1982.

존 K. 페어뱅크 외 지음, 신성환 옮김, 『중국 혁명운동 문헌사』, 풀빛, 1986.

존 R. 메릴 지음, 신성환 옮김, 『침략전쟁인가 해방전쟁인가』, 과학과사상, 1988.

중앙여자중고등학교동창회 엮음, 『우리 황신덕 선생』, 중앙여자고등학교동창회, 1971.

중앙일보현대사연구팀, 『발굴자료로 쓴 현대사』, 중앙일보사, 1996.

중앙일보사 엮음, 『민족의 증언 1』, 중앙일보사, 1983.

중앙일보사 엮음, 『민족의 증언 2』, 중앙일보사, 1983.

지명관, 「한국 현대사와 인권」, 한국인권재단 엮음, 『일상의 억압과 소수자의 인권』, 사람생
    각, 2000.

지학순, 『내가 겪은 공산주의: 체험실기』, 가톨릭출판사, 1975.

짐 하우스만·정일화, 『한국대통령을 움직인 미군대위: 하우스만 증언』, 한국문원, 1995.

차상철, 「냉전의 기원과 수정주의 학파』연구사적 검토」, 유영익 엮음, 『수정주의와 한국 현대
    사』, 연세대학교출판부, 1998.

차석규, 『남부군과 거창사건』, 창작예술사, 1988.

채문식, 「6·25 전후 살아남은 자의 비극」, 『신동아』, 동아일보사, 1992년 10월.

채의진 엮어지음, 『아! 통한 44년』, 문경양민학살 피학살자유족회, 1994.

최광녕, 「한국전쟁의 기원」, 하영선 엮음, 『한국전쟁의 새로운 접근』, 나남, 1990.

최영희 외, 『미군정기 한국의 사회변동과 사회사1』, 한림대학교 아세아문제연구소, 1999.

최인규, 『최인규 옥중자서전』, 중앙일보사, 1984.

최장집, 『한국민주주의의 조건과 전망』, 나남, 1996.

최정운, 『5월의 사회과학』, 풀빛, 1997.

최정호, 「한국 현대사와 한국전쟁」, 서울언론문화클럽, 『계간 현대사』 창간호, 1980년 11.

\_\_\_\_\_, 「기만된 평화, 거북한 승리: 6·25전쟁의 발발과 지식인」, 『계간 사상』, 1990년 봄.

최정희, 「난중일기에서」, 『赤禍三朔九人集』, 국제보도연맹, 1951.

최태웅·진병천, 『알려지지 않은 한국동란비사』, 청자문화사, 1970.

최형식, 『독일의 재무장과 한국전쟁』, 혜안, 2002.

최호근, 『제노사이드: 학살과 은폐의 역사』, 책세상, 2005.

카를 폰 클라우제비츠 지음, 김홍철 옮김, 『전쟁론』, 삼성출판사, 1998(Clausewitz, Karl von,
    Colonel J. J. Graham trans, *On War*, London: Routledge and Kagan Paul, 1949).

칼 슈미트 지음, 김효전 옮김, 『독재론』, 법원사, 1996.

캉유웨이 지음, 이성애 옮김, 『대동서』, 민음사, 1991.

Theda Skocpol〔테다 스코치폴〕 지음, 한창수·김현택 옮김, 『혁명의 비교연구』, 까치, 1981.

T. R. 페렌바하 지음, 안동림 옮김, 『한국전쟁: 이 특수한 전쟁』, 현암사, 1976.

파냐 이사악꼬브나 샤브쉬나 지음, 김명호 옮김, 『1945년 남한에서』, 한울, 1996.

표인주 외, 『전쟁과 사람들: 아래로부터의 한국전쟁연구』, 한울, 2003.

피에르 부르디외 지음, 문경자 옮김, 『혼돈을 일으키는 과학』, 솔, 1994.

하리마오, 『38선도 6·25한국전쟁은 미국의 작품이었다』, 새로운사람들, 1998.

하영선 엮음, 『한국전쟁의 새로운 접근』, 나남, 1990.

한국농촌경제연구원, 『수복지구의 남북한 농지개혁에 관한 연구』, 한국농촌경제연구원,
    1989.

한국반공반탁운동기념사업회, 『한국학생건국운동사』, 한국반공반탁운동기념사업회출판국, 1986.

한국역사연구회 현대사증언반, 『끝나지 않는 여정』한국 현대사 증언록1』, 대동, 1996.

한국정치연구회 정치사분과, 『한국전쟁의 이해』, 역사비평사, 1990.

한국정치외교사학회 엮음, 『한국전쟁의 정치외교사적 고찰』, 평민사, 1988.

_____, 『한국전쟁과 휴전체제』, 집문당, 1998.

한국정경연구소, 「무초 대사가 털어놓는 건국비화」, 『정경문화』 호, 1986년 4월.

한나 아렌트, 『폭력의 세기』, 이후, 1999.

한명기, 『임진왜란과 한중관계』, 역사비평사, 1999.

한배호, 「제1 공화국의 유산」, 『1950년대의 인식』, 한길사, 1984.

한상구, 「피학살자 유가족 문제」, 사월혁명연구소 엮음, 『한국사회변혁과 4월혁명 2』, 한길사, 1990.

한석정, 『만주국 건국의 신화』, 동아대학교출판부, 1999.

한승인, 『독재자 이승만』, 일월서각, 1984.

한승주, 「제1공화국의 유산」, 진덕규 외, 『1950년대의 인식』, 한길사, 1981.

한재덕, 『김일성을 고발한다: 조선노동당 치하의 북한 회고록』, 내외문화사, 1965.

한지회, 「국민보도연맹의 결성과 그 성격」, 숙명여자대학교대학원 사학과 석사학위논문, 1995.

_____, 「국민보도연맹의 조직과 학살」, 『역사비평』 계간35호, 1996년 겨울.

함상훈, 「외교와 무력에 의한 통일」, 『민성』, 1949년 3월.

함석헌, 『함석헌 전집 1: 뜻으로 본 한국역사』, 한길사, 1984.

_____, 『함석헌 전집 4: 죽을 때까지 이 걸음으로』, 한길사, 1984.

해럴드 노블 지음, 박실 옮김, 『전화 속의 대사관』, 한섬사, 1980.

해럴드 라스키 지음, 김학준 엮어옮김, 『라스키: 현대국가에 있어서의 자유』, 서울대학교출판부, 1987.

현기영, 「우리들은 무엇이 되어 있는가」, 『작가』 12호, 1998년 여름.

홍사중, 「국민방위군사건」, 『전환기의 내막』, 조선일보사, 1982.


국내 자료

강화사편찬위원회, 『강화사』, 강화문화원, 1976.

『경산향토신문』, 2000년 1월 1일자~6월 1일자.

「계엄령 선포문」, 육군본부 엮음, 『공비토벌사』, 육군본부, 1954.

고양금정굴 양민학살사건진상규명 명예회복을 위한 범국민추진위원회, 『고양금정굴 양민학살사건 진상보고서』, 1999년 3월.

공보처, 『대통령 이승만 박사 담화집』, 공보처, 1953.

국방대학원, 『한국전쟁사 6』(특별참고서지), 1974.

국사편찬위원회, 『남북한관계 사료집 21권(북한군포로심문보고서 1-2호)』, 국사편찬위원회, 1996.

_____, 『남북한관계 사료집 22권』, 국사편찬위원회, 1996.

_____, 『북한관계사료집 VI』, 국사편찬위원회, 1988.

_____, 『북한관계사료집 VII』, 국사편찬위원회, 1989.

_____, 『북한관계사료집 X』, 국사편찬위원회, 1990.

_____, 『북한관계사료집 XI』, 국사편찬위원회, 1991.

_____, 『자료 대한민국사 7』, 국사편찬위원회, 1974.

_____, 『자료 대한민국사 12』, 국사편찬위원회, 1999.

국회도서관 입법조사국, 『국제연합한국위원단보고서 1949·1950』, 대한민국 국회도서관, 1965.

국회사무처, 『국회사 1』, 국회사무처, 1971.

대검찰청공안부, 『좌익사건실록 10』, 대검찰청공안부, 1973.

대한민국국방부 전사편찬위원회, 『한국전란 일년지』, 대한민국국방부 전사편찬위원회, 1951.

_____, 『한국전란 이년지』, 대한민국국방부 전사편찬위원회, 1953.

_____, 『한국전쟁사 1: 해방과 건군』, 대한민국국방부 전사편찬위원회, 1967.

대한민국국방부 군사편찬연구소, 『한국전쟁사의 새로운 연구 1』, 대한민국국방부 군사편찬연구소, 2001.

대한적십자사, 『이산가족백서1·2』, 1986.

『동광신문』, 1949년. 3월 15일자.

『동아일보』, 1950년 4월 20일자.

『동아일보』, 1950년 9월 29일자.

『동아일보』, 1950년 10월 5일자.

『동아일보』, 1950년 11월 16일자.

「무초 대사가 털어놓는 건국비화」, 『정경문화』, 한국정경연구소, 1986년 4월

박천군민회, 『박천군지』, 박천군민회, 1969.

_____ 엮음, 『박천향토지』, 박천군민회, 1979.

베트남양민학살 진상규명대책위원회, 『부끄러운 우리의 역사, 당신들에게 사과합니다』, 2000.

『부산일보』 2004년 7월 7일자.

산청·함양사건 양민희생자유족회, 『산청 함양사건 관련자료』, 산청·함양사건 양민희생자유족회, 1999.

『서울신문』, 1948년 6월 20일자.

성공회대학교 사회복지학과 C양의 보고서.

성공회대학교 사회복지학과 K양의 보고서.

성공회대학교 사회복지학과 L양의 보고서.

성공회대학교 신문방송학과 J양의 보고서.

성공회대학교 신문방송학과 L양의 보고서

성공회대학교 유통정보학과 K양의 보고서.

성공회대학교 일어일본학과 C양의 보고서.

성공회대학교 일어일본학과 K군의 보고서.

성공회대학교 일어일본학과 K양의 보고서.

성공회대학교 전산정보학과 C양의 보고서.

수도관구경찰청, 『수도경찰3년사』, 수도관구경찰청, 1947.

여수지역사회연구소, 『여순사건 실태조사보고서 제1집』, 여수지역사회연구소, 1998.

_____, 『여수지역사회연구소 여순사건 연구총서 2집: 여순사건 자료집』, 여수
지역사회연구소, 1999.

『영남일보』 1960년 5월 1일자~7월 1일자.

육군본부, 『義將 安秉範』, 육군분부, 1989.

전사편찬위원회, 『한국전쟁사 1: 해방과 건군』, 전사편찬위원회, 1967.

「제1회 국회정기회의 속기록」 제94호, 국회사무처, 1948년 11월 2일.

「제1회 국회정기회의 속기록」 제97호, 국회사무처, 1948년 11월 6일.

「제2회 국회정기회의 속기록」 제59호, 국회사무처, 1949년 3월 21일.

「제8회 국회임시회의 속기록」 제39호, 국회사무처, 1950년 10월 31일

「제8회 국회임시회의 속기록」 제40호, 국회사무처, 1950년 11월 1일.

「제11회 국회임시회의 속기록」 제66호, 국회사무처, 1951년, 9월 29일.

조선은행조사부, 『조선경제연보』, 조선은행, 1948.

『조선일보』, 1948년 8월 10일자.

『조선일보』, 1950년 6월 15일자.

『중앙일보』 1983년 6월 23일자.

『중앙일보』, 1993년 6월 26일자.

『중앙일보』, 1999년 10월 9일자

1950년 이리시 미군기 폭격사건 진상해결 익산시민대책위원회, 『1950년 7월 11일 한국전쟁
당시 미군기에 의한 이리시 폭격사건 조사자료』, 1999.

「1950년 7월 8일 낭월동을 기억하라」, 『말』, 2000년 2월.

『한겨레 21』 289호, 1999년 12월 30일자

한국홍보협회, 『한국동란』, 한국홍보협회, 1973.

『한국일보』, 1999년 10월 15일자.

『한국일보』, 2000년 1월 19일자.

한림대학교 아시아문제연구소 엮음, 『빨치산 자료집 1~5』, 한림대학교 아시아문제연구소,
1995.

『한성일보』, 1948년 10월 9일자.

『한성일보』, 1949년 11월 5일자.

한인섭 엮음, 『거창양민학살사건자료집 III: 재판자료편』, 서울대학교법학연구소, 2003.
함평군사편찬위원회, 『함평군사 2』, 함평군사편찬위원회, 1999.
함평군의회, 『함평양민학살 피해진상조사 실태보고서』, 함평군의회, 1997년 12월
함평양민학살 희생자유족회, 『함평양민524명 집단학살 희생자명예회복』, 2000년 2월 26일자.
『항도일보』, 1989년 2월 11일자.
『항도일보』, 1989년 7월 3일자.
『해방일보』, 1950년 7월 1일자~9월 1일자
헌병사편찬위원회 짓고엮음, 『한국헌병사』, 헌병사령부, 1952.
홍창섭, 『국회보』, 1984년 6월.


## 외국 문헌

Aldrich, Richard J., *The Hidden Hand: Britain, America and Cold War Secret Intelligence*, London: John Murray, 2001.

Arendt, Hannah, *The Origins of Totalitarianism*, New York: Harcourt, Brace and Company, 1951.

Acheson, Dean, *Present as Creation: My Years in the State Department*, New York: W. W. Norton & Company, 1969.

Baumun, Zygmunt, *Modernity and the Holocaust*, Cambridge: Polity Press, 1989.

Bendix, Reinhard, *Kings or People: Power and the Mandate to Rule*, Los Angeles: University of California Press, 1978.

Bobbio, Norberto, *Democracy and Dictatorship: the Nature and Limits of State Power*, Minneapolis: University of Minnesota Press, 1989.

Brubaker, Rogers and Latin, David D., "Ethnic and Nationalist Violence", *Annual Review of Sociology* vol. 24, 1988, pp. 423~452.

Chalk, Frank and Jonassohn, Kurt, *The History and Sociology of Genocide: Analyses and Case Studies*, New Haven and London: Yale University Press, 1990.

Clayton, James D., *The Years of MacArthur vol. 3: Triumph & Diaster 1945~1964*, Boston: Houghton Mifflin Cpmpany, 1985.

Collins, Randall, "Imperialism and Legitimacy: Weber's Theory of Politics", John A. Hall ed., *The State: Critical Concepts vol 1*, London: Routledge, 1994.

Cotterrell, Roger, *The Sociology of Law: An Introduction*, London: Butterworths, 1984.

Cumings, Bruce, *The Origins of the Korean War 2: The Roaring of the Cataract, 1947~1950*, Oxford: Princeton University Press, 1990.

_____, "When Sparta Is Sparta but Athens Isn't Athens: Democracy and the Korean War", David McCunn and Barry S. Strauss eds., *War and Democracy: A*

*Comparative Study of the Korean War and the Peloponnesian War*, New York: M. E. Sharpe, 2001.

Dower, John W. *Empire and Aftermath: Yosida Shigeru and the Japanese Experience 1878 ~1954*, Cambridge: Council on East Asian Studies, Harvard University, 1979.

Edwards, Paul M., *To Acknowledge a War: The Korean War in American Memory*, Westport: Greenwood Press, 2000.

Fordham, Benjamin O., "Economic Interests, Party Politics and Ideology in Early Cold War Era U. S Foreign Policy", *International Organization* vol. 52 no. 2, Spring 1998.

Freeland, Richard M., *The Truman Doctrine and the Origin of McCarthism: Foreign Policy, Domestic Politics, and Internal Security 1946~1948*, New York: Alfred A. Knopf, 1972.

Freeman, Michael, "Genocide, Civilization and Modernity", *British Journal of Sociology*, vol. 46 no. 2, June 1995.

Fukuyama, Francis, *The End of History and the Last Man*, New York: Free Press, 1992.

Geras, Norman., "Marxists before Hoocaust", *New Left Review*, 1997.

Gerth, Hans H., "Crisis Management of Social Structures: Planning, Propaganda and Societal Morale", *International Journal of Politics, Culture and Society*, vol 5 no.3, 1992.

Giddens, Anthony, *Nation-State and Violence*, Berkeley: University of California Press, 1985.

Goldhagen, Daniel Jonah, *Hitler's Willing Executioners: Ordinary Germans and the Holocaust*, New York: Alfred A. Knopf, 1996.

Gourevitch, Peter, "The Second Image Reversed: The International Sources of Domestic Politics", *International Organization*, vol. 32, pp 881~911.

Granfield, Linda ed., *I Remember Korea: Veterans Tell Their Stories of the Korean War, 1950~1953*, New York: Clarion Bokks, 2003.

Grossman, Andrew D., "The Early Cold War and American Political Development: Reflections on Recent Research", *International Journal of Politics, Culture and Society*, vol. 15 no. 3, Spring 2002.

Hayek, Friedrich A. von, *The Road to Serfdom*, Chicago: University of Chicago Press, 1994.

Henderson, Gregory, *Korea: The Politics of the Vortex*, Cambridge: Harvard University Press, 1968.

Henley, Charles J., Sang-Hun Choe, Martha Mendosa, *The Bridge at No Gun Ri: A Hidden Nightmare from the Korean War*, New York: Henry Holt and Company, 2001.

Hess, Dean E., *Battle Hymn*, New York: McGraw-Hill, 1956.

Hess, Gary R., *Presidential Decisions for War: Korea, Vietnam and the Persian Gulf*, Baltimore: The Johns Hopkins University Press, 2001.

Hickey, Michael, *The Korean War: The West Confronts Communism 1950~1953*, London: John Murray, 1999.

Hirsch, Herbert, *Genocide and the Politics of Memory: Studying Death to Preserve Life*, Chapel Hill: The University of North Carolina Press, 1995.

Hirshman, Albert O., *Exit, Voice and Loyalty*, Cambridge: Harvard University Press, 1970.

Hobbes, Tomas, Richard Tuck ed., *Leviathan*, Cambridge: Cambridge University Press, 1991.

Holliday, Jon and Cumings, Bruce, *Korea: The Unknown War*, New York: Pantheon Press, 1988.

Holsti, K. J., *The State, War and the State of War*, New York: Cambridge University Press, 1996.

James, Clayton, *The Years of MacArthur vol. 3: Triumph and Disaster 1945~1964*, Boston: Houghton, Mifflin Company

Johnson, Chalmers, *The Blowback: The Costs and Consequences of American Empire*, New York: Henry Holt and Company, 2000.

Kim, Dong-Choon, "Beneath the Tip of the Iceberg: Problems in Historical Clarification of the Korean War", *Korea Journal*, vol. 42 no.3, Autumn 2002.

_____, "Forgotten War, Forgotten Massacres-the Korean War(1950~1953) as Licenced Mass Killings", *Journal of Genocide Research* vol. 6 no. 4, December 2004.

_____, "The War against The 'Enemy Within': Hidden Massacres in The Early Stages of The Korean War", Gi-Wook Shin, Soon-Won Park, and Daqing Yang eds., *Rethinking Historical Injustice and Reconciliation in Northeast Asia: The Korean experience*, New York: Routledge, 2007.

Kolko, Gabriel, *Century of War: Politics, Conflicts, and Society since 1914*, New York: The New Press, 1994.

Lukes, Steven, *Marxism and Morality*, Oxford: Oxford University Press, 1987.

MacArthur, Douglas, *Reminiscences*, New York: MaGraw Hill book company, 1964(더글러스 맥아더 지음, 반광식 옮김, 『맥아더 회고록』, 일신서적, 1993).

_____, *Hearing Before the Committee on Armed Services Committee on Foreign Relations United States Senate 1*, United States Government Printing Office, 1951.

Maldwyn A., *The Limits of liberty: Jones, American History 1607~1980*, New York: Oxford University Press.

Mann, Michael, *The Sources of Social Power, vol. 1: A History of Power from the Beginning to A.D. 1760*, Cambridge: Cambridge University Press, 1986.

_____, *States, War & Capitalism: Studies in Political Sociology*, Oxford: Basil Blackwell, 1988.

Matray, James Irving, *The Reluctant Crusade: American Foreign Policy in Korea 1941~1950*, Honolulu: University of Hawaii Press, 1985.

Merrill, John, Daniel J. Meador ed., "Commentary," *The Korean War in Retrospect:*

*Lessons for the Future*, Lanham: University Press of America, 1998.

Millett, Allen R., "Captain James H. Hausman and the formation of the Korean Army, 1945 ~1950", *Armed Forces and Society* vol. 24 no. 4, Summer 1997.

_____, "The Korean War: A 50-year Critical Historiography," *The Journal of Strategic Studies* vol. 24 no. 1, London: Frank Cass Publishers, March 2001.

Mills, C. W., The Power Elite, London: Oxford University Press. 1956.

Mirkovic, Damir, "Ethnic Conflict and Genocide:Reflections on the Ethnic Cleansing inthe Former Yugoslavia", *Annals*, AAPSS, 548, November 1996.

Nairn, Tom, "Modern Janus", *New Left Review*, no. 94, November 1976.

Nettle, J. P., "The State as a Conceptual Variable", *World Politics*, July 1968.

Nichols, Donald, *How many Times Can I Die: The life Story of a Special Intelligence Agent*, Florida: Brownsville Printing, 1981.

Nietzsche, Friedrich, *The Gay Science*, Walter Kaufmann trans., New York: Penguin Books, 1974.

Noble, Harold Joyace, *Embassy at War*, Seattle & London: University of Washington Press, 1975.

Oliver, Robert T., *Why War Came in Korea*, New York: Fordham University Press, 1950.

_____, *Syngman Rhee: the Man Behind the Myth*, New York: Dodd and Mead Company, 1955.

Osborne, John, "Report from the Orient-Guns are not enough", *Life*, August 21, 1950.

Pashukanis, Evgny B., *Law and Marxism: A General Theory*, London: Pluto Press. 1978.

Petras, James, "State Terror in the Americas", *Crime and Social Justice*, nos. 27~28, 1987.

Pierpaoli Jr., Paul G., *Truman and Korea: The Political Culture of the Early Cold War*, Columbia and London: University of Missouri Press, 1999.

Porter, Bruce D., *War and the Rise of the State: The Military Foundation of Modern Politics*, New York: Free Press, 1994.

Richard, Peter, *Voices from The Korean War: Personal Stories of American, Korean and Chinese Soldiers*, Lexington: University Press of Kentucky, 2004.

Ridgway, Matthew B., *The Korean War*, New York: Doubleday, 1967.

Ron, Robin, *The Making of the Cold War Enemy: Culture and Politics in the Military-Industrial Complex*, Princeton: Princeton University Press, 2001.

Rule, James B., *Theories of Civil Violence*, Berkerly: University of California Press, 1978.

Sawyer, Robert K., *Military Advisors in Korea: KMAG in Peace and War*, Washington D.C.: US Army Military History, 1970.

Schmitt, Carl, *Positionen und Begriffe im Kamf mit Weimar-Gent Vensaille, 1923~1939*, Hamburg: Hanseatische Verlagsanstalt, 1940.

Shaw, Martin, *Post-Military Society: Militarism, Demilitarigatim and War at the End of the*

*Twentieth Century*, Cambridge: Polity Press, 1991.

Simons, Robert R., *The Strained Alliance: Peking, Pyongyang, Moscow and the Politics of the Korean Civil War*, London: The Free Press, 1975.

Stone, John and Stephen Mennell, Alexis de Tocqueville, *On Democracy, Revolution and Society*, Chicago:University of Chicago Press, 1980.

Stueck, William, *The Korean War: An International History*, Princeton: Princeton University Press, 1995(윌리엄 스툭 지음, 김형인 외 옮김, 『한국전쟁의 국제사』, 푸른역사, 2001).

Tiersky, Ronard, *Ordinary Stalinism: "Democratic Centralism" and the Question of Communist Political Development*, Boston: Allen & Unwin, 1985.

Tilly, Charles, "War Making and State Making as Organized Crime", Peter Evans et al. eds., *Bringing the State Back in*, Cambridge: Cambridge University Press. 1986.

_____, *Coercion, Capital and European States*, A.D. 990~1990, Oxford: Blackwell, 1990.

Thompson, Reginald, *Cry Korea*, London: Macdonald & Co., 1951.

Tu, Wei-ming, "Family, Nation and the World: The Global Ethic as a Modern Confucian Quest" (아산사회복지재단, 『20세기의 도전, 동양윤리의 응답』, 1998).

Turpin, Jennifer·Kurtz, Lester R. ed., "Introduction: Violence—the Micro-Macro Link", *The Web of Violence: From Inter-personal to Global*, Champaign-Urbana: University of Illinois Press, 1997.

Wallerstein, Immanuel, "Capitalism, the enemy of the Market", *Unthinking Social Science*, Polity Press, 1991.

Waltz, Kenneth N., *Man, the State and War: A Theoretical Analysis*, New York: Colombia University Press, 1959.

Winnington, Alan, *I Saw the Truth in Korea*, London: People' s Press Printing Society, 1950.

和田春樹, 『朝鮮戰爭全史』, 東京: 岩波書店, 2002.


외국 자료


United States Department of State, *Foreign Relations of the United States vol. 7 (1950)*, Korea, Washington D.C.: United States Government Printing Office, 1976→*FRUS*

The Department of the State, *The Department of State Bulletin* vol. XXIII, no. 575, July 17, 1950.

*The New York Times*, July 14, 1950.

*The Worker*, July 16, 1950.

*AP*, 1 October, 1999~1 January, 2000.

# 찾아보기